DEMOCRACIA, JUSTIÇA E CIDADANIA
DESAFIOS E PERSPECTIVAS
UMA HOMENAGEM À PROFESSORA DOUTORA MARIA GARCIA

Editora Appris Ltda.
1.ª Edição - Copyright© 2024 dos autores
Direitos de Edição Reservados à Editora Appris Ltda.

Nenhuma parte desta obra poderá ser utilizada indevidamente, sem estar de acordo com a Lei nº 9.610/98. Se incorreções forem encontradas, serão de exclusiva responsabilidade de seus organizadores. Foi realizado o Depósito Legal na Fundação Biblioteca Nacional, de acordo com as Leis nos 10.994, de 14/12/2004, e 12.192, de 14/01/2010.

Catalogação na Fonte
Elaborado por: Josefina A. S. Guedes
Bibliotecária CRB 9/870

D383d 2024	Democracia, justiça e cidadania: desafios e perspectivas / Gilberto Ribeiro dos Santos (org.). 1. ed. – Curitiba: Appris, 2024. 291 p. ; 23 cm. – (Direito e Constituição). Inclui referências. ISBN 978-65-250-5480-3 1. Democracia. 2. Justiça. 3. Cidadania. I. Santos, Gilberto Ribeiro dos. II. Título. III. Série.
	CDD – 613.2

Livro de acordo com a normalização técnica da ABNT

Appris
editora

Editora e Livraria Appris Ltda.
Av. Manoel Ribas, 2265 – Mercês
Curitiba/PR – CEP: 80810-002
Tel. (41) 3156 - 4731
www.editoraappris.com.br

Printed in Brazil
Impresso no Brasil

Ives Gandra da Silva Martins • David Teixeira de Azevedo
Tercio Issami Tokano • Silvio Gabriel Serrano Nunes
Angela Vidal Gandra Martins • Maria Vitória Saorini
Durval Salge Jr. • Lucio Flavio J. Sunakozawa • Gabriela Oshiro Reynaldo
Caramuru Afonso Francisco • Mariana Rezende Maranhão da Costa
Ana Cristina Baruffi • Helder Baruffi • Raphael Silva Rodrigues
Joaquim José Miranda Júnior • Janderson de Paula Souza
Loreci Gottschalk Nolasco • Daniela de Oliveira Fernandes
Augusto César Rocha Ventura • Daniel Gonçalves Mendes da Costa
Gilberto Ribeiro dos Santos (org.)

DEMOCRACIA, JUSTIÇA E CIDADANIA
DESAFIOS E PERSPECTIVAS
UMA HOMENAGEM À PROFESSORA DOUTORA MARIA GARCIA

FICHA TÉCNICA

EDITORIAL	Augusto Coelho
	Sara C. de Andrade Coelho
COMITÊ EDITORIAL	Marli Caetano
	Andréa Barbosa Gouveia - UFPR
	Edmeire C. Pereira - UFPR
	Iraneide da Silva - UFC
	Jacques de Lima Ferreira - UP
SUPERVISOR DA PRODUÇÃO	Renata Cristina Lopes Miccelli
ASSESSORIA EDITORIAL	Nicolas da Silva Alves
REVISÃO	Monalisa Morais Gobetti
PRODUÇÃO EDITORIAL	Sabrina Costa
DIAGRAMAÇÃO	Andrezza Libel
CAPA	Eneo Lage
REVISÃO DE PROVA	William Rodrigues

COMITÊ CIENTÍFICO DA COLEÇÃO DIREITO E CONSTITUIÇÃO

DIREÇÃO CIENTÍFICA Antonio Evangelista de Souza Netto (PUC-SP)

CONSULTORES

- Ana Lúcia Porcionato (UNAERP)
- Arthur Mendes Lobo (UFPR)
- Augusto Passamani Bufulin (TJ/ES – UFES)
- Carlos Eduardo Pellegrini (PF - EPD/SP)
- Danielle Nogueira Mota Comar(USP)
- Domingos Thadeu Ribeiro da Fonseca (TJ/PR – EMAP)
- Elmer da Silva Marques (UNIOESTE)
- Georges Abboud (PUC/SP)
- Guilherme Vidal Vieira (EMPAP)
- Henrique Garbelini (FADISP)
- José Laurindo de Souza Netto (TJ/PR – UFPR)
- Larissa Pinho de Alencar Lima (UFRGS)
- Luiz Osório de Moraes Panza (Desembargador TJ/PR, professor doutor)
- Luiz Rodrigues Wambier (IDP/DF)
- Marcelo Quentin (UFPR)
- Mário Celegatto (TJ/PR – EMAP)
- Mário Luiz Ramidoff (UFPR)
- Maurício Baptistella Bunazar (USP)
- Maurício Dieter (USP)
- Ricardo Freitas Guimarães (PUC/SP)

Maria Garcia é uma jurista-educadora que se destaca não exclusivamente por sua brilhante trajetória profissional, mas também pelas profundas marcas que tem deixado na vida de inúmeras pessoas.

Apaixonada pelo conhecimento, não cansa de estudar e não mede esforços para compartilhar as suas experiências com os que se dispõem a beber da sua fonte. Ademais de atuar como professora e orientadora desde graduação até os programas de doutorado, destina parte da sua renda à formação de estudantes que, mesmo talentosos, não conseguiriam ter acesso a uma universidade, não fosse o desprendimento e compromisso de quem acredita na educação como umas das formas mais eficazes de promover a libertação do indivíduo.

Não bastasse, é membro de instituições jurídicas as mais diversas, fomenta, organiza, participa e incentiva a realização de congressos, seminários, conferências, grupos de pesquisa, workshops e outras atividades acadêmicas e de cunho social.

Professora Maria Garcia, uma jurista-educadora brasileira que inspira; um exemplo que merece ser imitado!

AGRADECIMENTOS

Desde a sua organização em junho de 2004, o Instituto dos Juristas Cristãos do Brasil (IJCB) tem sido fiel ao chamado vocacional de reunir e reconhecer a importância e influência de juristas comprometidos com a defesa dos valores da justiça e do direito, fomento do estudo, incentivo ao debate, a investigação e ao conhecimento, ações que integram a sua missão institucional.

Em razão disso, ao longo dos anos tem organizado congressos, conferências, encontros, palestras e seminários, incentivado a produção acadêmica, e dado destaque a homens e mulheres que se distinguem por contribuições à justiça, ao direito e à cultura; mesmo assim, somente após duas décadas de organização, finalmente lança sua primeira obra impressa no contexto de uma justa homenagem à notável Prof.ª Dr.ª Maria Garcia, um dos ícones do magistério superior do nosso país.

Resultado da contribuição de ilustres juristas aos quais tributa gratidão pela dedicação e desprendimento, o Instituto dos Juristas Cristãos do Brasil (IJCB), oferece esta obra à comunidade jurídica em particular e à sociedade em geral, na certeza de que os temas nela abordados contribuirão para o exercício pleno da cidadania..

Instituto dos Juristas Cristãos do Brasil (IJCB)

Gilberto Ribeiro dos Santos
Presidente

SUMÁRIO

INTRODUÇÃO 11

DEMOCRACIA, JUSTIÇA E CIDADANIA 13
Ives Gandra da Silva Martins

BREVE REFLEXÃO SOBRE OS ASPECTOS ÉTICOS E JURÍDICOS
DA PESQUISA CIENTÍFICA A PARTIR DO PROJETO GENOMA
HUMANO (VIDE ARQUIVO) 23
David Teixeira de Azevedo

DESAFIOS CONTEMPORÂNEOS DO SISTEMA DE JUSTIÇA
EM FACE DO PRINCÍPIO DEMOCRÁTICO:
ENTRE O MONUMENTO E O MOVIMENTO 39
Tercio Issami Tokano

JUSTIÇA E DIREITO DE RESISTÊNCIA NA TRADIÇÃO
DO CONSTITUCIONALISMO CALVINISTA: LEIS FUNDAMENTAIS
E A TEORIA DAS MAGISTRATURAS INFERIORES
EM THÉODORE DE BÈZE 53
Silvio Gabriel Serrano Nunes

A ENTREGA LEGAL E A DEFESA DA VIDA 69
Angela Vidal Gandra da Silva Martins
Maria Victória Saorini Correia de Sousa

CIDADANIA E JUSTIÇA SOCIAL IMOBILIÁRIA 79
Durval Salge Jr.

JUSTIÇA E DIREITOS FUNDAMENTAIS: ALGUMAS REFLEXÕES
ENTRE CONCEPÇÕES CLÁSSICAS E CONTEMPORÂNEAS 97
Lucio Flavio J. Sunakozawa
Gabriela Oshiro Reynaldo

JUSTIÇA: UM IDEAL INALCANÇÁVEL, MAS QUE NÃO PODE DEIXAR DE SER BUSCADO – UMA SINGELA DIGRESSÃO SOBRE O INTROITO DO DIGESTO DE JUSTINIANO 121
Caramuru Afonso Francisco

A GARANTIA DO BPC AOS ESTRANGEIROS RESIDENTES E SUAS CONSEQUÊNCIAS À SEGURIDADE SOCIAL 131
Mariana Rezende Maranhão da Costa

ALGUMAS REFLEXÕES EM TORNO DO DIREITO FUNDAMENTAL À EDUCAÇÃO 155
Ana Cristina Baruffi
Helder Baruffi

A CIDADANIA ESQUECIDA PELO ESTADO DEMOCRÁTICO DE DIREITO 177
Raphael Silva Rodrigues
Joaquim José Miranda Júnior

JUSTIÇA AMBIENTAL E DEMOCRACIA: CAMINHOS DE DESENVOLVIMENTO COM SUSTENTABILIDADE 185
Janderson de Paula Souza
Loreci Gottschalk Nolasco
Daniela de Oliveira Fernandes

DIREITOS FUNDAMENTAIS E CONSTITUCIONALISMO – O RECONHECIMENTO DOS DESFAVORECIDOS E OS VERDADEIROS INSTRUMENTOS DE REDISTRIBUIÇÃO NA CONSTITUIÇÃO 233
Augusto César Rocha Ventura
Daniel Gonçalves Mendes da Costa

REFLEXÕES SOBRE DESIGUALDADE, DIGNIDADE DA PESSOA HUMANA E RELIGIÃO 245
Gilberto Ribeiro dos Santos

SOBRE OS/AS AUTORES/AS 281

INTRODUÇÃO

Esta obra tem como objetivo oferecer à sociedade em geral e à comunidade jurídica, em particular, uma coletânea de artigos da lavra de uma plêiade de juristas que, com maestria, discorreram sobre temas relacionados à democracia, à justiça e à cidadania.

A sua construção foi o meio eleito pelo Instituto dos Juristas Cristãos do Brasil (IJCB) para prestar uma justa homenagem à notável professora doutora Maria Garcia, uma das mais qualificadas juristas brasileiras e ilustre membro do IJCB Academy, cuja vida e obra dispensam maiores comentários.

Estou convencido de que os leitores desta obra encontrarão, nas páginas que se seguem, oportunidade para reflexão acerca de importantes desafios impostos à sociedade hodierna.

Desejo-lhes boa leitura!

Gilberto Ribeiro dos Santos
Presidente do Instituto dos Juristas Cristãos do Brasil (IJCB)

DEMOCRACIA, JUSTIÇA E CIDADANIA

Ives Gandra da Silva Martins

A obra em homenagem à querida amiga e excepcional constitucionalista que é Maria Garcia, faz jus à jurista que contribuiu, decididamente, para o aprofundamento da reflexão sobre o direito dos direitos no país, formando uma legião de seguidores.

Maria Garcia jamais se deixou corromper pelos modernismos de ocasião, tão ao gosto de uma classe de jovens cultores do Direito Constitucional, que pretendeu alterar as bases da hermenêutica constitucional para torná-la peças de ficção pessoal, outorgando, não aos representantes do povo, mas aos bacharéis de direito, aos quais caberia a decisão dos rumos de uma nação, pois mais iluminados do que parlamentares ou executivos escolhidos pela sociedade.

Sempre se opôs ao denominado "neoconstitucionalismo", como se o "constitucionalismo" fosse um modelo de automóvel ou de celular a ser aposentado pelo aparecimento de novos modelos. Sempre para ela — e eu penso como ela — só há um constitucionalismo definido, nas democracias, pela conformação, em um diploma redigido pelos representantes do povo num determinado espaço geográfico de acordo com as aspirações dos representados, cabendo aos intérpretes oficiais da Lei apenas respeitar e defender tal diploma, mas jamais modificá-los por falta de representação popular.

Só há um constitucionalismo na democracia, ou seja, aquele plasmado pelos representantes da sociedade e nunca por pessoas, por mais intelectualizadas que sejam, que não fizerem o teste das urnas, por elas sendo aprovadas. Em outras palavras, o constitucionalismo moderno, como o constitucionalismo clássico, que são um só, nas democracias, é escrito pelo povo, por meio dos Poderes Legislativo e Executivo, cabendo ao Poder Judiciário apenas fazê-lo ser cumprido, sem outra força que não aquela de não permitir distorção no sistema, por meio de desfigurações da Lei Suprema, ou seja, de inconstitucionalidades. O Poder Judiciário não é um legislador suplementar, em nível de lei maior, nem complementar ou ordinário, e muito menos um corretor dos rumos do Poder Executivo.

Essa posição firme, também seguida por outros mestres de direito como Manoel Gonçalves Ferreira Filho, José Carlos Moreira Alves, Roberto Rosas, Modesto Carvalhosa, Dirceu Torrecillas, Adilson Dallari, Sérgio Ferraz e uma plêiade de juristas de igual quilate, é que permitiu, no curso de uma carreira brilhante, angariar a admiração de toda a comunidade jurídica brasileira e gerar um fantástico séquito de seguidores do bom direito no país.

O tema do livro não poderia ser melhor, "Democracia, Justiça e Cidadania". Estou convencido que não há Democracia sem Justiça e Justiça sem o exercício da Cidadania.

Formularia, talvez, o tríplice embasamento de uma sociedade autêntica em perspectiva oposta, ou seja, de que é o exercício da Cidadania que gera a Justiça social em um sistema de garantias de direitos fundamentais, em que o Poder Judiciário, se não for tentado a fugir das atribuições próprias e invadir competências alheias, exerce papel relevante, permitindo que a Democracia seja conquistada pelos representantes do povo no desenhar o regime jurídico que desejam e o sistema constitucional que lhes parece mais adequado para suas aspirações de bem-estar e desenvolvimento.

A Constituição Brasileira de 1988, com 35 anos de existência e 134 emendas (128 no processo ordinário e 6 no processo revisional), nada obstante sua adiposidade, em termos de extensão e inclusão de inúmeros dispositivos sem densidade constitucional, tem por mérito estabelecer o equilíbrio entre os poderes e enumerar um elenco esplendoroso — o maior que já se teve no país em todas as Constituições — de direitos fundamentais, cujas garantias o povo tem solicitado das entidades federativas e dos poderes constituídos.

Assim é que o Art. 1º, que determinou que TODO PODER tem como origem o povo, está assim redigido:

> **Art. 1º** A República Federativa do Brasil, formada pela união indissolúvel dos Estados e Municípios e do Distrito Federal, constitui-se em Estado democrático de direito e tem como fundamentos:
> I - a soberania;
> II - a cidadania;
> III - a dignidade da pessoa humana;
> IV - os valores sociais do trabalho e da livre iniciativa;
> V - o pluralismo político.
> **Parágrafo único.** Todo o poder emana do povo, que o exerce por meio de representantes eleitos ou diretamente, nos termos desta Constituição.[1]

---

[1] BRASIL. [Constituição (1988)]. *Constituição da República Federativa do Brasil*. Brasília: Presidência da República, 1988. Disponível em: http://www.planalto.gov.br/ccivil_03/constituicao/constituicao.htm. Acesso em: 14 maio 2023.

No Art. 2° de clara dicção, impôs a harmonia e independência dos poderes, como se lê: "**Art. 2º** São Poderes da União, independentes e harmônicos entre si, o Legislativo, o Executivo e o Judiciário".

Nos artigos 3° e 4° do Título I, há os princípios básicos que nortearão a sociedade internamente e nas suas relações com os outros países.

O Título II, dedicado aos direitos e garantias individuais, assim como aos direitos sociais, à nacionalidade, cidadania e à política (artigos 5° a 17), os constitucionalistas consideraram o mais importante Título da Constituição. É que toda a Lei Suprema existe para garantir a cidadania. Poder e lei objetivam permitir a sociedade ser servida pelo Poder, nos termos da Lei idealizada pelos cidadãos, por meio de seus representantes.

O Título III cuida do Poder, como um todo, ou seja, o tipo de Estado que adotamos (Federativo) com a tríplice divisão entre União, estados e municípios (no Brasil, os municípios tem sua autonomia política, financeira e administrativa, sendo entes federativos), as competências de atribuições e legislativas, o rito de convivência entre as pessoas jurídicas que compõem a Federação Brasileira, assim como o estatuto da burocracia definindo os fundamentos da Administração Pública e seus servidores (artigos 18 a 43).

O Título IV cuida da organização dos poderes, vindo em primeiro lugar o Legislativo, porque nele estão situação e oposição, vale dizer toda a representação popular, depois o Poder Executivo, em que só a situação lá está, ou seja, a maioria da vontade popular e um terceiro poder que não representa o povo, mas apenas a lei, que é o Judiciário. Deve ser um escravo da lei que não faz, mas apenas aplica. Nisto, é ajudado por duas instituições fundamentais ao exercício da magistratura, quais sejam o Ministério Público e a Advocacia (artigos 44 a 135).

O Título V, por sua parte, é dedicado à "Defesa das instituições democráticas e do Estado". Parte dele é para numa democracia, onde os poderes são harmônicos e independentes, nunca ser utilizada. Isto porque só pode ser acionada esta parte se a democracia entrar em crise. Aricê Amaral dos Santos denominava o Título V como o de "Regime Constitucional das Crises". Dou um exemplo. O Estado de Defesa seria acionado se numa determinada região do país, as autoridades locais não conseguissem manter a ordem ou se houver uma insurreição armada. Se a crise fosse nacional, teríamos o Estado de Sítio, nos termos dos "caputs" dos artigos 136 e 137, com a seguinte redação:

> Art. 136. O Presidente da República pode, ouvidos o Conselho da República e o Conselho de Defesa Nacional, decretar estado de defesa para preservar ou prontamente restabelecer, em locais restritos e determinados, a ordem pública ou a paz social ameaçadas por grave e iminente instabilidade institucional ou atingidas por calamidades de grandes proporções na natureza.
> [...]
> Art. 137. O Presidente da República pode, ouvidos o Conselho da República e o Conselho de Defesa Nacional, solicitar ao Congresso Nacional autorização para decretar o estado de sítio nos casos de:
> I - comoção grave de repercussão nacional ou ocorrência de fatos que comprovem a ineficácia de medida tomada durante o estado de defesa;
> II - declaração de estado de guerra ou resposta a agressão armada estrangeira.
> Parágrafo único. O Presidente da República, ao solicitar autorização para decretar o estado de sítio ou sua prorrogação, relatará os motivos determinantes do pedido, devendo o Congresso Nacional decidir por maioria absoluta.

Por outro lado, as Forças Armadas têm uma tríplice função de defender a pátria, garantir as instituições democráticas e, por solicitação de qualquer dos poderes, assegurar a lei e a ordem. Tem a seguinte conformação:

> Art. 142. As Forças Armadas, constituídas pela Marinha, pelo Exército e pela Aeronáutica, são instituições nacionais permanentes e regulares, organizadas com base na hierarquia e na disciplina, sob a autoridade suprema do Presidente da República, e destinam-se à defesa da Pátria, à garantia dos poderes constitucionais e, por iniciativa de qualquer destes, da lei e da ordem. [...].

Entendem os ministros da Suprema Corte e o Conselho Federal da OAB que quem tem que manter a Lei e a ordem é o Supremo Tribunal Federal, no que tem razão, se não houver uma crise insuperável entre Poderes. Se houver, creio que tal função será das Forças Armadas, sempre na dependência de um deles solicitar.

Darei três exemplos. Vamos admitir que o Poder Judiciário decida legislar em matéria de competência exclusiva da Câmara, norma esta que viesse a ser anulada por um decreto legislativo, único instrumento colocado na Lei Suprema, no Art. 59, assim redigido:

> Art. 59. O processo legislativo compreende a elaboração de:
> I – emendas à Constituição;
> II – leis complementares;
> III – leis ordinárias;
> IV – leis delegadas;
> V – medidas provisórias;
> VI – decretos legislativos;
> VII – resoluções.
> Parágrafo único. Lei complementar disporá sobre a elaboração, redação, alteração e consolidação das leis.

Para zelar por sua competência legislativa perante os outros poderes, a teor do Art. 49, inciso XI, que sentencia:

> Art. 49. É da competência exclusiva do Congresso Nacional:
> [...]
> XI – zelar pela preservação de sua competência legislativa em face da atribuição normativa dos outros Poderes; [...].

Admita-se que a Suprema Corte anule o único instrumento constitucional que preserve sua competência legislativa. Poderá o Congresso recorrer às Forças Armadas para validar seu decreto legislativo, exclusivamente neste ponto.

Vamos admitir, por outro lado, que o Poder Legislativo determine o "impeachment" de um ministro do STF, não por crime de responsabilidade, mas por exercício de função jurisdicional em tese jurídica, poderá o STF, se não concordar com a decisão, recorrer às Forças Armadas para anular a declaração de impedimento. Se ocorrer o contrário, ou seja, que haja por crime de responsabilidade e o STF negue-se a cumprir a decisão, caberia ao Legislativo recorrer às Forças Armadas.

E a terceira hipótese é de conflito estabelecer-se entre o Poder Executivo e qualquer outro Poder. Tenho defendido a tese de que, nesse caso, o Presidente não pode comandar as Forças Armadas por ser parte do conflito, nem seu Ministro da Defesa, mas apenas os comandantes das três armas.

O Título VI é dedicado ao Sistema Tributário (artigos 145 ao 156), Finanças Públicas e Política de Rendas (artigos 157 ao 164) e Orçamentos (artigos 165 ao 169). Há diversos dispositivos de garantia dos cidadãos, como o Art. 145, parágrafo único, defesa da capacidade econômica ligada ao não confisco (Art. 150, Inciso IV) e a Seção II (Limitações constitucionais ao poder de tributar).

O Título VII é dedicado à Ordem Econômica com princípios também de defesa da cidadania, com a defesa da Ordem Social e da livre iniciativa e concorrência, com participação maior da cidadania no empreendedorismo (Art.173) e limites ao abuso do poder econômico e Defesa do Consumidor (Art. 173, § 4º e 170, Inciso V), além da regulação da micro e pequena empresa (Art. 179) e da exploração agropecuária (artigos 185 ao 191) e do sistema financeiro (Art. 192), com delegação à legislação infraconstitucional a sua conformação.

Por fim, o Título VIII é dedicado à Ordem Social (Seguridade, Educação, Ciência e Tecnologia, Esportes, Comunicação, Meio Ambiente, Família e Índios).

O Título IX são disposições gerais e algumas nitidamente sem sentido (Colégio Pedro II deve ficar no Rio — Art. 242, § 1º) e, por fim, as disposições transitórias nos artigos originais (70), mas com 115 emendas (processo ordinário e revisional) foram alargados para 97, quase transformando o texto de 1988 num texto provisório. Brincava-se em aulas que o texto da Constituição Brasileira deveria ser comprado em bancas de jornais, pois a Carta Magna não passa de um periódico.

Nada obstante, ser um texto, na sua espinha dorsal profundamente democrático, ocorreram algumas turbulências nestes 33 anos, com a Suprema Corte invadindo, reiteradas vezes, as competências do Legislativo e do Judiciário, como na fidelidade partidária; na separação de punição de um presidente afastado por improbidade e não de seu impedimento eleitoral por oito anos; na abertura de uma hipótese matrimonial ou de união estável, que os constituintes nos debates parlamentares quiseram colocar com clareza que poderia ser apenas entre homem e mulher, com extensão para pares do mesmo sexo; com imposição de regulamento no Senado Federal para o "impeachment" da Presidente Dilma, substituindo o do próprio Senado utilizado para o afastamento do Presidente Collor; com a imposição ao Presidente do Senado de abrir uma CPI, algo que é de sua exclusiva competência; com a mudança da inviolabilidade dos parlamentares "por quaisquer manifestações" por "algumas manifestações", fazendo a Lei de Segurança Nacional prevalecer sobre a Constituição, sobre criar a figura de "flagrante perpétuo" para manifestações em vídeo que a circulem; ao tornar-se polícia, Ministério e Poder Judiciário, ao mesmo tempo, no caso das "Fake News"; ao assumir a posição de Presidente da República dizendo quem o Presidente pode indultar ou não, ou quem pode nomear para Delegado-geral da Polícia Federal; ao adotar o "Colegiado monocrático" com o que a decisão de 1/11 avos de um membro da Corte vale como se fossem 11/11 avos e diversas outras incursões, ao que denominam de corrente consequencialista de direito que, nas palavras do Ministro Luís Roberto Barroso, é uma forma de "empurrar a história para o caminho certo" quando os outros poderes estão no caminho errado e, numa linguagem popular, é a teoria de que os "fins justificam os meios".

Lembro que pelo Art. 103, § 2°[2], nem nas ações diretas de inconstitucionalidade por omissão pode o STF legislar, como se conclui de sua leitura:

> Art. 103. Podem propor a ação direta de inconstitucionalidade e a ação declaratória de constitucionalidade: (Redação dada pela Emenda Constitucional n.º 45, de 2004)
> I - o Presidente da República;
> II - a Mesa do Senado Federal;
> III - a Mesa da Câmara dos Deputados;
> IV a Mesa de Assembléia Legislativa ou da Câmara Legislativa do Distrito Federal; (Redação dada pela Emenda Constitucional n.º 45, de 2004)
> V o Governador de Estado ou do Distrito Federal; (Redação dada pela Emenda Constitucional n.º 45, de 2004)
> VI - o Procurador-Geral da República;
> VII - o Conselho Federal da Ordem dos Advogados do Brasil;
> VIII - partido político com representação no Congresso Nacional;
> IX - confederação sindical ou entidade de classe de âmbito nacional.
> § 1º O Procurador-Geral da República deverá ser previamente ouvido nas ações de inconstitucionalidade e em todos os processos de competência do Supremo Tribunal Federal.
> § 2º Declarada a inconstitucionalidade por omissão de medida para tornar efetiva norma constitucional, será dada ciência ao Poder competente para a adoção das providências necessárias e, em se tratando de órgão administrativo, para fazê-lo em trinta dias. (grifos meus).

Não obstante essas turbulências, creio eu que, por ser a Constituição, uma Constituição democrática, conseguiremos superar, razão pela qual critiquei no passado o título do livro de Steven Levitsky e Daniel Ziblatt (*Como as democracias morrem*), sugerindo o de *Por que as democracias não crescem*, em artigo para a *Folha de São Paulo*, do qual reproduzo alguns trechos:

---

[2] BRASIL. [Constituição (1988)]. *Constituição da República Federativa do Brasil*. Brasília: Presidência da República, 1988. Disponível em: http://www.planalto.gov.br/ccivil_03/constituicao/constituicao.htm. Acesso em: 14 maio 2023.

POR QUE AS DEMOCRACIAS NÃO CRESCEM?

Norberto Bobbio, em seu livro "A teoria das formas de governo", lembra que o termo "democracia" "tem, de modo geral, nos grandes pensadores políticos, uma acepção negativa, de mau governo" (pág. 33, Editora Universidade de Brasília, 1976). Após citar Otanes, Dario, Heródoto e Aristóteles e lastreando-se em crítica a Megabises sobre a distinção de governos monárquicos e populares, conclui "essa comparação nos dá um exemplo claro da gradação das Constituições, boas ou más, de que falei na introdução (não há governos bons ou maus, mas governos melhores ou piores do que os outros" (págs. 34 e 35). É que "democracia", governo do povo ("demos") para os autores clássicos era regime pior que a "politia", governo da cidade ("polis"). Quando presidi o "Gabinete de Estudos sobre o Amanhã", em 1979, escrevi para o livro daquela instituição, editado pela Resenha Universitária, intitulado "Ano 2000", estudo sobre "a legitimidade do poder e uma teoria de alcance", tema que retornei em meus livros "Uma breve introdução ao direito" e "Uma breve teoria do Poder". De rigor, no mundo inteiro, vivemos apenas uma "democracia de acesso", isto é, os países em que o povo escolhe seus dirigentes, mas estes, quando eleitos, fazem o que bem entendem, pois suas promessas eleitorais, como dizia o saudoso Roberto Campos, comprometem apenas os que as ouvem. Estamos ainda longe de uma real democracia no planeta, sendo que Steven Levitsky e Daniel Ziblatt poderiam melhor intitular seu livro de "Como as democracias morrem" em "Porque as democracias não crescem". O Brasil, os Estados Unidos, a França, a Inglaterra, a Áustria e inúmeros outros países vivem uma crise democrática que é uma crise de legitimidade, visto que neles as ideologias, que são a corruptela das ideias, vicejam, tornando os adversários políticos inimigos figadais, pois utilizam-se do populismo para a conquista ou manutenção do Poder. Aqui, o "princípio da eficiência" do Artigo 37 da Constituição Federal é substituído pelo "princípio do amigo", valorizando-se a "teoria das oposições" de Carl Schmitt, o qual declarava que "a ciência política é a ciência que estuda a oposição entre o amigo e o inimigo". É de se perguntar se a Suprema Corte, que não representa o povo, mas a lei (Artigo 102 da CF), pode mudar o direito positivo ou fazer a lei que a Constituição declara que cabe ao Congresso fazer ou, em casos excepcionais, à Presidência da República? É de se perguntar se o Congresso, que deve zelar por sua competência normativa perante os outros poderes (Artigo 49 inciso XI) tem exercido esta função, como representante do povo, ou tem se omitido, permitindo que o Poder Judiciário aja em seu lugar? É de se perguntar se o Poder Executivo tem sido fiel aos compromissos de campanha? Não discuto neste artigo, até porque não privo da intimidade dos condutores dos Três Poderes, a idoneidade e a competência dos que estão à frente

> *deles, dois representantes do povo e um apenas da lei, razão pela qual está em último lugar no Título IV da Constituição. O que discuto é se realmente a democracia brasileira não seria uma mera democracia de acesso, com o povo sendo chamado para as eleições, mas com pouquíssima influência, após eleitos seus representantes, na condução dos destinos do país, considerando-se, os detentores dos Três Poderes pouco harmônicos e mal independentes, terem mandato dos deuses e não da sociedade, razão pela qual seriam livres para o exercício do Poder sem limitações. Creio ainda estarmos longe de uma verdadeira democracia, "em que todo o poder emanaria do povo" (Artigo 1° § único da CF)[3].*

Estou convencido, como disse em meu livro *A Era dos Desafios* (Editora Quadrante, 2020), que o desafio de fortalecer o tripé "Democracia, Justiça e Cidadania" depende menos do texto da Lei Suprema, que o garante, e mais das autoridades dos três poderes que não o manejam adequadamente, principalmente da Suprema Corte, que, como diz o Art. 102, deveria ser o "Guardião da Constituição" e não um sensor corretivo, segundo suas subjetivas teorias de ação dos outros poderes, até porque não eleito pelo povo, mas por um homem só, ou seja, o Presidente da República.

Sou, todavia, otimista de que as turbulências passarão e a espinha dorsal da Constituição, mais discutida do país para sua elaboração, prevalecerá, pois o texto, como dizia Kant sobre os ideais da revolução francesa e seus autores, é maior do que os homens que a administram nos três poderes, que, no tempo, passarão, mas não as três pedras angulares do constitucionalismo brasileiro, que são "democracia, justiça e cidadania".

Referências

ARENDT, Hannah. *Lições sobre a filosofia política de Kant*. Rio de Janeiro: Ed. Releune Demaré, 1993.

BASTOS, Celso Ribeiro; MARTINS, Ives Gandra. *Comentários à Constituição do Brasil*. Diversos volumes. São Paulo: Editora Saraiva, 2001.

BRASIL. [Constituição (1988)]. *Constituição da República Federativa do Brasil*. Brasília: Presidência da República, 1988. Disponível em: http://www.planalto.gov.br/ccivil_03/constituicao/constituicao.htm. Acesso em: 14 maio 2023.

---

[3] MARTINS, Ives Gandra da Silva. Por que as democracias não crescem? *Folha de S.Paulo*, nov. 2020. Disponível em: https://www1.folha.uol.com.br/opiniao/2020/11/por-que-as-democracias-nao-crescem.shtml. Acesso em: 15 maio 2023.

CRETELLA JÚNIOR, José. *Comentários à Constituição de 1988*. Rio de Janeiro: Forense Universitária, 1991. Diversos volumes.

DALLARI, Adilson; MARTINS, Ives Gandra da Silva; NASCIMENTO, Carlos Valder do Nascimento (coord.). *Tratado de Direito Administrativo*. São Paulo: Ed. Saraiva, 2013.

FERREIRA FILHO, Manoel Gonçalves. *Comentários à Constituição Brasileira de 1988*. São Paulo: Ed. Saraiva, 1999. (Diversos volumes).

LEVITSKY, Steven; ZIBLATT, Daniel. *Como as democracias morrem*. Rio de Janeiro: Zahar, 2018.

MARTINS, Ives Gandra da Silva. Por que as democracias não crescem? *Folha de S. Paulo*, nov. 2020. Disponível em: https://www1.folha.uol.com.br/opiniao/2020/11/por-que-as-democracias-nao-crescem.shtml. Acesso em: 15 maio 2023.

SANTOS, Arice Moacyr Amaral. *O poder constituinte*: a natureza e titularidade do poder constituinte originário. São Paulo: Sugestões Literárias, 1980.

BREVE REFLEXÃO SOBRE OS ASPECTOS ÉTICOS E JURÍDICOS DA PESQUISA CIENTÍFICA A PARTIR DO PROJETO GENOMA HUMANO[4]

David Teixeira de Azevedo

Introdução

No filme *The 6th Day*, dirigido por Roger Spottiswood e estrelado por Arnold Schwarzenegger, que trata do tema da clonagem de seres vivos, há uma empresa especializada em clonagem humana, sendo médico responsável o Dr. Weir. Katherine, a esposa deste último, que já fora clonada, mas adoecera gravemente outra vez, afirma: *"Eu quero morrer. Meu tempo já passou"*. Em discussão com o proprietário da empresa, diz o Dr. Weir: *"Eu amo minha mulher muito, tanto que prometi não a trazer de volta"*.

Essa fita ilustra muito bem a perplexidade e ambiguidade trazidas pela avalanche tecnológica bem característica deste tempo. A passagem transcrita emoldura exemplarmente a angústia e a contradição de sentimentos surgidos da experiência humana, trágica, de fazer possível a vida sem limite temporal.

Avassaladora tecnologia: um paradoxo

As investigações levadas adiante pelos físicos e o desvendar dos segredos dos átomos despertaram os bioquímicos para a pesquisa dos seres vivos. Nesse campo, despontou a genética, cujo foco é sobre a matéria viva e sua reprodução. Investigando-se a fantástica e intrincada intimidade de funcionamento das moléculas, identificaram-se os ácidos nucléicos, base da herança do ser vivo. Com Miescher isolando a nucleína, denominada ácido nucleico, e, verificando-se ser esta a base da herança dos caracteres dos seres vivos, Macarty Aver e Macleod "determinaram que um dos ácidos nucléicos, o ADN ou ácido desoxirribonucléico, podia transferir uma característica ausente antes da transmissão". Daí, como já se observou, foi um passo para Watson e Crick

---

[4] Artigo originalmente publicado na *Revista da Faculdade de Direito da Universidade de São Paulo*, v. 97, p. 499-511, 2002.

proporem em 1954 a estrutura helicoidal, dupla, como forma de explicação da rearrumação dos átomos na molécula de ADN.

Marcante é que

> [...] essas e outras investigações permitiram avanços extraordinários no campo genético, com a descoberta mesma da estrutura da vida, com ganhos incontáveis para a denominada engenharia genética com a tecnologia do DNA recombinante, de modo a fazer a multiplicação de genes dos mais variados organismos, havendo possibilidade de modificação do genoma, ou seja, da base hereditária de uma célula viva, tornando possível a geração de novos seres, denominados "organismos geneticamente modificados"[5].

Exemplo dessa tecnologia é a criação de organismos transgênicos, que esteve tão em moda quando do movimento contra os grãos de soja importados pelo Brasil, ou também o rato gigante em que foi introduzido gene humano responsável pelo crescimento.

Há valiosas conquistas da engenharia genética como o melhoramento genético, a terapia genética, com a retirada de genes defeituosos a fim de serem reparados e reinjetados no organismo, além da detecção de doenças antes mesmo do nascimento do ser, a possibilitar uma espécie de limpeza e conserto genético. Muitas doenças hereditárias, entre 3 e 4 mil, puderam e podem ser mapeadas e assim erradicadas[6]. Como acrescenta a redação do site Terra,

> [...] novos produtos poderão se beneficiar das descobertas. Empresas norte-americanas de biotecnologia estão conduzindo experiências de evolução acelerada para criar uma geração desde superdetergentes a remédios ultrapotentes. Na chamada evolução dirigida, os biotecnólogos pressionam os genes a experimentar mutações, obtendo em dias ou semanas o que demoraria anos na natureza. Por exemplo: determinadas bactérias levam décadas para evoluir e se tornar resistentes aos antibióticos. Os laboratórios, porém, podem criar em poucos dias supergermes para testar os novos antibióticos.

A engenharia genética permitiu igualmente a clonagem, em voga quando da pioneira experiência com a ovelha Dolly, em que foi realizada a cópia idêntica de outro ser vivo, produzido artificial e assexuadamente, tornando possível a realizada clonagem de embriões humanos, trabalho

---

[5] A exposição seguiu a linha de: FIORILLO, Celso Pacheco; RODRIGUES, Marcelo Abelha. *Direito ambiental e patrimônio genético*. Belo Horizonte: Editora Del Rey, 1996. p. 151 e segs.

[6] Fonte: AFP/Terra.

desenvolvido pela Advanced Cell Technology, uma pequena empresa de biotecnologia de Worcester, próximo a Boston, Massachusetts. Segundo se alegava, a finalidade da pesquisa com os embriões não seria para reprodução, mas simplesmente para constituir fonte de "células-tronco", em tese, capazes de se transformar em tecido e órgãos humanos. Todos os embriões clonados, todavia, morreram.

Houve acesa disputa entre os dois organismos responsáveis pela pesquisa da decodificação genética, a empresa *Celera Genomics*, grupo privado, e o *Human Research Project*, empreendimento que contou com a colaboração de cientistas do mundo inteiro. De qualquer modo, Eric Lander, um dos principais pesquisadores do projeto público, afirmou que os cientistas não poderão criar as terapias sem a ajuda de "empresas dispostas a investir capital", o que sugere intensos interesses econômicos, em especial na área de fármacos.

A esse respeito, a Autogen Ltda., empresa australiana no campo de investigação genética, adquiriu do governo tonganês, minúsculo arquipélago de 108 mil habitantes no Pacífico Sul, direitos com exclusividade sobre a diversidade genética da população, de modo a criar um a banco de dados a partir do DNA dos habitantes, em troca de royalties consistentes em medicamentos[7].

No Brasil, as atividades de pesquisas genéticas permitiram, por intermédio do Projeto Transcriptoma, não apenas o sequenciamento dos genes, mas sua identificação e nomeação, possibilitando o uso útil das informações genéticas. O Projeto Xylella Fastidiosa, desenvolvido pela Fapesp, tornou possível, num trabalho integral e em tempo recorde, o sequenciamento dos genes e sua identificação, fazendo factível, por exemplo, o combate e extermínio do amarelinho, doença da citricultura. O benefício econômico para a produção de laranja, uva e outras culturas suscetíveis a esta última bactéria será não apenas dos produtores, mas também do órgão de pesquisa, desde que possível o depósito de uma "patente forte", referente aos genes sequenciados e identificados, com compreensão de suas funções biológicas. O Brasil também se destacou nesse campo com a decodificação do gene responsável pelo câncer de mama. O trabalho foi desenvolvido pelo Projeto Genoma Humano do Câncer, que então elevou o país ao posto de segundo fornecedor de informações sobre a doença, por intermédio da tecnologia denominada "Orestes", que permitiu a leitura do miolo do gene, onde se localizam as informações genéticas mais importantes.

---

[7] FOLHA DE SÃO PAULO. Folha Ciência, p. A 17, 23 nov.

Todo esse quadro é de causar e vem causando perplexidade. Mostra que se vive num tempo de avassalador progresso científico e tecnológico. Pode-se afirmar nunca ter antes a humanidade, em tão curto espaço de século, avançado conquistas capazes de pôr em xeque a própria natureza do homem, sua posição no mundo e os valores que lhe norteiam e empolgam a existência.

Por contraditório que seja, ao permitir a quebra de modelos ou paradigmas e ao pretender redefinir o papel da ciência (já agora não de caráter universalista e "objetivista", herança do iluminismo, mas sim com um viés construcionista e de plurais visões do mundo natural e axiológico, característico da era pós-moderna), o avanço tecnológico e científico marcou o fim da ciência baseada em conhecimento universal e necessariamente verdadeiro, portanto ciência de paradigmas seguros[8]. Como assinala Lyotard, lembrado por Stanley Grenz[9],

> [...] o apelo à ciência como categoria organizadora e unificadora está enfraquecendo. Especificamente, a noção de uma empresa científica única, subdividida em disciplinas paralelas bem definidas, está sendo substituída pela noção de um agregado de áreas de questionamento mal definidas e em constante mutação. Cada uma dessas especialidades ostenta seu próprio "jogo de linguagem" (método ou procedimento de pesquisa) e conduz seu trabalho sem recorrer a uma "metalinguagem científica universal que una as ciências e proporcione um arsenal de recursos bem como um conjunto de princípios metodológicos confiáveis[10].

E desse esfacelamento ou pulverização da ciência resultou a perda do preciso objetivo da pesquisa. À ciência já não importa a verdade científica, mas sim "o grau de desempenho", deixando de lado a indagação científica básica "Será verdade?" para ingresso da pergunta "Para que serve?", valendo antes a utilidade e eficiência da descoberta ainda que não conhecida plenamente a verdade sobre as leis intrínsecas do fenômeno[11].

A esse repensar da própria atividade da ciência e à mudança de seus paradigmas, segue a quebra de valores, que justamente no âmbito tecnológico já têm precária luminosidade. Opera-se uma perigosa relativização

---

[8] Nesse sentido: GRENZ, Stanley J. *Pós-modernismo* – Um guia para entender a filosofia de nosso tempo. São Paulo: Editora Vida Nova, 1997. p. 78.

[9] É proveitosa a consulta à obra de Lyotard, *The post-modern condition: a report on knowledge*, Minnesota, University of Minnesota, 1984.

[10] GRENZ, 1997, p. 79-80.

[11] "op. et loc. cits".

moral. Hemingway, espelhando essa relativização, já afirmava no trabalho *Morte na tarde*: "*I know only that what is moral is what you feel good after, and what is immoral is what you feel bad after*"[12], e Joseph Jubert em seus *Cadernos* acrescentava haver pessoas "*que só guardam a moral em peça. É um pano de que nunca mandam fazer roupas*". Ou seja, há homens que não operam no campo moral e ético na perspectiva de valores imutáveis e transcendentes; não vestem sua existência com a roupagem valorativa, mas se valem de uma ética pragmática, de instante e utilitarista.

O fato é que se vive um tempo de verdadeira analgesia moral, expressão de um vazio existencial, estando o homem sem valores como norte, perdido do sentido do ser, apenas voltado para o ter e conquistar, numa verdadeira confusão axiológica. Os valores já não brilham de modo a prestarem-se a guia seguro para a tomada de decisões eticamente orientadas a respeito de questões as mais delicadas para a própria existência do gênero humano. E nesse terreno de instabilidade ética, vai posicionar-se a questão relativa à investigação genética, campo ainda sem fronteiras definidas e cujas formidáveis aquisições científicas são absolutamente perturbadoras.

Algumas questões pungentes despontam nesse cenário, a começar pela possibilidade de uma eugenia genética, que por certo e em larga medida teria agradado o movimento nacional-socialista alemão. Pense-se também na possível criação de superespécies, capazes de causar danos ao meio ambiente, pelo perigoso desequilíbrio ecológico e pelo risco à variabilidade das espécies. Ou também, no domínio dos interesses econômicos, o aproveitamento da propriedade das patentes de natureza genética, o que daria domínio sobre a vida animal e vegetal a segmentos comprometidos apenas com o lucro financeiro. Outro problema diz respeito ao prolongamento indefinido da vida e a capacidade do planeta de suportar uma superpopulação, para não falar do risco de, com as pesquisas genéticas, buscar-se a correção genética que torne o gene resistente à agressão externa decorrente da interação do homem com o meio degenerado ou com o agente agressor, em prejuízo da verdadeira correção do problema, que está no meio, correção real consistente na recuperação e preservação do meio ambiente como ecossistema equilibrado e sadio, ou a tratamento da fonte ou origem mesma da patologia do ser humano.

---

[12] Interessante que Hamingway suicidou-se aos 61 anos, após ser acometido de crises de depressão e choques elétricos, destino semelhante ao de seu filho, como assinala Marcelo Rubens Paiva em artigo inserido na *Folha de S.Paulo*, Inéditos, Caderno Especial, edição de 6 de outubro de 2001.

Outras indagações relevantes como o sigilo dos dados relativos à informação genética, para fins de seguro, escola, casamento, trabalho etc.; a problemática que envolve a propriedade intelectual, a criação do Banco de Dados Genéticos, a necessidade de consentimento de mapeamento genético[13] e o intrincado ponto do tratamento genético próprio ou de terceiros, a criação de cópia de seres humanos em formas descerebradas como uma espécie de "estepe" biológico para futuros transplantes sem rejeição e ainda o direito à informação genética, essas indagações relevantes — repita-se — trazem sutis, elegantes e perigosos temas éticos, que ainda não se acham resolvidos de modo satisfatório juridicamente após a decantação dos valores que orientam a própria vida e existência humana.

O fato é que essas perturbadoras conquistas abalam o alicerce e a estrutura dos valores que são fundantes da sociedade moderna e que constituem medula do próprio homem, membro da comunhão social.

A vida humana e sua dimensão ética

O homem vive imerso nos valores, debaixo de uma verdadeira constelação axiológica que lhe orienta a vida, escalona prioridades, define ações e propõe e fixa objetivos da existência. O homem vive, respira valores. Mesmo quando nega os valores, o homem os afirma, pois decidir envolve sempre um decidir valorativo e eticamente orientado.

O homem não se caracteriza como tal apenas porque dotado de inteligência, capacitado para a elaboração de ideias e juízos, capaz de abstração conceitual e formulação de raciocínio. A bem ver, estar sob o domínio do instinto ou viver orientado tão apenas pela inteligência, em essência não faz muita diferença para a existência particular do homem senão enquanto espécie, porque um e outro, instinto e inteligência, são acrômicos, neutros, pragmáticos. Por isso mesmo a inerência do comportamento humano não reside propriamente no agir inteligente, mas no agir segundo uma escala de valores. Comportamento humano só é humano se debaixo de um determinado universo axiológico, porquanto instinto e inteligência tão só habilitam

---

[13] Veja a advertência da redação do site *Terra*: "O mapeamento genético também está alertando para outra questão: a da discriminação genética. Instituições e pesquisadores já indagam se o conhecimento do material genético de uma pessoa não permitirá a sua exclusão social ou econômica. As empresas seguradoras de saúde poderiam, por exemplo, utilizar o mapeamento genético para alterar os valores dos serviços ou excluir clientes que demonstrassem grande propensão a determinadas doenças. Uma pesquisa feita nos Estados Unidos pela Time/CNN mostrou que 75% dos entrevistados não querem que suas companhias de seguro de saúde conheçam seu código genético, por temerem discriminação. Os pesquisadores já falam na necessidade de proibir, legalmente, a discriminação genética".

o homem à satisfação das necessidades de sobrevivência de acordo com a luta biológica de preservação. A segunda (inteligência) vai distinguir-se do primeiro (instinto) apenas em que há crescente sofisticação no atendimento a essas necessidades, buscando os melhores e mais abreviados meios para cumprimento do maior espectro possível de necessidades e, por extensão, buscando a satisfação de desejos complexos nos seres humanos e elementares e básicos nos demais animais.

O indisputável é que, se não orientado no sentido de realização de valores, situado debaixo de uma constelação axiológica, o homem perde sua própria identidade, bestializa-se, perde de foco sua finalidade de ser humano, em dano à sua dignidade intrínseca.

Os valores, insista-se, é que dão o sentido à vida, pondo resposta à pergunta em como ser verdadeiramente homem e como pode e deve ele cumprir sua missão no mundo. O sentido da vida, portanto, é a medida precisa em que pode cumprir e cumpre o homem um valor[14]. Acentua Johannes Hessen ser o mais alto fim da vida humana justamente a humanização do homem, pelo abrir-se aos valores[15].

De fato, o fim da vida é a humanização do homem pela porta dos valores, havendo uma inclinação em todas as atividades humanas em direção ao valioso ou ao desvalioso. Há tensão constante e perene entre a ciência e a técnica, de um lado, e a humanização do homem, de outro. A técnica tende a afirma-se isenta a valor. Na busca da conquista científica, o trabalho do técnico é de identificação da ordem intrínseca dos fenômenos e da lei que rege e mantém essa ordem, aparentemente sem qualquer preocupação ou contraponto ao universo axiológico. O homem segue sua vocação de tornar-se pedra angular da criação, tarefa somente possível pelo humanizar-se, que nada mais é senão o ser e agir de acordo com os valores supremos da verdade e da bondade.

As pesquisas científicas e seu equacionamento ético

As coisas se bem-vistas, contudo, não se passam bem assim, pois o decidir humano quanto ao objetivo da pesquisa científica já envolve uma opção ou escolha valorativa. O homem, como se afirmou, está imerso nos valores, não podendo nenhuma ação ou obra sua ser compreendida sem a inserção no universo do valioso. A cultura humana, e nela se incluem as conquistas

---

[14] HESSEN, Johannes. *Filosofia dos valores*. Tradução de Cabral de Moncada. 5 ed. Coimbra: Arménio Amado, ano. p. 241.

[15] *Ibidem*, p. 243.

científicas e tecnológicas, não constitui outra coisa senão a magnetização dos valores no plano do relacionamento e desenvolvimento humano e social.

O objeto da investigação científica, por conseguinte, não pode despregar-se do objetivo determinante da investigação mesma, que acaba por condicionar o método ou a técnica de investigação. Isto é, não há objeto de pesquisa sem um preciso objetivo de investigação, ambos com o dever de equacionar a validade, adequação e proporcionalidade do método de investigação. E no objetivo determinante da pesquisa reside uma opção valorativa.

Assim é que não se pode pretender, por exemplo, a cura da AIDS simplesmente porque se almeja a criação, ou promoção ou expansão de uma segura sociedade de homossexuais, ou para tornar menos danoso, por exemplo, o estupro. Muito menos se buscará tal cura utilizando-se de método investigativo que implique a inoculação do vírus em pessoas homossexuais ou potenciais vítimas do delito de estupro, pessoas absolutamente sadias, causando-lhes debilidade física, sofrimento e dor a fim de constatar, por exemplo, eventual eficiência de determinado princípio ativo de droga, ou, ainda para testar o potencial inocuizante de determinada vacina. Não. A pesquisa científica há de estar eticamente endereçada. Essa a razão pela qual existem os Conselhos de Ética de Pesquisa, de que é exemplo o Conselho de Ética da Faculdade de Farmácia da Universidade de São Paulo.

Por isso, num aspecto, e só nesse aspecto, parece correto o materialismo histórico de Marx ou o vitalismo ou biologismo de Spengler quando afirmam não poder separar-se, como realidades não permeáveis, o mundo da natureza e o mundo da cultura, como afirmava a escola neokantista alemã de Windelband e Rickert[16].

Aliás, na linha do empirismo, a medida da natureza é a medida do próprio homem, dado que a natureza constitui realidade para o ser cognoscente apenas no que pode ser percebida e conhecida. Esse princípio do *homo mensura*, proposto por Protágoras, vale não apenas no campo gnosiológico, mas também no axiológico: a natureza existe e vale na exata proporção em que o homem pode conhecê-la e sobre ela proferir seus juízos de valor. Por isso, a natureza faz-se cultura não pelo fortuito agir do homem sobre a matéria, mas pelo agir teológica e assim axiologicamente orientado. O *cogito ergo sum* cartesiano pode, nesse sentido, ser substituído pelo *judico ergo sum*, que enfatiza o sujeito que valora.

---

[16] Rickert, por exemplo, afirmava ser a ciência da natureza isenta ou alheia a valores: ciência da natureza isenta ou alheia a valores (*wertfrei*) e da história ou cultura uma realidade referida a valores (*wertbeziehend*). Cf. *Die Grenzen der naturwissenschaftlichen Begriffsbildung* e *Kulturwissenschaft und Naturwissenschaft* apud HESSEN, *op. cit.*, p. 250.

Aliás, o contato entre natureza e cultura já podia ser identificado desde os estóicos, segundo quem a lei da natureza tanto preside a regularidade e a ordem do mundo quanto constitui igualmente regra de comportamento, regra "que a ordem do mundo exige que seja respeitada por [todos] os seres vivos", confiada aos instintos nos animais e à razão no homem[17].

Mesmo nos domínios exclusivos da natureza, parece haver um acento valorativo. Por exemplo, na perpetuidade da espécie, como que há uma seleção das funções mais úteis e mais importantes para o progresso e manutenção do equilíbrio natural, de modo a promover a vida, valor matricial. E também, nesse sentido, homem e natureza integram-se e fundem-se como ator principal desse movimento universal de preservação da ordem natural do planeta, desde que a vida humana, pelo que creio, é contígua temporalmente à criação do universo, de tal modo que pode afirmar-se existir o universo para o homem e este depender da existência daquele. Assim, o universo físico e biológico de um lado e o homem e os valores de outro constituem grandezas que participam de uma unidade de sentido, irredutíveis todavia em seus atributos, mas interdependentes e complementares.

Com propriedade, Cabral de Moncada afirma serem "os valores a própria vida do homem enquanto homem"[18] e por meio de sua efetivação é que o homem se liga ao mais real de sua existência, na dialética e interpenetração entre o ideal e o real, na história individual e social[19]. E nesse terreno do valioso, a experiência do valor é comum dos homens e universal à raça humana, desde que os valores são objetivos e transindividuais, o que, na fórmula existencial Heidegger, permaneceu na afirmação de caracterizar-se o homem como um "ser com"[20] (*sein ist mitsein*). E nessa incoercível comunicação e sociabilidade, as consciências interpenetram-se, convivem, colaboram na constituição do ser espiritual que é a humanidade ao largo da história. Como assevera Cabral de Moncada, a vivência do valioso, não só no que tem de categoria formal, mas em muitos dos seus conteúdos materiais, não é apenas da pessoa mesma, de sorte que não tem somente o palco da consciência espiritual da pessoa no aqui e agora, mas também a dos outros, de muitos outros, frequentemente a dos homens de toda uma geração, de uma época, de uma civilização e cultura, e talvez até mesmo da humanidade[21].

---

[17] ABBAGNANO, Nicola. Verbete "natureza". *Dicionário de Filosofia*. São Paulo: Ed. Mestre Jou, ano. p. 671.

[18] CUNHA, Paulo Ferreira da. *Filosofia do direito e do estado*. Coimbra: editora, ano. v. 2. p. 286.

[19] *Ibidem*.

[20] Sobre o existencialismo de Heidegger, ver: HIRSCHBERGER, Johannes. *História da filosofia*. São Paulo: Editora Herder, 1968. p. 209 e segs.

[21] *Ibidem*.

O fato é que o homem submerso nos valores busca, consciente ou inconscientemente, o valor absoluto, que será visto no Deus pessoal e criador do mundo dos cristãos; no espírito absoluto do neohegealismo, de essência racional, um *logos* laico a palpitar no interior de toda evolução, tanto da vida natural quanto da vida social e da história; no próprio desespero e na absurdidade da vida humana do existencialismo, ou particularmente no nenhum sentido da vida de Sartre, segundo quem o homem "é o ser que projeta ser Deus"[22], mas este está falido, homem cujo projeto resolve-se portanto em fracasso; ou na "nua existência" de Heidegger ou na Transcendência de Jaspers[23].

Na verdade, a busca do absoluto é a busca de Deus. E a busca de Deus é a busca pelo homem da razão de sua própria vida e o sentido último de sua existência. E havendo sido feito o homem à imagem e semelhança de Deus, na ânsia insuperável de encontrá-lo, busca, a meu sentir inutilmente, o absoluto em sua própria existência espiritual (alma), que é eterna. E nesse ser assim espiritualizado e voltado à transcendência, acha-se o ponto essencial de seu ser, que é a própria dignidade humana.

De tal arte que a pessoa humana é o valor matricial, é o valor fonte, no qual há concreção e prospecção do valioso. E por ser valor-fonte, valor-primeiro, ele põe-se como razão de ser do Estado, seu modelador e ponto referencial. Deve-se, por isso, dar-lhe incondicional respeito e proteção, desde que se põe como centro de atração e projeção dos valores, exercendo uma força centrípeta e centrífuga de todas as outras expressões axiológicas[24].

A problemática vai centrar-se, no fundo e ao cabo, na adoção ou rejeição de uma ética pragmática que instrumentaliza a pessoa humana, pondo em segundo plano sua dignidade intrínseca, tendo o homem como um bem relativo. É uma via aberta, como assinala Laura Pallazani, a uma "*ética della disponibilità della vita humana*", no curso da qual o homem não possui valor em si mesmo, sendo, portanto, irrelevantes para a moral e para o direito as vertentes axiológicas da conduta mesma, nada havendo a orientar e a tolher a liberdade de ação do ser humano"[25].

---

[22] DICIONÁRIO cit., verbete "existencialismo". *Être et néant*, p. 656.

[23] Ver: JOLIVET, Régis. *As doutrinas existencialistas*. Porto: Livraria Tavares Martins, 1953. p. 325.

[24] E aqui reside o perigo de tendências éticas reucionistas como aquela do movimento norte-americano *Law and Biology*, para o qual a moralidade não tem outra natureza senão a de constituir "*empirical matter subject to scientific study*", apresentando-se não com um substrato filosófico, mas tão apenas como "*empirical issues of social science*", assemelhando a experiência jurídica àquela submetida às leis biológicas (*Cf.* ELLIOT, E. Donald. Law and biology: the new synthesis? *Saint Louis University Law*, v. 41, n. 2, p. 601-603, 1997).

[25] LA CLONAZIONE sull"uomo: una recente questione bioetica e biogiuridica. *Rivista internazionale di filosofia del diritto*, Milano, Giuffrè, IV Serie, LXXIV, luglio/sett. 1997. p. 462.

A biotecnologia e os valores do homem

Toda ação humana é orientada valorativamente. Agir é agir eticamente orientado. E esse prisma ético é colhido pelas ciências de natureza cultural, que buscam em sua investigação não as relações entre os fenômenos, mas o sentido das condutas e dos movimentos individuais e sociais. Se é verdade não se identificar em todos os planos, numa projeção necessária, o direito com a ordem moral[26], ou com os valores espirituais e religiosos, a situar-se o jurídico dentro do denominado "mínimo ético", cumprindo a finalidade de *"manter de pé a sociedade dos homens e criar-lhes condições de vida que lhes permitam realizar, por si, os seus próprios fins"*[27], não menos correto estarem as normas jurídicas a positivar valores imantados a bens de essencial relevância ao convívio em sociedade, principal e primeiramente aqueles bens que dizem com a própria existência do homem e seu destino.

É nessa perspectiva que deve ser vista a questão relativa à biotecnologia. Deve-se humanizá-la. Compatibilizá-la com os valores essenciais da humanidade, pondo-se a dignidade da pessoa humana como valor fonte, verdadeiro valor iluminador (*Strahalwert*), que informa, conforma e "enforma" todos os demais valores, inclusive e principalmente o jurídico, e que dá projeção linear e significado inconfundível a toda descoberta científica e a toda a técnica utilizada pelo homem para esse fim.

Os organismos internacionais têm-se precatado dos riscos aos direitos individuais fundamentais consistentes nos grandes interesses econômicos no âmbito das investigações biotecnológicas. No encontro preparatório para o *Global Compact Meeting*, realizado em 26 de julho de 2000 em New York, pela *United Nations High Commissioner for Human Rights*, o problema foi trazido de maneira pungente apontando-se a preocupação quanto à crescente dependência e intercomunicação entre negócio e Direitos Humanos: *"the links between business and human rights are becoming increasingly clear and higher on the international agenda"*.

A mesma *United Nations* expediu a Declaração Universal sobre o Genoma Humano e os Direitos Humanos, afirmando a unidade fundamental de todos os membros da família humana, com reconhecimento de sua inerente dignidade e diversidade. Por isso, todos têm o direito a respeito e a observação de sua dignidade e demais direitos independentemente de suas características genéticas, não se podendo reduzir o indivíduo

---

[26] *Non omne quod licet honestum est.*

[27] Cabral de Moncada. Filosofia do direito e do estado *op. cit.*, p. 295.

à sua expressão ou qualidade genética, mas sim dedicar respeito a sua singularidade e a sua diversidade.

Quanto à exploração aos interesses econômicos com as experiências genéticas, fixou que o genoma humano em seu estado natural não deve ser utilizado para ganhos financeiros, prevendo que em caso de intervenção genética de que decorra danos ao paciente, mesmo em caso de consentimento, deverá haver reparação. Por isso, prevê-se que os Estados deverão editar regras expressas sobre os casos e condições de intervenção genética, mesmo consentida, limitando-se legalmente as hipóteses limitadoras.

E essas limitações jurídicas são de suma importância, em especial na área farmacêutica. Como assinalou o jornalismo do site *Terra*,

> [...] as transformações serão profundas, principalmente na área farmacêutica. Quando se detalharem as tendências humanas a determinadas doenças, será aberto um novo leque de pesquisas em medicamentos, principalmente de caráter preventivo. Será possível prever a reação de cada homem a determinadas substâncias e economizar nos testes clínicos de diagnóstico. O desenvolvimento de produtos transgênicos deverá ganhar ainda mais impulso, esquentando a polêmica.

> Novos produtos – continua – poderão se beneficiar das descobertas. Empresas norte-americanas de biotecnologia estão conduzindo experiências de evolução acelerada para criar uma geração desde superdetergentes a remédios ultrapotentes. Na chamada evolução dirigida, os biotecnólogos pressionam os genes a experimentar mutações, obtendo em dias ou semanas o que demoraria anos na natureza. Por exemplo: determinadas bactérias levam décadas para evoluir e se tornar resistentes aos antibióticos. Os laboratórios, porém, podem criar em poucos dias supergermes para testar os novos antibióticos[28].

Subjaz a todas essas considerações a indagação quanto à conveniência, necessidade ou mesmo emergência de se estabelecerem limites à investigação científica e à utilização de suas conquistas. O certo, contudo, é que o objetivo da pesquisa genética deverá ser o de preservação da vida e do bem-estar da pessoa humana, individualmente considerada, revestida de seus aspectos e atributos fundamentais de dignidade e diversidade.

A pesquisa genética, destarte, não poderá tanger a dignidade da pessoa humana consistente em sua singularidade, diversidade, intimidade, ou seja, o valor intrínseco de sua personalidade. A terapia genética poderá ser

---

[28] Fonte: Redação Terra.

incrementada para o aperfeiçoamento da espécie, nunca para o propósito genérico de criação ou geração de superespécies ou raças puras, mas deverá visar ao consentido aprimoramento da pessoa individualmente considerada.

Não deverão as pesquisas genéticas no campo humano, em particular no de fertilização, subverter a ordem natural da vida, em si mesma valiosa, por exemplo, com programa de concepção entre homossexuais.

De outro lado, as investigações genéticas não deverão caminhar para a perpetuação da espécie humana, porquanto tal vereda conduzirá, pela escassez dos recursos havidos no planeta, ao aniquilamento da própria humanidade, a que precederia uma luta feroz entre os membros da raça humana.

A vida humana como caminho para a morte: as fronteiras da genética

A vida, em suma, há de prestar tributo à morte como limite derradeiro de uma existência que se faz outra mais perfeita, em outro plano, para que a linha da vida e da civilização humana não se interrompa.

A vida e a morte constituem extremos perenes de contato com a natureza mesma e com a própria humanidade. A vida encaminha-se para a morte e nela se encontra paradoxalmente sua realização e sua plenitude, quando permite ao ser que morre a perpetuidade da própria existência na memória dos que sobram e na história da humanidade, e o renascimento para a vida no plano espiritual, danação eterna para uns e gozo eterno para outros, tudo a depender das particulares escolhas dos valores eternos.

A morte, por outro lado, dá sentido à vida e permite a continuidade da existência humana.

Há que se permitir ao homem morrer sua própria morte. Por isso, o que se lhe deve oferecer é qualidade de vida e também qualidade de morte, sem sofrimento ou dor, falando os psicólogos e médicos da "dignificação do processo de morrer"[29].

E qualidade de vida não se resume à funcionalidade e à higidez de membros, órgãos, faculdades e funções, mas principalmente resolve-se a qualidade de vida, no sabor da existência. Quando se perde o gosto da vida, pela solidão da ausência da constelação de familiares e queridos, pela desconexão progressiva do processo e progresso social, pelo desplugar-se do mundo, de nada vale a saúde física ou a higidez mental. É hora de morrer.

---

[29] KOVACS, M. J. Autonomia e o direito de morrer com dignidade. *Bioética*, revista publicada pelo Conselho Federal de Medicina, v. 6, n. 1, 1998. p. 62.

Por isso, deve-se respeitar a decisão personalíssima de quem se desapaixona da vida, por nela já não perceber atrativo ou com ela já não pulsar.

Tem razão portanto o Dr. Weir quando afirma que, por amar sua mulher, haver-lhe incondicionalmente e irreversivelmente prometido "não a trazer de volta".

Não será essa a razão pela qual o Salmista conclui, na perspectiva de seu tempo: *"A vida do homem é de 70 anos, mas se alguns por sua robustez chegam a 80 o melhor deles é canseira e enfado"*?[30]

A biotecnologia, os estudos avançados de genética e as pesquisas de ponta poderão com sucesso retirar do homem sua canseira, mas não serão capazes, jamais, de retirar-lhe o enfado, que é o cansaço da alma.

Conclusão

A ciência foi feita para o homem e não o homem construído a partir e na medida da ciência. Se, como afirma Kant, a ciência é dotada de objetividade, necessidade e universalidade, mas em dependência da "subjetividade comum a todos os homens"[31], da consciência também universal e geral de todos os homens, o denominado "Eu transcendental", que organiza a multiplicidade das sensações segundo uma hierarquia de formas, de modo a constituir o conhecimento científico, o homem, como assinala o mesmo Kant, é a medida moral da ciência e não pode ser de nenhum modo instrumentalizado. Ele é fim. Fim absoluto.

Será que vale a pena buscar a eternidade sem passar pela morte? Não traria a vida sem termo mais escolhos, mais patrimônio de sofrimento e dor do que bem-estar e sensação de completitude. Não constitui a morte o ápice de uma trajetória de vida que pretende a eternidade para imortalidade da própria existência.

Como diz Moisés no livro dos Salmos, falando da fraqueza do homem e da providência de Deus: *"A duração da nossa vida é de setenta anos, e se alguns, pela sua robustez chegam a oitenta anos, o melhor deles é canseira e enfado, pois passa rapidamente, e nós voamos"*[32].

Do homem, repita-se, não se lhe pode extrair o direito de morrer. O direito de morrer sua própria morte, com todo o ritmo e o completo rito sacro e de sagração

---

[30] Salmos 90:10.

[31] PADOVANI, Umberto; CASTAGNOLA, Luís. *História da filosofia*. São Paulo: Melhoramentos, 1993. p. 363.

[32] Bíblia Sagrada, Salmo 90:10, versão Almeida.

reservados a cada ser humano. Há beleza na morte. A cessação da vida a um só tempo é cessação de trajetória e reinício de jornada, é a consolidação de um projeto e realização de vida, para a instauração de um outro projeto de realização de vida, no plano transcendental[33]. Nesse sentido, o nascimento do mito nada mais significa senão o cristalizar, perenizando na personalidade que morreu, suas virtudes e seu exemplo. Somente se pode tornar eterno passando pela via sombria e gloriosa da morte. A imortalidade de um Kennedy, Churchill, a lembrança perene de um Getúlio Vargas ou Rui Barbosa, o exemplo contínuo e renovado de um Gandhi ou Ayrton Senna, ou de um Charles Chaplin apenas foram obtidos pela morte.

A morte, numa palavra, traz vantagens e ganhos a quem morre, que pode passar a viver num estado de perfeição, e aos que persistem na senda da vida, que têm um referencial para a existência, um norte para seu destino.

Por isso o filósofo e cientista, ou melhor, esteta do direito, Miguel Reale, pontua não ser exagero

> *[...] afirmar que sem a morte não teria significado a vida. Imagine-se o homem imortal, para quem a infância, juventude, maturidade e velhice seriam palavras desprovidas de sentido, um tempo sempre igual, no qual não haveria lugar nem para esperança, nem para a saudade[34].*

Se como diz Voltaire, a *"vida é organização com capacidade de sentir"*[35]. As pesquisas genéticas, inspiradas apenas tecnicamente, não poderão ingressar no patrimônio humano. Ganharão legitimidade ética apenas quando impregnadas do sentimento do homem, seguindo uma via permanentemente aberta à humanização.

Referências

ABBAGNANO, Nicola. Verbete "natureza". *Dicionário de Filosofia*. São Paulo: Ed. Mestre Jou, p. 671.

BÍBLIA SAGRADA, Salmo 90:10, versão Almeida.

CUNHA, Paulo Ferreira da. *Filosofia do direito e do estado*. Coimbra: Fórum, 2021. p. 286. v. 2.

---

[33] Assim, parece não ter razão Rui Barbosa quando dizia: *"A vida não tem mais que duas portas: uma de entrar pelo nascimento; outra de sair, pela morte. Ninguém, cabendo-lhe a vez, poderá furtar à entrada. Ninguém, desde que entrou em lhe chegando o turno, se conseguirá evadir à saída"* (*Elogios acadêmicos e orações de paraninfo*, Ed, Revista de Língua Portuguesa, 1924, p. 358).

[34] Artigo publicado no jornal *O Estado de São Paulo*, em 12 de junho de 1999.

[35] DICCIONÁRIO FISOLÓFICO. Verbete "vida". Buenos Aires: Editorial Araújo, 1964. Tomo III. p. 354.

DICIONÁRIO cit., verbete "existencialismo", Être et néant, p. 656.

DICCIONÁRIO FISOLÓFICO. Verbete "vida". Buenos Aires: Editorial Araújo, 1964. Tomo III. p. 354.

ELLIOT, E. Donald Law and biology: the new synthesis? *Saint Louis University Law*, v. 41, n. 2, p. 601-603, 1997.

FIORILLO, Celso Pacheco; RODRIGUES, Marcelo Abelha. *Direito ambiental e patrimônio genético*. Belo Horizonte: Editora Del Rey, 1996. p. 151.

FOLHA DE SÃO PAULO. Folha Ciência. p. A 17, 23 nov.

GRENZ, Stanley J. *Pós-modernismo* – Um guia para entender a filosofia de nosso tempo. São Paulo: Editora Vida Nova, 1997. p. 78.

HESSEN, Johannes. *Filosofia dos valores*. Tradução de Cabral de Moncada. 5. ed. Coimbra: Arménio Amado, p. 241.

HIRSCHBERGER, Johannes. *História da filosofia*. São Paulo: Editora Herder, 1968. p. 209 e segs.

JOLIVET, Régis. *As doutrinas existencialistas*. Porto: Livraria Tavares Martins, 1953. p. 325.

KOVACS, M. J. Autonomia e o direito de morrer com dignidade. *Bioética*, revista publicada pelo Conselho Federal de Medicina, v. 6, n. 1, p. 62, 1998.

LA CLONAZIONE sull"uomo: una recente questione bioetica e biogiuridica. *Rivista internazionale di filosofia del diritto*, Milano, Giuffrè, IV Serie, LXXIV, luglio/sett. 1997. p. 462.

PADOVANI, Umberto; CASTAGNOLA, Luís. *História da filosofia*. São Paulo: Melhoramentos, 1993. p. 363.

DESAFIOS CONTEMPORÂNEOS DO SISTEMA DE JUSTIÇA EM FACE DO PRINCÍPIO DEMOCRÁTICO: ENTRE O MONUMENTO E O MOVIMENTO

Tercio Issami Tokano

Introdução

O presente artigo, integrante de obra elaborada para promover justa e merecida homenagem à eminente jurista professora doutora Maria Garcia, visa propor singelas reflexões acerca da milenar dicotomia entre permanência e mudança[36], trazendo-a para o contexto hodierno da democracia e do direito brasileiros, tendo como horizonte a problemática dos limites de alterabilidade tolerados pelo sistema de justiça, diante dos influxos dinâmicos de uma sociedade plural, heterogênea e complexa.

Aponta-se, de início, que a opção pela democracia assume natural risco de variações de rota ao longo do tempo, haja vista a alternância de programas políticos que, legitimados na soberania da vontade popular majoritária, vão se sucedendo diacronicamente, porém nem sempre — a rigor, quase nunca — de forma harmônica ou coerente. É da essência da democracia o movimento errático, não linear.

Lado outro, incumbe ao sistema de justiça, no qual o Poder Judiciário exerce função decisória em caráter definitivo, zelar pela linearidade e coerência dos processos de mudança que emergem do seio social, tendo como referência marcos constitucionais que, pela via interpretativa, afiguram-se cada vez mais abrangentes, incisivos e, ao mesmo tempo, limitantes de eventuais extravagâncias. A esse sistema alcunha-se o epíteto monumento, não no sentido rigidamente estático, mas como fenômeno severamente monitorado e ajustado aos trilhos do constitucionalismo.

---

[36] É recorrente, nessa dicotomia, a alusão aos filósofos pré-socráticos Parmênides e Heráclito. De fato, a ideia fixa de Parmênides consistia "no fato de a Verdade (ou o Um, ou Deus, ou o Logos, ou o Ser) ser algo único, inteiro, imóvel e não gerado", ao passo que, para Heráclito, a realidade "é um incessante fluir e transformar-se das coisas". CRESCENZO, Luciano de. *História da filosofia grega*: os pré-socráticos. Rio de Janeiro: Rocco, 2005. p. 77 e 102.

Acresçam-se, nessa receita conflituosa, ingredientes outrora inexistentes ou desconhecidos, trazidos pelos tempos atuais, como a multiplicidade das instâncias de poder real[37], a instantaneidade e fugacidade das relações humanas e sociais, no contexto de sociedade de risco[38] e modernidade líquida[39], e o advento das redes sociais que, ao mesmo tempo que parecem democratizar a informação e a participação social, difundem, em escala geométrica, versões ou narrativas que pouco agregam em termos qualitativos ao debate público.

Nesse contexto, em que a dinâmica embaralhada e conflituosa da democracia parece toldar a visão dos rumos que emergem da soberania popular, propõe-se pontuar alguns aspectos da atualidade que desafiam o sistema brasileiro de justiça, bem assim reflexões embrionárias, quiçá merecedoras de aprofundamentos mais qualificados, feitas com o propósito de contribuir para a necessária convivência harmoniosa que o princípio democrático deve manter com os valores supremos do constitucionalismo.

A democracia como movimento

Há várias razões para se considerar a democracia o "pior regime de governo imaginável, à exceção de todos os outros que foram experimentados"[40], consoante frase de efeito atribuída a Winston Churchill. Seja por justificação política, social ou moral, fato é que a democracia, na presente quadra, é a opção racional que melhor espelha o inacabável processo de aprimoramento das instituições humanas ao longo da história, notadamente porque permite, quando menos sob o aspecto formal, que todos os segmentos e indivíduos da sociedade disputem os espaços de poder anteriormente relegados a extratos ínfimos. Ademais, sua principal força está em se reconhecer frágil, a partir

---

[37] Norberto Bobbio vai caracterizar a sociedade moderna como centrífuga, "que não tem apenas um centro de poder (a vontade geral de Rousseau), mas muitos, merecendo por isto o nome, sobre o qual concordam os estudiosos da política, de sociedade policêntrica ou oligárquica (ou ainda, com uma expressão mais forte mas não de tudo incorreta, policrática). O modelo de Estado democrático fundado na soberania popular, idealizado à imagem e semelhança da soberania do príncipe, era o modelo de uma sociedade monística. A sociedade real, subjacente aos governos democráticos, é pluralista". BOBBIO, Norberto. *O futuro da democracia* – uma defesa das regras do jogo. 16. ed. Rio de Janeiro; São Paulo: Paz e Terra, 2019. p. 43.

[38] O tema "sociedade de risco" foi desenvolvido, entre outros, pelo sociólogo alemão Ulrich Beck, o qual buscou analisar a maneira pela qual a sociedade contemporânea passa a adotar cuidados em face dos crescentes riscos advindos da própria modernidade (tecnologia, meio ambiente etc.). Sua obra-referência, de 1986, tem como título *Risk Society — Towards a New Modernity* e foi lançada no Brasil pela Editora 34.

[39] A exemplo de "sociedade de risco", a ideia de "sociedade líquida" é fruto dos tempos vigentes, marcados pela liquidez e volatilidade, sendo desenvolvida celebremente pelo filósofo polonês Zygmunt Bauman. Dentre diversas obras traduzidas para o português, destaca-se *Modernidade líquida*, publicada pela Editora Zahar em 2001.

[40] DARNTON, Robert; DUHAMEL, Olivier (org.). Democracia. Rio de Janeiro: Record, 2001. Orelha do livro.

da admissão da falibilidade humana, à diferença de regimes totalitários que, invariável e ilusoriamente, vendem-se como infalíveis[41].

Decorrência lógica da pluralidade de visões admitida no debate público, todas, ou quase todas[42], legitimadas a disputarem mentes, corações e votos, é a tolerância ao experimentalismo que, a depender da formação histórica de cada Estado, poderá ser mais ou menos intenso. Em países mais desenvolvidos economicamente, o grau de variação produzido por resultados eleitorais democráticos tende a ser mais reduzido; já naqueles em que o estágio de desenvolvimento se encontra mais atrasado, e que, por isso mesmo, sofrem com crises políticas e econômicas cíclicas, percebe-se haver maior chance de eleições produzirem mudanças mais amplas.

Tome-se a trajetória dos resultados das eleições presidenciais no Brasil pós-Constituição de 1988. Admitindo-se ressalvas quanto à métrica a seguir encampada, a caminhada inicia-se por opção mais à direita do espectro ideológico, com a eleição de Fernando Collor de Mello em 1989, cujo vice-presidente, Itamar Franco, alçado à primeira cadeira pelo impeachment, representa o que seria o início de um percurso do eleitor em direção ao espectro oposto[43]. O cenário confirma-se com duas eleições do centro-esquerdista Partido da Social Democracia Brasileira, até se chegar a quatro eleições seguidas do Partido dos Trabalhadores, agremiação partidária que, em teoria, defende o socialismo como forma ideal de organização social[44]. O pêndulo inicia seu movimento para o polo contrário por um segundo processo de impeachment, agora de Dilma Rousseff, com a ascensão de Michel Temer, político conhecido por sua moderação. Já o resultado eleitoral de 2018, conquanto determinado menos por ideologia e mais por circunstâncias extraordinárias, promove o retorno da maioria do eleitorado ao campo da direita. Por fim, em 2022, a democracia promove nova mudança de rota,

---

[41] Atribui-se a Ulysses Guimarães a frase: "A grande força da democracia é confessar-se falível de imperfeição e impureza, o que não acontece com os sistemas totalitários, que se autopromovem em perfeitos e oniscientes para que sejam irresponsáveis e onipotentes". COLLOR, Fernando. Ulysses Guimarães 100 anos: Convívio de contrários. *O Globo*, 2016. Disponível em: https://oglobo.globo.com/brasil/ulysses-guimaraes---100-anos/ulysses-guimaraes-100-anos-convivio-de-contrarios-20242686. Acesso em: 13 jul. 2021.

[42] Persiste aceso debate em todo o mundo sobre a compatibilidade da democracia com ideologias que visem solapá-la. Sobre o chamado paradoxo da tolerância, conferir: MÜLLER, Vinícius. *Do paradoxo da tolerância ao paradoxo da democracia*. Estado da arte, 2021. Disponível em: https://estadodaarte.estadao.com.br/tolerancia-democracia-historia-presente-muller/. Acesso em: 27 out. 2023.

[43] Ilustrativamente, foram ministros do governo Itamar Franco, entre outros identificados mais à esquerda, Luiza Erundina, Ciro Gomes, Celso Amorim e Walter Barelli.

[44] A consulta ao Estatuto do Partido dos Trabalhadores, disponível em seu sítio na rede mundial de computadores, revela que o objetivo da referida agremiação consiste em "construir o socialismo democrático". Disponível em: https://pt.org. br/wp-content/uploads/2018/03/estatuto-pt-2012-versao-final-alterada-junho-2017.pdf. Acesso em: 27 out. 2023.

em direção ao polo ideológico oposto, ainda que a vitória de Lula da Silva tenha se dado por diferença inferior a dois pontos percentuais.

Independentemente de a práxis adotada nesses governos ter, de fato, refletido a classificação ideológica apresentada, certo é que a democracia brasileira, na conformação que lhe foi dada pela Constituição de 1988, permitiu que a soberania popular legitimasse para o exercício do governo central, ao longo dos últimos 35 anos, líderes, partidos e grupos políticos defensores dos mais variados programas de governo. O exemplo brasileiro, que se repete onde quer que funcionem eleições livres, é ilustrativo de que democracia é, antes de tudo, um movimento dinâmico que permite idas, vindas e reviravoltas.

A permissão, contudo, não é incondicionada e tampouco ilimitada. A par da possibilidade permanente de, pela técnica majoritária inerente ao regime democrático, descortinarem-se novos rumos e, por vezes, surgirem guinadas bruscas, o sistema de governo democrático possui como esteio e limites os quadrantes estabelecidos pelo pacto fundante da sociedade politicamente organizada, não sendo possível dissociar a noção vigente de democracia do movimento jurídico, político e cultural[45] que a delineia nos moldes atuais, qual seja, o constitucionalismo.

O constitucionalismo como monumento

Fenômeno surgido há vários séculos para limitar a ação despótica de reis ingleses[46], o constitucionalismo ganha tração e se consolida nos processos de independência e revolução ocorridos, no final do século 18, nos Estados Unidos e na França, respectivamente, visando à defesa das liberdades individuais em face do poder estatal. Não obstante essa feição inicial absenteísta, o movimento acompanha o dinamismo e a efervescência dos acontecimentos políticos ocorridos nos séculos 19 e 20 — este, em especial, ante a ascensão bolchevista na Rússia em 1917 e as duas grandes guerras —, passando a ostentar função não apenas limitadora da ação estatal (constitucionalismo liberal), mas também impositiva de direitos prestacionais (constitucionalismo social) e, notadamente após a 2ª Guerra Mundial, garantidora de direitos fundamentais (constitucionalismo democrático)[47].

---

[45] BULOS, Uadi Lammêgo. *Curso de Direito Constitucional*. 12. ed. São Paulo: Saraiva Educação, 2019. p. 71.

[46] *Ibidem*, p. 70.

[47] Acerca das gerações (ou dimensões) de direitos fundamentais, conferir, por todos: BONAVIDES, Paulo. *Curso de Direito Constitucional*. 19. ed. São Paulo: Malheiros, 2006. p. 563.

Símbolo e elemento tangível desse fenômeno, as constituições na atualidade já deixaram de ser meros documentos jurídico-formais que estruturam e organizam o exercício dos poderes políticos a fim de limitá-los sob uma perspectiva liberal, para se tornarem verdadeiros monumentos jurídico-políticos, inaugurando-se, sobretudo a partir de 1988 no caso brasileiro, um processo crescente de tutela das ações estatais por parte do tecnocrático sistema de justiça.

Embora algo truísta, convém, em parênteses, delimitar de forma mais nítida o que se denomina sistema de justiça para os fins ora propostos. Está-se a falar, evidentemente, do Poder Judiciário, cujas decisões, potencialmente revestidas do caráter de definitividade, são oponíveis a todos os demais poderes e funções estatais, tendo como instância máxima o Supremo Tribunal Federal. Mas não só. A expressão abarca, ainda, todas as Funções Essenciais à Justiça, assim denominadas no Capítulo IV do Título IV do Texto Constitucional, desde o Ministério Público — que, aliás, angariou conjunto inédito de prerrogativas a partir da Constituição de 1988 —, passando pelas Defensorias e pelas Advocacias pública e privada. E não se esgota nisso, porquanto instituições como tribunais de contas e polícias judiciárias têm protagonizado funções jurídicas de igual essencialidade e grande impacto para a justiça do país. Enfim, o sistema brasileiro de justiça abrange, além do Poder Judiciário, todas as instituições de estatura constitucional que exercem funções autônomas relacionadas com a Justiça.

Feita a digressão, cumpre asseverar que, atuando de modo técnico e com referencial posto no ordenamento jurídico positivo — naturalmente com a Constituição Federal no seu ápice —, o sistema brasileiro de justiça exerce função relativamente conservadora[48] ou, numa definição mais lapidada, função protetiva de conservação da essência constitucional, uma vez que, no desempenho regular e inafastável de suas atribuições, o sistema de justiça detém o poder-dever de atuar e, especificamente o

---

[48] Não se há de confundir a necessária proteção de direitos fundamentais por parte do sistema de justiça, notadamente pelo Poder Judiciário, com o efeito colateral do seu eventual exercício exacerbado, bastante difundido nos meios jurídicos por meio da expressão "ativismo judicial". Conforme Manoel Gonçalves Ferreira Filho, "este fenômeno manifesta-se por diferentes caminhos e em diversos graus. Destes, o mais significativo é a transferência de decisões para o Judiciário em detrimento do Legislativo e do próprio Executivo. Isto pode ocorrer por força de normas constitucionais, contudo, não raro, decorre de atividade expansiva dos magistrados (ou como se diz, do ativismo judicial)". FERREIRA FILHO, Manoel Gonçalves. O papel político do Judiciário e suas implicações. *In*: FRANCISCO, José Carlos (coord.). *Neoconstitucionalismo e atividade jurisdicional*. Belo Horizonte: Del Rey, 2012. p. 222.

Poder Judiciário, impedir ou modular medidas legislativas ou administrativas que, de algum modo, possam fragilizar ou ameaçar os postulados fundamentais que regem a vida em sociedade.

Acerca da preservação dos valores do constitucionalismo, atribuição típica do sistema de justiça, Sergio Nojiri assevera:

> O constitucionalismo é também caracterizado por uma obsessão pela permanência, uma resistência à mudança constitucional e uma suspeita das assembleias constituintes. [...]. Não há espaço para grandes transformações políticas, somente para finos ajustes nos detalhes da consecução e implementação da Constituição, na medida em que se alteram as circunstâncias, mas não há necessidade ou garantia para alterações do tipo substancial ou estrutural[49].

Eis aí o busílis. Se há, de um lado, a dinâmica mudancista ínsita à democracia — ou seja, o movimento (por vezes em zigue-zague) —, que permite ao eleitor experimentar variados projetos político-governamentais, tem-se, de outro, a atuação do sistema de justiça, motivadamente tecnocrática (não política), na defesa da Constituição — ou seja, o monumento —, estabelecendo *in concreto* os limites das mudanças advindas do processo democrático. Em outras palavras, o conflito entre movimento e monumento, entre transformação e conservação, surge da filtragem constitucional que o sistema de justiça, atuante em faixa restrita, aplica às reviravoltas proporcionadas pelo regime democrático.

Dessa tensão dialética surgem as expressões "constitucionalismo democrático" e "democracia constitucional", que buscam promover a junção das forças mutuamente confrontantes, uma decorrente do jogo democrático vivo e mutante, e outra da submissão necessária aos cânones constitucionais. Acerca desses termos, Nojiri aponta com acuidade:

> Afirmar que, nessa hipótese, está a se tratar de uma democracia constitucional (ou de um constitucionalismo democrático) envolve sérios problemas. A maneira como constitucionalismo e democracia se interconectam sempre foi um problema de difícil solução para filósofos, cientistas políticos e juristas. É conhecida a afirmação de que a união dessas palavras forma um oxímoro, ou seja, uma relação entre palavras contraditórias[50].

---

[49] NOJIRI, Sergio. *Neoconstitucionalismo versus democracia* – um olhar positivista. Curitiba: Juruá, 2012. p. 312.

[50] *Ibidem*, p. 311.

Não obstante encubram mais conflito do que harmonia, tais termos são emblemáticos porque apontam, desde logo, a premente necessidade de conciliação e equilíbrio entre movimento e monumento, trazendo à luz alguns relevantes desafios do sistema brasileiro de justiça diante do processo democrático, a seguir pontuados.

Principais desafios do sistema de justiça à luz do princípio democrático

Primeiro desafio a ser pontuado — a rigor, mais aspecto do que desafio (porém basilar) — diz respeito à fundamentalidade recíproca de ambos os conceitos. Mais do que deterem importância *per si*, democracia e constitucionalismo são expressões histórica e concretamente indissociáveis uma da outra; até porque a noção moderna de democracia surge como gêmea univitelina do movimento constitucionalista, eis que ambos são fenômenos político-jurídicos resultantes das revoluções burguesas do século 18, e que desde então se entrelaçam na formação, manutenção e evolução dos Estados democráticos.

O exemplo brasileiro ilustra bem o ponto: a Assembleia Nacional Constituinte, instalada em 1987, formada por parlamentares eleitos um ano antes[51] — processo político-democrático, portanto —, é a grande responsável por arquitetar juridicamente todo o sistema brasileiro de justiça na Carta de 1988[52], estabelecendo em seu favor, pela vontade política, um conjunto robusto de atribuições e poderes jurídicos, especialmente o de dizer e aplicar o direito, em caráter irrevogável, reservado aos órgãos do Poder Judiciário.

Com efeito, para além de fixar de modo inequívoco o princípio democrático logo no seu primeiro artigo — caput e parágrafo único —, o compromisso da Constituição Federal brasileira com a democracia permeia seu texto (e principalmente seu espírito) de ponta a ponta, notadamente

---

[51] Registre-se que 1/3 dos senadores que participaram da Assembleia Nacional Constituinte de 1987 haviam sido eleitos em 1982.

[52] Inconcebível, portanto, que setores do sistema de justiça, utilizando de tais prerrogativas, cultivem estratégia antidemocrática de subvalorização e até de criminalização do sistema político, acoimando o exercício natural da disputa pelo poder como algo presumidamente negativo, em subentendida contraposição à tecnicalidade jurídica (pretensamente "pura", benfazeja) exercida pelas burocracias não eleitas. Tem-se a impressão, por vezes, de que tais setores pretendem "salvar" o Brasil dos brasileiros. Esquecem-se de que suas atribuições decorrem justamente de decisões eminentemente políticas, travadas especialmente na Assembleia Nacional Constituinte, donde se conclui que o sistema de justiça decorre da democracia brasileira, não o contrário.

na Organização dos Poderes e das Funções Autônomas[53]. Sem mencionar que há um título específico para a Defesa do Estado "e das Instituições Democráticas" (Título V).

Significa concluir que as avançadas prerrogativas conferidas aos atores do sistema de justiça, desde os poderes inéditos reservados ao Ministério Público até a função de estabelecer em caráter definitivo e com absoluta independência as balizas hermenêuticas da ordem jurídica, cometida ao Poder Judiciário, decorrem de escolha política estabelecida sob os auspícios do regime democrático, a comprovar robusto entrelaçamento dos conceitos. Como afirmado por Ronald Dworkin, "o constitucionalismo não é o inimigo da democracia, mas, como já decidiram tantas nações, um meio essencial à sua existência"[54].

O segundo desafio a ser realçado, e que de certo modo decorre do primeiro, é a observância reverente que o sistema de justiça, cujos integrantes não passam pelo rito da aprovação popular, deve cultivar ante o dinamismo inerente ao regime democrático, cabendo-lhe prestar deferência institucional aos ventos de mudança que a soberania popular produz a partir de processos eleitorais legítimos. Essa capacidade deve incluir a absorção e a administração das expectativas legítimas da sociedade (manifestadas nas urnas), as quais, por serem cambiantes, poderão demandar das instituições a substituição de pautas anteriormente prioritárias.

Referido ponto ganha ares de crucial relevância nos tempos vigentes, ante a inegável influência que a proposta neoconstitucionalista vem exercendo no sistema brasileiro de justiça, não raras vezes avalizando a substituição da opção governamental legitimada nas urnas por outra que, a pretexto de ser oriunda de uma vontade constitucional — que será sempre fruto de interpretação —, vocaliza-se por protagonistas não eleitos.

Está-se a falar, portanto, do *deficit* de legitimidade democrática do sistema de justiça e, sobretudo, do Poder Judiciário, que tem a função de afirmar o direito e arbitrar conflitos em definitivo. A esse respeito, Sergio Nojiri anota com precisão:

---

[53] Não por acaso o art. 127, *caput*, da Constituição Federal, comete ao Ministério Público, a atribuição institucional explícita, dentre outras, de "defesa do regime democrático" (BRASIL. [Constituição (1988)]. *Constituição da República Federativa do Brasil*: texto constitucional promulgado em 5 de outubro de 1988, compilado até a Emenda Constitucional n.º 128/2022 – Brasília: Senado Federal, Coordenação de Edições Técnicas, 2022. 164 p.).

[54] DWORKIN, Ronald. Direitos fundamentais: a democracia e os direitos do homem. *In*: DARNTON, Roberto; DUHAMEL, Olivier (org.). *Democracia*. Rio de Janeiro: Record, 2001. p. 162.

A questão democrática, no entanto, encontra alguns problemas de difícil solução no âmbito do constitucionalismo moderno. Hoje, diante de uma concepção bastante alargada de controle de constitucionalidade das leis, sabemos que o judiciário, normalmente o menos democrático dos poderes, pode, principalmente nos conflitos que advêm de possíveis desacordos linguísticos entre o conteúdo de uma lei e da constituição, exercer alguma espécie de "poder normativo", seja anulando ou criando regras de direito. Se é verdade que a constituição é lei suprema e o judiciário o seu último e legítimo garante e intérprete, de outra parte também é verdade que deve haver uma divisão de funções públicas entre os poderes, não devendo o judiciário ingressar no campo dos "atos político", em face de seu déficit de legitimidade democrática[55].

É inegável que uma das relevantes funções do constitucionalismo é a garantia de que maiorias ocasionais não venham suprimir direitos fundamentais de minorias, naquilo que se costuma denominar função contramajoritária[56]. Sobre isso, porém, duas objeções argumentativas são de rigor: a uma, decidir de modo contramajoritário não é categoria de atuação do sistema de justiça; categoria, sim, é a defesa de direitos fundamentais, eventual e excepcionalmente recorrendo-se a decisões que podem contrariar o sentimento majoritário do povo. E a duas, dada a evidente excepcionalidade, para que o sistema de justiça (não eleito), mesmo motivado na defesa da Constituição, possa propor a superação de decisões dos poderes eleitos, o ônus argumentativo imposto é sobremaneira maior, a demandar exauriente (e convincente) demonstração.

Em suma, não resta dúvida de que o sistema de justiça guarda compromisso maior com os preceitos constitucionais, cabendo-lhe, por meio da técnica jurídica, não só proteger a aplicação escorreita da Constituição, como impedir ou limitar eventuais exorbitâncias que o processo democrático, vez ou outra, pode propiciar. A defesa do monumento, portanto, mais do que prerrogativa, é dever do sistema de justiça, em especial do Poder Judiciário, cuja atuação, porém, dependerá de agentes que operam no plano da interpretação e aplicação do constitucionalismo, os quais, como dito,

---

[55] NOJIRI, 2012, p. 43.

[56] Sobre a função contramajoritária dos tribunais constitucionais nas democracias contemporâneas, conferir: BARROSO, Luís Roberto. Contramajoritário, Representativo e Iluminista: Os papeis dos tribunais constitucionais nas democracias contemporâneas. UERJ, *Revista Direito e Praxis*, v. 9, n. 4, 2018. Disponível em: https://www.e-publicacoes.uerj.br/index.php/revistaceaju/article/view/30806/21752. Acesso em: 19 jul. 2021.

não possuem legitimidade democrática equiparável àquela haurida do voto popular[57]. Essa confluência de fatores recomenda, assim, autocontenção e deferência do sistema de justiça à vontade popular vocalizada por seus legítimos representantes, isto é, os agentes políticos eleitos.

O desafio do sistema de justiça neste ponto, na verdade, assume caráter dúplice, porquanto passa tanto pela autocontenção do exercício de intervenção ou substituição dos poderes eleitos quanto, ao mesmo tempo, pela absorção e deferência institucional às mudanças propostas pela vontade representativa majoritária da população, sem prejuízo — nunca é demais insistir — na imprescindível proteção dos direitos fundamentais.

Terceiro ponto a desafiar o sistema brasileiro de justiça é o conjunto peculiar (e inédito) de características da sociedade contemporânea. Fenômenos ainda não totalmente decantados, como multiplicidade do poder social, sociedade de risco, modernidade líquida e cultura do cancelamento, entre outros, são embalados caoticamente pelas redes sociais, tonificados pela polarização política, e geram a proliferação de narrativas superficiais, enviesadas ou mesmo fraudulentas (*fake news*), completamente fugidias da racionalidade com que os temas e casos concretos devem ser tratados pelas instituições e agentes do Estado.

Neste item, o principal desafio do sistema de justiça — e, sobretudo, dos agentes que a personificam — consiste em resistir à lógica regente desses fenômenos, mantendo as instituições, tanto quanto possível, imunes à tentação de disputar um jogo cujas regras são sabidamente incompatíveis com os ritos técnico-jurídicos da atuação burocrática, os quais, aliás, decorrem do próprio Estado Democrático de Direito. Exemplos dessa incompatibilidade podem ser avistados diariamente na facilidade e instantaneidade com que são proferidos os veredictos do "STI – Supremo Tribunal da Internet"; os julgamentos sumários desse tribunal, sem compromisso com a verdade factual e sem qualquer possibilidade de defesa ou contraditório, causariam inveja nos piores regimes ditatoriais da história.

Em suma, se o ambiente da ágora moderna se revela extremamente fértil e propício para a dinâmica dos enfrentamentos políticos e ideológicos, engajando apoiadores (e detratores) na velocidade da luz, não há chance de

---

[57] Conforme dito alhures, porém, o princípio democrático atravessa o texto constitucional de ponta a ponta. Por exemplo: para os mais altos cargos do sistema de justiça, como é o caso de ministros do supremo tribunal federal e de tribunais superiores, procurador-geral da República, tribunal de contas da união e outros, o vínculo com o princípio democrático se revela na escolha pelo presidente da República — livre ou a partir de lista tríplice —, com posterior aprovação do Senado Federal.

instituições e agentes públicos do sistema de justiça, vinculados a ritos próprios, entrarem nessa arena e saírem ilesos. As distintas e incompatíveis regras de funcionamento geram conflituosidades muito acima do prudencial, eventualmente pondo em risco a própria credibilidade das instituições. Obviamente, isso não significa que as instituições e mesmo os agentes do sistema de justiça não possam manter perfis ativos em redes sociais, até porque se trata de fenômeno irreversível e que, inclusive, contribui para a prestação de informações de interesse público. O que não se revela prudente é a disputa de narrativas sob a mesma lógica — simplista, superficial, quase sempre enviesada e, por vezes, irracional — que rege a maioria dos debates nesse ambiente.

E, por fim, como quarto desafio, surge a necessidade de se buscar novos métodos de governança dialógica entre o sistema de justiça e os poderes eleitos, a fim de se alcançar, ou pelo menos buscar, o ponto de equilíbrio entre movimento e monumento, de tal modo que o sistema de justiça consiga manter o exercício de suas atribuições protetivas da essência constitucional sem, contudo, inviabilizar a dinâmica mudancista resultante dos processos eleitorais, inclusive desenvolvendo capacidade adaptativa para se moldar à soberania popular.

Conforme anota José Carlos Francisco,

> [...] o Direito não representa uma estrutura estática, já que se manifesta em face da sociedade em movimento. Por evidente, e por exigência da razão, para realizar a estabilidade social, nesses termos, necessariamente o Direito deve se valer de mecanismos que permitam à sua estrutura adaptar-se às transformações sociais, bem como processar essas transformações pelo seu dirigente comando. Esses mecanismos devem, ao mesmo tempo, ser munidos de flexibilidade e agilidade, para que não se incorra em lapsos ou hiatos institucionais. Mais ainda, para a própria eficácia do Direito em suas funções, esses mecanismos de adaptação e transformação devem ser dotados de capacidade de modificação até mesmo nas estruturas dos institutos, já estabelecidos (por vezes até mesmo tradicionais), sob pena de descompasso entre a Sociedade e o ordenamento jurídico[58].

Com efeito, o princípio democrático consagrado na Constituição brasileira impõe que sejam respeitadas as escolhas dos eleitores, que, ao longo das últimas décadas, têm optado por experimentar, no âmbito nacional, significativas alterações político-ideológicas dos poderes eleitos, em especial do Poder Executivo.

---

[58] FRANCISCO, José Carlos. *Emendas constitucionais e limites flexíveis*. Rio de Janeiro: Forense, 2003. p. 35-36.

Ao sistema brasileiro de justiça incumbe cultivar deferência a tais escolhas — inclusive porque aquele é rebento dessas —, tendo como limite a intangibilidade dos princípios e valores essenciais do constitucionalismo, devendo, ainda, ter a consciência de que, em uma democracia, a vontade popular tem a prerrogativa de acertar e de errar — juízos, aliás, eminentemente subjetivos —, podendo perfeitamente o titular originário do poder, sua excelência o povo, legitimamente, apontar rumos distintos, eventualmente incoerentes na linha do tempo, ou até mesmo contraditórios com escolhas anteriores.

Conclusão

Não obstante o cenário desafiador sucintamente exposto no desenvolvimento apresentado, a relação entre democracia e sistema de justiça pode e deve ser menos conflituosa. A delimitação dos espaços institucionais de cada poder e função, a deferência às escolhas legítimas dos poderes eleitos e o aprimoramento do sistema de justiça, a fim de que seus órgãos e agentes demonstrem eficiência e compromisso republicano, são fatores essenciais para o bom encaminhamento dos desafios da atualidade. Buscar soluções que sejam, ao mesmo tempo, respeitosas das escolhas democráticas, mas sem afrontar princípios e valores que não podem variar ao sabor dos ventos, é compromisso do sistema de justiça.

A autocontenção e sabedoria dos que integram o sistema de justiça constituem matéria-prima de primeira necessidade para que a defesa do monumento não sirva de bloqueio prévio (e indevido) de mudanças legitimadas nas urnas. Autocontenção para permitir que seja oportunizado o cumprimento do desejo majoritário verificado em eleições livres e limpas, e sabedoria para distinguir o justo momento de obstar ou modular aquilo que não esteja na conformidade exigida pelo constitucionalismo.

A administração prudente dessa desafiadora equação, dever comum dos ocupantes dos poderes eleitos e, principalmente, dos agentes que conduzem as instituições tecnocráticas do Estado, definirá não só a manutenção do compromisso constitucional do sistema de justiça com a soberania popular, mas sobretudo a qualidade da democracia brasileira — do presente e do futuro.

Referências

BOBBIO, Norberto. *O futuro da democracia* – uma defesa das regras do jogo. 16. ed. Rio de Janeiro; São Paulo: Paz e Terra, 2019.

BONAVIDES, Paulo. *Curso de Direito Constitucional*. 19. ed. São Paulo: Malheiros, 2006.

BRASIL. [Constituição (1988)]. *Constituição da República Federativa do Brasil*: texto constitucional promulgado em 5 de outubro de 1988, compilado até a Emenda Constitucional n.º 128/2022 – Brasília: Senado Federal, Coordenação de Edições Técnicas, 2022. 164 p.

BULOS, Uadi Lammêgo. *Curso de Direito Constitucional*. 12. ed. São Paulo: Saraiva Educação, 2019.

COLLOR, Fernando. Ulysses Guimarães 100 anos: Convívio de contrários. *O Globo*, 2016. Disponível em: https://oglobo.globo.com/brasil/ulysses-guimaraes---100-anos/ulysses-guimaraes-100-anos-convivio-de-contrarios-20242686. Acesso em: 4 maio 2023.

CRESCENZO, Luciano de. *História da filosofia grega*: os pré-socráticos. Rio: Rocco, 2005.

DARNTON, Robert; DUHAMEL, Olivier (org.). *Democracia*. Rio de Janeiro: Record, 2001.

DWORKIN, Ronald. Direitos fundamentais: a democracia e os direitos do homem. *In*: DARNTON, Roberto; DUHAMEL, Olivier (org.). *Democracia*. Rio de Janeiro: Record, 2001, p. 155-162.

FRANCISCO, José Carlos. *Emendas constitucionais e limites flexíveis*. Rio de Janeiro: Forense, 2003.

FRANCISCO, José Carlos (coord.). *Neoconstitucionalismo e atividade jurisdicional*. Belo Horizonte: Del Rey, 2012.

MÜLLER, Vinícius. *Do paradoxo da tolerância ao paradoxo da democracia*. Estado da arte, 2021. Disponível em: https://estadodaarte.estadao.com.br/tolerancia-demo-cracia-historia-presente-muller/. Acesso em: 27 out. 2023.

NOJIRI, Sergio. *Neoconstitucionalismo versus democracia* – um olhar positivista. Curitiba: Juruá, 2012.

PARTIDO dos Trabalhadores. Estatuto do PT. Disponível em: https://pt.org.br/wp-content/uploads/2018/03/estatuto-pt-2012-versao-final-alterada-junho-2017.pdf. Acesso em: 27 out. 2023.

JUSTIÇA E DIREITO DE RESISTÊNCIA NA TRADIÇÃO DO CONSTITUCIONALISMO CALVINISTA: LEIS FUNDAMENTAIS E A TEORIA DAS MAGISTRATURAS INFERIORES EM THÉODORE DE BÈZE

Silvio Gabriel Serrano Nunes

> *Protestantes e católicos romanos, nesse corte histórico das origens do direito à resistência são apontados então, no aprofundamento dessa ideia, mediante obras marcantes: no séc. XVI, Teodoro de Bèze [...], do partido calvinista da França, [...] [em] Du droit des magistrats sur leurs Sujets, defende o direito de resistir ao tirano quando este violar as condições do contrato político, isto é, quando desrespeitar a lei de Deus ou as leis fundamentais do reino.*
> *(Maria Garcia – Desobediência Civil: Direito Fundamental)[59]*

Introdução

No contexto das guerras civis de matriz religiosa no século 16, emergem entre juristas e teólogos luteranos no Sacro Império Romano Germânico e se consolidam entre calvinistas na França construções teóricas acerca do direito de resistência, compatibilizando as exortações bíblicas com as leis fundamentais das comunidades políticas em que se inseriam, a possibilitar um direito de resistência pela via institucional, lícito segundo os ditames da Justiça de Deus e dos homens.

A mesma Epístola de Paulo aos Romanos que conferiu bases teológicas para Lutero estruturar sua reforma no campo religioso provoca, no capítulo 13, uma profunda reflexão política e jurídica entre os reformadores no século 16 sobre os limites do dever de obediência e a licitude ou não do direito de resistência:

> Cada um se submeta às autoridades constituídas, pois não há autoridade que não venha de Deus, e as que existem foram estabelecidas por Deus. De modo que aquele que se revolta

---

[59] GARCIA, Maria. *Desobediência Civil*: Direito Fundamental. 2. ed. São Paulo: Revista dos Tribunais, 2004. p. 161. (Nota 15).

contra a autoridade, opõe-se à ordem estabelecida por Deus. E os que se opõem atrairão sobre si a condenação. Os que governam incutem medo quando se pratica o mal, não quando se faz o bem. Queres então não ter medo da autoridade? Pratica o bem e dela receberás elogios, pois ela é instrumento de Deus para te conduzir ao bem. Se, porém, praticares o mal, teme, porque não é à toa que ela traz a espada: ela é instrumento de Deus para fazer justiça e punir quem pratica o mal. Por isso é necessário submeter-se não somente por temor do castigo, mas também por dever de consciência. É também por isso que pagais impostos, pois os que governam são servidores de Deus, que se desincumbem com zelo de seu ofício. Dai a cada um o que lhe é devido: o imposto a quem é devido; a taxa a quem é devida; a reverência a quem é devida; a honra a quem é devida[60].

Para Harro Höpfl, o trecho em destaque tem tamanha importância para o pensamento político — e, por consequência, jurídico — da Reforma Protestante, que poderia ser compreendido, em larga medida, como um comentário da exortação de Paulo aos Romanos[61] sobre a devida obediência aos governantes.

A exegese de tais versículos, convenientemente manejados para justificar as mais diversas atrocidades[62], franqueou ao longo dos séculos, segundo J. C. O' Neill, uma verdadeira licença para os tiranos tanto no Ocidente como no Oriente cristãos.

O trecho em análise teve dupla função nos escritos de *reformadores magisteriais* a exemplo de Martinho Lutero, João Calvino, Théodore de Bèze e John Knox: serviu como fundamento da legitimidade do poder civil frente às pretensões do papado e, sobretudo, como argumento de neutralização das teses dos *reformadores radicais*, o que numa primeira leitura descontextualizada e parcial dos precursores do luteranismo e do calvinismo induziria à afirmativa de que, com base nas notórias palavras de Paulo, os mesmos aceitassem os crimes perpetrados por tiranos. Entretanto esses mesmos reformadores, ainda que com diferentes graus de adesão, também legitimaram o direito de resistência[63].

---

[60] BÍBLIA DE JERUSALÉM. Romanos 13, 1:7. São Paulo: Paulus, 2006. p. 1987.

[61] HÖPFL, Harro. *Sobre a Autoridade*. Lutero e Calvino. São Paulo: Martins Fontes, 2005. p. XXIII. (Introdução).

[62] O'NEILL, J. C. Paul's Letter to the Romans. London: Penguin, 1975. p. 209 *apud* ELLIOTT, Neil. Romanos 13, 1-7 no contexto da propaganda imperial. *In*: HORSLEY, Richard A. *Paulo e o Império*: religião e poder na sociedade imperial romana. São Paulo: Paulus, 2004. p. 184.

[63] NUNES, Silvio Gabriel Serrano. *As origens do constitucionalismo calvinista e o direito de resistência*: a legalidade bíblica do profeta em John Knox e o contratualismo secular do jurista em Théodore de Bèze. 2017. Tese (Doutorado em Filosofia) – Faculdade de Filosofia, Letras e Ciências Humanas, Universidade de São Paulo, São Paulo, 2017. p. 10.

No desafiador período para o luteranismo, entre 1529 e 1530 — ocasião em que o Imperador Carlos V passou a exigir a uniformidade religiosa de seus domínios conforme a Igreja de Roma —, Filipe de Hesse e seus juristas, com base nos fundamentos constitucionais do Sacro Império Romano Germânico, defendiam que quando um governante (um supremo magistrado) passasse a exigir comportamentos incompatíveis com as leis de Deus e dos homens, seria lícito que os magistrados inferiores, comprometidos com essas normas, controlassem tais desmandos.

Théodore de Bèze, em seu tratado *Du Droit des Magistrats sur leurs Sujets*, de 1574, recepciona e desenvolve a teoria das magistraturas inferiores, apontando seu caráter de universalidade, além de criar a expressão "leis fundamentais", para a qual a tradição do constitucionalismo calvinista daria, no decorrer do tempo, contornos mais precisos.

Ao longo dos séculos, o direito de resistência aos tiranos seria reafirmado pelas revoluções liberais ou calvinistas e por autores da tradição do constitucionalismo calvinista relacionados a tais marcos fundamentais da história do direito constitucional: a revolta nos Países Baixos e Johannes Althusius, a Revolução na Inglaterra e John Milton (ainda que rompesse com o calvinismo, em termos de teoria política, operou em suas obras com teses de Calvino, Knox e Bèze); a Revolução Norte-Americana e a organização política proposta pela Constituição do novo país defendida por Publius (Alexander Hamilton, James Madison e John Jay) e a introdução no sistema jurídico-político brasileiro dessa tradição pelo "calvinista" Rui Barbosa (não por razões religiosas, mas sim por seu projeto liberal, manifestado sobretudo em seus escritos políticos, no Decreto Federal n.º 1, de 15 de novembro de 1889, e em seu papel desempenhado no projeto da Constituição de 24 de fevereiro de 1891).

A teoria das magistraturas inferiores

Skinner, em *As Fundações do Pensamento Político Moderno*, explica que em 1529, no contexto em que Carlos V convocou a *Dieta Imperial* (o parlamento do Sacro Império Romano-Germânico), foi estabelecida a obrigação de se revogarem todas as concessões obtidas pelos luteranos até então, tendo a maioria católica elaborado uma resolução constrangendo, mesmo que à força, a imediata entrada em vigor do *Édito de Worms*, que declarava a ilegalidade da "heresia" luterana. O protesto formal dos luteranos diante desse cenário originou a expressão *"protestantismo"*, que passou a designar a fé dissidente de

Roma na Europa Ocidental desde então, originado "em nome de seis príncipes e catorze cidades, inspirados por João da Saxônia, Jorge de Bradenburgo-Ansbach e o jovem Filipe de Hesse, que nessa ocasião se destacou como o mais brilhante militante entre os príncipes luteranos"[64], além de ter sido o principal articulador para a gênese da teoria das magistraturas inferiores.

O Landegrave de Hesse inaugurou uma discussão com os juristas de sua corte sobre a licitude ou não de se efetivar a resistência ativa contra Carlos V, concluindo pela licitude da resistência por meio de uma

> [...] engenhosa reafirmação da teoria feudal e particularista da constituição imperial – com base na qual [...] os eleitores já haviam resistido ao imperador Wezel, depondo-o em 1400. Tal como a interpretavam os juristas de Hesse, essa leitura da constituição permitia-lhes desempenhar duas tarefas ideológicas vitais: legitimava a ideia de resistência armada contra o imperador, porém ao mesmo tempo conseguia sustentar a tese luterana fundamental segundo a qual todas as autoridades constituídas são estabelecidas por Deus[65].

Apesar de Quentin Skinner não singularizar o documento constitucional considerado como a Constituição Imperial, assim como também não o fez Gottfried G. Krodel — cuja introdução à *Carta de Lutero ao Eleitor João da Saxônia*, de 24 de dezembro de 1529, muito contribuiu para explicar a gênese da teoria das magistraturas inferiores entre os protestantes —, com base em *Política Metodicamente Apresentada e Ilustrada com Exemplos Sagrados e Profanos*, de Johannes Althusius[66], entendemos que a referida Constituição Imperial é o *Áureo Édito do Imperador Carlos IV*, instituído em 1356, que estabeleceu as regras para as eleições e coroações dos imperadores do Sacro Império Romano-Germânico, bem como as obrigações e prerrogativas dos eleitores[67].

Filipe de Hesse, em cartas ao Eleitor da Saxônia e ao Margrave de Bradenburgo-Anbach, datadas de dezembro de 1529, afirma que o correto entendimento da exortação de Paulo no capítulo 13 da *Epístola aos Romanos* corresponde a que o apóstolo se referia a todos os soberanos territoriais que exercem jurisdição sobre um império ou reino. Oportunidade em que também se afirma que os poderes foram ordenados com a finalidade de "desempenhar uma determinada função, na qual se inclui o dever de observar

---

[64] SKINNER, Quentin. *As Fundações do Pensamento Político Moderno*. São Paulo: Companhia das Letras, 2000. p. 471.

[65] *Ibidem*, p. 471.

[66] ALTHUSIUS, Johannes. *Política Metodicamente Apresentada e Ilustrada com Exemplos Sagrados e Profanos*. Rio de Janeiro: Topbooks, 2003. p. 231.

[67] *Ibidem*, p. 231.

algumas obrigações legais mútuas, bem como o de garantir o bem-estar e a salvação de seus próprios súditos"[68].

Para Krodel, essa correspondência mostra o esforço do Landegrave Filipe de circunscrever a possível aplicação da exortação de Paulo aos Romanos (capítulo 13) à situação de perigo para a causa protestante alemã, destacando que os soberanos dos territórios dos principados alemães

> "[...] eram as autoridades governamentais de que Paulo falava nesse capítulo, e que o imperador era somente *primus inter pares* com base em pactos (tratados) com os soberanos, um arranjo contratual que o imperador quebraria agora ao fazer a guerra contra os protestantes em razão de sua fé"[69].

Em última análise, para Filipe de Hesse, a relação político-jurídica entre o imperador e os demais príncipes não poderia ser considerada na chave do binômio governante-governado, configurando antes uma relação que substitui essa lógica de subordinação por uma de competências coordenadas entre autoridades detentoras de *imperium* em seus respectivos domínios e que, como tais, podiam com plena licitude e justiça se opor à quebra de pactos e de tratados com autoridades também soberanas como o imperador.

Por essa leitura das fontes constitucionais do Sacro Império Romano Germânico e das Escrituras, Skinner entende que a única conclusão possível seria a de que

> [...] se o imperador ultrapassa[sse] os limites de seu cargo perseguindo o Evangelho ou tratando com violência qualquer um dos príncipes, esta[ria] violando as obrigações a ele impostas por ocasião de sua eleição, sendo, portanto, legítimo combatê-lo[70].

"Leis Fundamentais" em Theódore de Bèze

Ainda que a expressão "leis fundamentais" cunhada por Théodore de Bèze possa servir nos dias atuais para designar "constituição", temos que reconhecer que no século 16 e para esse autor a expressão comportava um sentido muito mais amplo e menos preciso do que o utilizado em nossa contemporaneidade.

---

[68] SKINNER, 2000, p. 471-472.

[69] KRODEL, Gottfried G. Nota Introdutória. *In*: Lutero ao Eleitor João - 24 de Dezembro de 1559, Wittenberg. *In*: LUTHER. *Luther's Works - Letters II*. v. 49. Philadelphia: Fortress Press, 1972. p. 254.

[70] SKINNER, 2000, p. 472.

Segundo Harro Höpfl[71] e Marty P. Thompson[72], constitui lugar comum na literatura crítica acerca do pensamento político produzido por autores franceses a partir da década de 1570, assim como em documentos históricos de natureza jurídica e política do período, que a expressão "leis fundamentais" designasse uma lei costumeira, uma "antiga constituição" francesa, guardando certa semelhança com o uso contemporâneo de "leis fundamentais" como sinônimo de constituição[73].

Arlette Jouanna, na mesma linha argumentativa dos autores citados anteriormente, porém em um tom mais prudente, explica que "essa expressão foi utilizada pela primeira vez, aparentemente, por Théodore de Bèze em Du Droit des Magistrats (1574); [...]. Antes, fala-se em 'leis do reino' (expressão que apareceu no século XV) [...]"[74].

H. Höpfl e M. P. Thompson apontam que, destituído de anacronismos, o real sentido da expressão "leis fundamentais" elaborada por Bèze não possuía "inequivocamente" o significado de "lei constitucional" como nos dias de hoje[75]. Elucidam que diversas questões tratadas nos escritos políticos do período poderiam ser chamadas de "constitucionais" e albergadas pela expressão "leis fundamentais", sendo que a própria tradição do constitucionalismo calvinista, ou ainda, a filosofia política lhe conferiria, ao longo dos séculos, um contorno mais preciso e "positivado".

H. Höpfl pondera como típicas as seguintes questões dos escritos políticos franceses a partir de 1570 consideráveis "constitucionais" em nossa contemporaneidade e albergáveis pela expressão "leis fundamentais": as supostas provisões a respeito do problema da minoridade dos reis e os conselhos de regência nas *anciennes loix*; competências e prerrogativas atribuíveis aos Estados Gerais; "os direitos do estado francês em matéria religiosa e eclesiástica, uma vez que os huguenotes persistentemente defendiam a convocação de um Concílio Nacional condizente com o suposto precedente das prerrogativas da Igreja gálica"; o tópico sensível da religião do monarca, em especial quando se cogitava a hipótese da ascensão de rei "herético" a partir do ano de 1584; a investidura de "estrangeiros" — como Catarina de Médici — nos negócios

---

[71] HÖPFL, Harro. Fundamental Law and the Constitution in Sixteenth - Century France. *In*: SCHNUR, Roman. *Die Rolle der Juristen bei der Entstehung des mondernen Staates*. Berlin: Duncker & Humblot, 1986. p. 327.

[72] THOMPSON, Martyn P. The history of fundamental law in political thought from the French war of religion to the American revolution. *The American Historical Review*, v. 91, n. 5, p. 1103-1128, Dec. 1986. p. 1103.

[73] NUNES, 2017. p. 126.

[74] JOUANNA, Arlette. Lois Fondamentales. *In*: JOUANNA, Arlette; BOUCHER, Jacqueline; BILOGHI, Dominique; LE THIEC, Guy. *Histoire et dictionnaire des guerres de religion*. Paris: Robert Lafont, 1998. p. 1053-1054.

[75] HÖPFL, 1986, p. 327.

públicos, considerada pelos protestantes como afronta à "antiga lei", atrelada às discussões sobre a Lei Sálica; a inalienabilidade do domínio real discutida em associação com a questão do direito ou não dos reis de aumentarem os impostos unilteralmente; questões da ordem institucional da política francesa, em especial depois dos conflitos religiosos da década de 1580[76].

No detalhado estudo sobre a questão — *Fundamental Law and the Constitution in Sixteenth Century – France —*, H. Höpfl aponta para o ineditismo de Théodore de Bèze quanto ao uso da expressão "leis fundamentais" em textos de teoria política ou documentos políticos, não verificável nos textos das mais citadas autoridades em lei e história das últimas décadas do século 16, como Commynes, Seyssel, Chasseneuz, Grassaile, du Tillet, Pasquier, du Haillan, du Moulin, François Hotman. Mesmo depois de sua disponibilização, o termo não foi usado por esses autores em suas edições subsequentes[77].

Harro Höpfl destaca o fato de que também não se encontra precedente para essa expressão nos escritos da Antiguidade Clássica, Patrística, Escolástica, ou de civilistas, glosadores e pós-glosadores. O próprio adjetivo *"fundamentalis"* é de uso muito raro antes do século 17. Pensadores políticos da importância de Maquiavel, More e Bodin tampouco se valem dele. Nem mesmo na literatura teológica da Escolástica do século 16, desde John Mair até o fim do século, em autores como Belarmino, Mariana e Suarez, encontra-se a expressão. O mesmo ocorre entre os reformadores — Lutero, Melanchton, Oelanpadius, Bucer, Zwinglio ou Calvino — e nos documentos políticos do Sacro Império Romano-Germânico e na Inglaterra do século 16[78].

Marty P. Thompson, apesar de também reconhecer ser impreciso afirmar que no século 16 o emprego da terminologia "leis fundamentais" indicasse "constituição" na acepção atual do termo, no artigo *The History of Fundamental Law in Political Thought from the French Wars of Religion to the American Revolution*, conexo e devedor ao estudo de Höpfl, assevera que a tradição do pensamento político calvinista daria contornos mais precisos e mesmo positivados ao termo em Althusius e Hamilton[79].

Em seu principal escrito jurídico-político *Du Droit des Magistrats*, Bèze acusa que a vida política à época encontrava-se em meio a desmandos: guerra e paz eram declaradas e celebradas arbitrariamente por certas pessoas, impostos e empréstimos eram instituídos unilateralmente, leis públicas e

---

[76] *Ibidem*, p. 329.

[77] *Ibidem*, p. 328.

[78] HÖPFL, 1986, p. 328.

[79] THOMPSON, 1986.

privadas eram editadas e revogadas com facilidade, a investidura nos cargos se mostrava precária, pois os cargos eram objeto de eleição, aluguel e deposição sem a devida consulta aos Estados Gerais. Nesse contexto desolador das instituições políticas de seu tempo, o sucessor de Calvino em Genebra conclui: "são coisas totalmente contrárias à maneira de fazer dos bons antepassados, e diretamente repugnantes às leis postas como fundamento da Monarquia Francesa"[80].

Na mesma obra, Bèze afirma a justa ação remediadora da tirania pelos "magistrados subalternos" ou "magistrados inferiores" com base no fato de que

> [...] seu dever é guardar as boas leis, às quais eles juraram a observação, mesmo contra todos, segundo a porção do estado público que lhes é comissionada, e geralmente de impedir que as boas leis e condições, sobre as quais o estado público é fundado [...][81].

A expressão "leis fundamentais" emerge de forma explícita no Capítulo VII do tratado, quando Bèze assevera que a tirania é um fenômeno de tamanha gravidade, que desmandos simples como prodigalidade, avareza ou algum mero vício de pequena monta não devem justificar a qualificação do governante como tirano; "a tirania carrega uma malícia confirmada juntamente com a reversão do Estado e das leis fundamentais"[82], trazendo consigo toda sorte de arbitrariedades e desorganização da estrutura política de um povo.

As revoluções calvinistas

Quanto ao legado teórico de Théodore de Bèze, merece ser mencionado que o rompimento com a ambiguidade de Calvino[83] sobre o direito de resistência e o argumento das magistraturas inferiores de matriz constitucional foram acolhidos por autores inseridos ou importantes na tradição do constitucionalismo calvinista.

Sobre o legado revolucionário do pensamento jurídico e político de Bèze, destacamos os eventos denominados de "revoluções calvinistas". A começar pela *Revolução nos Países Baixos*, com a destituição do soberano espanhol Felipe II, evento em que se vislumbra boa síntese dos argumentos

---

[80] BÈZE, Théodore de. *Du Droit des Magistrats*. Genève: Droz, 1970. p. 41.

[81] *Ibidem*, p. 55.

[82] *Ibidem*, p. 61.

[83] NUNES, 2017, p. 37-48.

calvinistas sobre governos controláveis por mecanismos institucionais. Trata-se de um segundo processo revolucionário calvinista depois da Escócia de John Knox, de grande repercussão internacional, que teve como grande teórico e apologista Althusius, com sua obra *Política Metodicamente Apresentada e Ilustrada com Exemplos Sagrados e Profanos*, autor que também lança as bases para a noção moderna e contemporânea de federalismo[84].

Na sequência, a *Revolução Inglesa* constituiria outra grande aplicação de princípios da teoria política calvinista, com a afirmação inequívoca da supremacia do parlamento sobre a realeza (*Bill of Rights*, de 1689) e a plena independência dos juízes ingleses graças ao *Judges Bill*, em 1691-1692 e o *Act of Settlement*, de 1701, que garantiram um judiciário independente, pela impossibilidade de ser demitido pelo rei e pelo caráter vitalício de seus cargos[85]. Nesse contexto, além de John Locke, destaca-se John Milton na defesa das prerrogativas do parlamento.

Posteriormente, a Revolução Norte-Americana e sua consolidação teórica em *O Federalista*, em que se constata de forma mais veemente o fortalecimento do Judiciário, concomitantemente com as prerrogativas do Parlamento. Uma tradição cujos principais tópicos — federalismo, prerrogativas do parlamento frente ao executivo e capacidade revisional pelo judiciário dos atos dos poderes Executivo e do Legislativo — foram recepcionados de forma cabal no projeto liberal de Rui Barbosa para o Brasil.

Na Revolução dos Países Baixos, na *Ata de Abjuração* na qual se consignou a destituição de Felipe II pelos *Estados Gerais*, mostram-se precisos os argumentos de resistência, na linha dos desenvolvidos por Théodore de Bèze, como a afirmativa de que o povo e as províncias neerlandesas sempre aceitaram "seus príncipes e senhores sob condições"[86] e, portanto, a não observação desses compromissos pelo governante legitimaria a sua destituição. Vale destacar que a Academia de Genebra também era um importante centro de formação para pastores calvinistas dos Países Baixos[87].

---

[84] Althusius explorou a moderna distinção conceitual entre "federação" (*bundestaat*), que ele denomina como *foederatio plena*, e "confederação", a qual chama de *foederatio non plena*, em razão disso, Voyenne, em *Histoire de l'idée féderaliste*, considera-o "o primeiro teórico federalista". BENOIST, Alain. The First Federalist: Johannes Althusius. *Krisis 22*, p. 2-34, mar. 1999.

[85] BERMAN, Harold J. *Law and Revolution, the Formation of the Western Legal Tradition*. v. II. Cambridge, Massachusetts & London, England: Harvard University Press, 1983. p. 227.

[86] WITTE JR., John. *The Reformation of Rights*: Law, religion, and human rights in early modern Calvinism. Cambridge: Cambridge University Press, 2007. p. 143.

[87] VRIES DE, Herman. *Genève*: Pépinière du Calvinisme Hollandais. t. I. Fribourg: Fragnière Frères, 1918. p. 24-33.

No início do século 17, vários apologistas da República dos Países Baixos como C. P. Hooft, Hugo Grotius, Peter Bertius, Paul Buis, Daniel Berckringer, Gisbertus Voetius, Paulus Voetius, Martinus Schookius, Ulrich Huber, dentre outros, construíram um legado de importantes lições para o desenvolvimento do arcabouço institucional e legal no qual essa jovem organização política se estruturava, além de legitimar a licitude da destituição do soberano espanhol. Nesse contexto, "um dos primeiros e mais originais" dentre tais autores foi Johannes Althusius[88], que assim defende o processo revolucionário dos batavos contra Felipe II, com base na atuação dos magistrados inferiores:

> Vê-se nesse poder e autoridade, outorgados aos poucos éforos para a defesa dos direitos do povo e da associação universal, que o povo não transferiu tais direitos para o magistrado supremo, mas os reservou para si próprio. Pois a associação universal confiou a seus éforos o cuidado e a defesa desses direitos contra todos os transgressores, perturbadores e saqueadores, e mesmo contra o próprio magistrado supremo. As guerras belgas pela independência oferecem exemplos desse cuidado e defesa pelos éforos, durante os quarenta anos de conflito contra o rei de Espanha. Por conseguinte, a função desses éforos não é apenas de julgar se o magistrado supremo cumpriu ou não suas obrigações, mas também de resistir à tirania do magistrado e barrá-la do corpo associado [...]. É isso o que os teólogos e juristas asseveram[89].

No complexo processo revolucionário sobre o qual a Inglaterra do século 17 viria a configurar suas instituições, é importante mencionar o empoderamento do parlamento perante os reis e da independência dos juízes em relação àqueles, segundo John Milton[90], no sentido de demonstrar que as práticas e costumes constitucionais ingleses seriam perfeitamente compatíveis com a teoria das magistraturas inferiores desenvolvida pelos calvinistas até então.

J. Milton é um importante autor na tradição da filosofia política calvinista. Embora tivesse rompido com os calvinistas em 1643, mostra-se como uma das vozes mais enfáticas no âmbito do fortalecimento das prerrogativas parlamentares perante os reis. Entretanto, ao dialogar com

---

[88] WITTE JR., 2007, p. 150.

[89] ALTHUSIUS, 2003, p. 229.

[90] MILTON, John. Defesa do povo inglês. *In*: DZELZANIS, Martin (org.). *Escritos Políticos*. São Paulo: Martins Fontes, 2005. p. 268; 288-289.

o pensamento político calvinista que o antecede, especialmente em sua discussão com os presbiterianos, progressivamente menos arrojados no que tange à responsabilização dos reis e mesmo protetores da autoridade real, recolheu da tradição calvinista argumentos que contradiziam os presbiterianos, expressando-os em sua obra *A Tenência dos Reis e Magistrados*[91].

No escrito *Defesa do Povo Inglês*, John Milton responde a outra obra de defesa das prerrogativas dos reis, *A Defesa Régia*, de Salmásio. Milton acolhe amplamente as ideias desenvolvidas pelos calvinistas continentais do século anterior sobre os *Estados Gerais*, mencionando textualmente a *Franco-Gallia*, de François Hotman, obra geminada à de Théodore de Bèze, *Du Droit des Magistrats*. Teses legitimadoras da atuação parlamentar que *mutatis mutandis* caberiam perfeitamente no papel a ser desempenhado pelo parlamento inglês:

> Certamente, se o Parlamento pode, sem a vontade e o consentimento do rei revogar e rescindir seus atos e os privilégios concedidos a qualquer pessoa, circunscrever as próprias prerrogativas régias conforme julgar melhor, diminuir seu rendimento anual, as despesas da corte, seu séquito e em suma todos os negócios da casa real; se pode afastar até mesmo seus conselheiros e amigos pessoais, ou mesmo arrancá-los de seu seio para puni-los; em resumo, se por lei é assegurado a qualquer pessoa recurso a respeito de qualquer matéria do rei para o Parlamento, porém não inversamente, do Parlamento para o rei – e tanto os registros públicos como os mais doutos de nossos juristas testemunham que isso pode acontecer e muitas vezes acontece –, suponho que não haja ninguém, pelo menos de boa-fé, que não admita a superioridade do Parlamento em relação ao rei. Pois mesmo num interregno o Parlamento viceja e – como se encontra muito bem atestado em nossas histórias – não raro, sem nenhuma consideração pela linhagem hereditária, institui como rei por intermédio de livre voto o homem a quem julga mais apropriado.
> Resumindo então como ficam as coisas: o Parlamento é o conselho supremo da nação, constituído por pessoas completamente livres e dotadas de pleno poder para o propósito de consultarem juntas sobre as questões mais importantes. O rei foi criado para cuidar que se cumprissem todas as resoluções geradas pelo parecer e pela opinião desses estados[92].

---

[91] WITTE JR., 2007, p. 272.
[92] MILTON, 2005, p. 286-287.

Na configuração das instituições da nascente república estadunidense, mais precisamente no contexto dos debates sobre a ratificação da Constituição pelos Estados, em Nova Iorque, foi publicada nos jornais, entre 27 de outubro de 1787 e 4 de abril de 1788, uma série de artigos assinados por *"Publius"*, um pseudônimo coletivo de Alexander Hamilton, John Jay e James Madison. Em 22 de março de 1788, os artigos até então divulgados pela imprensa foram reunidos em um volume, sendo que posteriormente, em 28 de março de 1788, um segundo volume agregou os artigos 78 a 85, que não constaram na primeira edição de março[93].

No conjunto de artigos de Alexander Hamilton, John Jay e James Madison, identificam-se aspectos evidentes da tradição do constitucionalismo calvinista já consagrados por autores como Althusius e Milton, assim como nos eventos revolucionários de seu tempo, projetados de forma embrionária por Théodore de Bèze, uma vez que, conforme *"Publius"* em *O Federalista*, o federalismo, as prerrogativas do parlamento de controle das ações do executivo e a revisão judicial constituíam elementos estruturantes de um projeto político para a então jovem nação.

Acerca da função judicial do Estado, Hamilton revela ciência quanto ao dever de se preservar as garantias constitucionais dos juízes, para evitar a intimidação desses agentes do poder estatal diante de pressões ou interesses alheios à lei. Reconhece no poder judiciário a prerrogativa e o dever de salvaguardar o povo do governante opressor nas monarquias e nas repúblicas. Especialmente quando a Constituição é escrita e limitada, assinala a capacidade do poder judiciário de anular os arbítrios cometidos pelo parlamento:

> De acordo com o projeto apresentado pela convenção, todos os juízes nomeados pelos Estados Unidos devem ser mantidos em seus cargos enquanto "bem se conduzirem", o que está de acordo com o que consta na maioria das constituições estaduais, inclusive a nossa. O fato de ter sido este dispositivo contestado pelos adversários daquele projeto constitui sintoma seguro de uma vocação para discordar, que lhes perturba a imaginação e os julgamentos. A regra de boa conduta para a permanência no cargo da magistratura judicial é certamente um dos mais valiosos dos últimos progressos no exercício do governo, constituindo, em uma monarquia, excelente barreira contra o despotismo do príncipe e, nas repúblicas, obstáculo

---

[93] WRIGHT, Benjamin Fletcher. Introdução. *In*: PUBLIUS (Alexander Hamilton, James Madison e John Jay). *O Federalista*. Brasília: UNB, 1984. p. 13.

não menos importante contra as usurpações e opressões do Legislativo. Ademais, é o melhor recurso de que dispõe um governo para assegurar uma aplicação constante, correta e imparcial das leis[94].

Da tradição do constitucionalismo calvinista, podemos elencar no projeto de Rui Barbosa para o Brasil três princípios norteadores da arquitetura jurídico-política do Estado brasileiro: o federalismo, as prerrogativas do parlamento e a revisão judicial.

A justa oponibilidade aos governantes por órgãos parlamentares e/ou judiciais — formas de resistência à tirania que encontram na Inglaterra do século 17 e nos Estados Unidos do século 18 sua consolidação política, na afirmação das prerrogativas do parlamento com a revolução inglesa e na estruturação de um judiciário revisor, até mesmo de atos legislativos em relação à uma Constituição escrita, nos Estados Unidos — pode ser atestada como um traço da tradição do constitucionalismo calvinista no pensamento de Rui Barbosa, que reconhece as "duas fórmulas de liberdade":

> A liberdade, nos grandes Estados, não tem, até hoje, senão duas fórmulas conhecidas: a da solução parlamentar e a da solução judiciária, a da Monarquia britânica e a da República americana. Uma contém o arbítrio administrativo pela renovação parlamentar dos gabinetes, e restringe a onipotência legislativa pelas consultas à nação. A outra encerra a administração com a legislatura entre as extremas de uma Constituição escrita, e dá-lhe por guarda contra invasões ou evasões a supremacia da judicatura[95].

Considerações finais

A justiça do direito de resistência em plena licitude com as leis de Deus e dos homens funda a tradição do constitucionalismo calvinista, devendo ser tributadas a Théodore de Bèze a recepção do argumento constitucional da teoria das magistraturas inferiores de matriz luterana e a concepção da ideia de *leis fundamentais*, que a tradição do constitucionalismo calvinista lapidou ao longo dos séculos no plano teórico e em processos revolucionários.

---

[94] HAMILTON, Alexander. Artigo 78. *In*: PUBLIUS (Alexander Hamilton, James Madison e John Jay). *O Federalista*. Brasília: Editora UNB, 1984. p. 575-576.

[95] BARBOSA, Rui. *Teoria Política*. Organização de Homero Pires. Rio de Janeiro: W. M. Jackson, 1952. p. 121.

Referências

ALTHUSIUS, Johannes. *Política Metodicamente Apresentada e Ilustrada com Exemplos Sagrados e Profanos*. Rio de Janeiro: Topbooks, 2003.

BARBOSA, Rui. *Teoria Política*. Organização de Homero Pires. Rio de Janeiro: W. M. Jackson, 1952.

BENOIST, Alain. The First Federalist: Johannes Althusius. *Krisis 22*, p. 2-34, Mar. 1999.

BERMAN, Harold J. *Law and Revolution, the Formation of the Western Legal Tradition*. v. II. Cambridge, Massachusetts & London, England: Harvard University Press, 1983.

BÈZE, Théodore de. *Du Droit des Magistrats*. Genève: Droz, 1970.

BÍBLIA DE JERUSALÉM. Romanos 13, 1:7. São Paulo: Paulus, 2006.

DZELZAINIS, Martin (org.). *Escritos Políticos*. São Paulo: Martins Fontes, 2005.

GARCIA, Maria. Desobediência Civil: Direito Fundamental. 2. ed. São Paulo: *Revista dos Tribunais*, 2004.

HAMILTON, Alexander. Artigo 78. *In*: HAMILTON, A.; MADISON, J.; JAY, J. PUBLIUSO *Federalista*. Brasília: Editora UNB, 1984.

HÖPFL, Harro. Fundamental Law and the Constitution in Sixteenth - Century France. *In*: SCHNUR, Roman. *Die Rolle der Juristen bei der Entstehung des mondernen Staates*. Berlin: Duncker & Humblot, 1986.

HÖPFL, Harro. *Sobre a Autoridade*. Lutero e Calvino. São Paulo: Martins Fontes, 2005.

HORSLEY, Richard A. *Paulo e o Império*: religião e poder na sociedade imperial romana. São Paulo: Paulus, 2004.

JOUANNA, Arlette; BOUCHER, Jacqueline; BILOGHI, Dominique; LE THIEC, Guy. *Histoire et dictionnaire des guerres de religion*. Paris: Robert Lafont, 1998.

LUTHER. *Luther's Works - Letters II*. v. 49. Philadelphia: Fortress Press, 1972.

MILTON, John. Defesa do povo inglês. *In*: DZELZANIS, Martin (org.). *Escritos Políticos*. São Paulo: Martins Fontes, 2005. p. 268; 288-289.

NUNES, Silvio Gabriel Serrano. *Constitucionalismo e Resistência em Théodore de Béze*: Secularização e Universalidade do Direito de Resistir na Obra de Du Droit des Magistrats sur leurs sujets de 1574. 2010. Dissertação (Mestrado em Filosofia) –

Faculdade de Filosofia, Letras e Ciências Humanas, Universidade de São Paulo, São Paulo, 2011. Disponível em: https://www.teses.usp.br/teses/disponiveis/8/8133/tde-23052011-145729/publico/2010_SilvioGabrielSerranoNunes.pdf. Acesso em: 22 out. 2021.

NUNES, Silvio Gabriel Serrano. A Recepção da "Historiografia" Clássica de Tito Lívio pelo "Constitucionalismo" de Théodore de Bèze. *In*: II Colóquio Internacional de Estudos Medievais – Práticas discursivas e literárias: as maneiras de se escrever a história no mundo antigo e medieval, 2013, Goiânia. Goiânia: PUC--GO/UFG, 2013a.

NUNES, Silvio Gabriel Serrano. Modernidade, Infância, Educação e Escola: Notas sobre a Responsabilização do Poder Público quanto ao Acesso ao Ensino em Martinho Lutero e Condorcet. *In*: I SEMINÁRIO INTERNACIONAL DE ESTUDOS ÉTICOS E RETÓRICOS EM EDUCAÇÃO (I SIEERE), 2013, Rio de Janeiro. *Anais* [...]. Rio de Janeiro: Universidade Federal do Rio de Janeiro, 2013b.

NUNES, Silvio Gabriel Serrano. A Quebra de Paradigma nos Limites do Dever de Obediência: as Repercussões da Noite de São Bartolomeu nos Tratados Políticos Huguenotes sobre o Direito de Resistência e o Antimaquiavelismo. *In*: SALATINI, Rafael; ROIO, Marcos Del (org.). *Reflexões sobre Maquiavel*. 1. ed. Marília; São Paulo: Oficina Universitária; Cultura Acadêmica, 2014, p. 109-120.

NUNES, Silvio Gabriel Serrano. As Teses do Conciliarismo de Jacques Almain e John Mair e a Defesa da Supremacia Papal de Tommaso de Vio. *In*: FRANCO, José Eduardo; RODRÍGUEZ, José Ignacio Ruiz; ABREU, José Paulo de; CIESZYNSKA, Beata (org.). *Concilio de Trento*: Innovar en la Tradición Historia, Teologia y Proyección. 1. ed. Alcalá de Henares: Universidad de Alcalá de Henares, 2016.

NUNES, Silvio Gabriel Serrano. *As origens do constitucionalismo calvinista e o direito de resistência*: a legalidade bíblica do profeta em John Knox e o contratualismo secular do jurista em Théodore de Bèze. 2017. Tese (Doutorado em Filosofia) – Faculdade de Filosofia, Letras e Ciências Humanas, Universidade de São Paulo, São Paulo, 2017. Disponível em: https://teses.usp.br/teses/disponiveis/8/8133/tde-12062017-105723/publico/2017_SilvioGabrielSerranoNunes_VCorr.pdf. Acesso em: 22 out. 2021.

NUNES, Silvio Gabriel Serrano. Histoire Profane et Théorie Politique dans le Constitutionnalisme de Théodore de Bèze. *Revue des Sciences Philosophiques et Théologiques*, Paris: Vrin, tome 102, p. 221-233, 2018a.

NUNES, Silvio Gabriel Serrano. John Locke e as Teorias do Direito de Resistência de Matriz Luterana. *Cadernos Espinosanos*, n. 38, p. 189-205, 30 jun. 2018b. Disponível em: http://www.revistas.usp.br/espinosanos/article/view/145925. Acesso em: 22 out. 2021.

NUNES, Silvio Gabriel Serrano. The Origin and Meaning of the Term "Fundamental Laws". *In*: Theodore Beza's Political Thought of Resistance and Constitutionalism. XXIII WORLD CONGRESS OF PHILOSOPHY, v. 69, p. 351-355, 2018c. *Proceedings* [...]. Disponível em: https://www.pdcnet.org/wcp23/content/wcp23_2018_0069_0351_0355. Acesso em: 22 out. 2021.

NUNES, Silvio Gabriel Serrano. Théodore de Bèze, O Liberum Veto e os "Artigos do Rei Henrique" da Polônia: As Origens do Esplendor Constitucional no Século XVI e da Decadência Política da Sereníssima Res Publica Poloniae Diagnosticada por Rousseau no século XVIII. *Cadernos de Ética e Filosofia Política*, v. 1, n. 36, p. 125-137. Disponível em: http://www.revistas.usp.br/cefp/article/view/171625/161578. Acesso em: 22 out. 2021.

SCHNUR, Roman. *Die Rolle der Juristen bei der Entstehung des mondernen Staates*. Berlin: Duncker & Humblot, 1986.

SKINNER, Quentin. *As Fundações do Pensamento Político Moderno*. São Paulo: Companhia das Letras, 2000.

THOMPSON, Martyn P. The history of fundamental law in political thought from the French war of religion to the American revolution. *The American Historical Review*, v. 91, n. 5, p. 1103-1128, Dec. 1986.

VRIES DE, Herman. *Genève*: Pépinière du Calvinisme Hollandais. t. I. Fribourg: Fragnière Frères, 1918.

WITTE JR., John. *The Reformation of Rights*: Law, religion, and human rights in early modern Calvinism. Cambridge: Cambridge University Press, 2007.

WRIGHT, Benjamin Fletcher. Introdução. *In*: PUBLIUS (Alexander Hamilton, James Madison e John Jay). *O Federalista*. Brasília: UNB, 1984.

A ENTREGA LEGAL E A DEFESA DA VIDA

Angela Vidal Gandra da Silva Martins
Maria Victória Saorini Correia de Sousa

Introdução

Poder homenagear a professora Maria Garcia é mais do que uma honra! Como nos inspira, entre tantas razões, especialmente pela profundidade e humanidade de seus estudos, pelo seu incansável trabalho, pela sua juventude perene, pelo seu carinho no trato com as pessoas e por defender tanto a segurança jurídica, por meio do respeito à Constituição Federal, quanto os Direitos Humanos, destacando principalmente os inalienáveis, a começar pelo primeiro: a vida!

De fato, a defesa do Direito em função do ser humano foi uma constante em sua vida acadêmica, destacando-se ainda que defender humanos só se pode fazer de forma humana, se não é impossível convencer efetivamente. Não se pode deixar de agradecê-la nesse sentido, bem como pelo exemplo que sempre deu pela sua coerência.

Ressaltamos ainda a sua contínua promoção da reflexão entre estudantes e profissionais do Direito, mediante a coordenação de debates jusfilosóficos, envolvendo profundas questões de Direito e de Justiça. Podemos afirmar que nossa professora é uma autêntica conservadora, no sentido de que sabe defender o essencial nas mudanças: "o equilíbrio está em responder: o que deve ser mantido e o que deve ser mudado e aí está toda diferença"[96].

De fato, essa sempre foi sua reação intelectual às demandas jurídicas e sociais, buscando compaginar presente, passado e futuro, sem ceder a ideologias ou radicalismos, orientada pela percepção ontológica da realidade, sem simplismos, reducionismos ou ingenuidades, mas com apreço pela herança histórica da humanidade e pelos valores morais bem definidos[97].

---

[96] GARCIA, Maria. Direitos Humanos face à dramaticidade da vida. *Espaço Vital Independente*, [S.l.], 2012. Disponível em: https://espacovital.com.br/publicacao-26937-direitos-humanos-face-a-dramaticidade-da-vida-artigo-de-maria-garcia. Acesso em: 2 jul. 2021.

[97] BURKE, Edmund. *Reflexões sobre a Revolução na França*. São Paulo: Edipro, 2014. p. 55.

Nesse sentido, conservando os princípios fundamentais, consegue também promover as mudanças prudenciais, sem desfalcar o patrimônio da humanidade na defesa do ser humano[98]. Não cede ao utilitarismo pragmático, permanecendo sempre fiel a uma racionalidade humana[99].

Toda sua atividade profissional, da qual tanto nos beneficiamos, auxilia-nos, também, particularmente, a nos servimos de suas luzes para fundamentar ações governamentais em defesa da vida e da família.

É o que passamos a destacar, trazendo como corolário específico um tema concreto que temos procurado dar a conhecer e que garante a defesa das duas vidas em caso de gravidez inesperada, abrindo caminho para a adoção: o instituto da entrega legal.

Professora Maria Garcia e o Direito à Vida

Tivemos a oportunidade de ouvir nossa caríssima professora Maria Garcia ministrar aulas e palestras sobre Direitos Humanos e, em especial, sobre o Direito à Vida. É perceptível como compartilha generosamente seus conhecimentos, transmitindo-os com tanta paixão, sem deixar também de dividir suas preocupações sobre os rumos jurídicos, sociais ou políticos que podem atentar contra o ser humano. Sua fundamentação na própria Declaração Universal dos Direitos Humanos demonstra a fé que cultiva e propaga nos direitos fundamentais da pessoa e na capacidade razoável de compreendê-los.

Com relação ao direito à vida, é categórica, enfrentando a "sociedade permissiva", que evoca a partir de Charles Taylor e a *me generation*, que restringem as decisões ao eu, sem a devida dimensão relacional, e, portanto, sem a razoabilidade, que envolvem o bem comum em nossas escolhas, pela própria condição natural social do ser humano, como bem explicita John Finnis[100].

Para enfrentar a questão, sempre investiu na educação como "instrumento poderoso", estimulando colegas e alunos a unirem forças nesse sentido, para aprofundar em temas relevantes e decisivos para a sociedade, combatendo um certo "pacto da mediocridade" e oferecendo, como exemplo e liderança, o melhor de si nessa tarefa.

---

[98] KIRK, Russell. *A Mentalidade Conservadora*: de Edmund Burke a T.S. Eliot. São Paulo: Genero, 2016. p. 28.

[99] GARCIA, *loc. cit.* (evocando o filósofo Charles Taylor).

[100] FINNIS, John. The Nature of Law. *In*: TASIOLAS, John. *The Cambridge Companion in Philosophy of Law*. Cambridge: Cambridge University Press, 2020. p. 8 et seq.

No que se refere especificamente à defesa da vida, não se poupou em promovê-la, mesmo contra a corrente do politicamente correto, posicionando-se claramente contra o aborto:

> [...] a vida é um processo que se inicia com a concepção (José Afonso da Silva) e o direito à vida está assegurado pela Constituição. <u>Direito significa possibilidade de exercício</u>. Fora disso, não existe "direito a".[101]

E conclui:

1. A Constituição erigiu a vida em bem jurídico;

2. Juridicamente, a vida é um processo que se inicia com o óvulo fecundado e termina com a morte;

3. A divisão desse processo (pré-embrião, embrião etc.) cabe às ciências naturais, para fins didáticos, medicinais e outros dessa área[102].

Porém, o ser humano está aí e nada justifica sua eliminação.

Por essa razão, trazemos uma saída não só honrosa, mas verdadeiramente humana, nos *hard cases*, que se mostram especialmente "justificáveis" em caso de violência.

Passamos a apresentá-la sucintamente.

Entrega Legal: um meio possível

Não são poucas as vezes que nos deparamos com notícias de recém--nascidos encontrados abandonados em lugares precários, de venda e tráfico de crianças, adoções ilegais e abortos clandestinos. Tais atos, além de serem contrários à legislação brasileira, constituem crimes e comprometem o maior bem existente: a vida.

A vida é um direito fundamental inerente à existência do ser humano, antecedente à ordem ou concessão jurídica e, portanto, não é atribuído constitucionalmente, mas, sim, protegido por nossa Constituição ao armar sua inviolabilidade[103].

---

[101] GARCIA, 2012, s/p, grifo nosso.

[102] *Idem.*

[103] "Artigo 5º Todos são iguais perante a lei, sem distinção de qualquer natureza, garantindo-se aos brasileiros e aos estrangeiros residentes no País a inviolabilidade do direito à vida, à liberdade, à igualdade, à segurança e à propriedade, nos termos seguintes [...]" (BRASIL, 1988, s/p).

A associação entre o direito à vida e a entrega legal (ou também conhecida como "entrega voluntária") dá-se pelo fato desta última se tratar de um instituto jurídico que resguarda a integridade física e psicológica da mulher e da criança, ao passo que afasta a possibilidade de desfechos trágicos.

Nesse sentido, a entrega legal ocorre quando a mãe, antes ou logo após o nascimento do filho, manifesta a intenção de entregá-lo para adoção, recebendo acolhimento, orientações e suporte durante o processo de maturação do desejo manifestado.

Em geral, a doação de um filho pode ser motivada por condições socioeconômicas, gravidez não planejada, gravidez indesejada, falta de amparo familiar, gestações ocorridas em relações fora do casamento, impossibilidade afetiva, depressão pós-parto, distúrbios mentais, abandono ou não reconhecimento da gravidez pelo pai do bebê, entre outros[104].

Diferente do que ocorre no abandono de recém-nascido, que se trata de um delito tipificado pelo artigo 134 do Código Penal, quando há a intenção de abandonar o infante expondo-o em situação de perigo e deixando-o sem assistência ou amparo, a entrega legal é um instituto previsto e resguardado pela lei. A normatização de tal ato no Brasil teve origem em 2009, com a implementação da Lei n.º 12.010, a qual apresentou atualizações quanto à adoção. Posteriormente, a Lei n.º 13.257, de março de 2016, também conhecida como Marco Legal da Primeira Infância, estabeleceu princípios e diretrizes para a formulação e a implementação de políticas públicas em atenção à especificidade e à relevância dos primeiros anos de vida. No ano de 2017, a Lei n.º 13.509 alterou o Estatuto da Criança e do Adolescente (ECA) e, entre outras providências, estabeleceu os procedimentos que devem ser seguidos para a entrega voluntária de crianças recém-nascidas para adoção.

Atualmente, a entrega legal está disciplinada no artigo 8º, §5º, também no artigo 13, §1º, tal como no artigo 19-A do Estatuto da Criança e do Adolescente. Além disso, possui amparo constitucional no princípio do melhor interesse da criança, previsto pelo artigo 227 da Constituição Federal.

---

[104] CEVIJ. Coordenadoria de Articulação das Varas de Infância, da Juventude e do Idoso do Tribunal de Justiça do Estado do Rio de Janeiro. *Cartilha Entregar de Forma Legal é Proteger*. Rio de Janeiro: Tribunal de Justiça do Estado do Rio de Janeiro, 2019. Disponível em: http://conhecimento.tjrj.jus.br/documents/5736540/6207821/cartilha-Entregar+%C3%A9+Proteger.pdf. Acesso em: 24 out. 2023.

Desafios para a conscientização e implementação

A entrega legal ainda é um tema pouco difundido e desconhecido por grande parte da população. Pode-se dizer que a ausência de conhecimento faz com que muitas mulheres coloquem suas vidas e a de seus bebês em risco, optando por condutas muito austeras.

O relatório "Tempo dos processos relacionados à adoção no Brasil: uma análise sobre os impactos da atuação do Poder Judiciário", desenvolvido pelo Conselho Nacional de Justiça (CNJ) em parceria com a Associação Brasileira de Jurimetria (ABJ), apresenta um expressivo índice de adoções fora do Cadastro Nacional de Adoção (CNA), sendo considerável o número de adoções irregulares — cerca de 48% —, apesar de existir regulamentação para a adoção legal[105].

De acordo com o Conselho Nacional de Justiça, uma parcela significativa do problema relacionado ao abandono de crianças poderia ser evitada por meio de campanhas de esclarecimento com gestantes em estado de vulnerabilidade[106].

Nesse sentido, visando ampliar a importância do instituto, foram propostos Projetos de Lei que objetivam a divulgação de informações sobre a entrega legal por parte das unidades públicas e privadas de saúde, mediante afixação de placas informativas[107].

No que concerne ao Poder Judiciário, desde a implementação da Lei n.º 12.010 de 2009, os Juizados da Infância e Juventude de todo o país desenvolveram programas de acompanhamento às mulheres que desejam entregar seus filhos para adoção. Dentre as iniciativas, podemos destacar o Programa de Acompanhamento à Gestante, do Distrito Federal, seguido do Mãe Legal, em Pernambuco. No momento, 16 Tribunais de Justiça dos 27 estados brasileiros possuem um programa de atendimento às mulheres que optam pela entrega voluntária[108].

Resta claro que conscientizar e informar se trata de uma medida eficaz. Contudo, a propagação desse conhecimento não deve ser destinada somente aos possíveis protagonistas da entrega legal. É necessário que contemple a

---

[105] NUNES, Marcelo Guedes. *Tempo dos processos relacionados à adoção no Brasil:* uma análise sobre os impactos da atuação do Poder Judiciário. Brasília: Conselho Nacional de Justiça, 2015. p. 146.

[106] *Ibidem*, p. 145.

[107] Projeto de Lei n.º 1.938/2021 e Projeto de Lei n.º 10.569/2018.

[108] CNJ. Conselho Nacional de Justiça. Entrega Legal: alternativa para evitar o abandono de bebês. *CNJ*, 11 abr. 2017. Disponível em: https://www.cnj.jus.br/entrega-legal-alternativa-para-evitar-o-abandono-de-bebes/. Acesso em: 24 out. 2023.

população em geral, dado que, embora a entrega de um filho para adoção após o seu nascimento seja uma prerrogativa legal, ainda reside no imaginário social ampla reprovação e dificuldade de compreensão, encarando-a como um abandono[109]. Ou seja, há a pressuposição de que toda separação entre mãe e filho é moralmente iníqua e predispõe um julgamento negativo sobre o ato.

Sob esse aspecto, o artigo 227 da Constituição Federal, que é a base do princípio do melhor interesse da criança, prevê que é direito do menor ser educado pela família natural ou na sua impossibilidade, por família substituta. A mesma ideia é corroborada pelo artigo 19 do Estatuto da Criança e do Adolescente, esclarecendo que excepcionalmente a criança pode ser criada e educada em família na família anteriormente citada. Desse modo, dar destaque ao instituto da entrega legal não significa corroborar a destituição familiar, visto que o principal intuito é a proteção da vida dos nascituros, contemplando seu melhor interesse.

Ainda assim, mesmo não tendo cometido nenhum crime, é comum que a mulher seja vista com maus olhos pela comunidade, sob a alegação de que a entrega voluntária seria um ato de indiferença e desafeto para com o ser gerado.

Ocorre que, em termos legais, o afeto não é elemento jurídico constitutivo da família pela Constituição Federal — o que não significa que não haja importância ou presença de afetos nas relações familiares[110]. Apenas denota que não compõe o suporte fático que o Direito avalia para reconhecer o status de família constitucional e fazer assim que seja credora de especial proteção[111]. Nesse sentido:

> O mesmo pode se dizer em relação à família monoparental. O Estado não pergunta ao genitor se ama ou não aquele que concebeu, mas simplesmente lhe imputa o dever de cuidar

---

[109] MACIEL, Kátia Regina Ferreira Lobo Andrade (coord.). *Curso de direito da criança e do adolescente:* aspectos teóricos e práticos. 12. ed. São Paulo: Saraiva Educação, 2019. p. 93.

[110] Nessa oportunidade, vale destacar o Programa Famílias Fortes, versão brasileira adaptada do "*Strengthening Families Programme for Parents and Youth 10-14*", que visa estimular interações entre os adolescentes (de 10 a 14 anos) e seus responsáveis, promovendo o bem-estar dos membros da família, a partir do fortalecimento dos vínculos familiares e do aperfeiçoamento de habilidades sociais. O conteúdo do programa é baseado na premissa de que as crianças se saem melhor em seu desenvolvimento social quando as famílias são capazes de estabelecer limites e regras de convivência, de expressar afeto e dar apoio adequado aos infantes. Por fim, seu principal objetivo é promover o estímulo dos processos de proteção e construção de resiliência familiar, além da redução dos riscos relacionados a comportamentos problemáticos.

[111] JÚNIOR, Antônio Jorge Pereira. Desconstituição da família constitucional. *In:* MARTINS, Ives Gandra da Silva (org.). *Princípios Constitucionais Relevantes:* a constituição interpretada pelo conselho superior de direito da Fecomercio SP. São Paulo: Fischer 2, 2011, v. II. p. 377.

da sua prole. Caso se comprove algum problema grave na realização desse dever, caberá ao Estado gerenciar eventual sucedâneo aos genitores[112].

Não obstante, um recente estudo fez uma análise documental de relatórios dos processos judiciais de entrega de crianças para adoção que tramitaram no Juizado da Infância e Juventude de João Pessoa, entre os anos de 2011 e 2017. Ao buscar explicações sobre a decisão da mulher de entregar para adoção sua criança, alguns relatórios elaborados por profissionais apontam a doação como um gesto de amor:

> As técnicas buscam "desmistificar o ato da doação como sendo um ato de desamor", como uma forma de prestar apoio e empatia à mulher que doa. [...] Nesta perspectiva, a entrega é vista como um gesto de amor e altruísmo, como uma forma de dar à criança a possibilidade de ter uma vida digna com melhores oportunidades do que ela própria viveu. [...] Quando afirmam que realizaram a entrega "pois assim o menino terá vida digna" e para que "tivessem melhor oportunidade" ou "mais cuidados e sorte na vida" as técnicas corroboram a existência do amor materno em todas as circunstâncias, mesmo nas mais adversas e ancoram essa explicação em sentidos de amor materno como incondicional e imutável[113].

Portanto, a mulher que decide pela entrega legal de um filho, sabendo não possuir condições de criá-lo, mas ainda assim optando por levar adiante a gestação, está se desnudando de qualquer incerteza e dando chances a uma nova vida. Razão pela qual compreende-se que o referido ato exprime imensa coragem e amor.

Conclusão

A proposta que trazemos nessa linha está embasada na defesa da vida efetivamente incondicional. Até mesmo por coerência jurídica sistêmica, pois nossa Constituição Federal, promulgada em 1988, assim a protege, e o código anterior, de 1940, despenalizando o aborto — e, como é óbvio, dando margem a um volume considerável de assassinatos uterinos não compreendidos na categoria de origem —, deveria ser revisto, pois a

---

[112] *Idem.*

[113] MACIEL, Milena Ataíde. *Da entrega à adoção:* sentidos de maternidade compartilhados por profissionais. 2020. Tese (Doutorado em Psicologia) – Universidade Federal de Pernambuco, Recife, 2020. p. 157.

prática comprova que a preservação da vida é tanto justa quanto salutar, protegendo, ao mesmo tempo, outros inocentes que são fruto de relações simplesmente irresponsáveis.

Nesse sentido, apresentamos uma possibilidade que não devolve violência com agressão, impedindo que traga, consequentemente, ainda mais sofrimento para a família envolvida.

As experiências que vamos recolhendo sobre filhos gerados a partir da proposta apresentada são muito positivas, tanto para a estabilidade da mãe, quanto pela imensa gratidão às mães biológicas, que nutrem os filhos que puderam gozar do dom da vida, em muitos casos, sem mesmo conhecê-las. Fica claro que as mães colocadas nesse tipo de situação podem fazer sua diferença, desenvolvendo as capacidades e potencialidades — que aí já estavam codificadas, desde o primeiro momento da concepção — de forma única e irrepetível, colocando efetivamente todos os meios para a sobrevivência dos filhos!

Assim homenageamos nossa professora Maria Garcia, com quem aprendemos não só a defender a vida, mas a amá-la, incondicionalmente, em cada ser humano.

Referências

BRASIL. *Projeto de Lei n.º 1.938, de 25 de maio de 2021*. Dispõe sobre a afixação de placas informativas, nas unidades públicas e privadas de saúde situadas no território nacional, versando sobre a Entrega Legal, instituída pela Lei n.º 13.509, de 22 de novembro de 2017. Brasília: Câmara dos Deputados, 2021.

BRASIL. *Projeto de Lei n.º 11 de julho de 2018*. Apresentado pelo Deputado Herculano Passos. Dispõe sobre a afixação de placas informativas, nas unidades públicas e privadas de saúde, sobre a adoção de nascituro. Brasília: Câmara dos Deputados, 2018.

BRASIL. *Constituição da República Federativa do Brasil*. Promulgada em 05 de outubro de 1988. Brasília: Senado Federal, 1988.

BRASIL. Decreto-lei n.º 2.848, de 7 de dezembro de 1940. Dispõe sobre o Código Penal. *Diário Oficial da União*, Rio de Janeiro, 1940.

BRASIL. Estatuto da Criança e do Adolescente, 1990. Lei n.º 8.069, promulgada em 13 de julho de 1990 (Incluído pela Lei n.º 13.257, de 2016). *Diário Oficial da União*, Brasília, 1990.

BRASIL. Lei n.º 12.010, de 29 de julho de 2009. Dispõe sobre adoção; altera as Leis n.ºs 8.069, de 13 de julho de 1990 - Estatuto da Criança e do Adolescente, 8.560, de 29 de dezembro de 1992; revoga dispositivos da Lei n.º 10.406, de 10 de janeiro de 2002 - Código Civil, e da Consolidação das Leis do Trabalho - CLT, aprovada pelo Decreto-Lei n.º 5.452, de 1º de maio de 1943; e dá outras providências. *Diário Oficial da União:* Brasília, 2009.

BRASIL. Lei n.º 13.257, de 08 de março de 2016. Dispõe sobre as políticas públicas para a primeira infância e altera a Lei n.º 8.069, de 13 de julho de 1990 (Estatuto da Criança e do Adolescente), o Decreto-Lei n.º 3.689, de 3 de outubro de 1941 (Código de Processo Penal), a Consolidação das Leis do Trabalho (CLT), aprovada pelo Decreto-Lei n.º 5.452, de 1º de maio de 1943, a Lei n.º 11.770, de 9 de setembro de 2008, e a Lei n.º 12.662, de 5 de junho de 2012. *Diário Oficial da União:* Brasília, 2016.

BRASIL. Lei n.º 13.509, de 22 de novembro de 2017. Dispõe sobre adoção e altera a Lei n.º 8.069, de 13 de julho de 1990 (Estatuto da Criança e do Adolescente), a Consolidação das Leis do Trabalho (CLT), aprovada pelo Decreto-Lei n.º 5.452, de 1º de maio de 1943, e a Lei n.º 10.406, de 10 de janeiro de 2002 (Código Civil). *Diário Oficial da União:* Brasília, 2017.

BURKE, Edmund. *Reflexões sobre a Revolução na França*. São Paulo: Edipro, 2014.

CEVIJ. Coordenadoria de Articulação das Varas de Infância, da Juventude e do Idoso do Tribunal de Justiça do Estado do Rio de Janeiro. *Cartilha Entregar de Forma Legal é Proteger.* Rio de Janeiro: Tribunal de Justiça do Estado do Rio de Janeiro, 2019. Disponível em: http://conhecimento.tjrj.jus.br/documents/5736540/6207821/cartilha-Entregar+%C3%A9+Proteger.pdf . Acesso em: 24 out. 2023.

CNJ. Conselho Nacional de Justiça. Entrega Legal: alternativa para evitar o abandono de bebês. *CNJ,* 11 abr. 2017. Disponível em: https://www.cnj.jus.br/entrega-legal-alternativa-para-evitar-o-abandono-de-bebes/. Acesso em: 24 out. 2023.

FINNIS, John. The Nature of Law. *In:* TASIOLAS, John. *The Cambridge Companion in Philosophy of Law.* Cambridge: Cambridge University Press, 2020.

GARCIA, Maria. Direitos Humanos face à dramaticidade da vida. *Espaço Vital Independente, [S.l.],* 2012. Disponível em: https://espacovital.com.br/publicacao-26937--direitos-humanos-face-a-dramaticidade-da-vida--artigo-de-maria-garcia. Acesso em: 2 jul. 2021.

JÚNIOR, Antônio Jorge Pereira. Desconstituição da família constitucional. *In*: MARTINS, Ives Gandra da Silva. (org.). *Princípios Constitucionais Relevantes*: a constituição interpretada pelo conselho superior de direito da Fecomercio SP. São Paulo: Fischer 2, 2011, v. II.

KIRK, Russell. *A Mentalidade Conservadora:* de Edmund Burke a T.S. Eliot. São Paulo: Genero, 2016.

MACIEL, Kátia Regina Ferreira Lobo Andrade (coord.). *Curso de direito da criança e do adolescente:* aspectos teóricos e práticos. 12. ed. São Paulo: Saraiva Educação, 2019.

MACIEL, Milena Ataíde. *Da entrega à adoção*: sentidos de maternidade compartilhados por profissionais. 2020. Tese (Doutorado em Psicologia) – Universidade Federal de Pernambuco, Recife, 2020.

NUNES, Marcelo Guedes. *Tempo dos processos relacionados à adoção no Brasil:* uma análise sobre os impactos da atuação do Poder Judiciário. Brasília: Conselho Nacional de Justiça, 2015.

CIDADANIA E JUSTIÇA SOCIAL IMOBILIÁRIA

Durval Salge Jr.

Introdução

De tempos em tempos, a humanidade observa, atônita, acontecimentos que mudam a rotina de sua letárgica realidade.

Esses fatos não têm causa somente nas forças da natureza, mas nas lutas sociais intensas, ora para angariar, ora para preservar direitos. Dentre as mais nobres contendas, sobressaem os movimentos pela defesa e manutenção da cidadania, em todas as suas frentes e longitude.

Este estudo procura contextualizar a cidadania e a justiça social imobiliária, não só diante do cenário hodiernamente instalado, mas debater com foco nos próximos anos, vivenciando experiências presentes e passadas.

Resta-nos, então, entender quem seriam efetivamente os destinatários desse direito, e, ainda, se as políticas públicas estão aptas a enfrentar adequadamente a grandeza da justiça social imobiliária, fazendo valer o preceito constitucional da cidadania, em todo o seu relevo.

Não basta somente aparelhar o cidadão de direitos políticos, é necessário também conferir a ele a prerrogativa de gozar dos direitos sociais inerentes, compreender, ao final, o contexto que possa amalgamar a justiça social imobiliária e a cidadania, a partir do entrelaçamento e contrapartida do direito de propriedade e da prerrogativa da moradia, insculpidos na consagrada carta política de 1988.

Cidadania

O ser humano é essencialmente coletivo, por essa razão deve ele se amoldar à trama social, de modo a manter o equilíbrio da célula a que pertence, cabendo-lhe a importante função de ser todos e, ao mesmo tempo, não perder a dimensão individual.

Contudo a arte de fazer parte do coletivo converge na necessidade do ser humano de revestir das mesmas características de seus pares. Tal situação, sem as discrepâncias realísticas entre os indivíduos, torna-se chave para pacificidade daquela determinada sociedade. A cidadania possui essa sincronicidade, pois ao mesmo tempo que traz a reboque toda uma gama de direitos coletivos semelhantes, faz permitir que os indivíduos possam exercê-los individualmente, segundo sua subjetividade.

Thomas More, na consagrada obra *Utopia*, divaga, de forma competente, sobre os princípios de uma sociedade perfeita, com o pano de fundo de toda a renovação social:

> E não é um dever para vós, como para todo bom cidadão, sacrificar o interesse geral de suas ojerizas particulares? A natureza, dizem eles, convida todos os homens a se ajudarem mutuamente e a partilharem em comum do alegre festim da vida. Este conceito é justo e razoável, pois não há indivíduo tão altamente colocado acima do gênero humano que somente a Providência, deva cuidar dele. A natureza deu a mesma forma a todos; aqueceu-os todos com o mesmo calor, envolvendo todos com o mesmo amor; o que ela reprova é aumentar o próprio bem-estar agravando a infelicidade de outrem[114].

A primeira formulação do que se entende por cidadania na cultura ocidental foi feita em 431 a.C., pelo homem de estado ateniense, Péricles. Quando a cidade grega homenageou os seus primeiros mortos na Guerra do Peloponeso, Péricles, em nome dos seus concidadãos, disse que os que tinham morrido, morreram por causa nobre, a causa de Atenas. Isso porque Atenas destacava-se entre as cidades da Grécia, em virtude de três qualidades: a primeira, residia no fato de que o regime político ateniense atendia aos interesses da maioria dos cidadãos e não os de uma minoria, e, por essa razão, Atenas era uma democracia; a segunda qualidade, encontrava-se na igualdade de todos perante a lei e na adoção do critério do mérito para escolha dos governantes; e, finalmente, Atenas destacava-se porque a origem social humilde não era obstáculo para a ascensão social de qualquer cidadão. Esse célebre discurso de Péricles enunciou um conjunto de direitos, que iriam, séculos depois, formar a substância da cidadania moderna: a igualdade de todos perante a lei, a inexistência de desigualdades sociais impeditivas do acesso social e no emprego do mérito como critério de escolha dos governantes. Péricles, entretanto, percebeu que esses ideais da civilidade somente poderiam ser realizados a partir da participação política dos cidadãos no governo da comunidade. Entre as cidades gregas, dizia Péricles, os atenienses eram os únicos a acreditar que *"um homem que não se interessa pela política deve ser considerado, não um cidadão pacato, mas um cidadão inútil"*[115].

---

[114] MORE, Sir Thomas. *A utopia*. São Paulo: Edipro, 1994. (Série clássicos). p. 98.
[115] TUCÍDIDES. *La Guerre du Péloponese*. Paris: Plêiade, 1904. p. 813.

Na Revolução Francesa já se distinguiam as duas categorias de cidadãos, que iriam caracterizar o estado liberal clássico: o cidadão ativo e o cidadão passivo. O cidadão ativo deitava suas raízes no *"status do homem privado, ao mesmo tempo educado e proprietário"*[116]. O instrumento jurídico, que formalizava a divisão entre os dois tipos de cidadãos, era o voto censitário. Por meio dele, o estado liberal clássico regulou o exercício pleno da cidadania, excluindo da participação nas decisões e no governo aqueles que não tivessem um mínimo de renda. A cidadania liberal do início do século 19 deitava, assim, suas raízes no status econômico e, por essa razão, não incluía como participante do processo político a maioria da população. O século 19 vai presenciar uma alteração progressiva na estrutura do estado liberal, provocando o deslocamento de suas bases sociais, que deixaram de ser, exclusivamente, de proprietários e passaram a englobar não proprietários operários. O acesso de um contingente crescente de eleitores à participação no poder foi denominado, por diversos autores, como o processo de democratização do estado liberal[117].

Atualmente, o conceito de cidadania permite várias divagações científicas, mas poderíamos iniciar com o mestre José Afonso da Silva, quando pondera que seria a qualificação dos participantes a vida do Estado, atributo das pessoas integradas na sociedade estatal, atributo político decorrente do direito de participação no governo e direito de ser ouvido pela representação política[118].

A criação de espaços democráticos é fundamental. Não há democracia quando não é possível proteger o cidadão ou produzir uma cidade justa. E a viabilização da democracia para a maioria dos cidadãos exige mudanças sociais e culturais que não se encaixam na limitada compreensão clássica da política[119].

Alexandre de Moraes, por sua vez, em obra prefaciada por Celso de Mello, ambos ministros do STF, discorre que cidadania representa um status do ser humano, apresentando-se, simultaneamente, como objeto e direito fundamental das pessoas[120].

Prosseguindo, Reis Friede, em sua obra *Ciência Política e Teoria Geral do Estado*, expõe que cidadania também pode ser entendida em termos amplos (*conjunto de direitos e deveres que regem e definem a situação dos nacionais*) e em termos restritos (*poder jurídico do nacional de participação do governo e*

---

[116] HABERMAS, J. *Mudança Estrutural da Espera Pública*. Rio de Janeiro: Tempo Brasileiro, 1984. p. 106

[117] MACPHERSON, C. B. *A democracÜl Liberal*. Rio de Janeiro: Zahar Editores, 1978.

[118] SILVA, José Afonso da. *Curso de direito constitucional positivo*. 41. ed. São Paulo: Malheiros, 2018. p. 349-350.

[119] HOLSTON, James. *Cidadania Insurgente*: disjunções da democracia e da modernidade no Brasil. Tradução de Claudio Carina. 1. ed. São Paulo: Companhia das Letras, 2013.

[120] MOARES, Alexandre de. *Constituição do Brasil, interpretada e legislação constitucional*. Atlas, 2013. p. 61.

da administração estatal, votando, sendo eleito, exercendo funções públicas, usufruindo serviços públicos e fiscalizando a atividade estatal por exemplo, através do ajuizamento das ações populares)[121].

Ser cidadão traz consigo uma magnitude, um sentido de pertencimento, um núcleo sensível de plenitude, um viés de força e uma acalorada paz. Uma sociedade que assegura essa garantia, concede generosidade, mantém as conquistas, respeita as adversidades, integra seus nacionais e honra a história, realizando, efetivamente, a paz social.

Ao enfrentar esse tema, o pesquisador deve universalizar seu pensamento, vencer dogmas, alçar voos, reconhecer que são justamente os mais frágeis, os mais desprovidos, os mais esquecidos, que necessitam revestir-se da cidadania.

Um primeiro enfretamento pode ser travado: quais dentre as várias facetas da cidadania, devem ser priorizadas? As ditas naturais como vida, liberdade, igualdade ou aquelas idealizadas pelo ser humano?

Queiramos crer, respeitosamente, que as coisas de Deus mereçam ser priorizadas, posto que benditas. É o caso da posse em face da propriedade, uma disputa civil entre fatos puramente naturais e criações humanas. Seria o direito de moradia, evangelicamente, um desdobramento do Éden divino? Um direito natural ou um direito humano?

Cidadania e justiça social culminam no debate necessário.

Cidadania e justiça social imobiliária

T. H. Marshall estabeleceu o conceito de cidadania a partir de uma visão tripartida entre direitos civis (*liberdade individual, liberdade de expressão e de pensamento, direito de propriedade, direito à justiça*), políticos (*direito de eleger e ser eleito*) e sociais (*relativos ao bem-estar econômico e social, igualdade e participação*)[122].

A debruçar sobre o tema do presente artigo, Zilda Tavares traz à tona alguns aspectos históricos, que merecem uma transcrição:

> No Brasil, até o final do século XIX, não se verifica a presença e atuação governamental na questão habitacional, justificada pelo fato da pouca implicação da moradia sobre a produção econômica. Na primeira metade do século XX, se desenvolveram os primeiros instrumentos públicos focados na questão

---

[121] FRIEDE, Reis. *Curso de Ciências Políticas e teoria geral do Estado*. 7. Rio de Janeiro. ed. Freitas Bastos Editora, 2019. p. 490.

[122] Cidadania e classe social, 1950 *apud* MAIA, Rui Leandro *et al. Dicionário, crime, justiça e sociedade*. Lisboa. Edições Sílabo, 2016. p. 80. *apud* Cidadania e classe social, 1950.

> habitacional, com especial relevância para, no primeiro governo do Presidente Getúlio Vargas, a criação dos institutos de previdência, cujos fundos seriam utilizados para financiamento imobiliário. Com o crescimento da população urbana a partir da década de 30, mediante o Decreto-lei 4.508/42, regulamentou-se o financiamento de conjuntos residenciais operários[123].

O financiamento imobiliário, por exemplo, não parte inicialmente da figura do Estado ou do sistema financeiro, mas sim dos institutos de previdência. O primeiro foi o Instituto de Aposentadoria e Pensões dos Industriários (Iapi) criado em 1936, durante o Estado Novo, que expandiu sua atuação para financiar projetos de habitação popular nas grandes cidades. Depois o Instituto de Aposentadorias e Pensões dos Estivadores e Transportes de Cargas (Iaptec), criado em 1945, que igualmente passou a financiar projetos de habitação popular, assim como seu congênere Iapi.

O Sistema Financeiro da Habitação (SFH) foi criado pela Lei 4.380, de 21 de agosto de 1964, com objetivo de facilitar e promover o acesso da moradia à população, por intermédio do financiamento da construção e aquisição da casa própria.

Prosseguindo no tempo, sem, contudo, perder o assento do presente artigo jurídico, imperioso destacar que a Constituição Federal de 1988 traz em seu Art. 1º, os princípios fundamentais da República, sobressaindo-se dentre eles, para o presente estudo, a cidadania e a dignidade da pessoa humana.

Não é por acaso que, ao desvelar as expressões cidadania e dignidade, constata-se que elas devem andar ombreadas, posto que uma tem correlação com a outra, quando se discorre sobre o direito de moradia. O brasileiro carente do exercício de propriedade imobiliária somente antigirá os anseios dos constituintes quando tiver em sua esfera patrimonial o domínio de um imóvel.

O vínculo do ser humano com seu lar é muito profundo, sendo certo que a própria constituição brasileira o confirma como inviolável. Tal posicionamento traz consigo a necessidade de privacidade, repouso e convívio familiar. Bernard Edelman traz à tona:

> A casa, o domicílio, é a única barreira contra o horror do caos, da noite e da origem obscura [...]; opõe-se à evasão, à perda, à ausência, pois organiza sua ordem interna, sua civilidade, sua paixão [...] A identidade do homem é, portanto, domiciliar; eis porque o revolucionário, aquele que não possui nem eira

---

[123] TAVARES, Zilda. *Código de Defesa do Consumidor e a alienação fiduciária imobiliária.* São Paulo: Método, 2005. p. 41-42.

nem beira, e, portanto, nem fé, nem lei, condensa em si toda a angústia da vagabundagem [...] O homem de lugar nenhum é um criminoso em potencial[124].

Notoriamente discutível o final da exposição de Bernard Edelman, mas ela bem retrata a posição histórica que teria o lar em relação ao cidadão.

A moradia deveria ser, antes de tudo, um guia de valor humano básico. Nesse sentido, o professor da Universidade de Barcelona Josep Maria Puig assim dispõe:

> Os guias de valor são produtos culturais que, à guisa de recursos ou instrumentos, medeiam a ação sociomoral a fim de se conseguir a máxima eficiência na resolução das controvérsias de valor que medeiam a experiência. De acordo com esta definição, consideramos, em primeiro lugar, que os guias de valor, enquanto elementos culturais são entidades simbólicas que pautam as formas de vida de uma coletividade e lhes dão significado. Trata-se, pois, de informação cristalizada graças ao significado que lhe é dado. Assim, os guias de valor são realidades informativo-significativas que modelam as formas de vida e convivência dos indivíduos e sociedades. Uma norma social, ditados como 'não queira para os outros o que não queres para ti', contos ou histórias, conceitos de valor, práticas como a confissão ou um diário pessoal são alguns exemplos de guias de valor. Seu conteúdo, ainda que aparentemente intangível no começo, dá forma e impregna a vida de cada sujeito e o conjunto da realidade social[125].

Observamos atentamente, ainda, que o direito à moradia culmina, pelo menos presuntivamente, com a satisfação do ser humano e, portanto, suas necessidades. Nesse prisma, a economia divide em necessidades humanas primárias e secundárias ou acidentais. As necessidades humanas denominadas primárias seriam relacionadas à moradia, ao vestuário, à alimentação, à habitação, ao transporte e à higiene. No que concerne às necessidades acidentais, temos a cultura, o prazer etc.

Até mesmo Aristóteles procedeu a divisão dos bens em: a) bens em moeda; b) bens propriamente ditos. Os primeiros aqueles que se destinam exclusivamente à aquisição de outros bens, os segundos como úteis ao desenvolvimento do ser humano, como descreve Erich Roll[126].

---

[124] EDELMAN, Bernard. *La maison de Kant*. Paris: Payot, 1984. p. 25-26 *apud* PERROT, Michelle (coord.). *História de vida privada*: Da revolução francesa à primeira guerra. p. 308.

[125] PUIG, Josep Maria. *A construção da personalidade moral*. São Paulo: Ática, 1998. s/p.

[126] ROLL, Erich; NOGARO, Bertrand. *Panorama da ciência econômica*. Lisboa: Cosmos, 1950.

> José Tobias, assim aduz:
>
> Criado para o fim superior à sua natureza, o homem tem ao seu dispor tudo de todo o universo; como são da mesma essência, todos os homens, pelo menos potencialmente, têm direitos a todas as coisas e bens, desfrutam dos mesmos direitos humanos e se destinam a fim superior a todos, que é a verdade, é Deus[127].

Ainda sobre bens — enquanto manifestação da necessidade do homem —, Arthur Schopenhauer produz literatura interessantíssima com base em Epicuro, que, segundo o autor, seria o grande professor da felicidade. Epicuro teria dividido as necessidades humanas em três grandes classes: **a)** naturais e obrigatórias (são as aquelas que fazem parte do substrato humano como moradia, alimentação e vestuário); **b)** naturais sem serem obrigatórias (estariam relacionadas com a satisfação sexual); **c)** infinitas (difíceis de satisfação como o luxo, o esplendor, abastança, fausto)[128].

A própria palavra *bonum* se traduz em felicidade, em bem-estar. A moradia dominial traduz-se justamente nessa acepção, seja pelo teto, seja pelo conforto da proteção legislativa.

Não podemos nunca esquecer as sábias lições de Tomás de Aquino quando menciona que o fim supremo do Estado é o bem da coletividade.

Retomando o texto legal, o direito à moradia não se reduz aos princípios constitucionais fundamentais da cidadania e da dignidade, ele prossegue ainda intrínseco como objetivo fundamental da República, disposto no Art. 2º da CF, como redução das desigualdades sociais e regionais e promoção do bem de todos.

Para o direito civil espanhol, coisa é: *"Todo objeto impersonal, delimitado espacial o idealmente, según sea de naturaleza o incorporal, susceptible de ser sometido ao poder jurídico exclusivo de uma persona"*[129].

O parágrafo 90 do Código Civil Alemão, segundo lições de Harriet Christiane Zitscher, dá a definição de coisa, como sendo objetos corpóreos[130].

O Professor Miguel Reale assim discorre: "Em sentido filosófico, bem é tudo aquilo que corresponde de modo geral à satisfação dos nossos desejos. Para o economista, é o que corresponde à satisfação das necessidades pessoais ou sociais, é o útil"[131].

---

[127] TOBIAS, José Antonio. Iniciação à filosofia. São Paulo: Editora do Brasil, 1964. p. 163-164.

[128] SCHOPENHAUER, Arthur. *Aforismos para a sabedoria na vida.* Prefácio de Genésio de Almeida Moura. São Paulo; Melhoramentos, 1953. p. 57.

[129] VALDECASAS, Guillermo Garcia. *Parte general del derecho civil español.* Madrid: Civitas, 1983. p. 179.

[130] ZITSCHER, Harriet Christiane. *Introdução ao direito civil alemão e inglês.* Belo Horizonte: Del Rey, 1999. p. 261.

[131] REALE, Miguel. *Lições preliminares de direito.* São Paulo: Saraiva, 1998. s/p.

Para Silvio de Salvo Venosa, bem é tudo o que pode nos proporcionar utilidade, tudo que corresponde a nossos desejos. Deve ser considerado aquilo que tem valor, abstraindo-se daí a noção pecuniária do termo[132]. Para o direito, bem é uma utilidade, quer econômica, quer não econômica.

Mais uma vez Caio Mário parece estar com a vanguarda quando assevera:

> A verdade é que a propriedade individual vigente em nossos dias, exprimindo-se embora em termos clássicos e usando a mesma terminologia, não conserva, todavia, conteúdo idêntico ao de suas origens históricas. É certo que se reconhece ao dominus o poder sobre a coisa; é exato que o domínio enfeixa os mesmos atributos originários – ius utendi, fruendi et abutendi. Mas é inegável também que essas faculdades suportam restrições legais, tão frequentes e severas, que se vislumbra a criação de novas noções. São restrições e limitações tendentes a coibir abusos e tendo em vista impedir que o exercício do direito de propriedade se transforme em instrumento de dominação[133].

Essa coisa discutida pela doutrina não é um longínquo direito a ponto de estar inalcançável. Ele é pétreo, perfeitamente cristalizado no Art. 5º da Carta Política. É nítido o intuito do constituinte de inserir dentre os direitos naturais da vida, liberdade e igualdade, o direito de propriedade.

Não há uma fixação circunscrita somente na cabeça do dispositivo, ao contrário, o direito à propriedade se irradia em incisos que trazem novamente à baila sua proteção e a sua função social (incisos XXII e XXIII).

Posição importante a de Carlos Ari Sundfeld sobre o assunto em matéria publicada pela *Revista dos Tribunais* (Temas de Direito Urbanístico - *Função social da propriedade*. p. 1-22):

> Em suma, se o Constituinte não tivesse criado uma função social, fabricando uma noção nova, isto não impediria que, sempre dentro da antiga concepção de direito de propriedade, se procurasse atingir os objetivos da Ordem Econômica e Social. O problema seria outro: o da eficácia dos meios à mão do legislador. Portanto, só se pode concluir que o princípio da função social é um novo instrumento que, conjugado aos normalmente admitidos (as limitações, as desapropriações, as servidões etc.), possibilitam a obtenção de uma ordem econômica e social que realize o desenvolvimento com justiça social[134].

---

[132] VENOSA, Sílvio de Salvo. *Direito Civil*: teoria geral: introdução ao direito romano. São Paulo: Atlas, 1999. p. 212.

[133] PEREIRA, Caio Mário da Silva. *Instituições de direito civil*. Rio de Janeiro: Forense, 1999. 4 v. s/p.

[134] *apud* PEREIRA, 1999, p. 68.

Prosseguindo no texto constitucional, nota-se que dentre os direitos sociais do artigo 6º, mais uma vez a moradia encontra-se presente, são eles os participantes do piso vital mínimo, expressão cunhada por Celso Antonio Pacheco Fiorillo. Façamos nossas as palavras do consagrado mestre, se tanto podemos ousar:

> Uma vida com dignidade reclama a satisfação dos valores (mínimos) fundamentais descritos no art. 6.º da Constituição Federal, de forma a exigir do Estado que sejam assegurados, mediante o recolhimento dos tributos, educação, saúde, moradia, trabalho, segurança, lazer, dentro outros direitos básicos, indispensáveis ao desfrute de uma vida digna. Dessa feita, temos que o art. 6.º da Constituição fixa um piso vital mínimo de direitos que devem ser assegurados pelo Estado (que o faz mediante a cobrança de tributos), para o desfrute da sadia qualidade de vida[135].

Não se pode deixar de notar que o Estado tem se esforçado para atender aos reclamos habitacionais, como a concessão de uso especial para fins de moradia, a concessão do direito real de uso, e, principalmente, a regularização fundiária urbana.

A dignidade, a titulação, a cidadania, a saída da informalidade, são as graças da lei para parte dos destinatários da lei em epígrafe. O reordenamento territorial, por sua vez, vai congraçar todos, pois contempla a universalidade daqueles que vão gozar de um ambiente geográfica e adequadamente mais organizado. Nesse contexto, torna-se imprescindível o estudo e o debate do tema, posto que estabelece novos padrões de direitos e benefícios, uma possibilidade de participação na vida social e política, enfim um fator de integração do ocupante informal ao convívio social, tratado como ser humano digno, participante da marcha da história do seu tempo[136].Historicamente a moradia sempre exerceu poder econômico e moral sobre os habitantes, já teve, até mesmo, a conotação de sagrado. O poder econômico que a casa exerce sobre seus camponeses, mantidos pelo contrato de meeiros, comporta igualmente uma autoridade moral. A auréola de prestígio que envolve a casa constitui também uma área de autoridade[137].

---

[135] FIORILLO, Celso Antonio Pacheco. *Curso de direito ambiental brasileiro*. São Paulo: Saraiva, 2000. p. 53-54.

[136] SALGE JUNIOR, Durval. *Revista Arisp*, Ano II, n. 17, p. 6, set. 2017.

[137] PERROT, Michelle (coord.). *História da vida privada*: Do império romano ao ano mil, p. 100. São Paulo: Companhia das Letras, 2009. s/p.

O tema dignidade e cidadania em relação à habitação é objeto de posicionamento da ONU, vejamos: "A moradia adequada é um direito humano universal e precisa estar no centro da política urbana", acrescentando que é parte do direito a um padrão adequado de vida, o que significa "muito mais do que ter quatro paredes e um teto"[138].

O Decreto n.º 591, de 6 de julho de 1992, que trata dos Atos Internacionais. Pacto Internacional sobre Direitos Econômicos, Sociais e Culturais. Promulgação, assim prediz:

> Art. 11. Os Estados Partes do presente Pacto reconhecem o direito de toda pessoa a um nível de vida adequado para si próprio e sua família, inclusive à alimentação, vestimenta e moradia adequadas, assim como a uma melhoria contínua de suas condições de vida. Os Estados Partes tomarão medidas apropriadas para assegurar a consecução desse direito, reconhecendo, nesse sentido, a importância essencial da cooperação internacional fundada no livre consentimento.

Menos popular, mais comercial, temos o advento da Lei n.º 9.514, de 20 de novembro de 1997, que dispõe sobre o Sistema de Financiamento Imobiliário, institui a alienação fiduciária de coisa imóvel e dá outras providências.

Todo esse esforço se traduz no imenso *deficit* habitacional que o Brasil possui.

Procurando entender melhor o significado de *deficit* ou "falta" e levando-se em conta todos os aspectos até então descritos, pode-se tomar como referência a ideia de que as necessidades por habitação são satisfeitas de uma forma ou de outra. Em todos esses casos de carências habitacionais, por mais precárias e críticas que sejam as condições de moradia ou dos serviços nela disponibilizados, todos, ou pelo menos a grande maioria da população, de alguma forma, "mora". Nessa perspectiva, e de forma muito estrita, o *deficit* — diferença entre a oferta e a demanda por habitações — seria representado por aqueles cujas necessidades por moradias não são minimamente satisfeitas, como é o caso da população em situação de rua[139].

---

[138] https://nacoesunidas.org/moradia-adequada-deve-estar-no-centro-das-politicas-urbanas-diz-onu-no-dia-mundial-do-habitat/. Acesso em: 3 maio 2021.

[139] FUNDAÇÃO JOÃO PINHEIRO. *Metodologia do deficit habitacional e da inadequação de domicílios no Brasil – 2016-2019* / Fundação João Pinheiro. Belo Horizonte: FJP, 2021.

DEMOCRACIA, JUSTIÇA E CIDADANIA:
DESAFIOS E PERSPECTIVAS. UMA HOMENAGEM À PROFESSORA DOUTORA MARIA GARCIA

Figura 1 – Dados do *Déficit* Habitacional total e componentes

DÉFICIT HABITACIONAL TOTAL E COMPONENTES
BRASIL, GRANDES REGIÕES, UF E REGIÕES METROPOLITANAS
2019

Especificação	Total absoluto	Déficit habitacional						Ônus excessivo com aluguel
		Habitação precária			Componentes			
					Coabitação			
		Domicílios Rústicos	Domicílios Improvisados	Total Hab. Precária	Unidades Famílias Conviventes	Domicílio Cômodo	Total Coabitação	
Região Norte	719.638	150.176	160.136	310.312	242.944	15.263	258.206	151.120
Rondônia	60.347	7.753	26.748	34.501	9.634	0	9.634	16.212
Acre	23.285	3.832	3.780	7.612	8.367	633	9.000	6.673
Amazonas	168.603	26.806	37.929	64.735	59.200	6.886	66.086	37.782
RM Manaus	100.239	10.960	16.082	27.042	33.187	6.886	40.073	33.124
Roraima	23.844	3.221	3.655	6.876	5.971	841	6.812	10.156
Pará	354.296	93.353	66.398	159.751	132.207	5.419	137.626	56.919
RM Belém	79.490	7.065	7.210	14.275	38.872	3.354	42.227	22.989
Amapá	41.973	2.192	14.519	16.711	17.481	1.484	18.965	6.296
RM Macapá	31.263	1.215	9.696	10.911	13.333	1.484	14.817	5.535
Tocantins	47.290	13.019	7.107	20.126	10.083	0	10.083	17.082
Região Nordeste	1.778.964	304.874	329.196	634.070	423.577	25.841	449.418	695.477
Maranhão	329.495	146.533	64.464	210.997	73.591	6.869	80.460	38.038
RM Grande São Luís	43.883	2.039	5.240	7.279	17.947	4.597	22.544	14.060
Piauí	115.190	34.825	41.624	76.449	26.170	0	26.170	12.572
RIDE Grande Teresina	35.538	10.220	7.027	17.247	12.914	0	12.914	5.376
Ceará	239.187	22.049	6.963	28.912	68.856	564	69.420	140.855
RM Fortaleza	107.230	4.164	612	4.776	25.676	0	25.676	76.779
Rio Grande do Norte	93.788	8.675	19.291	27.966	22.850	0	22.850	42.971
RM Natal	35.407	330	1.765	2.095	10.716	0	10.716	22.597
Paraíba	132.383	6.419	38.400	44.819	30.383	2.567	32.949	54.614
RM João Pessoa	46.937	2.611	7.243	9.854	10.619	2.567	13.186	23.897
Pernambuco	246.898	18.200	14.051	32.251	63.703	2.144	65.847	148.800

RM João Pessoa	46.937	2.611	7.243	9.854	10.619	2.567	13.186	23.897
Pernambuco	246.898	18.200	14.051	32.251	63.703	2.144	65.847	148.800
RM Recife	113.275	9.480	553	10.033	29.392	1.522	30.914	72.327
Alagoas	126.594	4.963	25.529	30.492	26.751	3.947	30.698	65.404
RM Maceió	63.122	601	1.815	2.416	8.183	3.460	11.644	49.062
Sergipe	81.321	4.842	19.414	24.256	12.967	733	13.700	43.365
RM Aracaju	36.334	2.110	2.062	4.172	5.225	0	5.225	26.937
Bahia	414.109	58.367	99.560	157.927	98.307	9.017	107.324	148.858
RM Salvador	109.708	838	15.518	16.356	22.635	0	22.635	70.717
Região Sudeste	2.287.121	82.453	197.814	280.267	422.934	38.211	461.144	1.545.710
Minas Gerais	496.484	12.062	101.118	113.180	82.206	1.813	84.019	299.285
RM Belo Horizonte	107.044	1.185	3.876	5.061	19.630	619	20.249	81.734
Espírito Santo	83.323	3.330	2.785	6.115	17.344	870	18.214	58.993
RM Grande Vitória	39.079	787	456	1.243	8.692	870	9.563	28.273
Rio de Janeiro	481.243	4.537	65.897	70.434	103.066	10.766	113.832	296.978
RM Rio de Janeiro	361.619	731	59.146	59.877	74.272	10.766	85.038	216.703
São Paulo	1.226.071	62.524	28.014	90.538	220.318	24.761	245.079	890.454
RM São Paulo	590.706	41.264	14.135	55.399	108.504	15.515	124.018	411.289
Região Sul	618.873	116.454	43.969	160.423	90.208	4.942	95.150	363.299
Paraná	247.153	38.616	17.301	55.917	37.784	1.633	39.416	151.820
RM Curitiba	84.104	16.626	3.330	19.956	12.228	799	13.026	51.121
Santa Catarina	150.793	34.797	4.434	39.231	19.891	1.770	21.661	89.901
RM Florianópolis	31.914	2.597	975	3.572	3.519	314	3.833	24.510
Rio Grande do Sul	220.927	43.041	22.234	65.275	32.533	1.540	34.073	121.579
RM Porto Alegre	90.585	25.037	6.582	31.619	10.116	0	10.116	48.849
Região Centro-Oeste	472.102	42.893	54.621	97.514	81.744	12.712	94.456	280.132
Mato Grosso do Sul	71.966	4.629	9.163	13.792	15.754	3.731	19.485	38.689
Mato Grosso	101.158	15.475	18.242	33.717	19.784	2.306	22.090	45.351
RM Vale do Rio Cuiabá	31.693	2.079	9.144	11.223	6.695	991	7.686	12.784
Goiás	209.424	16.140	25.856	41.996	33.383	6.239	39.622	127.805
RM Goiânia	67.894	603	2.669	3.272	7.599	4.294	11.894	52.728
Distrito Federal	89.554	6.649	1.360	8.009	12.823	436	13.259	68.286
BRASIL	5.876.699	696.849	785.736	1.482.585	1.261.407	96.968	1.358.374	3.035.739
Total das RMs	2.207.062	142.540	175.136	317.676	479.955	58.039	537.993	1.351.392
Demais áreas	3.669.637	554.309	610.600	1.164.909	781.452	38.929	820.381	1.684.347

Fonte: Fundação João Pinheiro (FJP) em parceria com o Ministério do Desenvolvimento Regional por Grandes Regiões, Unidades da Federação, Regiões Metropolitanas e total Brasil - 2016 a 2019

A doutrina denomina cidades ilegais o núcleo composto de moradias ilegais ou irregulares, muitas vezes sem qualquer sustentação registral imobiliária, como a ausência de matrícula ou transcrição.

João Luiz Stefaniak e Jeaneth Nunes Stefaniak decrevem que é um eufemismo a expressão "cidade informal" comumente utilizada para qualificar os assentamentos urbanos, tais como as favelas, constituídos a partir da ocupação de espaços ociosos públicos ou privados por parte da população pobre que não tem acesso à moradia por meio do mercado imobiliário[140].

Segundo Maricato, o termo correto para definir essa situação é ilegalidade, que "é, sem dúvida, um critério que permite a aplicação de conceitos como exclusão, segregação ou até mesmo 'apartheid' social"[141].

Importante frisar que nessas denominadas cidades ilegais, residem cidadãos brasileiros, que necessitam do apoio da coletividade e do Estado, para resolução de muitos de suas necessidades, em especial a moradia.

Sobre o assunto, assim se posicionaram Brigida Rocha dos Santos, Lauride Benício Barbosa e Debora Bravin Barbosa:

> O ato de morar faz parte da história do desenvolvimento da vida humana. Isso significa dizer que não podemos viver sem ocupar lugar no espaço. Entretanto, as 5 características desse ato mudam de acordo com cada contexto sociopolítico e econômico. Pode-se afirmar que o ato de morar tem um conteúdo político, social e econômico. Em relação à realidade da habitação no Brasil, o que se observa é que, apesar do país apresentar um forte crescimento econômico durante os períodos de 1940 a 1980, ainda assim as desigualdades sociais se fazem cada vez mais presentes no interior das cidades brasileiras, expressando deste modo um modelo dual de urbanização, revelando também o caráter antagônico de distribuição do solo urbano, bem como o acesso a este solo[142].

O advento da Lei 13.465/17, que traz em seu objetivo medidas jurídicas, urbanísticas, ambientais e sociais destinadas à incorporação dos núcleos urbanos informais ao ordenamento territorial urbano e à titulação de seus

---

[140] REVISTA DA FACULDADE MINEIRA DE DIREITO, PUC Minas, v. 14, n. 28, p. 3, 2011. João Luiz Stefaniak e Jeaneth Nunes Stefaniak.

[141] MARICATO, E. Metrópole periférica, desigualdade social e meio ambiente. *In*: VIANA, G.; SILVA, M.; DINIZ, N. (org.). *O desafio da sustentabilidade*: um debate sócio-ambiental no Brasil. São Paulo: Editora: Fundação Perseu Abramo, 2001. p. 218.

[142] A MORADIA COMO DIREITO E EXERCÍCIO DE CIDADANIA, V Jornada Internacional de Políticas Públicas. Brigida Rocha dos Santos. Lauride Benício Barbosa. Debora Bravin Barbosa. Disponível em: https://www.joinpp. ufma.br/jornadas/joinpp2011/CdVjornada/JORNADA_EIXO_2011/QUESTAO_URBANA_E_GESTAO_DAS_ CIDADES/A_MORADIA_COMO_DIREITO_E_EXERCICIO_DE_CIDADANIA.pdf. Acesso em: 5 maio 2021.

ocupantes, procura resolver parte dos problemas decorrentes das cidades ditas ilegais. Essa lei procura discernir conceitos que interessam ao debate do assunto como: Núcleo Urbano Informal: aquele clandestino, irregular ou no qual não foi possível realizar, por qualquer modo, a titulação de seus ocupantes, ainda que atendida a legislação vigente à época de sua implantação ou regularização; Núcleo Urbano Informal Consolidado: aquele de difícil reversão, considerados o tempo da ocupação, a natureza das edificações, a localização das vias de circulação e a presença de equipamentos públicos, entre outras circunstâncias a serem avaliadas pelo município.

A regularização pretendida pela Reurb sustenta-se em duas modalidades: a social e a específica. A primeira como sendo aquela aplicável aos núcleos urbanos informais ocupados predominantemente por população de baixa renda, assim declarados em ato do Poder Executivo municipal.

Não se pode deixar de reconhecer a imensa maioria dos brasileiros que vivem sem o respaldo de regularidade do seu imóvel, notadamente os compatriotas mais carentes. A carência da falta do imóvel ou até mesmo da incerteza de sua precária situação documental registral, soma-se a várias outras fragilidades sociais e econômicas que acometem esses cidadãos. Para o bem ou para o mal, correto afirmar que eles devem ser agraciados com políticas firmes de inserção no meio em que vivem, conforme já exposto neste capítulo anteriormente.

Observamos, com felicidade, que as legislações vindouras, em especial a descrita no parágrafo anterior, trazem esse pedigree de reconhecer e tentar resolver esse fantasmagórico abismo que existe entre as cidades formais e as informais. A lei procura atuar em duas importantes frentes: a regularização do imóvel e a titulação do ocupante. São providências umbilicalmente ligadas pelo mesmo objetivo, qual seja, fazer cumprir os ditames constitucionais da cidadania, dignidade, direito de propriedade e acesso à moradia.

Soma-se ao exposto que os imóveis estão sendo abandonados em muitas cidades pelos altos custos de manutenção, por desavenças familiares, por desapego, simplesmente. Possivelmente, nem todos serão retomados imediatamente, criando um triste cenário a partir das sucessivas crises financeiras e da derrocada pelo advento da Covid-19.

Esses imóveis podem ser arrecadados pelas municipalidades, com menor burocracia, pelo advento da Lei 13.465/17, circunstância que certamente vai auxiliar na recolocação dos munícipes mais necessitados nos prédios assimilados pelo poder público.

Outros instrumentos jurídicos também estão à disposição dos cidadãos, para tornarem realidade seu pleito social, quais sejam: a concessão de uso especial para fins de moradia, como já visto alhures e a usucapião, seja judicial ou administrativa. Imperativo notar que tanto o Estado possui mecanismos de regularização imobiliária como o particular possui instrumentos para proceder aos reparos documentais de seu imóvel, seja por um caminho, seja por outro, a chegada parece ser a de efetivação dos direitos sociais constitucionais, pertinentes ao direito à moradia e função social da propriedade.

Compete à sociedade brasileira, de uma maneira geral, também ser coatora dessa trama social, não somente seu mero espectador. A sinergia que pode resultar daquele que precisa da regularização predial em relação àquele que pode auxiliar com as expertises, fará a pretendida justiça social.

A justiça social não é uma poesia, não é um preceito constitucional, não é um instituto jurídico, não é um deleite filosófico, ao contrário, milhões de brasileiros esperam que a sociedade se movimente em relação aos seus reclamos, torne realidade todas as grandes discussões e debates científicos, que rodeiam o tema, tornando realidade a fantasia acadêmica. Não se pode deixar na poeira da velha estrada apenas o suor derramado, precisamos construir novos caminhos, que propiciem aos nacionais o acesso à moradia, sua regularização e a titulação dos possuidores.

Conclusão

Este capítulo leva a um paradoxo indireto: haveria uma cidadania mais importante? Se a resposta for positiva, seria uma cidadania com contornos naturais, ou seria uma cidadania criada pelas mãos humanas, como o voto?

A justiça social imobiliária parece flanar duplamente ora como abrigo (*direito de primeira geração*) ora como cidadania e moradia (*direito de segunda geração*).

Buscar resgatar o *deficit* habitacional não é só uma retórica econômica ou desenvolvimentista, é, antes de tudo, trazer os desfavorecidos ao conforto do substrato social.

O Art. 225 da Constituição Federal traz um linguajar, uma expressão gramatical muito rica, quando preconiza que todos têm o direito ao meio ambiente ecologicamente equilibrado, bem de uso comum do povo e essencial à sadia qualidade de vida. Observa-se, claramente, como o contexto do dispositivo mencionado poderia ser utilizado para expressar os sentimentos científicos deste estudo, no sentido que todos deveriam ter direito à moradia digna, que seria essencial à sadia qualidade de vida.

Quando se unem, estadistas, arquitetos, engenheiros, ambientalistas, juristas, sociólogos etc., a debater o atual cenário imobiliário no país, entristece os números trazidos à baila, que sinalizam um expressivo cenário de brasileiros sem moradia, ou mesmo sem uma moradia digna.

Somos um povo considerado afável, disponível, receptivo aos estrangeiros, por que não poderíamos usar essas qualidades para alavancar as diretrizes já existentes, endogenamente?

Verifica-se atualmente esforços inimagináveis na busca incessante de novas tecnologias econômicas da informação. Não poderiam esses esforços, doravante, ser redirecionados para outras áreas como a social imobiliária, garantindo-se um dos vários polos da cidadania?

Nós, juristas, somos forçadamente arregimentados para auxiliar naquilo que é nossa missão constitucional, administrar a justiça. Nossos atos podem se exteriorizar por obras literárias ou por instrumentos judiciais e extrajudiciais, como a usucapião e a regularização fundiária urbana.

O que não se pode permitir é reinar o silêncio, pois ele, como sabemos, importa anuência.

O futuro do cenário habitacional está definitivamente no nosso radar de atuação, cumpre-nos, então, exercer nosso papel jurídico no tecido social, não só por ser uma questão de cidadania, mas, principalmente, por ser uma honra histórica.

Referências

Dados do Déficit Habitacional da Fundação João Pinheiro (FJP) em parceria com o Ministério do Desenvolvimento Regional por Grandes Regiões, Unidades da Federação, Regiões Metropolitanas e total Brasil - 2016 a 2019.

EDELMAN, Bernard. *La maison de Kant*. Paris: Payot, 1984. p. 25-26 *apud* PERROT, Michelle (coord.). *História da vida privada*: Da revolução francesa à primeira guerra. Editora Companhia das Letras: 2009. p. 308.

FIORILLO, Celso Antonio Pacheco. *Curso de direito ambiental brasileiro*. São Paulo: Saraiva, 2000.

FRIEDE, Reis. *Curso de Ciências Políticas e teoria geral do Estado.* 7. Rio de janeiro. ed. Freitas Bastos Editora. 2019. p. 490.

FUNDAÇÃO JOÃO PINHEIRO. *Metodologia do deficit habitacional e da inadequação de domicílios no Brasil* – 2016-2019 / Fundação João Pinheiro. Belo Horizonte: FJP, 2021.

HABERMAS, Jürgen. *Mudança Estrutural da Espera Pública.* Rio de Janeiro: Tempo Brasileiro, 1984.

HOLSTON, James. *Cidadania Insurgente*: disjunções da democracia e da modernidade no Brasil. Tradução de Claudio Carina. 1. ed. São Paulo: Companhia das Letras, 2013.

MACPHERSON, Crawford Brough. *A democracia Liberal.* Rio de Janeiro: Zahar Editores, 1978.

MAIA, Rui Leandro *et al. Dicionário, crime, justiça e sociedade.* Lisboa. Edições Sílabo, 2016. p. 80. *apud* Cidadania e classe social, 1950.

MARICATO, Ermínia. Metrópole periférica, desigualdade social e meio ambiente. *In*: VIANA, G.; SILVA, M.; DINIZ, N. (org.). *O desafio da sustentabilidade*: um debate socioambiental no Brasil. São Paulo: Editora Fundação Perseu Abramo, 2001.

MORAES, Alexandre de. *Constituição do Brasil interpretada e legislação constitucional.* Atlas, [*s. l.*], 2013.

MORE, Sir Thomas. *A utopia.* São Paulo: Edipro, 1994. (Série clássicos). p. 98.

PEREIRA, Caio Mário da Silva. *Instituições de direito civil.* Rio de Janeiro: Forense, 1999. 4 v.

PERROT, Michelle (coord.). *História da vida privada*: Do império romano ao ano mil. São Paulo: Companhia das Letras, 2009.

PUIG, Josep Maria. *A construção da personalidade moral.* São Paulo: Ática, 1998.

REALE, Miguel. *Lições preliminares de direito.* São Paulo: Saraiva, 1998.

REVISTA DA FACULDADE MINEIRA DE DIREITO. PUC Minas, v. 14, n. 28, 2011.

ROLL, Erich; NOGARO, Bertrand. *Panorama da ciência econômica.* Lisboa: Cosmos, 1950.

SALGE JUNIOR, Durval. *Instituição do bem ambiental no Brasil pela Constituição Federal de 1988*: Seus reflexos jurídicos ante os bens da União. 1. ed. São Paulo: Juarez de Oliveira, 2003.

SALGE JUNIOR, Durval. *Revista Arisp*, Ano II, n. 17, set. 2017.

SILVA, José Afonso da. *Curso de direito constitucional positivo*. 41. ed. São Paulo: Malheiros, 2018.

SCHOPENHAUER, Arthur. *Aforismos para a sabedoria na vida*. Prefácio de Genésio de Almeida Moura. São Paulo: Melhoramentos, 1953.

TAVARES, Zilda. *Código de Defesa do Consumidor e a alienação fiduciária imobiliária*. São Paulo: Método, 2005.

TUCÍDIDES. *La Guerre du Péloponese*. Paris: Plêiade, 1904.

VALDECASAS, Guillermo Garcia. *Parte general del derecho civil español*. Madrid: Civitas, 1983.

VENOSA, Sílvio de Salvo. *Direito Civil*: teoria geral: introdução ao direito romano. São Paulo: Atlas, 1999.

ZITSCHER, Harriet Christiane. *Introdução ao direito civil alemão e inglês*. Belo Horizonte: Del Rey, 1999. Disponível em: https://biblioteca.cade.gov.br/cgi-bin/koha/opac-detail.pl?biblionumber=2248. Acesso em: 10 maio 2021.

JUSTIÇA E DIREITOS FUNDAMENTAIS: ALGUMAS REFLEXÕES ENTRE CONCEPÇÕES CLÁSSICAS E CONTEMPORÂNEAS

Lucio Flavio J. Sunakozawa
Gabriela Oshiro Reynaldo

Introdução

Os Direitos Fundamentais como categoria jurídica[143], que podem ser protegidos por remédios assecuratórios denominados de Garantias Fundamentais, são consagrados, genuinamente, como direitos constitucionais[144], vez que positivados na Constituição da República Federativa do Brasil, promulgada em 5 de outubro de 1988, e situam-se dentre os temas mais palpitantes pelo seu conteúdo essencial, dentro da sociedade contemporânea, reconhecidos pela doutrina e jurisprudência, como invioláveis por normas do legislador ordinário[145].

Nesse sentido, a "incorporação de direitos subjetivos do homem em normas formalmente básicas, subtraindo-se o seu reconhecimento e garantia à disponibilidade do legislador originário"[146], todavia, gera obrigações para serem cumpridas pelo Estado, que não pode negá-los, salvo quando em situação de conflito entre Direitos Fundamentais, inclusive com colisão de princípios fundamentais, o que a doutrina admite pela aplicação da teoria da restringibilidade[147].

A aplicação ou concretização dos direitos fundamentais, até pela gama variada de previsões constitucionais que foi encravada na Constituição Federal de 1988, no seu Título II - Dos Direitos e Garantias Fundamentais, por meio dos artigos 5º ao 17: Capítulo I - Dos direitos e deveres individuais e coletivos; Capítulo II - Dos direitos sociais; Capítulo III - Da nacionalidade; Capítulo IV - Dos direitos políticos; e Capítulo V - Dos partidos políticos.

---

[143] FERREIRA FILHO, Manoel Gonçalves. *Direitos humanos fundamentais.* 7. ed. São Paulo: Saraiva, 2005.

[144] SILVA, José Afonso da. *Curso de direito constitucional positivo.* 24. ed. São Paulo: Malheiros, 2005.

[145] SILVA, Virgilio Afonso da. *Direitos fundamentais*: conteúdo essencial, restrições e eficácia. 2. ed. 4ª tiragem. São Paulo: Malheiros, 2017.

[146] CANOTILHO, J. J. Gomes. *Direito Constitucional e Teoria Da Constituição.* 7. ed. Coimbra: Almedina, 2003. p. 378.

[147] SILVA, V. A. da, 2017.

E ainda, como se constata, além dos direitos fundamentais expressos na Constituição Federal de 1988, o constituinte insculpiu que outros direitos e garantias fundamentais, se oriundos de regime, princípios ou tratados internacionais, venham a ser adotados pelo Brasil, consoante prevê o Art. 5º, §2º da Lei Maior.

Logo, o presente estudo visa empreender a importância dos estudos[148] dos pensamentos clássicos, linguagens e conceitos, no campo jurídico, desde os gregos e romanos, envolvendo a Equidade e Justiça, centrado nas influências e pensamentos de Cícero, Aristóteles e outros, além de algumas positivações jurídicas, ao longo dos tempos da humanidade.

Nesse sentido, o objetivo geral é analisar a concretização dos direitos fundamentais à luz da equidade e justiça, a partir de pesquisa bibliográfica, sob uma abordagem dedutiva, que vem desde o trajeto percorrido pelo jusnaturalismo, na construção dos Direitos Humanos fundamentais, a sua evolução diante das clássicas primeira, segunda e terceira gerações ou dimensões[149], ou ainda admitidas por alguns doutrinadores, com as suas quarta, quinta e sexta edições[150], no contexto da compreensão de uma *dinamogenesis*[151] no âmbito do direito internacional dos Direitos Humanos[152], aos dias atuais. Assim, por consequência dos estudos históricos da Antiguidade, o exercício de análise sobre as tendências da contemporaneidade jurídica também se faz necessário.

Destarte, para aplicação dos Direitos Fundamentais no Brasil, buscou-se, analiticamente, a adoção dos principais marcos teóricos de John Rawls e Amartya Sen, no tocante às suas obras mais destacadas no campo da justiça e equidade. Tais teóricos, logo, foram escolhidos pela sua contemporaneidade, bem como pela relevância de suas ideias plurais

---

[148] *"Levanta o nevoeiro estudarmos os fenômenos da linguagem em formas primitivas do seu emprego, nas quais se pode ter uma visão panorâmica da finalidade do funcionamento das palavras".* WITTGENSTEIN, Ludwig. *Investigações Filosóficas.* Tradução e Prefácio de M. S. Lourenço. Lisboa: Fundação Calouste Gulbenkian, 2001. p. 175.

[149] LUÑO, Antonio Enrique Pérez. Las generaciones de derechos humanos. *REDESG* – Revista Direitos Emergentes na Sociedade Global, Santa Maria, v. 2, n. 1. p. 163-196, jan.-jun. 2013.

[150] SARLET, Ingo Wolfgang. Mark Tushnet e as assim chamadas dimensões ("gerações") dos direitos humanos e fundamentais: breves notas. *Revista Estudos Institucionais da Faculdade Nacional de Direito da Universidade Federal do Rio de Janeiro.* Rio de Janeiro: UFRJ, 2016, v. 2, n. 2. p. 505-506.

[151] "No processo da *dinamogenesis*, a comunidade social inicialmente reconhece como valioso o valor que fundamenta os direitos humanos. Reconhecido como valioso, este valor impulsiona o reconhecimento jurídico, conferindo orientação e conteúdos novos (liberdade, igualdade, solidariedade etc.) que expandirão o conceito de dignidade da pessoa. Essa dignidade, por sua vez, junto ao conteúdo dos direitos humanos concretos, é protegida mediante o complexo normativo e institucional representado pelo direito". SILVEIRA, Vladmir Oliveira da; ROCASOLANO, Maria Mendez. *Direitos humanos*: conceitos, significados e funções. São Paulo: Saraiva, 2010. p. 199.

[152] *Ibidem*, p. 184.

e interdisciplinares que permitem e se tornam extremamente dialógicas entre os diversos campos do conhecimento, tais como o direito, filosofia, sociologia, política e economia. O primeiro autor, de origem norte-americana, é considerado um dos maiores filósofos da política contemporânea e o segundo, indiano, um dos mais laureados economistas, inclusive, foi o vencedor do Prêmio Nobel de 1998.

Portanto, o presente estudo não pretende esgotar os debates, mas ousa provocar a racionalidade sobre a legitimação do Estado Democrático de Direito, aliando-se os clássicos dos pensamentos dos direitos fundamentais, por óbvio, cada qual com as suas características peculiares marcantes, mas que possibilitem o necessário caminhar dentre as teorias igualitárias e libertárias. O que interessa muito, para gáudio das ciências jurídicas e direito do Estado, com um pensamento "cada vez mais permeável, o sistema jurídico contemporâneo está sujeito a critérios que vêm de outras áreas de conhecimento e que, ao lado da técnica, incorporam valores, princípios, e conceitos indeterminados"[153] para serem confrontados com o ideal de uma efetividade[154] ou concretização dos direitos fundamentais[155].

Concepção de justiça da antiguidade clássica: um resgate vital para a aplicação dos direitos fundamentais no constitucionalismo

São inegáveis as diversas contribuições teóricas, que despertam debates intermináveis, apaixonados e controvertidos[156], acerca dos conceitos apropriados e formais do que é justiça[157], como um elo para a legitimação

---

[153] BOITEUX, Elza Antonia Pereira da Cunha. O princípio da solidariedade e os direitos humanos de natureza ambiental. *Revista da Faculdade de Direito da Universidade de São Paulo*. São Paulo: Fadusp, 2010. v. 105, p. 509-533. p. 514.

[154] Cfe. Leciona Virgilio Afonso da Silva, sobre a efetividade e eficácia, esclarece que: "*Segundo Tércio Sampaio Ferraz Jr., eficaz é a norma (a) que tem condições fáticas de atuar, por ser adequada em relação à realidade, e (b) que tem condições técnicas de atuar, por estarem presentes os elementos normativos para adequá-la à produção de efeitos concretos. A primeira das acepções de Ferraz Jr. dá à eficácia corresponde àquilo, no âmbito do debate constitucional sobre o tema, se convencionou chamar de efetividade. O próprio José Afonso da Silva parece definir o conceito nesse sentido, a comentar o objeto de outra monografia, de autoria de Luís Roberto Barroso. Segundo José Afonso da Silva, a análise da real efetivação da norma não é uma questão de eficácia jurídica, mas de efetividade. [...]. E é o próprio Barroso que define a ideia de efetividade, nos seguintes termos: 'Efetividade significa [...] a realização do Direito, o desempenho concreto de sua função social'".* SILVA, Virgilio Afonso da. *Direitos fundamentais*: conteúdo essencial, restrições e eficácia. 2. ed. 4ª tiragem. São Paulo: Malheiros, 2017.

[155] SILVA, V. A. da, 2017, p. 228.

[156] NINO, Carlos Santiago Justicia; VALDÉS, Ernesto Garzón; LAPORTA, Francisco J. (org.). *El derecho y la justicia.* 2. ed. Madrid: Editorial Trotta, 2000. p. 467.

[157] HELLER, Agnes. *Além da justiça.* Tradução de Savannah Hartmann. Rio de Janeiro: Civilização Brasileira, 1998. p. 15.

do Estado pelo caminho do jusracionalismo[158], por infindáveis números de pensadores, das mais diversas origens, escolas, áreas do conhecimento e cronologia na história da humanidade.

O objeto deste estudo é investigar a trajetória que perpassa os estudos clássicos até os dias atuais, no tocante aos direitos fundamentais e sua concretização, por isso, a importância da análise dos pensamentos formatados ao longo dos tempos sobre os direitos fundamentais ou Direitos Humanos. Convém rememorar, sobre o alerta dessas terminologias jurídicas que, pacificamente pela doutrina[159], não mais sobrevive qualquer distinção conceitual diante do constitucionalismo contemporâneo[160].

Como contributos para as formulações de teorias da justiça, quanto à origem desses conceitos no mundo ocidental, sobreleva-se a notável influência exercida pelos pensadores gregos e romanos, da Antiguidade Clássica, bem como a importância de se buscar conceitos, ainda que de origens históricas distintas, por meio de apurados estudos clássicos, para capacitar a racionalidade, *in casu*, envolvendo o constitucionalismo e os direitos fundamentais, a seguir discorrido:

> *Los orígenes de las libertades individuales y del constitucionalismo no son los mismos. [...]. Los pensadores políticos griegos creyeron firmemente que la personalidad humana sólo podría desenvolverse*

---

[158] Como explicam Geziela Iensue e Luciani Coimbra de Carvalho (2017, p. 66), essa multiplicidade e importâncias teóricas, envolvendo a relação econômica que influencia a política, assim: "Diversas foram as doutrinas que buscaram explicar e eventualmente justificar o fenômeno da organização política ou o fenômeno estatal. Desde os períodos da Antiguidade até a Modernidade, diferentes cosmovisões buscaram justificar a legitimidade do Estado. Importa destacar que, embora as concepções variem bastante de autor para autor em aspectos importantes e não negligenciáveis, encontram-se presentes nessas teorias, elementos comuns, tais como o racionalismo, o jusnaturalismo, e a ideia de consentimento dos governados, a concepção de transição de estado de natureza pré-estatal ao estado civil como resultado do consentimento dos governados expresso num contrato social que funda a sociedade política. Desse conjunto de doutrinas e teorias voltadas a justificar o Estado, a mais influente e relevante no que tange ao pensamento político-jurídico da modernidade e à afirmação econômica de sociedade moderna, parece ser as teorias contratualistas de inspiração jusracionalista. Em largos traços, tal teoria política baseia-se fundamentalmente em três elementos: o estado de natureza, o contrato ou pacto social, a sociedade civil ou sociedade política; sendo o indivíduo o seu personagem principal". IENSUE, Geziela; CARVALHO, Luciani Coimbra de Carvalho. Educação e ações afirmativas como direito à participação e ao procedimento. *Revista de Direito Brasileira*, Ano 5, vol.10, 2015.

[159] CAMPELLO, Lívia Gaigher Bósio; SILVEIRA, Vladmir Oliveira da. Cidadania e direitos humanos. *Revista Interdisciplinar de Direito da Faculdade de Direito de Valença/Fundação Educacional Dom André Arcoverde*. Juiz de Fora: Editora Associada Ltda, 2011.

[160] Conforme bem explicada, doutrinariamente, visando afastar eventuais discussões sobre as terminologias jurídicas mais apropriadas, entre Direitos Humanos e Direitos Fundamentais: "não há dúvida de que a natureza da dignidade como fundamento dos direitos humanos – ou dos direitos fundamentais, do ponto de vista das constituições contemporâneas – faz com que ela irradie seus efeitos por todo o ordenamento jurídico, interno e/ou internacional, implicando o reconhecimento e a proteção dos direitos em todas as suas dimensões" (CAMPELLO; SILVEIRA, 2011, p. 92).

> *plenamente cuando estuviese integrada y subordinada em el Estado omnipotente, y los pragmáticos políticos de Roma compartieron esta concepción[161].*

Nesse sentido, reforça essa linha de pensamento, quanto às raízes filosóficas dos jusnaturalismo de "direitos insuprimíveis e inalienáveis", com imposição ao Estado na sua proteção, dos Direitos Humanos ou direitos fundamentais com reflexos na positivação jurídica nacional e internacional, como esclarece a professora livre-docente Elza Antonia Pereira da Cunha Boiteux, da Faculdade de Direito da Universidade de São Paulo, a seguir:

> Dos gregos aos romanos encontramos referência a duas ordens jurídicas: uma, própria a cada povo; e outra, comum a todos os seres humanos. Essa dualidade de ordenamentos justifica a existência de um direito ideal acima daquele elaborado pelos homens. Os direitos humanos, apesar de nascerem como normas naturais ou morais, foram historicamente reconhecidos nos sistemas jurídicos dos Estados nacionais. A maior parte destes direitos aumentou o grau de positividade ao serem reconhecidos no plano nacional e internacional[162].

Para efeito deste estudo, diante do numeroso rol de pensadores, a escolha de alguns desses, em razão de estarem no topo da maioria dos estudos, confere-se a seguir os principais ensinamentos de Sócrates (469-369 a.C.), Platão (428/427-348/347 a.C.)[163], Aristóteles (384-322 a.C.) e Marcus Tullius Cícero (106-43 a.C.), vez que todos estão marcados pelos critérios de intersubjetividade[164], ponto coincidente entre todos esses pensadores[165], ao envolverem o senso de justiça diante da completude social em que situam as relações entre o homem e a política. Mas, primordialmente, esses filósofos mencionados formam o objeto deste estudo em razão de suas provocações que permitem a compreensão originária e evolutiva da racionalidade produzida em relação ao direito e equidade ou justiça.

---

[161] LOEWENSTEIN, Karl. *Teoría de la constitución.* Tradução de Alfredo Gallego Anabitarte. 2. ed. Barcelona: Ariel, 1976. p. 392-393.

[162] BOITEUX, Elza A. P. da Cunha. Estado regulador e direitos sociais. *Revista da Faculdade de Direito de Campos.* Campos: Fadir, 2001. ano 111, n. 2 e 3, p. 99-100.

[163] Não existe uma data precisa sobre o período de vida, variando em um ano sobre ano de nascimento e também quanto ao ano de sua morte, segundo vários autores que relataram a biografia de Platão.

[164] NINO, 2000, p. 468.

[165] *"Tal carácter de la noción de la justicia era general entre los griegos, desde el momento que lo encontramos en Aristóteles, quien, en el capítulo V de su Política, concluye afirmando la justicia y la utilidad de la relación de amos y esclavos. Mas aunque la Idea de la desigualdad predomine entre los griegos sobre la de la igualdad, debe conducir a la decadência y la desaparición de la espécie o variedade en cuyo seno se produjere".* SPENCER, Herbert. *La Justicia.* Tradução de Pedro Forcadell. Buenos Aires: Atalaya, 1947. p. 35.

Sócrates, Platão e suas concepções para a teoria da justiça

Dentre os filósofos escolhidos para as pesquisas deste capítulo, constata-se que apenas Sócrates não deixou escritos[166,167], pois acreditava que a verdade que determina o conceito de justiça vem da consciência dos homens, por meio do seu conhecido "método socrático" ou maiêutica[168], onde prevalecia o diálogo crítico e aporético (raciocínio inconclusivo), a partir de perguntas simples, mas provocativas e abertas às respostas variadas e amplas, causando sempre muito mais dúvidas que respostas certeiras[169].

Apesar de não escritas pelo próprio pensador, essas ideias de Sócrates foram transcritas e repassadas, principalmente pelos relatos editados por seus dois discípulos mais destacados: Platão e Xenofontes[170]. Por exemplo, no livro *A República*[171], são relatados vários diálogos em que Sócrates sempre é a figura central com várias indagações com outros interlocutores.

Num desses diálogos, nitidamente o questionamento socrático aborda a justiça, como se verifica no trecho de *A República*, Livro I, quando diferencia a prática da justiça (sabedoria e virtude) da aparência da justiça (ignorância), como se fosse uma batalha entre o bem e o mal[172], assim:

> [...] o que é a justiça em comparação com a injustiça? Com efeito, foi dito que a injustiça é mais poderosa do que a justiça; mas agora, se a justiça é sabedoria e virtude, conclui-se facilmente, penso eu, que ela é mais poderosa do que a injustiça, visto que a injustiça é ignorância[173].

Os argumentos gravitam em torno da preocupação de relações sociais e políticas dos indivíduos em relação à pólis, mas com oposição de Trasímaco a Sócrates, em suas ideias básicas, de que o governo edita as leis em benefício

---

[166] Nota do editor: "Sócrates não deixou nenhum escrito. Tudo o que sabemos sobre ele — sobre sua vida e sobre seu pensamento — provém de depoimentos de discípulos ou de adversários. Os historiadores da filosofia são unânimes em considerar que os principais testemunhos sobre Sócrates são fornecidos por Platão e Xenofonte, que o exaltam, e por Aristófanes, que o combate e satiriza". PLATÃO. *Defesa de Sócrates*. Xenofonte. ditos e feitos memoráveis de Sócrates. Apologia de Sócrates. Aristófanes. As nuvens. Os Pensadores. Seleção de textos de José Américo Motta Pessanha. Tradução de Jaime Bruna, Libero Rangel de Andrade e Gilda Maria Reale Strazynski. São Paulo: Nova Cultural, 1987. p. 32.

[167] PANSIERI, Flávio; SAMPAR, Renê. Direito e filosofia política em Platão e Aristóteles. *Revista de Teorias e Filosofias do Estado*. Florianopólis: Conpedi, v. 2, jul.-dez. 2016. p. 20.

[168] *Ibidem*, p. 18-20.

[169] PANSIERI, Flávio. *Liberdade da antiguidade ao medievo*. Belo Horizonte: Fórum, 2018. (Coleção A Liberdade no Pensamento Ocidental, tomo I). p. 24.

[170] FASSÒ, Guido. *Historia de la filosofia del derecho. I* Antigüedad y Edad Media. Tradução de José F. Navarrete. 3. ed. Madrid: Piramide, 1982. p. 41-43.

[171] PLATÃO. *A república*. Livro 1. Os Pensadores. Tradução de Enrico Corvisieri. São Paulo: Nova Cultural, 1997.

[172] Sócrates afirma: "Logo, o justo é bom e sábio e o injusto, ignorante e mau" (PLATÃO, 1997, p. 34).

[173] PLATÃO, 1997, p. 35.

DEMOCRACIA, JUSTIÇA E CIDADANIA:
DESAFIOS E PERSPECTIVAS. UMA HOMENAGEM À PROFESSORA DOUTORA MARIA GARCIA

próprio, demonstrando sempre o interesse do mais forte de acordo com as suas conveniências. Sócrates[174], sempre hábil em suas palavras, mesmo tendo alguns pontos em comum, ainda assim, propõe uma reflexão maior sobre o tema, dissuadindo os pontos de vistas de Trasímaco no tocante à prevalência do mais forte em detrimento do mais fraco e o valor maior da justiça praticada e não meramente pensada.

Nesse diapasão, descrito por Platão[175], transcreve-se a importância do valor expressado para o direito, com a interligação direta[176] entre a lei positiva (*nóminon*)[177] e a justiça (*dikaion*), emitida por Sócrates em seu diálogo com Hipias[178], que não revela um viés de direito positivo, como pode

---

[174] Perceptível também que a técnica (*techné*) de perguntas de Sócrates também era aliada com sua habilidade para o poder dedutivo, o que comprova a genialidade: "Então, continuemos! Alimenta-me com o resto do festim, continuando a responder. Acabamos de concluir que os homens justos são mais sábios, melhores e mais poderosos do que os homens injustos, e que estes são incapazes de agir harmonicamente e, quando dizemos que às vezes levaram a bom termo um assunto em comum, não é, de maneira nenhuma, a verdade, porque uns e outros não seriam poupados se tivessem sido totalmente injustos; por isso, é evidente que existia neles uma certa justiça que os impediu de se prejudicarem mutuamente, na época em que causavam danos às suas vítimas, e que lhes permitiu realizar o que realizaram; lançando-se em seus injustos empreendimentos, só em parte estavam pervertidos pela injustiça, visto que os inteiramente maus e os totalmente injustos são também inteiramente incapazes de fazer seja o que for. Eis como eu o compreendo, e não como tu supunhas no início. Agora, precisamos analisar se a vida do justo é melhor e mais feliz do que a do injusto: questão que tínhamos adiado para análise posterior. Ora, parece-me que isso é evidente, conforme aquilo que dissemos. No entanto, devemos analisar melhor o problema, pois não se trata de uma discussão a respeito de uma trivialidade, mas sobre o modo como temos de regular a nossa vida" (PLATÃO, 1997, p. 36).

[175] PLATÃO, 1997.

[176] "— Queres dizer, Sócrates, que legal e justo sejam uma só e mesma coisa? — Sim. — Então não sei o que entendes por legal e justo. — Conheces as leis do Estado? — Conheço-as. — Que são elas? — O que de comum acordo decretam os cidadãos estatuindo o que deve e o que não deve fazer-se. — Portanto, legal é o que se conforma — Ser justo é obedecer-lhes, injusto desobedecer-lhes. — Sem dúvida. — Conseqüentemente, justo não é quem procede justamente, injusto quem procede injustamente? — Poderia ser de outra forma? — Logo, justo é quem vive dentro da lei, injusto quem da lei aberra". PLATÃO. *A república*. Livro 1. Tradução de Enrico Corvisieri. São Paulo: Nova Cultural, 1997. (Os Pensadores).

[177] "... se a lei (*nómos*) é uma prescrição de caráter genérico e que a todos vincula, então seu fim é a realização do bem da comunidade, e, como tal, do bem comum. A ação que se vincula à legalidade obedece a uma norma que a todos e para todos é dirigida; como tal, essa ação deve corresponder a um justo legal e a forma de justiça que lhe é por conseqüência é a aqui chamada justiça legal". BITTAR, Eduardo Carlos Bianca. *Curso de filosofia do direito*. 8. ed. São Paulo: Atlas, 2010. p. 130.

[178] "... Eis-te provado, Hípias, ser o legal e o justo uma única e mesma coisa. Se não estás de acordo, dize-mo. — Por Júpiter! Sócrates, como poderia eu discrepar do que acabas de dizer da justiça? —- Conheces, Hípias, leis não-escritas? — Sim, aquelas que em toda parte vogam e têm o mesmo objeto. — Di-las-ás estabelecidas pelos homens? — Como, se nem todos os povos vizinham nem falam a mesma língua? — Quem imaginas, então, formulou tais leis? — Acho que foram os deuses que as inspiraram aos homens. Porque entre todos os povos a primeira lei é respeitar os deuses. — O respeito aos pais não é também lei universal? — Sem dúvida. — Não proíbem as mesmas leis a promiscuidade de pais com filhos e de filhos com pais? — Quanto a essa lei, Sócrates, não a creio emanada de um deus. — Por quê? — Porque povos há que a transgridem. — Transgridem-se muitas outras. Mas os que violam as leis estabelecidas pelos deuses são fatalmente punidos, enquanto os que pisam aos pés as leis humanas às vezes esquivam a pena, seja foragindo-se, seja usando de violência". PLATÃO. *A república*. Livro 1. Tradução de Enrico Corvisieri. São Paulo: Nova Cultural, 1997. (Os Pensadores).

transparecer para essa tendência, entretanto, no mesmo diálogo, é possível verificar que a justiça está firmada em leis não escritas, regidas para todos os lugares, que não são feitas pelos homens, mas por ordens divinas e que, por serem de cunho moral, devem ser obedecidas pelo homem de acordo com a consciência individual de quem obedece o Estado[179].

Uma passagem especial, pelo olhar de respeito aos Direitos Fundamentais se tal situação fosse nos dias atuais, Sócrates demonstra que é preciso coragem e serenidade, o que exemplificou até os dias de sua morte, o mesmo que se deve fazer para praticar a justiça, ao enfrentar a fúria do povo durante os julgamentos dos generais, a que estava sob sua responsabilidade, onde eles eram acusados de desrespeitarem as leis que determinavam o recolhimento dos corpos de combatentes à deriva no mar, mas que foram impedidos por conta de forte tempestade que assolou a costa marinha, mas que garantiu um julgamento para cada acusado, por conseguinte, ficou célebre o seu pensamento de que "a justiça é uma coisa mais preciosa que o ouro"[180].

Platão nasceu em Atenas, na ilha de Egina, em 427 a.C., seguidor de seu mestre, Sócrates, que era considerado pelo discípulo, Platão, um dos homens mais justos e bons em Atenas, mas que fora condenado à pena capital da cicuta, cujo ritual era tomar uma bebida com veneno, após ser julgado e preso, sem qualquer reação ou interesse em fuga da prisão, pelo simples fato do acusado se submeter à justiça da decisão.

Segundo vários autores[181] internacionais, com a morte de Sócrates, houve um profundo abalo nos pilares de democracia, pois fez Platão repensar o método socrático, vez que o seu mentor maior tinha falhado com a sua técnica e convencimento durante o processo de julgamento. Daí, Platão formula, a partir de uma teoria de ideias, um sistema de política governado pela aristocracia, fazendo crer que o ideal de justiça devesse ser pensado a partir dos melhores pensadores, com forte formação[182].

Logo, para Platão, a justiça passa pelo plano de ideais sobre a funcionalidade do "bem comum", que ficou retratada assim:

---

[179] FASSÒ, 1982, p. 43-44.

[180] NINO, 2000, p. 467.

[181] "... a profunda decadência da democracia grega, além de fatos marcantes que ocorreram no decorrer de sua vida, sendo o principal deles a morte de Sócrates. Segundo Hannah Arendt, corroborada por autores como Werner Jaeger e Francois Chatelet, a condenação de Sócrates pelos cidadãos de Atenas produziu grande efeito em Platão. [...]. Com isso, Platão deixa de validar o governo democrático para lhe substituir pela aristocracia do pensamento" (PANSIERI, 2018, p. 29).

[182] PLATÃO, 1987, p. 21.

> [...] a justiça depende da diversidade de funções exercidas por três classes distintas: a dos artesãos, dedicados à produção de bens materiais; a dos soldados, encarregados de defender a cidade; a dos guardiães, incumbidos de zelar pela observância das leis. Produção, defesa, administração interna — estas as três funções essenciais da cidade. E o importante não é que uma classe usufrua de uma felicidade superior, mas que toda a cidade seja feliz. O indivíduo faria parte da cidade para poder cumprir sua função social e nisso consiste ser justo: em cumprir a própria função[183].

O valor de ideias sobre a realidade, com subtração de ilusões, que comporta a um filósofo, fica clarividente na Alegoria ou Mito da Caverna[184] que se baseia na busca da liberdade plena, não só corpórea, mas com explosão de várias ideias, de como libertar-se de conceitos desconhecidos ou ignorados, como se fossem prisioneiros dentro de uma caverna com o desejo de saírem dessa masmorra, onde se encontram sujeitos às diversas visões irreais, capazes de embaraçar a racionalidade humana. Ao saírem da caverna, considerado um momento da superação, simbolicamente, os prisioneiros podem conferir a realidade com a possibilidade de reverem seus equivocados conceitos que formaram, o que permite corrigir distorções sobre a realidade de fora da caverna, mas cuja lucidez se dá somente aos que possuem a capacidade de conhecer profundamente uma situação, sabendo distinguir o real sem as distorções irreais, e, portanto, estarão prontos para um retorno à caverna e, por consequência, estarão prontos para governar com justiça[185].

---

[183] PLATÃO. *Diálogos/Platão*: seleção de textos de José Américo Motta Pessanha. Tradução e notas de José Cavalcante de Souza, Jorge Paleikat e João Cruz Costa. 5. ed. São Paulo: Nova Cultural, 1991. (Os Pensadores). p. 26.

[184] A situação do Mito da Caverna deixa evidente que a ignorância pode ser superada com a aprendizagem da verdade. Em outros termos, na busca pelo conhecimento: "Homens algemados de pernas e pescoços desde a infância, numa caverna, e voltados contra a abertura da mesma, por onde entra a luz de uma fogueira acesa no exterior, não conhecem da realidade senão as sombras das figuras que passam, projectadas na parede, e os eco de suas vozes. Se um dia soltassem um desses prisioneiros e o obrigassem a voltar-se e olhar para a luz esses movimentos ser-lhe-iam penosos, e não saberia reconhecer os objetos. Mas, se o fizessem vir para fora, subir a ladeira e olhar para as coisas até vencer o deslumbramento, acabaria por conhecer tudo perfeitamente e por desprezar o saber que possuía na caverna. Se voltasse para junto dos antigos companheiros, seria por eles troçado, como um visionário; e quem tentasse tirá-los da escravidão arriscar-se ia mesmo a que o matassem". PLATÃO. *A República*. Tradução de Maria Helena da Rocha Pereira. 7. ed. Lisboa: Fundação Calouste Gulbenkian, 1993. p. XXX.

[185] "Aquele que se liberta das ilusões e se eleva à visão da realidade é o que pode e deve governar para libertar os outros prisioneiros das sombras: é o filósofo-político, aquele que faz de sua sabedoria um instrumento de libertação de consciências e de justiça social, aquele que faz da procura da verdade uma arte de desprestidigitação, um desilusionismo". PLATÃO. *A república*. Livro 1. Tradução de Enrico Corvisieri. São Paulo: Nova Cultural, 1997.

Assim, verifica-se aí distinção entre os sofistas e método platônico, "na qual a arte de ensinar era aprender a lembrar, e conhecer era um reconhecer. Em Menon, Platão mostra que a pedagogia anda ao lado da filosofia, para liberar o espírito das sombras da caverna"[186].

Destarte, para Platão, a busca da justiça é uma constante em suas ideias e teorias, como discorrido acerca dessa característica platônica marcante, a seguir:

"Passagens em que associa a justiça à verdade; ou que restitui a cada um o que é devido; ou a justiça como utilidade; ou a justiça como cumprimento das ordens dadas pelos governantes; ou como virtude; ou como sabedoria"; como "A justiça é o interesse do mais forte"; "A injustiça e a justiça são como a doença e a saúde"; "A justiça, se ela existe para o indivíduo, existe também par ao grupo social"; "A justiça é a virtude que mantém a harmonia geral, ordenando que a cada classe cumpra seu dever, sem envolver-se com os demais"; "É melhor receber a justiça que praticá-la"[187].

Portanto, no plano de um Estado que realiza justiça, por várias faces sociais que "mostram esse ideal que necessita ser concretizado na sociedade, para a sua promoção e ordenamento"[188], mas inegavelmente pressupõe uma ordem jurídica sob a existência de quatro virtudes descritas no livro *A República*, que são a sabedoria (*sophia*), a coragem (*andreia*), a temperança (*sophrosyne*) e justiça (*dikaiosyne*), cuja desarmonia em qualquer uma delas, pode levar ao fracasso do justo papel que deve exercer o Estado, o que se denomina injustiça[189].

Concepção de justiça ou equidade por Aristóteles

Aristóteles[190], nascido em Estagira (Macedônia), no ano de 384 a.C., sem a cidadania ateniense, não usufruía dos direitos políticos de Atenas. Foi aluno de Platão, mas sem a cidadania, não conseguiu sucedê-lo na Academia, mesmo com a morte do seu mestre (347 a.C.), e se muda para Assos, onde foi o mentor do jovem Alexandre Magno, que mais tarde se tornaria um dos maiores conquistadores do mundo, inclusive, invadindo Atenas, oportunidade em que Aristóteles retorna e funda o Liceu[191].

---

[186] BOITEUX, 2008, p. 505.

[187] PAULA, Jônatas Luiz Moreira de. *Ciência política*. Estado & Justiça. Leme: J. H. Mizuno, 2007. p. 30.

[188] *Ibidem*, p. 30.

[189] *Ibidem*, p. 28.

[190] Considerado também um grande estudioso das áreas da física, política, ética, metafísica, lógica, psicologia, biologia e zoologia. Igualmente, sua influência está por todas as áreas do conhecimento, tais como no direito, filosofia e na economia.

[191] PANSIERI; SAMPAR, 2016, p. 28-29.

A ideia de justiça abrangente, capaz de substituir, flexibilizar ou estar acima da lei, vem de Aristóteles[192], por meio do uso da equidade. Justiça e equidade são consideradas sinônimos lato sensu de justiça, onde se extrai um gênero que é o justo e, como as suas espécies, a lei e a equidade. A equidade, porém, é melhor que a lei quando em confronto valorativo com esta, pois o justo independe da existência de qualquer lei. A justiça aristotélica efetiva-se com a vida social e suas variáveis, de acordo com as constituições, que valorizam a essência do homem com o seu governo doméstico dentro da sua casa, como se fosse um monarca e, de outro lado, protegem os interesses da sociedade, pelo governo civil, que "pertence a todos os que são livres e iguais"[193].

Nesse sentido, também se procura uma distinção entre justiça e injustiça, o que Aristóteles conseguiu em seu *Ética a Nicômaco*, no Livro V, quando aduz quanto à existência da *dikayosyne* (justiça) e da *aidikía* (injustiça), pela

> [...] disposição da alma que graças à qual elas dispõem a fazer o que é justo, a agir justamente e a desejar o que é justo; de maneira idêntica, diz-se que a injustiça é a disposição da alma de graças à qual elas agem injustamente e desejam o que é injusto[194].

Também se sobrelevou a relação entre justiça e direito, vez que Aristóteles levantou as melhores constituições, como embasamento jurídico da política, bem como por meio da retórica, por meio da eloquência judiciária, os advogados podem sustentar fundamentos de direito. Ao passo que, em matéria de justiça, as relações sociais se pautam pelos valores morais[195] relativos à justiça lato sensu que advém do estado da natureza.

---

[192] "A razão é que toda lei é de ordem geral, mas não é possível fazer uma afirmação universal que seja correta em relação a certos casos particulares. Nestes casos, então, em que é necessário estabelecer regras gerais, mas não é possível fazê-lo completamente, a lei leva em consideração a maioria dos casos, embora não ignore a possibilidade de falha decorrente desta circunstância. E nem por isto a lei é menos correta, pois a falha não é da lei nem do legislador, e sim da natureza do caso particular, pois a natureza da conduta é essencialmente irregular. Quando a lei estabelece uma regra geral, e aparece em sua aplicação um caso não previsto por esta regra, então é correto, onde o legislador é omisso e falhou por excesso de simplificação, suprir a omissão, dizendo o que o próprio legislador diria se estivesse presente, o que teria incluído em sua lei se houvesse previsto o caso em questão. Por isto o eqüitativo é justo, e melhor que uma simples espécie de justiça, embora não seja melhor que a justiça irrestrita (mas é melhor que o erro oriundo da natureza irrestrita de seus ditames). Então o eqüitativo é, por sua natureza uma correção da lei onde esta é omissa devido à sua generalidade. De fato, a lei não prevê todas as situações porque é impossível estabelecer uma lei a propósito de algumas delas, de tal forma que às vezes se torna necessário recorrer a um decreto". ARISTÓTELES. *Ética a Nicômaco*. São Paulo: Nova Cultural, 1996. (Os Pensadores). p. 212-213.

[193] ARISTÓTELES. *Política*. São Paulo: Nova Cultural, 2000. (Os Pensadores). p. 17 e 153.

[194] ARISTÓTELES, 1996, p. 193.

[195] A justiça é tratada até como uma prática não somente individual, mas também praticável perante terceiros, pois ela é considerada como uma "forma perfeita de excelência moral porque ela é a prática efetiva da excelência moral perfeita. Ela é perfeita porque as pessoas que possuem o sentimento de justiça podem praticá-la não somente a si mesmas como também em relação ao próximo" (ARISTÓTELES, 1996, p. 195).

Desse modo, os estudos de Aristóteles confirmam a crença do potencial do homem livre para construir sua crença sobre justiça, já estava muito consolidada a convicção vigente à época, de que "que a capacidade do ser humano em identificar e estabelecer o que melhor lhe convém, de distinguir entre o bem e o mal, entre o justo e o injusto"[196].

A justiça finca-se no exercício pleno da virtude, que possibilita a avalição de um tratamento igualitário, como um ponto nodal para a bifurcação da justiça vinda de uma questão particularizada e outra de cunho geral, que consolidam a justiça distributiva e a justiça retificadora, assim esclarecido:

> [...] la justicia es la virtud más alta, la virtud perfecta. Una virtud es el punto medio entre dos vicios extremos; la justicia es la virtud de una persona cuando la consideramos en relación a otras personas. Ser justo es la cualidad de obrar conforme a las leyes cuando éstas tienden a la ventaja común, de modo que llamamos «justo» a lo que tiende a producir o a conservar la felicidad de una asociación política. Este es el sentido general de justicia, pero hay un sentido particular que es el que se refiere a la justicia distributiva y rectificatoria. La primera implica proporcionalidad y conduce a tratar igualmente a los iguales y desigualmente a los desiguales; la segunda implica restaurar la igualdad alterada por un delito o por el incumplimiento de contratos. La justicia particular de un comportamiento es el medio entre los dos extremos constituidos por el cometer una injusticia y por el sufrirla (ver Ética Nicomaquea, Libro V)[197].

Aliás, essa autonomia individual aristotélica, no campo da política, na busca da consolidação de uma democracia, por meio de uma racionalidade efetiva sobre a preservação da liberdade humana, foi bem observada pela professora associada (USP) Monica Salem Herman Caggiano, que assim discorre:

> [...] já era reconhecida na antiguidade, detectando-se na obra aristotélica a idéia de "polis" que emerge a partir, exatamente, desta característica própria do indivíduo, como aponta Javier Saldaña, na introdução que oferece à obra de Francesco Viola. O homem, efetivamente ente detentor de zoon politikon, vem, ao longo da sua história, desenvolvendo fórmulas que, organizando o poder e a tomada das decisões políticas,

---

[196] CAGGIANO, Monica Herman Salem. Democracia x Constitucionalismo. Um navio à deriva? *Cadernos de Pós-Graduação em Direito*: estudos e documentos de trabalho / Comissão de Pós-Graduação da Faculdade de Direito da USP. São Paulo: Fadusp, 2011. n. 1. p. 7.

[197] NINO, 2000, p. 65-66.

busquem exatamente a salvaguarda de sua liberdade. E, no extenso arsenal de receitas e combinações de elementos políticos que o mundo conheceu, emerge a democracia como o modelo que mais se aproxima da perspectiva de resguardo da liberdade[198].

Interessante notar que, para o pensador Aristóteles, apesar da liberdade do homem, na sua expressão e exercício individual, ser um valor muito prestigiado na formação do Estado, é na somatória de vários sentimentos das liberdades dos indivíduos é que se torna possível auferir o grau de justiça vigente, mediante a detecção de injustiça, pois a ação justa se é reconhecida pelo seu contrário, ou seja, pela ação injusta, pois "muitas das vezes se reconhece uma disposição da alma graças a outra contrária, e muitas vezes as disposições são idênticas por via das pessoas nas quais elas se manifestam"[199].

Pois, pela lógica da injustiça[200], é que no contexto social fossem estigmatizadas as pessoas que infringissem a lei e, também, as que usurpassem os direitos alheios, o que acaba por coincidir com os pensamentos romanistas advindos de Celso de que *"o direito é a arte do bom e do justo (ars boni et aequi)"* e de Ulpiano para *"viver honestamente, não prejudicar o próximo e dar a cada o que lhe é devido"* (*honeste vivere, alterum non laedere et suum cuique tribuere*)[201].

O grande dilema vivenciado por Platão pairava sobre a justiça, pois desconhecia um mecanismo de se buscar o mais justo possível diante de várias situações, simultaneamente, para vários envolvidos, o que foi aprofundado por Aristóteles e com obtenção de uma solução: a equidade, por meio do equitativo (homem bom). A equidade permite ir além das previsões legais, ou até mesmo exercer um papel de corretivo legal, com correções da lei em caso de omissões, pois o equitativo é justo[202], como nas situações indefinidas na qual se recorre à "régua de chumbo usada pelos construtores em Lesbos; a régua se adapta à forma da pedra e não é rígida, e o decreto se adapta aos fatos de maneira idêntica"[203].

---

[198] CAGGIANO, 2011, p. 7.

[199] ARISTÓTELES, 1996, p. 193.

[200] A distinção entre injustiça e justiça, segundo o pensador grego, advém da aplicação ao sujeito, conforme sua postura diante da lei, pois o "justo, então, é aquilo conforme à lei e correto, e o injusto é o ilegal e iníquo" (ARISTÓTELES, 1996, p. 194).

[201] LÉVY-BRUHL, Henri. *Sociologia do direito*. Tradução de Antonio de Pádua Danesi. São Paulo: Martins Fontes, 1997. p. 7.

[202] CARMIGNANI, Maria Cristina. A aequitas e a aplicação do direito em Roma. *Revista da Faculdade de Direito da Universidade de São Paulo*. São Paulo: Fadusp, v. 104, jan./dez. 2009. p. 115-116.

[203] ARISTOTELES, 1996, p. 213.

Enfim, mesmo Aristóteles não tendo se preocupado com uma teoria voltada para a valorização da dignidade da pessoa humana, como se propaga nos dias atuais, que pode ser atribuída à base escravagista que vigorava à época, todavia, inestimável é a contribuição da teoria de justiça aristotélica, até mesmo porque permite a previsão da falibilidade humana para agir virtuosamente e para agir juridicamente, ao discorrer que o homem pode ser um dos animais mais perfeitos da natureza, mas quando ele se afasta da lei e da justiça, torna-se o mais pernicioso deles, vez que a inteligência e o talento humano também pode ser a própria arma para destruir a base da sociedade que reside no homem justo ou o equitativo[204].

Cícero entre o direito natural, estoicismo e reflexos para o direito ocidental

Marcus Tullius Cícero nasceu em Arpino, em 106 a.C., e morreu em 43 a.C., foi formado sob as influências do jusnaturalismo, o que está patente, por exemplo, em várias codificações como o Corpus Iuris Civilis, na Parte Primeira do Digesto ou das Pandectas, que foram compendiadas pelos glosadores, no Primeiro Livro, Primeiro Título, que trata da justiça e direito, assim registrada:

> *Dig. Lib. I. Tit. I. Pr. I. - Ulpianus Lib. I. Institutionum. (Ulpiano. Livro I de suas Instituições).*
>
> *Initium, denominatio, et definitio iuris (Origem, Denominação e Definição de Direito)*
>
> *Iuri operam daturum prius nosse oportet unde nomen iuris descendat. Est autem a iustitia appellatum: nam (ut eleganter Celsus definit) ius est ars boni et aequi.*
>
> *Aquele que pretende dedicar sua atenção ao Direito deve saber, de início, de onde descende o nome do Direito. Este extrai sua denominação da Justiça, pois (tal como Celso elegantemente o define) o Direito é a arte do bom e do imparcial[205].*

O livro *De Re Publica* (*A República*), que representa a formação de uma nova forma de governo denominada República (*res* = coisa + *publicum* = pública), de autoria de Cícero, foi publicado por volta dos anos 54 e 51 a.C. Depois Cícero editou os livros *De Oratore* (*Sobre o Orador*) e

---

[204] ARISTOTELES, 1997, p. 16.

[205] KRUEGER, Paul; MOMMSEN, Theodor. *Corpus Iuris Civilis. Digestorum seu pandectarum pars prima.* Liber primus. (Corpo de direito civil. Primeira parte do digesto ou das pandectas. Primeiro livro, de 30 de dezembro de 533). Berlim - Hildesheim: Weidmann, 1899, v. 1. p. 3.

De Legibus (*Sobre o Legislador*), em 55 a.C., onde se percebe a presença do jusnaturalismo, estoicismo, epicurismo, acadêmicos, peripatéticos, e a preocupação com a política e Estado romano[206].

A filosofia moral e política ciceroniana detalha o nascimento da república de Roma, além de demonstrar os argumentos aos fatos e meramente filosóficos, no livro *Da República*, no qual fica claro a origem estoica de seus fundamentos[207], visto que há uma ordem natural que se sobrepõe aos homens, por ser superior a estes e válida em todos os recantos do mundo, como se denota do pensamento anteriormente preambulado, no início deste subcapítulo, e, por isso, Cícero, por ser adepto do estoicismo de Panécio[208], não mais almeja a pólis, nem uma Cosmópolis, mas da *res publica* e da sociedade. Cícero é herdeiro do estoicismo de Panécio e pensa a república romana na perspectiva estoica romana, quando não se tratava mais da pólis, nem da Cosmópolis (como para os primeiros estoicos), mas da *res publica*.

A justiça decorre de uma lei natural, de razão superior ao homem, pois "sem uma suprema justiça, não se pode reger de modo algum a coisa pública", consoante se editou em *Da República*, Livro II, XLI.[209]

A consciência coletiva, por força da união entre os homens, em busca do bem comum, da coisa pública, com exercício da liberdade, torna o poder do povo comparado a um "árbitro das leis, dos juízes, da paz, da guerra, dos tratados, da vida e da fortuna de todos e de cada um; então, e só então, é a coisa pública coisa do povo" (Da República, Livro I, XXXII) e, ainda, descreve Cícero:

---

[206] CÍCERO, Marco Túlio *et al. Da república*. Tradução e notas de Agostinho da Silva; estudos introdutórios de E. Joyau e G. Ribbeck. 3. ed. São Paulo: Abril Cultural, 1985. (Os Pensadores). p. 18-19.

[207] "E, pois — prosseguiu o Africano —, a República coisa do povo, considerando tal, não todos os homens de qualquer modo congregados, mas a reunião que tem seu fundamento no consentimento jurídico e na utilidade comum. Pois bem: a primeira causa dessa agregação de uns homens a outros é menos a sua debilidade do que um certo instinto de sociabilidade em todos inato; a espécie humana não nasceu para o isolamento e para a vida errante, mas com uma disposição que, mesmo na abundância de todos os bens, a leva a procurar o apoio comum" (CÍCERO *et al.*, 1985, p. 301).

[208] "Depois de Cícero ter iniciado a história da filosofia em língua latina, formulando sua síntese eclética, o movimento de idéias mais importante dentro do pensamento romano foi o desenvolvimento das doutrinas estóicas, também originárias da Grécia, como o epicurismo e o ecletismo. A escola estóica foi fundada por Zenão de Cício (334-264 a.C.) e continuada por Cleanto de Assos (331-232 a.C) e Crisipo de Solis (280-210 a.C.). Posteriormente, a escola transformou-se, tendendo para uma posição eclética, com Panécio de Rodes (185-112 a.C.) e Possidônio de Apaméia (135-51 a.C.)" (CÍCERO *et al.*, 1985, p. 19).

[209] PLATÃO. *A República*. Tradução de Maria Helena da Rocha Pereira. 7. ed. Lisboa: Fundação Calouste Gulbenkian, 1993.

> Todo povo, isto é, toda sociedade fundada com as condições por mim expostas; toda cidade, ou, o que é o mesmo, toda constituição particular de um povo, toda coisa pública, e por isso entendo toda coisa do povo, necessita, para ser duradoura, ser regida por uma autoridade inteligente que sempre se apóie sobre o princípio que presidiu à formação do Estado. Pois bem: esse governo pode atribuir-se a um só homem ou a alguns cidadãos escolhidos pelo povo inteiro. Quando a autoridade está em mãos de um só, chamamos a esse homem rei e ao poder monarquia; uma vez confiada a supremacia a alguns cidadãos escolhidos, a constituição se torna aristocrática; enfim, a sabedoria popular, conforme a expressão consagrada, é aquela em que todas as coisas residem no povo. Cada um desses três tipos de governo, se conservar aquele vínculo que uniu primitivamente os homens em sociedade, pode ser, não digo perfeito ou excelente, mas razoável; e qualquer um deles pode ser preferido a outro. De fato, um rei justo e sábio, um número eleito de cidadãos distintos, o próprio povo, embora tal suposição seja menos favorável, pode, se a injustiça e as paixões não o estorvam, formar um governo em condições de estabilidade[210].

Segundo se confere, a república é o lugar do vínculo legal, sob a lei natural, de reta razão entre os homens, que regula o espírito e a sabedoria humana, produz o critério de justiça ou injustiça, pois a ideia de justiça e direito natural possuem fundamentos na natureza, que ecoa sempre na república.

Os fundamentos da justiça ciceroniana, por fim, são voltados para imunizar os homens das coisas injustas e que a utilidade é sempre coletiva, e não simplesmente individual, criando vínculos de respeito coletivo consensual, portanto, o justo e sapiente é o que pratica virtudes. Equidade e justiça, além de honestidade e honra, são muito valorizadas para os interesses públicos da república. Foi Cícero, sobretudo, um dos destacados que conseguiu aliar concepções da metafísica com a ciência jurídica, com reconhecida contribuição e domínio dos maiores conhecimentos vigentes no ocidente, das civilizações grega e romana, sobretudo, com um olhar também voltado para os direitos dos oprimidos que, mais tarde, passa a formatar os direitos fundamentais.

---

[210] CICERO *et al.*, 1985, p. 302.

Concretização constitucional e dos direitos fundamentais por meio de equidade e justiça

A discussão sobre a efetiva concretização[211] dos direitos fundamentais, humanos ou sociais, por meio de equidade e justiça, passa pelo exercício da jurisdição constitucional, que no Brasil é apontado como um primeiro óbice, consoante leciona o professor (USP) doutor Virgílio Afonso da Silva, assim:

> [...] a dificuldade de obter uma tutela jurisdicional satisfatória no âmbito dos direitos sociais reside no caráter coletivo desses direitos. Ainda que se possa dizer que cada indivíduo tenha um direito à saúde, um direito à educação, ao trabalho e à moradia, a realização desses direitos é algo que só é possível se pensada coletivamente. Os procedimentos judiciais, sobretudo no Brasil, não estão, contudo, aptos a dar vazão a pretensões judiciais dessa natureza. Todo direito processual é pensado – e as raríssimas exceções não mudam esse quadro – para uma litigância individual[212].

Essa constatação também está observada, pois, "de um lado, a crença na eficácia plena de algumas normas, sobretudo no âmbito dos direitos fundamentais, solidificou a ideia de que não é nem necessário nem possível agir, nesse âmbito, para resolver essa eficácia"[213] e ainda prossegue a doutrina, de outro, "a constatação de que algumas normas têm eficácia meramente limitada pode levar a duas posturas diversas"[214]. Virgilio Silva ainda combate a inércia dos poderes políticos, inclusive a do juiz, para esses tipos de casos, assim discorrido:

> [...] a tarefa do operador do direito, sobretudo do juiz, é substituir os juízos de conveniência e oportunidade dos poderes políticos pelos seus próprios. Segundo o modelo que aqui se defende, nem uma nem outras posturas são as mais adequadas.
> Com a ênfase, reiterada a todo instante, nas exigências argumentativas que as restrições e a proteção aos direitos fundamentais impõem, a postura mais adequada parece ser aquela que se disponha para um desenvolvimento e a uma

---

[211] "... o sentido útil e viável de que o julgador deverá decidir na concreta realização do direito em autônoma constituição normativa, como se fora legislador, invocando o princípio da generalização ou da universalização kantiano, hoje tão largamente invocado como critério de validade para a razão prática". NEVES, Antônio Castanheira. *Metodologia jurídica*: problemas fundamentais. Universidade de Coimbra: Coimbra Editora, 1993. p. 286.

[212] SILVA, V. A. da, 2017, p. 243.

[213] *Ibidem*, p. 255.

[214] *Ibidem*, p. 255.

proteção dos direitos fundamentais baseados nem na omissão nem na ação isolada e irracional, mas a partir de um diálogo constitucional fundado nessas premissas de comunicação intersubjetiva entre os poderes estatais e comunidade[215].

Todavia, também, além do alerta apresentado pela ausência de um sistema legislativo eficiente ou de postura jurisdicional no campo processual, mas, de igual modo, outro ponto também precisa ser superado. É sobre eventual passividade da (in-)justiça que o jurista pode optar, no sentido de não reverter os óbices para a concretude dos direitos fundamentais, como anota de forma incisiva sobre as barreiras jurisdicionais, assim:

> [...] para quem prefere ter a consciência anestesiada e não se angustiar com a questão da justiça, ou então para o profissional do direito que não quer assumir responsabilidades e riscos e procura ocultar-se sob a capa de uma aparente neutralidade política. Os normativistas não precisam ser justos, embora muitos deles sejam juízes[216].

Por isso, aqui faz sentido estudar a equidade e justiça dos clássicos, pois um sistema jurídico não depende só de estruturas físicas ou normas expressas para ditar como se tornar efetivo ou concretizador, sob pena de se tornar um modelo totalmente injusto e antidemocrático. Nesse sentido, o diálogo é fundamental no Estado Democrático, visando almejar soluções efetivas, sob pena de os direitos fundamentais deixarem de ser prioritários ou, propriamente dito, "fundamentais", sem cumprimento ou efetivação. As possibilidades de efetivação devem ser positivas, tal como se extraiu dos ensinamentos de Amartya Sen, ao pontuar a justiça como conceitos abertos e amplos, como não difere o posicionamento do professor titular (USP) doutor Tércio Sampaio Ferraz Junior, em sua abordagem sobre o tema:

> [...] discurso sobre a justiça é sempre dialógico, o discurso sobre o direito tem, muitas vezes, a estrutura monológica. Todo direito instaura uma ordem e a coloca fora de discussão. É este, sem dúvida, o sentido mais imediato da dogmática jurídica. Sua estrutura é impositiva. A lei, em princípio, impõe e exige obediência: não se pode aceitar parcialmente uma lei ou desejar cumpri-la em parte. De outro lado, porém, não se pode ignorar uma certa flexibilidade — em termos de possibilidade[217].

---

[215] *Ibidem*, p. 255-256.

[216] DALLARI, Dalmo de Abreu. *O Renascer do direito:* direito e vida social, aplicação do direito, direito e política. 2. ed. São Paulo: Saraiva, 1996, p. 82.

[217] FERRAZ JUNIOR, Tércio Sampaio. Do discurso sobre a justiça. *Revista da Faculdade de Direito da Universidade de São Paulo*. São Paulo: Fadusp, 1979, v. 74. p. 165.

A equidade[218] exige critérios legais, bom senso e lógica, aplicável em casos como esses de dificuldades na realização dos direitos fundamentais, pois "na falta de norma positiva, é o recurso a uma espécie de intuição, no concreto, das exigências da justiça enquanto igualdade proporcional"[219], portanto, "se o conhecimento da lei depende do intelecto e a prudência depende da experiência, o magistrado deve dar atenção aos dois critérios para que sua decisão se revele equitativa"[220].

Por derradeiro, do constitucionalismo norte-americano, o professor Mark Tushnet (Harvard Law School) afirma que um novo constitucionalismo está em voga, de modo global, onde se deve efetuar o caminho do diálogo, principalmente, com os maiores interessados, que são os jurisdicionados, assim:

> Inovações de sucesso na tecnologia constitucional são raras [...]. No entanto, [...]. parte de uma tradição constitucionalista que faz do consentimento público uma importante parte do fundamento constitucional. Os examinar não só nos dá alguma perspectiva sobre os processos de criação do direito constitucional, em um aspecto geral, como também sugere a possibilidade de inovações institucionais para aprofundar o fundamento normativo da constituição[221].

Portanto, nada é em vão, ao estudarmos as teorias da justiça e equidade por meio dos clássicos, desde a Antiguidade aos contemporâneos, pois o repensar e atualizar dos conceitos e princípios basilares da humanidade, por meio do exercício dialógico do direito, pode significar um resgate de tais fundamentos que muito assola as sociedades quando se trata de uma ideia ou teoria da justiça e sua concretização, mormente, no campo dos direitos fundamentais.

---

[218] "O intérprete deve, porém, sempre buscar uma racionalização desta intuição, mediante uma análise das considerações práticas dos efeitos presumíveis das soluções encontradas, o que exige juízos empíricos e de valor, os quais aparecem fundidos na expressão juízo por equidade". FERRAZ JUNIOR, Tércio Sampaio. *Introdução ao estudo do direito*. 2. ed. São Paulo: Atlas, 1996. p. 304.

[219] FERRAZ JUNIOR, 1996. p. 304.

[220] BOITEUX, Elza A. P. da Cunha. A busca por melhorias na justiça encontra um aliado improvável: a ética clássica. Entrevista concedida a Marcos Ricardo dos Santos. *Gazeta do Povo*, 26 ago. 2018, s/p. Disponível em: www.gazetadopovo.com.br/justica/a-busca-por-melhorias-na-justica-encontra-um-aliado-improvavel-a-etica-classica-c7rfu7uz94okajgyv31u0bmcx/. Acesso em: 1 set. 2018.

[221] TUSHNET, Mark. Novos mecanismos institucionais para a criação do Direito Constitucional. *Revista Quaestio Juris*. Rio de Janeiro: UFRG, 2015. v. 8, n. 2. p. 1205.

Considerações finais

Diante dos estudos empreendidos, sobre a ideia ou uma teoria de justiça e/ou equidade, sem a pretensão de esgotar o tema, todavia, convém concluir, que se buscou analisar alguns dos teóricos mais consentâneos à luz da equidade e justiça, com os seguintes pontos observados:

- as ideias ou teorias da justiça são campos abertos e amplos para desenvolver critérios que possam ser aplicados em situações concretas de aflições, litígios ou conflitos humanos ou sociais, com critérios de liberdade, igualdade, solidariedade, amor, felicidade, paz, segurança jurídica, democracia e os sonhos de cada indivíduo e da respectiva sociedade em que vive;

- os direitos fundamentais devem ser concretizados ou efetivados, imediatamente, salvo quando existem casos de conflitos de dois ou mais princípios ou direitos fundamentais, inclusive, admitindo-se a restrição fundamentada para um ou mais em detrimento de outros de maior valoração. Na ausência de normas próprias, a equidade é um recurso, técnica ou conhecimento que pode e deve ser utilizado, de forma dialógica, para eficiência da jurisdição constitucional, consagrada democraticamente;

- a equidade e justiça, conceitualmente clássicas, não foram extintas e servem para um espírito interpretativo crítico e inovador[222] e, sempre, de acordo com a necessidade da sociedade brasileira atual e das futuras gerações, não apenas na busca de uma justiça perfeita, mas visando evitar os males decorrentes das injustiças sociais, suas barreiras de concretude dos direitos fundamentais, por estarem sob uma enorme base ética e de virtudes, igualmente clássicas, na qual impera a "arte do bom e do justo".

Referências

ARISTÓTELES. *Ética a Nicômaco*. São Paulo: Nova Cultural, 1996. (Os Pensadores).

ARISTÓTELES. *Política*. São Paulo: Nova Cultural, 2000. (Os Pensadores).

BITTAR, Eduardo Carlos Bianca. *Curso de filosofia do direito*. 8. ed. São Paulo: Atlas, 2010.

---

[222] *Ibidem.*

BOITEUX, Elza A. P. da Cunha. Educação e valores ambientais. *Revista da Faculdade de Direito da Universidade de São Paulo*. São Paulo: Fadusp, jan./dez. 2008. v. 103.

BOITEUX, Elza A. P. da Cunha. Estado regulador e direitos sociais. *Revista da Faculdade de Direito de Campos*. Campos: Fadir, 2001. ano 111, n. 2 e 3.

BOITEUX, Elza A. P. da Cunha. O princípio da solidariedade e os direitos humanos de natureza ambiental. *Revista da Faculdade de Direito da Universidade de São Paulo*. São Paulo: Fadusp, 2010. v. 105. p. 509-533.

BOITEUX, Elza A. P. da Cunha. A busca por melhorias na justiça encontra um aliado improvável: a ética clássica. Entrevista concedida a Marcos Ricardo dos Santos. *Gazeta do Povo*, 26 ago. 2018, s/p. Disponível em: www.gazetadopovo.com. br/justica/a-busca-por-melhorias-na-justica-encontra-um-aliado-improvavel-a--etica-classica-c7rfu7uz94okajgyv31u0bmcx/. Acesso em: 1 set. 2018.

BÖCKENFÖRDE, Ernst-Wolfgang. *Estudios sobre el Estado de Derecho y la democracia*. Madri: Trotta, 2000.

CAGGIANO, Monica Herman Salem. Democracia x Constitucionalismo. Um navio à deriva? *In*: CAGGIANO, Monica Herman Salem. *Cadernos de Pós-Graduação em Direito*: estudos e documentos de trabalho / Comissão de Pós-Graduação da Faculdade de Direito da USP. São Paulo: Fadusp, 2011. n. 1.

CAMPELLO, Lívia Gaigher Bósio; SILVEIRA, Vladmir Oliveira da. Cidadania e direitos humanos. *Revista Interdisciplinar de Direito da Faculdade de Direito de Valença/Fundação Educacional Dom André Arcoverde*. Juiz de Fora: Editora Associada Ltda, 2011.

CANOTILHO, J. J. Gomes. *Direito Constitucional e Teoria Da Constituição*. 7. ed. Coimbra: Almedina, 2003.

CARMIGNANI, Maria Cristina. A aequitas e a aplicação do direito em Roma. *Revista da Faculdade de Direito da Universidade de São Paulo*. São Paulo: Fadusp, jan./ dez. 2009. v. 104.

CASSIN, Barbara. *O efeito sofístico*. Tradução de Ana Lúcia de Oliveira, Maria Cristina Franco Ferraz e Paulo Pinheiro. São Paulo: Ed. 34, 2005.

CICERO, Marco Túlio. *Da República*. Disponível em: http://www.dominiopublico. gov.br/pesquisa/DetalheObraForm.do?select_action=&co_obra=2247. Acesso em: 1 set. 2018.

CÍCERO, Marco Túlio *et al. Da república*. Tradução e notas de Agostinho da Silva; estudos introdutórios de E. Joyau e G. Ribbeck. 3. ed. São Paulo: Abril Cultural, 1985. (Os Pensadores).

DALLARI, Dalmo de Abreu. *O Renascer do direito:* direito e vida social, aplicação do direito, direito e política. 2. ed. São Paulo: Saraiva, 1996.

FASSÒ, Guido. *Historia de la filosofia del derecho.* Antigüedad y Edad Media. Tradução de José F. Navarrete. 3. ed. Madrid: Piramide, 1982.

FERRAZ JUNIOR, Tércio Sampaio. Do discurso sobre a justiça. *Revista Da Faculdade De Direito da Universidade de São Paulo.* São Paulo: Fadusp, 1979. v. 74.

FERRAZ JUNIOR, Tércio Sampaio. *Introdução ao estudo do direito*. 2. ed. São Paulo: Atlas, 1996.

FERREIRA FILHO, Manoel Gonçalves. *Direitos humanos fundamentais*. 7. ed. São Paulo: Saraiva, 2005.

HELLER, Agnes. *Além da justiça.* Tradução de Savannah Hartmann. Rio de Janeiro: Civilização Brasileira, 1998.

IENSUE, Geziela; CARVALHO, Luciani Coimbra de Carvalho. Educação e ações afirmativas como direito à participação e ao procedimento. *Revista de Direito Brasileira,* Ano 5, vol.10, 2015.

KRUEGER, Paul; MOMMSEN, Theodor. *Corpus Iuris Civilis.* Digestorum seu pandectarum pars prima. Liber primus. (Corpo de direito civil. Primeira parte do digesto ou das pandectas. Primeiro livro, de 30 de dezembro de 533). Berlim - Hildesheim: Weidmann, 1899. v. 1, p. 3 e s.

LERNER, Melvin J. *A crença em um mundo justo*: uma ilusão fundamental. Nova Iorque: Plenum, 1980.

LÉVY-BRUHL, Henri. *Sociologia do direito*. Tradução de Antonio de Pádua Danesi. São Paulo: Martins Fontes, 1997.

LOEWENSTEIN, Karl. *Teoría de la constitución.* Tradução de Alfredo Gallego Anabitarte. 2. ed. Barcelona: Ariel, 1976.

LUÑO, Antonio Enrique Pérez. Las generaciones de derechos humanos. *REDESG* – Revista Direitos Emergentes na Sociedade Global. Santa Maria: Redesg, jan.-jun. 2013. v. 2. n. 1.

NEVES, Antônio Castanheira. *Metodologia jurídica*: problemas fundamentais. Universidade de Coimbra: Coimbra Editora, 1993.

NINO, Carlos Santiago. Justicia. *In*: VALDÉS, Ernesto Garzón; LAPORTA, Francisco J. (org.). *El derecho y la justicia*. 2. ed. Madrid: Editorial Trotta, 2000.

PANSIERI, Flávio. *Liberdade da antiguidade ao medievo*. Belo Horizonte: Fórum, 2018. (Coleção A Liberdade no Pensamento Ocidental, tomo I).

PANSIERI, Flávio; SAMPAR, Renê. Direito e filosofia política em Platão e Aristóteles. *Revista de Teorias e Filosofias do Estado*. Florianopólis: Conpedi, jul.-dez. 2016. v. 2.

PAULA, Jônatas Luiz Moreira de. *Ciência política*. Estado & Justiça. Leme: J. H. Mizuno, 2007.

PLATÃO. *Defesa de Sócrates*. Xenofonte. ditos e feitos memoráveis de Sócrates. Apologia de Sócrates. Aristofanes. As nuvens. Seleção de textos de José Américo Motta Pessanha. Tradução de Jaime Bruna, Libero Rangel de Andrade e Gilda Maria Reale Strazynski. São Paulo: Nova Cultural, 1987. (Os Pensadores).

PLATÃO. *Diálogos/Platão*: seleção de textos de José Américo Motta Pessanha. Tradução e notas de José Cavalcante de Souza, Jorge Paleikat e João Cruz Costa. 5. ed. São Paulo: Nova Cultural, 1991. (Os Pensadores).

PLATÃO. *A República*. Tradução de Maria Helena da Rocha Pereira. 7. ed. Lisboa: Fundação Calouste Gulbenkian, 1993.

PLATÃO. *A república*. Livro 1. Tradução de Enrico Corvisieri. São Paulo: Nova Cultural, 1997. (Os Pensadores).

RAWLS, John. *Justiça como eqüidade*: uma reformulação. Tradução de Claudia Berliner. Revisão técnica e da tradução de Álvaro De Vita. São Paulo: Martins Fontes, 2003.

RAWLS, John. *Uma teoria da Justiça*. Tradução de Almiro Pisetta e Lenita M. R. Esteves. 3. ed. São Paulo: Martins Fontes, 2008.

SARLET, Ingo Wolfgang. Mark Tushnet e as assim chamadas dimensões ("gerações") dos direitos humanos e fundamentais: breves notas. *Revista Estudos Institucionais da Faculdade Nacional de Direito da Universidade Federal do Rio de Janeiro*. Rio de Janeiro: UFRJ, 2016. v. 2. n. 2.

SEN, Amartya. *Desenvolvimento como liberdade*. Tradução de Laura Teixeira Motta. 6. ed. São Paulo: Companhia das Letras, 2000.

SEN, Amartya. *A Ideia de justiça*. Tradução de Denise Bottmann e Ricardo Doninelli Mendes. São Paulo: Companhia das Letras, 2011.

SICHES, Luís Recaséns. *Tratado general de filosofia del derecho*. México: Editorial Porrua S.A., 1959.

SILVA, José Afonso da. *Curso de direito constitucional positivo*. 24. ed. São Paulo: Malheiros, 2005.

SILVA, Virgilio Afonso da. *Direitos fundamentais*: conteúdo essencial, restrições e eficácia. 2. ed. 4ª tiragem. São Paulo: Malheiros, 2017.

SILVEIRA, Vladmir Oliveira da; ROCASOLANO, Maria Mendez. *Direitos humanos*: conceitos, significados e funções. São Paulo: Saraiva, 2010.

SPENCER, Herbert. *La Justicia*. Tradução de Pedro Forcadell. Buenos Aires: Atalaya, 1947.

TUSHNET, Mark. Novos mecanismos institucionais para a criação do Direito Constitucional. *Revista Quaestio Juris*. Rio de Janeiro: UFRG, 2015. v. 8. n. 2.

WITTGENSTEIN, Ludwig. *Investigações Filosóficas*. Tradução e Prefácio de M. S. Lourenço. Lisboa: Fundação Calouste Gulbenkian, 2001.

JUSTIÇA: UM IDEAL INALCANÇÁVEL, MAS QUE NÃO PODE DEIXAR DE SER BUSCADO – UMA SINGELA DIGRESSÃO SOBRE O INTROITO DO DIGESTO DE JUSTINIANO

Caramuru Afonso Francisco

Foi com alegria e satisfação que recebi o convite do Instituto de Juristas Cristãos do Brasil para participar desta obra em homenagem à professora doutora Maria Garcia, referência para os juristas cristãos não só do Brasil, mas de todo o mundo.

A obra deve tratar de três temas importantíssimos, que bem sintetizam o pensamento e a carreira da homenageada, a saber: democracia, justiça e cidadania.

Sabendo da belíssima trajetória da homenageada no âmbito do relacionamento do Direito com a Ética, na sempre presente e melindrosa questão que há entre moral e direito, que nos é apresentada logo no limiar do estudo da ciência jurídica, ainda nos assentos da graduação, optamos por fazer uma digressão precisamente sobre o tema da justiça e de como deve o jurista, em particular o jurista cristão, defrontar-se com esta "vexata quaestio", cada vez mais atual e presente, notadamente em período tão difícil pelo qual passamos, onde há uma nítida tentativa de superação dos valores judaico-cristãos que moldaram a civilização ocidental até aqui.

É por demais significativo que o Digesto, a parte do Corpus Juris Civilis em que se procurava reunir todos os ensinamentos dos juristas de Roma, inicie precisamente procurando distinguir entre o direito e a justiça, entre o "ius", entendido aqui como o conjunto dos ensinamentos relacionados com a convivência da disciplina humana, e a "iustitia".

O Digesto assim se inicia:

> 1. ULPIANO. Livro 1 das Institutas. pr. Quem deseja aplicar-se ao estudo do direito deve, primeiro que tudo, conhecer de onde deriva esta denominação. É assim chamado de "justiça"; pois, como muito bem define Celso, o direito é a arte do bom e do justo.
>
> § 1. Por esta razão, alguém nos chama sacerdotes do direito; pois exercemos a justiça e ensinamos a noção do bom e do justo, separando o justo do injusto, discernindo o lícito do

ilícito, desejando fazer todos os homens bons não só pelo receio das penas como pela animação das recompensas, procurando com empenho, se não estou enganado, a filosofia verdadeira e não mendaz[223].

Logo, de pronto, traz-se o ensinamento do jurista Ulpiano (150-223), o mesmo que é conhecido por ter definido os três princípios do direito: dar a cada um o que é seu, a ninguém lesar e viver honestamente[224].

Percebe-se, pois, que era preocupação desse jurisconsulto definir quais são as bases do direito, os seus fundamentos, questão que deve ter o debruçar de todo estudioso da ciência jurídica em tempos em que, a exemplo do salmista, estamos a indagar a respeito do transtorno dos fundamentos da convivência social[225].

Ulpiano ensina-nos, no início do Digesto, que o direito é chamado de "justiça", porque, citando Celso (67-130), outro jurisconsulto romano, seria o direito "a arte do bom e do justo".

Mas é elucidativo que Ulpiano diz que o direito é "chamado" de justiça, o que não significa que seja a "justiça", algo que, poucas linhas depois, o mesmo jurista dirá que algo próprio da "filosofia verdadeira e não mendaz".

Assim, o direito, só por uma força de expressão, representaria a "justiça", que exsurge como sendo um ideal a ser buscado, como um objetivo a ser perseguido, tanto que o direito, para Celso, era a "arte do bom e do justo", ou seja, uma atividade que busca criar mecanismos que traga o bom e o justo à convivência humana.

Tem-se que a justiça é o alvo, o objetivo, a finalidade a ser perseguida pelo direito, que seria a arte, o instrumento, a habilidade construída pela inteligência humana para que se possa alcançar esse fim.

Desse modo, toda a ciência do direito precisa ser desenvolvida com vista a se alcançar esse objetivo, a se ter o triunfo da justiça e do bem, elementos que são indispensáveis para que se concretize este anseio de todo ser humano que a Declaração de Independência dos Estados Unidos da América bem definiu como sendo "a busca da felicidade"[226].

---

[223] VASCONCELLOS, Manoel da Cunha Lopes *et al. Digesto ou Pandectas do Imperador Justiniano.* São Paulo: YK Editora, 2017. v. 1. p. 62.

[224] *"Iuris praecepta sunt haec: honeste vivere, alterum non laedere, suum cuique tribuere"* (D.1.1.10.1).

[225] "Na verdade, que já os fundamentos se transtornam: que pode fazer o justo?" (Bíblia do Obreiro. Barueri: Sociedade Bíblica do Brasil, 2013, Sl.11:3, p. 573).

[226] "Consideramos estas verdades como autoevidentes, que todos os homens são criados iguais, que são dotados pelo Criador de certos direitos inalienáveis, que entre estes são vida, liberdade e busca da felicidade" (A DECLARAÇÃO DE INDEPENDÊNCIA DOS ESTADOS UNIDOS DA AMÉRICA. Disponível em: www.uel. br/pessoal/jneto/gradua/historia/recdida/declaraindepeEUAHISJNeto.pdf. Acesso em 28 out. 2023).

A justiça apresenta-se, portanto, como um norte, a bússola que deve ser imprimida a todo o direito, de modo que as relações entre os seres humanos devem ser reguladas de modo a que se tenha a máxima e contínua aproximação a esse ideal.

Lembramo-nos aqui das lições do saudoso mestre Goffredo da Silva Telles Júnior, que, em suas aulas de Introdução à Ciência do Direito, na velha e sempre nova Academia, no já longínquo ano de 1984, ao se referir à Declaração Universal dos Direitos Humanos, insistia em que os direitos ali elencados eram tão somente "ideais de direito" e não direitos efetivos.

Quando assim se referia o autor da célebre *Carta aos Brasileiros* aos "Direitos Humanos", longe estava ele de menosprezar aquele documento tão marcante da história da humanidade, nem tampouco a assumir uma postura legalista ou literalista, mas a retomar esta mesma consideração do introito do Digesto de Justiniano, ao mostrar que cabe ao direito perseguir, como ideal, a plenitude de eficácia destes anseios que se têm de uma sociedade em que a dignidade inerente a todos os membros da família humana seja uma realidade presente em cada sociedade.

Tanto assim é que, na já mencionada Carta, o grande jurista pátrio salienta que:

> O Estado de Direito se caracteriza por três notas essenciais, a saber: por ser *obediente ao Direito; por ser guardião dos Direitos; e por ser aberto para as conquistas da cultura jurídica.*[...] *aberto para as conquistas da cultura jurídica*, porque o Estado de Direito é uma democracia, caracterizado pelo regime de representação popular nos órgãos legislativos e, portanto, é um Estado sensível às necessidades de incorporar à legislação as normas tendentes a realizar o ideal de uma Justiça cada vez mais perfeita [...][227].

O jurista, o cientista do direito, é, sobretudo, alguém que encaminha a regulação, a normatização em direção à "justiça".

Como afirma José Roberto de Castro Neves,

> Enquanto o Direito [...] se relaciona às normas jurídicas vigentes, a Justiça é algo superior, pois representa a harmonia da correção, do bom (em oposição ao que é ruim), da virtude moral. A Justiça é um dos mais relevantes fins do Direito, ao lado da segurança jurídica e do bem comum...[228]

---

[227] TELLES JÚNIOR, Goffredo da Silva. *Carta aos Brasileiros*. Disponível em: direito.usp.br/pca/arquivos/5f223ea6ae26_cronica-das-arcadas.pdf. Acesso em: 31 mar. 2021. (grifos no original).

[228] NEVES, José Roberto de Castro. *Medida por medida*: o Direito em Shakespeare. 6. ed. Rio de Janeiro: Nova Fronteira, 2019. p. 372.

Ulpiano faz então questão de mostrar que a denominação do direito como "justiça" tem por finalidade fazer com que o estudioso da ciência jurídica (e o Digesto é voltado a eles) nunca possa perder esta noção de que sua atividade busca, sempre, a Justiça, fazer a vida humana sempre cada vez mais próxima do que é justo e do que é bom.

Esse papel é ainda mais explicitado pelo jurisconsulto da Cidade Eterna, quando apresenta a consideração do jurista como sendo um "sacerdote", uma vez que caberia ao cientista do direito o exercício da justiça e o ensino da noção do bom e do justo, separando o justo do injusto, discernindo o lícito do ilícito.

Essa analogia que Ulpiano toma emprestado, não sabemos de quem, para caracterizar a figura do jurista, apresenta dois aspectos muito importantes e que tornam tal pensamento perfeitamente aplicável aos nossos dias, ainda que elaborado entre os séculos 2 e 3.

O primeiro é a circunstância de que o direito romano, o maior legado de Roma à humanidade, exsurgiu quando houve o desprendimento entre o direito e a religião, algo inédito na Antiguidade.

É lição de Ebert Chamoun:

> As normas religiosas eram o *fas*, as normas jurídicas o *ius*. As mais antigas normas jurídicas, os *mores maiorum*, devem ter sido de inspiração religiosa. [...]. Da confusão entre direito e religião resulta que o colégio dos pontífices tinha o monopólio do conhecimento prático do direito. Só mais tarde é que o direito privado se foi a pouco e pouco laicizando, quer como divulgação dos processos práticos de sua aplicação, quer com o estabelecimento de sanções próprias que predominaram sobre as sanções religiosas...[229]

Antes dessa distinção entre direito e religião, o direito era algo conhecido apenas pelos "sacerdotes", aqueles que deviam mediar entre os homens e os deuses, que sabiam como agradar à divindade e assim obter os seus benefícios e conquistar, por meio desses agrados, a "propiciação", ou seja, os favores divinos que representariam o bem-estar da sociedade, a harmonia social.

Por isso mesmo, era fundamental que o "sacerdote" soubesse distinguir o que era "fas" e o que era "ne fas", ou seja, o que gerava o agrado ou o desagrado da sociedade, tanto que eram os sacerdotes quem diziam quais eram os dias "fastos", ou seja, os dias favoráveis, e os dias "nefastos", isto é, os dias desfavoráveis.

---

[229] CHAMOUN, Ebert. *Instituições de direito romano*. 5. ed. revista e aumentada. Rio de Janeiro; São Paulo: Forense, 1968. p. 26.

O jurista, diz Ulpiano, deve ser um sacerdote, sabendo distinguir entre o que é bom e justo, separando o que é justo do injusto e discernindo o que é lícito e ilícito.

Não se trata aqui, por óbvio, de se agradar, ou não, os deuses, mas sim de mediante a perfeita distinção do que é bom e justo, da separação do que é justo e injusto e do discernimento do que é lícito e ilícito, promover o bem-estar da sociedade, a harmonia social.

O conhecimento hermético dos sacerdotes romanos, antes inacessível a quem não pertencia à classe sacerdotal, torna-se possível aos romanos, mas, dentre eles, exsurge um grupo que, independentemente da sua ligação com as divindades, tem de ter um conhecimento próprio, que não é compartilhado com os demais, conhecimento este que permitirá a distinção do bom e do justo, a separação do justo e do injusto e o discernimento do que é lícito do que não é.

Assim como o sacerdote propriamente dito torna sagrado aquilo que é comum, permitindo a sobrevivência da sociedade diante do divino, do que é dimensão superior, o cientista do direito também deve como que "sacralizar" a convivência humana, tornando-a agradável, tornando-a capaz de fomentar o bem-estar de todos, de tornar possível a "busca da felicidade".

O jurista, e estamos a falar de um povo eminentemente prático como era o povo romano, deveria, segundo Ulpiano, estabelecer normas, criar regras que tivessem o condão de distinguir o bom e o justo, separar o justo do injusto e discernir o que é lícito do que é ilícito. Ao observarmos a história romana, bem vemos como os operadores do direito bem fizeram isso, notadamente ao desenvolverem grandemente o direito por meio de mecanismos como o direito pretoriano e o direito das gentes, que fez com que, pouco a pouco, a normatização primordial de uma pequena cidade, que, com muita dificuldade, pôde dar alguma voz à "plebe", construísse uma monumental estrutura jurídica que segue sendo o cerne de todo o direito em todos os povos dois milênios depois.

O mesmo Digesto, no seu derradeiro título, que Rubens Limongi França, outro saudoso mestre, disse ter sido "o modo de chave de ouro [d] o miraculoso monumento da sabedoria romana"[230] que fechou esta compilação, apresenta o pensamento de Paulo, segundo o qual *"non ut ex regula ius summatur, sede x iure, quod est, regula fiat"*[231].

---

[230] *apud* NORONHA, Fernando. *Direito, sociedade e método jurídico.* Disponível em: https://egov.ufsc.br/portal/sites/default/files/anexos/1175-1189-1-PB.pdf. Acesso em: 31 mar. 2021. p. 3.

[231] "[...] regra é o que descreve brevemente a coisa, como ela é. Não é da regra que se extrai o direito, antes é do direito, como este é, que se faz a regra". KRUEGER, Paul *et al. Corpus juris civilis.* Berlim: Weidman, 1888-1895. p.868. Disponível em: https://archive.org/details/corpusjuriscivil01krueuoft/page/868/mode/2up. Acesso em: 28 out. 2023.

Elucidativo que é este, no Digesto, a primeira das "antigas regras de direito", como a nos indicar, como no introito da compilação, que as normas a serem definidas pelos juristas devem ter como norte a justiça, que é um dos nomes do direito.

Assim, ao contrário do que muito se fala nos dias hodiernos, quando se faz a defesa de valores morais inseridos na civilização ocidental há milênios, não se está, em absoluto, negando-se a diversidade religiosa ou a laicidade do Estado, muito menos se confundindo direito com religião, mas, bem ao contrário, procurando criar regras, normas que estejam de acordo com o bom e o justo, fazendo-se a devida separação entre o justo e o injusto e discernindo o lícito do ilícito, de modo a que a convivência humana seja possível e permita a busca da felicidade.

A nossa homenageada tem uma vida e uma carreira pautadas precisamente por esta luta incessante de definir normas e regras que promovam o bom e o justo, que distinga o lícito do ilícito, dentro de um ambiente em que se sabe, claramente, que se está diante de uma sociedade formada por seres humanos que, antes de mais nada, precisam existir, terem garantida a sua sobrevivência, devendo, assim, terem garantida a inviolabilidade de suas vidas e a sua afirmação como sujeitos de direito e não como simples objetos da ganância ou de interesses puramente materiais de alguém.

O segundo aspecto desta analogia acolhida por Ulpiano onde se vê o jurista como um sacerdote e que se mostra muito atual é a circunstância de que o pensamento do jurisconsulto romano se coaduna perfeitamente com o pensamento hebraico, ao qual certamente o nobre jurista não teve acesso.

Ao ser instituído o sacerdócio, Deus teria se dirigido ao primeiro sumo sacerdote, Arão, irmão de Moisés, naquela que seria a única vez em que Deus se dirigiria diretamente a esse sumo sacerdote e não a Moisés, logo após o fatídico episódio da morte de dois sacerdotes, Nadabe e Abiú, filhos de Arão, que os sacerdotes tinham uma missão toda especial, a saber: a diferenciação entre o santo e o profano e entre o imundo e o limpo, o que deveria ser ensinado aos filhos de Israel[232].

Na tradição hebreia, pois, também se verifica o papel do sacerdote como sendo o da distinção entre o santo e o profano, entre o imundo e o limpo, assim como Ulpiano via na figura do jurista.

---

[232] "E falou o Senhor a Arão, dizendo: Vinho ou bebida forte tu e teus filhos contigo não bebereis, quando entrardes na tenda da congregação, para que não morrais: estatuto perpétuo será isso entre as vossas gerações, para fazer diferença entre o santo e o profano e entre o imundo e o limpo, e para ensinar aos filhos de Israel todos os estatutos que o Senhor lhes tem falado pela mão de Moisés" (Bíblia do Obreiro. Barueri: Sociedade Bíblica do Brasil, 2013, Lv. 10:8-11, p.119).

Entre os hebreus, não havendo a laicização ocorrida em Roma, o sacerdote deveria ser, ele próprio, o ensinador da lei para o povo, pois a própria sobrevivência da nação estava condicionada à observância da lei, à obediência ao direito, que se faria desde que houvesse distinção entre o santo e o profano, entre o imundo e o limpo, ou, para usar das palavras do Digesto, entre o justo e o injusto, entre o lícito e o ilícito.

Essa indispensabilidade era tanta que, séculos depois, o profeta Ezequiel trará uma mensagem divina justificando a destruição da sociedade judaica com o cativeiro da Babilônia, precisamente porque

> Os seus sacerdotes transgridem a Minha lei, e profanam as Minhas coisas santas, entre o santo e o profano não fazem diferença, nem discernem o impuro do puro; e de Meus sábados escondem os seus olhos, e assim sou profanado no meio deles. Os seus príncipes no meio dela são como lobos que arrebatam a presa, para derramarem o sangue, para destruírem as almas, para seguirem a avareza[233].

Ulpiano, ao fazer a analogia do sacerdote, começa dizendo que o sacerdote deve exercer a justiça e, então, fazer a devida distinção entre o bom e o justo, o lícito e o ilícito.

Aqui, o profeta também diz que a tragédia da destruição social teve início no instante em que o sacerdote transgrediu a lei, ou, nas palavras de Ulpiano, deixou de exercer a justiça, fazendo com que não se tivesse diferença entre santo e profano, entre imundo e limpo, entre justo e injusto, entre lícito e ilícito.

O jurista, portanto, além de ter a incessante preocupação de buscar a justiça, deve também ter uma prática justa, deve, ele próprio, buscar viver de modo a ser um exemplo, uma referência desta procura pelo discernimento do bom e do lícito.

Por isso mesmo, Agostinho vai afirmar que "Que são os Estados sem justiça, senão grandes bandos de ladrões?"[234].

Poderá, porém, alguém afirmar que, se bem demonstrado que deve o jurista ter como norte de sua atividade a justiça, tem-se como difícil, para não dizer impossível, definir o que seja a justiça, algo que o próprio Ulpiano deixou para a "filosofia verdadeira e não mendaz".

---

[233] Bíblia do Obreiro. Barueri: Sociedade Bíblica do Brasil, 2013, Ez.22:26,27, p. 831.

[234] Confissões, IV *apud* NEVES, 2019, p. 365.

Michael J. Sandel, que se notabilizou precisamente por causa de seu curso sobre Justiça na Universidade de Harvard, demonstrou que, quando se fala em justiça, basicamente se tomam três aspectos: aumento do bem-estar, respeito à liberdade e promoção da virtude[235].

Não é nosso objetivo aqui discorrer sobre o conceito de justiça, mas é indubitável que o cientista do direito, e doutora Maria Garcia é um exemplo para todos nós nesse aspecto, deve procurar sempre obter esses três aspectos, seja na elaboração das normas, seja na sua interpretação e aplicação.

Somos seres humanos, falíveis, imperfeitos, que estamos continuamente procurando se aproximar da perfeição.

Por isso mesmo, ao longo dos anos, sempre é necessário aprimorar a convivência humana, de modo a que as pessoas possam viver de modo que tenham cada vez melhor bem-estar, sejam livres e vivam num ambiente onde a virtude sempre é promovida.

Esta é a bússola que deve ser perseguida por quem se diz jurista e, neste passo, os valores judaico-cristãos que construíram a civilização ocidental, onde vicejou, desde os seus primórdios, como pudemos ver nesta singela digressão, o direito enquanto ciência e arte independente e capaz de construir, dentro do engenho humano, a convivência entre os homens, sob o império da lei e com respeito à dignidade humana, mostram-se fundamentais.

Sim, pois sem a compreensão da falibilidade e imperfeição humanas, do respeito ao livre-arbítrio e da própria existência de um bem e de uma justiça que devem ser perseguidos incessantemente, não se mostra possível o contínuo desenvolvimento da convivência humana, não se terá como "buscar a felicidade".

Prossigamos, pois, nesse sacerdócio apontado tanto por Ulpiano como pelos profetas hebreus, construindo uma sociedade cada vez menos imperfeita e cada vez mais disposta, diante dos desafios que sempre exsurgem, mantendo a distinção entre o bom e o justo, a separação do justo e do injusto e o discernimento entre o lícito e o ilícito, como tão bem nos ensina a doutora Maria Garcia no seu tratamento com o biodireito e a bioética.

---

[235] "[...] precisamos explorar o significado de justiça. [...] giram em torno de três ideias: aumentar o bem-estar, respeitar a liberdade e promover a virtude. Cada uma dessas ideias aponta para uma forma diferente de pensar sobre justiça". SANDEL, Michael J. *Justiça*: o que é fazer a coisa certa. Tradução de Heloísa Matias e Maria Alice Máximo. 17. ed. Rio de Janeiro: Civilização Brasileira, 2015. p. 14.

Referências

CHAMOUN, Ebert. *Instituições de direito romano*. 5. ed. revista e aumentada. Rio de Janeiro-São Paulo: Forense, 1968.

KRUEGER, Paul *et al*. *Corpus juris civilis*. Berlim: Weidman, 1888-1895. Disponível em: https://archive.org/details/corpusjuriscivil01krueuoft/page/868/mode/2up. Acesso em: 31 mar. 2021.

NEVES, José Roberto de Castro. *Medida por medida*: o Direito em Shakespeare. 6. ed. Rio de Janeiro: Nova Fronteira, 2019.

NORONHA, Fernando. Direito, sociedade e método jurídico. Disponível em: https://egov.ufsc.br/portal/sites/default/files/anexos/1175-1189-1-PB.pdf. Acesso em: 31 mar. 2021.

SANDEL, Michael J. *Justiça*: o que é fazer a coisa certa. Tradução de Heloísa Matias e Maria Alice Máximo. 17. ed. Rio de Janeiro: Civilização Brasileira, 2015.

TELLES JÚNIOR, Goffredo da Silva. Carta aos Brasileiros. Disponível em: direito.usp.br/pca/arquivos/5f223ea6ae26_cronica-das-arcadas.pdf. Acesso em: 31 mar. 2021.

VASCONCELLOS, Manoel da Cunha Lopes *et al*. *Digesto ou Pandectas do Imperador Justiniano*. São Paulo: YK Editora, 2017. v. 1.

A GARANTIA DO BPC AOS ESTRANGEIROS RESIDENTES E SUAS CONSEQUÊNCIAS À SEGURIDADE SOCIAL

Mariana Rezende Maranhão da Costa

Introdução

O Benefício de Prestação Continuada (BPC) está previsto no Art. 20 da Lei 8.742, de 7 de dezembro de 1993, mais conhecida como Lei Orgânica da Assistência Social (LOAS). É um benefício no valor de um salário-mínimo que está garantido na Constituição Federal às pessoas carentes que são portadoras de deficiência e/ou idosas, a fim de lhes garantir um mínimo existencial. Trata-se de uma das formas encontradas para concretizar a Assistência Social no Brasil, que compõem a Seguridade Social.

Os critérios estabelecidos na LOAS sempre foram bem objetivos, porém em busca de um mínimo de dignidade humana, muitos são os que não se enquadram nos requisitos legais, porém almejam tal benefício. Assim, ao longo dos quase 30 anos de existência, constantes foram as judicializações do BPC, possibilitando ao Supremo Tribunal Federal inúmeras análises do benefício assistencial sob vários prismas.

Dentre os temas mais analisados pelo Judiciário, pode-se considerar que os principais foram aqueles relacionados ao critério da renda estabelecido na lei como pré-requisito para concessão do benefício, porém o objeto de estudo neste capítulo será o RE 587.970 quanto a população assistida, especialmente se é exclusivo de brasileiro ou também extensível a estrangeiro residente no país. Assim, pretende-se neste capítulo analisar a jurisprudência do STF quanto ao Benefício de Prestação Continuada e seus impactos. Porém, diante desta análise, buscar-se-á a compreensão dos efeitos do BPC sobre o comportamento de todos os agentes da sociedade, especialmente no que diz respeito à população assistida, analisando os possíveis impactos que a garantia de um benefício assistencial no valor de um salário-mínimo a determinados grupos da sociedade, pode causar a toda estrutura da Seguridade Social, especialmente à Previdência Social.

A assistência social na Constituição Federal de 1988

Antes de tratar do Benefício de Prestação Continuada, é muito importante compreender no que consiste a Assistência Social brasileira, prevista nos artigos 203 e 204 do texto constitucional. A Assistência é um dos três ramos de atuação da Seguridade Social, juntamente com a saúde e previdência. Sabe-se que a Seguridade Social, enquanto conceito organizador da proteção social no Brasil, é uma das mais relevantes inovações trazidas na Constituição Federal de 1988.

> A Constituição Federal (CF) ampliou a cobertura do sistema previdenciário e flexibilizou o acesso aos benefícios para os trabalhadores rurais, reconheceu a Assistência Social como política pública não contributiva que opera tanto serviços como benefícios monetários, e consolidou a universalização do atendimento à saúde por meio da criação do Sistema Único de Saúde (SUS). Desta forma, a Seguridade Social articulando as políticas de seguro social, assistência social, saúde e seguro-desemprego passa a estar fundada em um conjunto de políticas com vocação universal.
>
> Contudo, mais que a ampliação da abrangência de cada uma das políticas abordadas no âmbito do capítulo da Seguridade Social, a relevância do tratamento constitucional neste campo deve-se ao fato de representar a instauração das bases para um amplo sistema de proteção social no país. De fato, são reconhecidas como objeto de intervenção pública e como campo do direito social, um conjunto de necessidades e provisões cujo atendimento se encontrava anteriormente restrito ao âmbito privado. É neste sentido que se afirmou a garantia do acesso à Assistência Social a todos os que dela necessitarem. Também neste contexto, a proteção social aos idosos, às pessoas com deficiência, aos trabalhadores da agricultura familiar e aos doentes sem acesso à assistência médica previdenciária passou a ser entendida como responsabilidade do Estado e como direito do cidadão[236].

Portanto, trata-se de um conceito estruturante, que consiste num conjunto de políticas sociais para amparar e assistir os cidadãos que se encontram em situações de vulnerabilidade e necessidade, portanto sua principal característica é expressar o esforço de garantia universal da prestação de benefícios e serviços de proteção social pelo Estado.

---

[236] DELGADO, Guilherme; JACCOUD, Luciana; NOGUEIRA, Roberto Passos. *Seguridade Social*: redefinindo o alcance da cidadania. 2010. Disponível em: http://repositorio.ipea.gov.br/bitstream/11058/4347/1/bps_n17_vol01_seguridade_social.pdf. Acesso em: 31 maio 2018. p. 17.

> Com a publicação do Relatório Beveridge, em 1942, Social Security passou a apresentar um significado mais próximo do atual. Tratava-se, de acordo com o relatório, encomendado pelo governo inglês ao renomado economista Sir. William Beveridge, de desenhar uma política de libertação das pessoas da condição pobreza. Este movimento, que desembocou nas reformas sociais inglesas de 1945-1948, também resultou na inscrição da Seguridade Social como um dos direitos fundamentais na Carta dos Direitos Humanos de 1948, por ocasião da fundação das Nações Unidas.
>
> Em 1952, a Organização Internacional do Trabalho (OIT) colocou em vigor a Convenção no 102, que define o termo Seguridade Social e estabelece padrões mínimos a serem cumpridos pelos países ratificantes[237].

Assim, pode-se compreender que a Seguridade estimulou a criação de uma rede de proteção social ampla, cujo objetivo é garantir uma sociedade mais equilibrada socialmente, amparando aos doentes e acidentados no trabalho, assegurando aqueles que não mais podem trabalhar, mas que ainda fazem parte da movimentação da economia, com aposentadorias e assistências, para isto se responsabiliza o Estado, bem como toda a sociedade. Inclusive a atual Lei de Migração brasileira, Lei 13.445/2017, no seu Art. 4º, garante a todos os migrantes, em condição de igualdade com os brasileiros, o acesso a serviços públicos de saúde e de assistência social e à previdência social, sem qualquer discriminação em razão da nacionalidade e da condição migratória.

Uma vez que ainda há uma grande desigualdade no Brasil, especialmente com relação à distribuição da renda, o que é prejudicial inclusive à economia do país e consequentemente ao desenvolvimento, a seguridade tem papel fundamental na manutenção e estrutura do país. Os três institutos: saúde, assistência e previdência, interligam-se na realidade social, e precisam estar regularmente em operação e em harmonia para a efetividade em seu maior grau da seguridade. Estudiosos afirmam que essa rede de proteção social conta tradicionalmente com três pilares:

> i) as políticas universais, financiadas com recursos tributários; ii) as políticas de seguro social, portanto, contributivas; e iii) as políticas de Assistência Social, não contributivas, residuais nos países desenvolvidos, sendo ali suplementares ao seguro. A Seguridade Social é essencialmente inclusiva, no sentido

---

[237] DELGADO; JACCOUD; NOGUEIRA, 2010, p. 22.

de reconhecer o direito dos cidadãos à proteção social com base em outros critérios universalizáveis que não apenas o da capacidade de contribuição individual daqueles que estão formalmente vinculados ao mercado de trabalho[238].

O primeiro pilar das políticas universais tem na Saúde sua concretização; afinal, é um dever do Estado estendido a todos os cidadãos em razão dos princípios que lhe regem, em especial o da universalidade e da igualdade. Deve ser prestada a todos os que a busquem, inclusive as pessoas estrangeiras que se encontrem no país, independentemente de contribuição. As ações nessa área são de responsabilidade principalmente do Sistema Único de Saúde (SUS), criado pela Lei 8.080, de 1990.

Por sua vez, o segundo pilar das políticas contributivas, representa-se pela Previdência Social, que tem por base a ideia de seguro social, que só se dá mediante contribuição dos segurados, com filiação obrigatória, o que configura sua natureza institucional. Portanto, a Previdência tem a finalidade de amparar contingências que venham ocorrer ao longo da vida chamadas de risco social, como: doença, invalidez, acidente de trabalho, desemprego involuntário, gravidez, velhice e até mesmo a morte. Dos três pilares da seguridade social, este é o de maior rentabilidade, até mesmo porque é o único contributivo.

Já o terceiro pilar está na Assistência Social. Merece destacar, que mesmo antes da Constituição Federal de 1988, quando, efetivamente, solidificou-se a Seguridade Social no Brasil, já tinha sido criado em 1974, por meio da Lei 6.179, a base do que hoje é o Benefício de Prestação Continuada, que é a principal forma de atuação da assistência social. Portanto consiste em um ramo de proteção disposta a quem dela necessitar, não exigindo contribuição, mas sim a comprovação da situação de carência financeira. Porém a Lei 6.179/74, na época, instituiu para maiores de 70 anos de idade e para inválidos, o benefício de Renda Mensal Vitalícia no valor de metade do salário-mínimo vigente à época no país.

> A política de Assistência Social, após a promulgação da Carta Constitucional de 1988, elevou-se da antiga condição de ação subsidiária do Estado, de caráter discricionário e compensatório, à condição de política com mesmo grau de importância que as demais políticas de Seguridade, assumindo a condição de direito de todo cidadão. Seu reconhecimento como política pública foi, por si, um avanço expressivo em uma área

---

[238] *Ibidem.*

marcada pela tradição das iniciativas privadas e autônomas com cunho caritativo e filantrópico. Também representou um marco histórico a sua dissociação da Previdência Social e sua afirmação como campo específico da política social[239].

Atualmente, a assistência tem como papel a proteção à maternidade, à infância, à adolescência e à velhice, inclusive por meio da concessão de benefícios assistenciais, no valor de um salário-mínimo, após a Constituição de 1988, às pessoas com deficiência e a idosos hipossuficientes maiores de 65 anos de idade.

A existência de uma rede de proteção social é uma conquista do processo civilizatório. Entre as atribuições que cabem ao Estado, no primeiro capítulo de qualquer manual de finanças públicas, por mais liberal que seja, constam os objetivos de zelar pela defesa nacional, cuidar da justiça e segurança, prover educação e saúde, e amparar os despossuídos. Há na maioria dos seres humanos uma consciência solidária que justifica que aqueles a quem a vida deu melhores possibilidades paguem, com parcela dos seus impostos, a sustentação daqueles para quem o destino acabou não sorrindo. No fundo, é essa consciência solidária a origem de benefício assistencial. Sociedades que deixam os seus idosos desamparados são sociedades marcadas pelo individualismo. O assistencialismo – para com os idosos e os desemparados em geral, é um bem e, como política pública deve ser mantido[240].

Essa política pública assistencial para com os idosos e deficientes, que não exige qualquer contribuição prévia, como acontece no sistema de previdência social, está regulamentada na Lei Orgânica de Assistência Social. Os critérios objetivos do benefício, estabelecidos pelo Legislativo Federal, estão previstos na Lei 8.742/93 (LOAS) e são considerados pelo Executivo como pré-requisitos rígidos para implementação do Benefício de Prestação Continuada, motivo pelo qual constantes são, e até mesmo crescentes, as ações judiciais discutindo aspectos constitucionais sobre essa garantia ao mínimo existencial pelo Estado brasileiro.

O benefício de prestação continuada e seus requisitos legais

O Benefício de Prestação Continuada, embora tenha sido criado em 1988, somente foi regulamentado pelo artigo 20 da Lei 8.742/93, pela LOAS (Lei Orgânica da Assistência Social). Essa lei, cinco anos após a promulgação

---

[239] DELGADO; JACCOUD; NOGUEIRA, 2010, p. 25.

[240] GIAMBIAGI, Fábio. *Reforma da previdência*: o encontro marcado. 2ª reimp. Rio de Janeiro: Elsevier, 2007. p. 157.

da Constituição Federal, veio formalizar como se consumaria o disposto no Art. 203, V, que assegura uma renda mensal de cidadania a todos os idosos e pessoas com deficiência em situação de pobreza:

> Art. 203. A assistência social será prestada a quem dela necessitar, independentemente de contribuição à seguridade social, e tem por objetivos:
> [...]
> V - a garantia de um salário mínimo de benefício mensal à pessoa portadora de deficiência e ao idoso que comprovem não possuir meios de prover à própria manutenção ou de tê-la provida por sua família, conforme dispuser a lei[241].

Como se observa, a Constituição de 1988 passou a garantir um salário-mínimo, não mais somente metade do salário-mínimo como era previsto no benefício da Renda Mensal Vitalícia de 1974. Assim, a Lei 8.742/1993 veio para estabelecer as novas regras de como se daria a assistência social no Brasil, tanto é que, logo no Art. 1º, estabelece que:

> Art. 1º A assistência social, direito do cidadão e dever do Estado, é Política de Seguridade Social não contributiva, que provê os mínimos sociais, realizada através de um conjunto integrado de ações de iniciativa pública e da sociedade, para garantir o atendimento às necessidades básicas.[242]

Neste primeiro artigo da LOAS, restringiu-se a assistência social no Brasil somente aos cidadãos brasileiros, base de toda a discussão do RE 587.970 pelo STF, pois o INSS entendia que o benefício assistencial não poderia ser pago ao estrangeiro residente no território, porque não era considerado como cidadão. Em seguida, no artigo 20 da Lei 8.742/1993, que se trouxe os requisitos específicos do Benefício de Prestação Continuada. Na redação original do artigo, garantia o benefício de prestação continuada de um salário-mínimo mensal apenas à pessoa portadora de deficiência, que era aquela incapacitada para vida independente e para o trabalho; ou ao idoso com 70 anos ou mais e que comprove não possuir meios de prover a própria manutenção e nem de tê-la provida por sua família.

---

[241] BRASIL. [Constituição (1988)]. *Constituição da República Federativa do Brasil*. Brasília: Presidência da República. Disponível em: http://www.planalto.gov.br/ccivil_03/constituicao/constituicao.htm. Acesso em: 20 set. 2020.

[242] BRASIL. Lei 8.742/93, de 7 de dezembro de 1993. Dispõe sobre a organização da Assistência Social e dá outras providências. Brasília: Presidência da República, 1993. Disponível em: http://www.planalto.gov.br/CCivil_03/leis/L8742.htm. Acesso em: 20 set. 2020.

Em 1993, entendia-se por família a unidade mononuclear, que vivia sob o mesmo teto, cuja economia era mantida pela contribuição de seus integrantes. Quanto ao critério de impossibilidade de prover a própria manutenção ou familiar, a Lei estabelecia no parágrafo terceiro do Art. 20 que se considera "incapaz de prover a manutenção da pessoa portadora de deficiência ou idosa a família cuja renda mensal per capita seja inferior a 1/4 (um quarto) do salário-mínimo"[243].

> Apesar de aprovada em 1993, a LOAS passou a vigorar somente em 1996. Nesse ano, cerca de 42 mil idosos foram beneficiados por recursos da LOAS [...]. A partir desse ano, como era de se esperar, o número de pessoas beneficiadas aumentou de maneira intensa[244].

Uma das causas da ampliação no acesso ao Benefício de Prestação Continuada (BPC) se dá em razão de que, em 1998, por meio da Lei 9.720, o limite de idade para recebimento da LOAS reduziu para 67 anos de idade, mantendo os demais critérios da deficiência e renda.

> A LOAS tem por objetivo evitar que trabalhadores pobres, que não contribuíram para a previdência social durante sua vida ativa – seja porque, em decorrência de seus baixos salários, têm uma taxa de desconto do tempo muito elevada privilegiando o consumo presente, seja devido à incapacidade de obter emprego permanente ao longo de sua vida útil –, não fiquem totalmente desprotegidos quando perdem a capacidade de trabalho ao atingir a velhice. Caberia ao Estado prover alguma proteção mínima a esses trabalhadores[245].

Assim, mais uma vez preocupado em alcançar uma maior quantidade de pessoas desprotegidas pela sociedade, o legislador, em 2003, reduziu por sua vez ainda mais o limite etário, para os atuais 65 anos de idade, mesmo critério utilizado na aposentadoria por idade do homem urbano. Essa alteração se deu com a Lei 10.741, de 1º outubro de 2003, mais conhecida como Estatuto do Idoso, em que se estabeleceu no Art. 34:

---

[243] BRASIL. *Lei 8.742/93, de 7 de dezembro de 1993.* Dispõe sobre a organização da Assistência Social e dá outras providências. Brasília: Presidência da República, 1993. Disponível em: http://www.planalto.gov.br/CCivil_03/leis/L8742.htm. Acesso em: 20 set. 2020.

[244] CAMARGO, José Marcio; REIS, Maurício Cortez. *Lei Orgânica da Assistência Social:* incentivando a informalidade. 2007. Disponível em: http://www.ipea.gov.br/agencia/images/stories/PDFs/livros/Arq15_Cap07Leorganica__21.pdf. Acesso em: 1 jun. 2018. p. 262.

[245] CAMARGO; REIS, 2007, p. 263.

> Aos idosos, a partir de 65 (sessenta e cinco) anos, que não possuam meios para prover sua subsistência, nem de tê-la provida por sua família, é assegurado o benefício mensal de 1 (um) salário-mínimo, nos termos da Lei Orgânica da Assistência Social – Loas[246].

Inclusive merece destacar que este critério de 65 anos estabelecido pelo Estatuto do Idoso é superior ao que se conceitua atualmente como idoso no Brasil. Afinal, nos termos do próprio Estatuto, idosos são as pessoas com idade igual ou superior a 60 anos. Porém este critério de 65 anos estabelecido para o Benefício de Prestação Continuada foi ratificado pela Lei 12.435 de 2011, que atualizou a Lei Orgânica da Assistência Social.

Nessa lei de 2011, que alterou a LOAS, o Benefício de Prestação Continuada tornou-se devido aos idosos maiores de 65 anos de idade, independentemente do sexo, e aos deficientes, no valor de um salário-mínimo, quando a pessoa necessitada for considerada incapaz de prover a manutenção, para tanto a renda mensal familiar, per capita, da pessoa com deficiência ou idosa deve ser inferior a 1/4 (um quarto) do salário-mínimo. Sendo que nos termos do §1º,

> [...] a família é composta pelo requerente, o cônjuge ou companheiro, os pais e, na ausência de um deles, a madrasta ou o padrasto, os irmãos solteiros, os filhos e enteados solteiros e os menores tutelados, desde que vivam sob o mesmo teto[247].

Ressalta-se que o §5º dispõe que a condição de acolhimento em instituições de longa permanência, como asilos, clínicas de repouso ou hospital, não prejudicará o direito do idoso ou da pessoa com deficiência ao recebimento do benefício de prestação continuada.

Dessa forma, para pleitear junto ao INSS o benefício assistencial, é necessária a inscrição no Cadastro de Pessoas Físicas (CPF) e no Cadastro Único para Programas Sociais do Governo Federal (Cadastro Único), nos termos do §12º do Art. 20, e poderá ser em duas espécies: do idoso maior de 65 anos de idade (código 88 no INSS), em que o requisito etário é facilmente comprovável por qualquer documento de identidade, em que

---

[246] BRASIL. *Lei 10.741/03, de 1º de outubro de 2003.* Dispõe sobre o Estatuto da Pessoa Idosa e dá outras providências. Brasília: Presidência da República, 2003. Disponível em: http://www.planalto.gov.br/ccivil_03/leis/2003/l10.741. htm. Acesso em: 20 set. 2020.

[247] BRASIL. *Lei 12.435/11, de 6 de julho de 2011.* Altera a Lei n.º 8.742, de 7 de dezembro de 1993, que dispõe sobre a organização da Assistência Social. Brasília: Presidência da República, 2011. Disponível em: http://www.planalto. gov.br/ccivil_03/_ato2011-2014/2011/lei/l12435.htm. Acesso em: 20 set. 2020.

conste a data de nascimento; ou poderá ser também na espécie do deficiente (código 87 no INSS), sendo que este último critério, do que seja pessoa com deficiência para o Benefício de Prestação Continuada, foi alterado pelo Estatuto da Pessoa com Deficiência (Lei Brasileira de Inclusão da Pessoa com Deficiência – Lei 13.146, de 6 de julho de 2015), estabeleceu-se no §2º do artigo 20 da LOAS que:

> §2º Para efeito de concessão do benefício de prestação continuada, considera-se pessoa com deficiência aquela que tem impedimento de longo prazo de natureza física, mental, intelectual ou sensorial, o qual, em interação com uma ou mais barreiras, pode obstruir sua participação plena e efetiva na sociedade em igualdade de condições com as demais pessoas[248].

Nesse sentido, somente por meio de avaliação médica e avaliação social do Instituto Nacional do Seguro Social (INSS), que se verifica a deficiência e o grau de impedimento, como dispõe o §6º do Art. 20 da LOAS. Caso as avaliações não possam ser realizadas no município de residência do requerente do benefício, lhe é assegurado nos termos do §7º, o encaminhamento ao município mais próximo que tenha tal estrutura a fim de possibilitar as avaliações.

Inclusive merece destacar que o §10 do mesmo Art. 20 prevê que se considera como impedimento de longo prazo, aquele que produza efeitos pelo prazo mínimo de dois anos. Nesse sentido, inclusive, o afastamento para tratamento de algumas doenças como o câncer, pode ser enquadrado nessas situações para concessão de benefício assistencial ao deficiente. Assim, a pessoa doente poderá receber o benefício assistencial enquanto perdurar as causas do impedimento, tanto é que o Art. 21 da LOAS deixa claro que o benefício de prestação continuada é temporário e deverá ser revisto a cada dois anos para novas avaliações da continuidade das condições que lhe deram origem.

Porém, seja na espécie do BPC do idoso ou do deficiente, ambos têm o critério cumulativo da renda a cumprir, que recentemente no ano de 2021, após as discussões durante à pandemia do Covid-19 (MP 1.023/2020 e Lei 13.982/2020), confirmou pela lei 14.176/2021 que:

---

[248] BRASIL. *Lei 13.146/15, de 6 de julho de 2015.* Institui a Lei Brasileira de Inclusão da Pessoa com Deficiência (Estatuto da Pessoa com Deficiência). Brasília: Presidência da República, 2015. Disponível em: http://www. planalto.gov.br/ccivil_03/_ato2015-2018/2015/lei/l13146.htm. Acesso em: 20 set. 2020.

> Observados os demais critérios de elegibilidade definidos nesta Lei, terão direito ao benefício financeiro de que trata o caput deste artigo a pessoa com deficiência ou a pessoa idosa com renda familiar mensal per capita igual ou inferior a 1/4 (um quarto) do salário-mínimo.

Por essa nova redação da Lei de 2021, entende-se que este critério de renda inferior ao ¼ do salário-mínimo per capita, tornou-se a regra definitiva, somente foi relativizada enquanto perdurou o estado de calamidade pública causado pela pandemia do Covid-19. A manutenção desse critério objetivo da renda já foi amplamente discutido no STF nos Recursos Extraordinários (REs) 567985[249] e 580963[250], ambos com repercussão geral, bem como na Reclamação (RCL) 4374[251], inclusive, em 2013, foi considerado defasado para caracterizar a situação de miserabilidade. Porém o Plenário não pronunciou a nulidade das regras. Entenderam que os critérios objetivos preestabelecidos não poderiam ser mais aplicados, em razão de processo de inconstitucionalização dos critérios definidos pela Lei 8.742/1993, em razão de outras leis publicadas no Brasil que estabeleceram critérios mais elásticos para a concessão de outros benefícios assistenciais.

As decisões do Supremo Tribunal Federal sugeriram que o critério objetivo da renda familiar per capita estabelecido pela LOAS fosse transponível pela análise subjetiva em que se avalia o real estado de miserabilidade social das famílias com entes idosos ou deficientes. Assim, reconheceu-se a ocorrência do processo de inconstitucionalização decorrente de notórias mudanças fáticas (políticas, econômicas e sociais) e jurídicas (sucessivas modificações legislativas dos patamares econômicos utilizados como critérios de concessão de outros benefícios assistenciais por parte do Estado brasileiro). Portanto foi declarada a inconstitucionalidade parcial nos Recursos Extraordinários, sem pronúncia de nulidade, do critério de renda inferior a ¼ de salário-mínimo. Porém percebe-se pelas novas legislações do ano de 2021, que os critérios não foram ainda alterados pela lei, tornando-se necessário ainda buscar a sua relativização no Poder Judiciário.

---

[249] BRASIL. Supremo Tribunal Federal. *Recurso Extraordinário 567985/MT*. Relator: Ministro Marco Aurélio. Julgamento em 18 de abril de 2013. Disponível em: http://redir.stf.jus.br/paginadorpub/paginador.jsp?docTP=TP&docID=4614447. Acesso em: 22 set. 2020.

[250] BRASIL. Supremo Tribunal Federal. *Recurso Extraordinário 580963/PR*. Relator: Ministro Gilmar Mendes. Julgamento em 18 de abril de 2013. Disponível em: http://redir.stf.jus.br/paginadorpub/paginador.jsp?docTP=TP&docID=4864062. Acesso em: 22 set. 2020.

[251] BRASIL. Supremo Tribunal Federal. *Reclamação 4374/PE*. Relator: Ministro Gilmar Mendes. Julgamento em 18 de abril de 2013. Disponível em: http://redir.stf.jus.br/paginadorpub/paginador.jsp?docTP=TP&docID=4439489. Acesso em: 22 set. 2020.

Essa renda familiar deve ser declarada pelo Requerente ou pelo seu representante legal, nos termos do Art. 20 §8º da LOAS. Esse critério é a prova da condição de miserabilidade que sobrevive a família avaliada, tanto é que, nos termos do §11, também incluído pelo Estatuto do Deficiente (Lei 13.146/2015), outros elementos que comprovem a condição de miserabilidade do grupo familiar e da situação de vulnerabilidade poderão ser utilizados para a concessão do benefício.

Lembrando que nos termos do §4º, o BPC não pode ser acumulado com qualquer outro benefício no âmbito da seguridade social ou de outro regime, salvo os da assistência médica e da pensão especial de natureza indenizatória. No entanto, merece destacar algumas questões relativas ao polêmico critério de renda estabelecido e suas exceções, a primeira prevista na própria Lei, no §9º do Art. 20, que excluiu os rendimentos decorrentes de estágio supervisionado e de aprendizagem para os fins de cálculo da renda familiar per capita.

Já a segunda exceção estava prevista incialmente somente no Estatuto do Idoso, no parágrafo único do Art. 34, possibilitando que dois idosos da mesma família, que vivem sob o mesmo teto, recebam ambos o Benefício de Prestação Continuada, nestes termos: "O benefício já concedido a qualquer membro da família nos termos do caput não será computado para os fins do cálculo da renda familiar per capita a que se refere a Loas"[252]. Assim, com essa benesse legislativa, seria perfeitamente possível um casal cumular o Benefício Prestação Continuada no valor de um salário-mínimo para cada. Nesse mesmo sentido, a Lei 13.982/2020 incluiu mais dois parágrafos finais no Art. 20 da Lei 8.742/93, que dispõe:

> § 14. O benefício de prestação continuada ou o benefício previdenciário no valor de até 1 (um) salário-mínimo concedido a idoso acima de 65 (sessenta e cinco) anos de idade ou pessoa com deficiência não será computado, para fins de concessão do benefício de prestação continuada a outro idoso ou pessoa com deficiência da mesma família, no cálculo da renda a que se refere o § 3º deste artigo.
> § 15. O benefício de prestação continuada será devido a mais de um membro da mesma família enquanto atendidos os requisitos exigidos nesta Lei[253].

---

[252] BRASIL. *Lei 10.741/03, de 1º de outubro de 2003.* Dispõe sobre o Estatuto da Pessoa Idosa e dá outras providências. Brasília: Presidência da República, 2003. Disponível em: http://www.planalto.gov.br/ccivil_03/leis/2003/l10.741. htm. Acesso em: 20 set. 2020.

[253] BRASIL, 2003b.

Dessa forma, percebe-se, ao longo dos anos de existência do BPC, que muitas foram as mudanças legislativas ocorridas, ampliando o alcance da proteção das pessoas idosas e as pessoas com deficiência em face de vulnerabilidades agravadas pela insuficiência de renda. No entanto, quanto à temática da renda mínima para fazer jus ao benefício, ainda se tem muitas discussões, pois infelizmente as últimas alterações legislativas da Lei 8.742/93 não acompanharam os entendimentos do Supremo Tribunal Federal, que vem atuando de forma contundente em busca de ampliar o sustento à população brasileira, favorecendo o acesso a políticas, programas e serviços de assistência social, bem como a superação das desvantagens sociais enfrentadas e a conquista de sua autonomia por meio da prestação assistencial deferida pelo Estado, assegurando o mínimo de dignidade aos deficientes e/ou idosos.

A garantia do BPC aos estrangeiros residentes pelo STF

Nesse sentido da atuação incisiva da Suprema Corte Constitucional brasileira, em busca de ampliar o sustento à população não apenas brasileira, mas a todos aqueles que residem no território nacional, merece analisar o entendimento do pleno no Recurso Extraordinário n.º 587.970, julgado em abril de 2017. Esse recurso foi protocolado pelo Instituto Nacional de Seguro Social (INSS), visto que tinha sido condenado pela Primeira Turma Recursal do Juizado Especial Federal da 3ª Região a conceder para uma italiana, portanto estrangeira residente no Brasil há mais de 54 anos, o Benefício de Prestação Continuada.

Os argumentos recursais foram protocolados no Supremo em 29 de maio de 2009 questionando a necessidade de garantir a isonomia na concessão do benefício assistencial, especialmente pelo fato de a Lei Orgânica de Assistência Social afirmar que a assistência social no Brasil é direito do cidadão, sustentando inexistir idêntica situação fática entre nacionais e estrangeiros, tanto é que está expressa a extensão do benefício aos portugueses residentes no Brasil. Também, argumentou-se no recurso que o nível de desenvolvimento econômico é insuficiente para custear o benefício para todos residentes no país, sejam brasileiros ou estrangeiros.

Em 26 de junho de 2009, foi reconhecida a repercussão geral da questão veiculada no recurso pelo "Plenário Virtual". Logo ao ser encaminhado para o procurador-geral da República, em primeiro momento, opinou-se pelo provimento do extraordinário, pois a Constituição Federal não é autoaplicável, portanto depende de legislação ordinária para estabelecer os critérios e requisitos para a obtenção do benefício de prestação continuada, sendo que o artigo 1º da Lei n.º 8.742/1993 estabelece que a assistência social é direito do cidadão brasileiro, não alcançando os estrangeiros aqui residentes. Também argumentou que os tratados internacionais firmados não incluíam a Assistência Social, somente a Previdência.

O relator do RE n.º 587.970 foi o Ministro Marco Aurélio, que reconheceu se tratar de processo relevante, pois iria definir se a nacionalidade brasileira era considerada requisito para a concessão do benefício assistencial previsto no Art. 203, inciso V, da Constituição Federal. Inclusive no voto, o relator em vários momentos faz referência ao entendimento do STF quanto aos processos relativos ao BPC quanto à renda, anteriormente estudados no tópico anterior. Afirma que compete ao Supremo Tribunal o papel de último intérprete da Constituição, para resguardar a integridade da Lei Fundamental, diante da tensão existente, quando há conflito entre a normatividade constitucional, a infraconstitucional e os fatos inerentes ao fenômeno jurídico.

> Como, então, deve ser percebida a cláusula constitucional "a assistência social será prestada a quem dela necessitar"? O objetivo do constituinte foi único: conferir proteção àqueles incapazes de garantir a subsistência. Os preceitos envolvidos, como já asseverado, são os relativos à dignidade humana, à solidariedade social, à erradicação da pobreza e à assistência aos desamparados[254].

Reconheceu-se que o Brasil é um país formado por imigrantes, ou seja, a presença do estrangeiro sempre foi incentivada e tolerada no território. Portanto não seria coerente diferenciar tão somente pela nacionalidade o direito ao recebimento do benefício assistencial, especialmente quando o que se está cheque é a dignidade da pessoa humana, diante de momentos de fragilidade, seja a idade avançada, maior de 65 anos, ou algum tipo de deficiência, que são os critérios para o Benefício de Prestação Continuada.

---

[254] BRASIL. Supremo Tribunal Federal. *Recurso Extraordinário 587.970/SP*. Relator: Ministro Marco Aurélio. Julgamento em 20 de abril de 2017. Disponível em: http://redir.stf.jus.br/estfvisualizadorpub/jsp/consultarprocessoeletronico/ConsultarProcessoEletronico.jsf?seqobjetoincidente=2621386. Acesso em: 22 set. 2020.

Ao tratar sobre os argumentos orçamentários, o ministro relator entendeu que, embora seja peça importante, não pode ser considerada de forma absoluta. Especialmente porque não restou comprovada a insuficiência financeira nem mesmo o impacto para os cofres públicos do atendimento aos estrangeiros, juntamente com os brasileiros natos e naturalizados, até mesmo porque a quantidade é presumida dos estrangeiros residentes que precisarão do benefício assistencial. Assim, durante a sessão de julgamento, o então pocurador-geral da República, Dr. Rodrigo Janot, alterou o entendimento do Ministério Público Federal sobre o caso, alterando o parecer pelo desprovimento do recurso do INSS, para concordar com a concessão do benefício assistencial à estrangeira, de nacionalidade italiana, que residia no Brasil há mais de cinco décadas, inclusive com filhos brasileiros e que cumpria todos os requisitos etários e socioeconômicos estabelecidos na Lei 8.742/93 para a concessão do BPC.

No julgamento do plenário, em abril de 2017, entendeu-se que o critério constitucional aplicável ao benefício assistencial do Art. 203, V, da Constituição, foi o de territorialidade, e não o critério de nacionalidade, pois deve prevalecer a solidariedade e a universalidade nesse momento. Afinal, uma das bases da República Federativa do Brasil é justamente construir uma sociedade livre, justa e solidária. Garantiu-se a todo aquele que está em território nacional e aqui fixou residência, seja brasileiro nato ou naturalizado, até mesmo o estrangeiro residente regularmente no país, tem direito ao Benefício de Prestação Continuada.

Dessa forma, por unanimidade dos oito presentes que participaram da sessão de julgamento, pois três dos ministros do STF estavam ausentes de forma justificada, acompanharam o relator para entender e firmar a tese de que "Os estrangeiros residentes no País são beneficiários da assistência social prevista no artigo 203, inciso V, da Constituição Federal, uma vez atendidos os requisitos constitucionais e legais"[255]. Afinal, não há na Constituição Brasileira qualquer vedação ou restrição do benefício somente aos cidadãos brasileiros, ao contrário, é cláusula pétrea brasileira, de que todos são iguais perante a lei, sem distinção de qualquer natureza, garantindo-se aos brasileiros e aos estrangeiros os mesmos direitos em sua maioria. Só poderia não ser assim se a Lei Maior tivesse previsto a restrição. Afinal,

---

[255]   BRASIL. Supremo Tribunal Federal. *Recurso Extraordinário 587.970/SP*. Relator: Ministro Marco Aurélio. Julgamento em 20 de abril de 2017. Disponível em: http://redir.stf.jus.br/estfvisualizadorpub/jsp/consultarprocessoeletronico/ConsultarProcessoEletronico.jsf?seqobjetoincidente=2621386. Acesso em: 22 set. 2020.

DEMOCRACIA, JUSTIÇA E CIDADANIA:
DESAFIOS E PERSPECTIVAS. UMA HOMENAGEM À PROFESSORA DOUTORA MARIA GARCIA

cabe à legislação ordinária apenas definir os critérios para aferição da insuficiência de recursos, não sendo lícito limitar o benefício em razão da nacionalidade, nos termos pretendidos pela Autarquia Previdenciária, que também é responsável pelo processamento e pagamento do Benefício de Prestação Continuada.

Assim, houve clara ampliação pelo Supremo da população assistida pelo Benefício de Prestação Continuada em 2017, poucos dias antes da publicação da Lei de Migração, na qual o acesso à Assistência Social a todos os migrantes estaria previsto, inclusive, a lei de migração, mesmo antes de sua publicação, foi citada pelos ministros nos votos. A Lei 13.445/2017, no mesmo sentido do julgamento do Recurso Extraordinário n.º 587.970 pelo STF garante aos migrantes o acesso a diversos serviços públicos, entre eles a assistência social, sem discriminação em razão da nacionalidade e da condição migratória.

As consequências da garantia da assistência social aos estrangeiros e seus impactos no orçamento da seguridade social

Como amplamente demonstrado, desde 1993, ao longo dos anos de existência do Benefício de Prestação Continuada, previsto no artigo 20 da LOAS, os critérios legais para a concessão do benefício assistencial foram flexibilizados e relativizados, especialmente em virtude de decisões judiciais do Supremo, situação que merece atenção especial pela Análise Econômica do Direito (AED). Afinal, a AED estuda justamente as consequências das normas, assumindo que os indivíduos são racionais em suas interações sociais em um mundo de recursos escassos.

A primeira alteração do critério, que merece ser analisada, é inclusive anterior à LOAS de 1993, pois foi oriunda da própria Constituição Federal de 1988, ao garantir no inciso V do Art. 203, o benefício assistencial devido no valor de um salário-mínimo à pessoa portadora de deficiência e ao idoso. Pois antes, pela Lei de 1974, o benefício da Renda Mensal Vitalícia era de meio salário-mínimo. Assim, com a majoração do valor do benefício assistencial, igualando ao piso salarial dos trabalhadores da ativa, traz severas preocupações, especialmente em relação à Previdência Social, único dos ramos contributivos da Seguridade Social como destacado:

> Apesar de seus nobres objetivos, a possibilidade de que um trabalhador, sem ter realizado qualquer contribuição para a previdência social, venha a ganhar pensão de 1 SM mensal, correspondente ao piso salarial dos trabalhadores que estão na vida ativa, pode ter um efeito colateral preocupante para

> o equilíbrio financeiro da previdência. Isto porque poderá criar um incentivo para que os trabalhadores da ativa, cuja remuneração seja próxima do valor do SM, decidam não contribuir para a previdência social, pois, mesmo que não o façam, terão direito à pensão concedida pela LOAS[256].

Outra mutação dos critérios do BPC que merece muita atenção é justamente o etário, pois quando publicada em 1993, o benefício assistencial era devido para os maiores de 70 anos, da mesma forma que acontecia com o benefício da Renda Mensal Vitalícia de 1974. Porém esse critério etário já passou por duas reduções, apesar da crescente expectativa de vida do brasileiro, da mesma forma que acontece globalmente, em 1998, tornou-se devido para os maiores de 67 anos; sendo que, desde 2003, como previsto pelo Estatuto do Idoso, o benefício assistencial é garantido aos maiores de 65 anos de idade.

Diante desse critério etário de 65 anos de idade, mais uma vez verifica-se juntamente com o valor de um salário-mínimo, uma consequência muito prejudicial ao sistema do Regime Geral de Previdência Social, previsto no Art. 201 da Constituição Federal, um dos ramos da Seguridade Social. Pois, ao se igualar os critérios da aposentadoria por idade ao homem urbano, que também é devida aos 65 anos de idade, portanto, o trabalhador de qualquer nacionalidade, brasileiro ou estrangeiro, não tem nenhuma estrutura de incentivos em contribuir à Previdência face a Assistência, pois os benefícios devidos são bem semelhantes, tanto quanto aos critérios do valor de um salário-mínimo como a idade de 65 anos.

Tal situação de desestímulo à Previdência Social já foi notada pelo governo, pois inclusive na última Proposta de Emenda à Constituição apresentada pelo governo federal em 20 de fevereiro de 2019, numerada como PEC 06/2019[257], pretendia-se corrigir a situação, reduzindo o valor do Benefício de Prestação Continuada para o idoso em meio salário-mínimo, sendo que somente aos 70 anos teria o direito ao recebimento mensal de um salário-mínimo. No entanto, as deliberações e votações do Congresso Nacional rejeitaram todas as propostas de alteração do benefício assistencial, reformando apenas a Previdência Social ao concluírem a EC 103/19.

Assim, tendo sido mantido o BPC, importante ressaltar que tal regra influencia a conduta das pessoas, seus comportamentos durante seus perío-

---

[256] CAMARGO; REIS, 2007, p. 263.

[257] BRASIL. *Proposta de Emenda à Constituição 06/2019*. Modifica o sistema de previdência social, estabelece regras de transição e disposições transitórias, e dá outras providências. 2019b. Disponível em: https://www.camara. leg.br/proposicoesWeb/fichadetramitacao?idProposicao=2192459. Acesso em: 20 set. 2020.

dos contributivos de forma autônoma ou em atividade laboral, pois gera incentivos, sejam positivos ou negativos. Nesse sentido, um agente racional realizará uma conduta apenas se o benefício esperado superar o custo esperado, afinal, as pessoas são racionais e elas respondem a incentivos. Tanto é que no RE 587.970 concedeu o benefício assistencial a uma italiana, estrangeira residente no Brasil há mais de 50 anos. Se chegou a este ponto, de ela esperar seus 65 anos para requerer o BPC, significa que ela não foi incentivada positivamente a contribuir para a Previdência Social ao longo das cinco décadas que já residia no Brasil.

> A questão pode ser colocada da seguinte forma: um trabalhador que contribui com 7,56% do seu salário todo mês por 35 anos tem direito a uma aposentadoria correspondente ao salário na ativa, desde que esse seja igual ou inferior a 8 SMs. Com a introdução da LOAS o trabalhador que optar por não contribuir durante toda a vida pode requerer o benefício de 1 SM quando completar 65 anos. Mesmo para trabalhadores que recebem mais de 1 SM, a segunda alternativa poderá muitas vezes ser mais interessante, do ponto de vista puramente financeiro, a não ser que a taxa de juros seja muito baixa (pelo menos para os padrões brasileiros) ou a expectativa de vida muito alta.
>
> Se a hipótese acima for correta, a LOAS afetaria negativamente o equilíbrio financeiro da previdência e assistência social tanto pelo lado dos gastos quanto da arrecadação. De um lado, a lei leva a um aumento dos gastos públicos com o pagamento dos benefícios; de outro, os incentivos adversos criados pela LOAS contribuiriam para o aumento do grau de informalidade no mercado de trabalho brasileiro na medida em que reduziriam os benefícios da formalização sem reduzir seus custos. O resultado seria uma diminuição da receita governamental não apenas da previdência social, mas também dos outros impostos sobre a folha de pagamento. Esse impacto sobre a contribuição previdenciária deve ser maior no caso dos trabalhadores por conta própria, que têm mais liberdade para optar pela contribuição, particularmente aqueles com renda mais baixa, para os quais se espera que os benefícios da LOAS sejam mais importantes[258].

Por fim, o último critério que deve ser analisado com cautela é justamente a jurisprudência do Supremo Tribunal Federal, que flexibilizou o último critério que era rígido e objetivo na concessão do Benefício de

---

[258] CAMARGO; REIS, 2007, p. 264.

Prestação Continuada, justamente o critério da miserabilidade, qual seja ter renda familiar per capita inferior a ¼ de salário-mínimo. Percebe-se que, com essa flexibilização da renda familiar, o Judiciário está estendendo de forma ampla, irrestrita e generosa uma política pública, porém as atuais alterações legislativas ainda resistem, mantendo o critério de renda per capita da família, inferior a ¼ de salário-mínimo.

Tal resistência dos Poderes Legislativo e Executivo, ao se adequar a flexibilização do critério da renda familiar orientada pelo judiciário, dá-se porque, com tal alteração, estimular-se-á, privilegiando e ampliando ainda mais o acesso ao benefício assistencial, que não tem a contrapartida da contribuição direta e individualizada como na Previdência. Situação que desestimula o comportamento dos agentes para adesão ao sistema previdenciário, o que inclusive poderia melhorar a arrecadação do orçamento da Seguridade Social.

Percebe-se que, pela Análise Econômica do Direito, as alterações do BPC nas últimas duas décadas não são racionais, pois está se garantindo semelhante estrutura de incentivos para o assistido e o precavido. Em resumo, trata-se de uma política pública às avessas, com consequências nefastas ao sistema da Seguridade Social, afinal, privilegia-se aquele que não contribuiu e receberá favor assistencial sem prévio custeio, face ao trabalhador que contribuiu e se esforçou ao longo de muitos anos para ter direito a benefícios previdenciários semelhantes.

Além de que, no Brasil, são constantes as notícias publicadas pela mídia para desacreditar a Previdência, afinal muito se divulga sobre o *deficit* da Previdência Social brasileira, apontando para a população uma situação catastrófica, que precisa de reformas para tentar melhorar o colapso do INSS. Situação que acaba por desestimular ainda mais as contribuições previdenciárias. Afinal, formam a "opinião pública" de que a Previdência está quebrada, apresentando dados de um orçamento somente da Previdência, no entanto a Constituição, no Art. 165, afirma que há um orçamento da Seguridade Social, ou seja, o mesmo que serve para sustentar todo o tripé, entre estes, a Assistência Social.

Assim, a imprensa sob o argumento de ser o quarto poder[259], incumbindo-lhe a missão de fornecer informações e dizer a verdade dos fatos, acaba por formar uma opinião pública manipulada[260], distante da realidade dos fatos. Tal porta-voz da verdade revelada acaba impactando todo o sistema

---

[259] ARENDT, Hannah. *Entre o Passado e o Futuro*. São Paulo: Perspectiva, 2016.

[260] SARTORI, Giovanni. *Homo videns*: televisão e pós pensamento. Bauru: Edusc, 2001.

da Seguridade Social, visto que, como destacado, a Previdência Social é a única política pública do tripé que é contributiva, portanto muito importante ter políticas de incentivos de forma positiva, a fim de incrementar a arrecadação, o que não tem ocorrido nos últimos anos, especialmente ao se ampliar constantemente o acesso à Assistência Social no Brasil, tornando-se mais vantajoso usufruir do Benefício de Prestação Continuada do que se esforçar para contribuir e esperar por um benefício previdenciário.

Considerações finais

Por toda análise realizada do Benefício de Prestação Continuada, percebe-se uma situação preocupante ao Sistema de Seguridade Social. As alterações da LOAS, desde 1993, quando garantiu a concessão de um benefício assistencial no valor de um salário-mínimo, especialmente após 2003, em que se reduziu a idade para 65 anos, ou seja, a mesma idade exigida para a aposentadoria por idade, criou um incentivo para que determinados grupos de trabalhadores não tenham mais motivos para contribuir com a Previdência Social. Ou seja, pode-se afirmar que a garantia do Benefício de Prestação Continuada é um incentivo à informalidade, pois garante, sem qualquer contribuição, o valor de um salário-mínimo. Este mesmo montante é pago a 70% dos aposentados do Regime Geral de Previdência Social brasileiro, depois de longos anos de esforço contributivo, especialmente após a Reforma da Previdência do ano de 2019[261]. Além disso, este número tende a aumentar, pois mudou-se a forma de cálculo das aposentadorias, dificultando ainda mais o cálculo do benefício com 100% da renda mensal inicial.

Inclusive, já foram feitos estudos com evidências empíricas[262] que demonstram que, em razão do Benefício de Prestação Continuada garantido pela LOAS, grupo de trabalhadores com nível educacional baixo, deixaram de contribuir para a Previdência Social. Os estudos demonstram que os gastos com a LOAS têm apresentado crescimento bem mais acentuado do que os gastos com aposentadorias do INSS, prejudicando ainda mais as contas do governo no que diz respeito a orçamento da Seguridade Social, tão divulgadas pela imprensa nos últimos anos, em razão dos alegados *deficit*

---

[261] BRASIL. *Emenda Constitucional n.º 103, de 12 de novembro de 2019*. Altera o sistema de previdência social e estabelece regras de transição e disposições transitórias. Brasília: Presidência da República, 2019a. Disponível em: http://www.planalto.gov.br/ccivil_03/constituicao/emendas/emc/emc103.htm. Acesso em: 20 set. 2020.

[262] GIAMBIAGI, Fábio *et al*. *Diagnóstico da Previdência Social no Brasil*: O que foi Feito e o que Falta Reformar? Rio de Janeiro, out. 2004. Disponível em: http://www.ipea.gov.br/portal/index.php?option=com_content&view=article&id=4248. Acesso em: 1 jun. 2018.

que justificaram a Reforma da Previdência — EC 103/2019 —, porém sem qualquer alteração das regras do benefício assistencial.

Assim, acredita-se ainda que a flexibilização dos critérios do BPC oriunda especialmente dos julgados do Supremo Tribunal Federal, que tornou subjetiva a análise da renda e ampliou a garantia do benefício inclusive ao estrangeiro residente no país, trouxe ainda mais incentivos negativos a todo orçamento da Seguridade Social. Pois as pessoas, especialmente as que trabalham na informalidade e de renda mais baixa, não vislumbram vantagens quanto à idade ou ao valor. Não há nenhuma estrutura de incentivos positivos para contribuir com a Previdência, preferindo o benefício assistencial, que não prescinde de longo esforço contributivo — a mulher deve contribuir, no mínimo, por 15 anos para ter direito à aposentadoria programada, situação que lhe garantirá um benefício de 60% da renda mensal inicial, sendo que o menor valor é de um salário-mínimo. Já o homem, após a EC 103/2019, precisará de 40 anos de contribuição, para alcançar os 100% da renda mensal inicial. Dessa forma, demonstrou-se que a política de incentivos atual do BPC, construída pela atuação conjunta dos três poderes, não se alinha ao comportamento dos agentes, nacionais ou imigrantes, especialmente em face dos impactos na Previdência Social, pois desestimula as contribuições previdenciárias prejudicando ainda mais nosso complexo sistema da Seguridade Social e seu orçamento.

Referências

ARENDT, Hannah. *Entre o Passado e o Futuro*. São Paulo: Perspectiva, 2016.

BRASIL. *Lei 6.179/74, de 11 de dezembro de 1974*. Institui amparo previdenciário para maiores de setenta anos de idade e para inválidos, e dá outras providências. Brasília: Presidência da República, 1974. Disponível em: http://www.planalto.gov. br/ccivil_03/Leis/L6179.htm. Acesso em: 20 set. 2020.

BRASIL. [Constituição (1988)]. *Constituição da República Federativa do Brasil*. Brasília: Presidência da República. Disponível em: http://www.planalto.gov.br/ccivil_03/ constituicao/constituicao.htm. Acesso em: 20 set. 2020.

BRASIL. *Lei 8.213/91, de 24 de julho de 1991*. Dispõe sobre os Planos de Benefícios da Previdência Social e dá outras providências. Brasília: Presidência da República, 1991. Disponível em: http://www.planalto.gov.br/ccivil_03/leis/L8213cons.htm. Acesso em: 20 set. 2020.

BRASIL. *Lei 8.742/93, de 7 de dezembro de 1993*. Dispõe sobre a organização da Assistência Social e dá outras providências. Brasília: Presidência da República, 1993. Disponível em: http://www.planalto.gov.br/CCivil_03/leis/L8742.htm. Acesso em: 20 set. 2020.

BRASIL. Supremo Tribunal Federal. *Ação Direta de Inconstitucionalidade n.º 1232*. Relator: Ministro Ilmar Galvão. Julgamento em 27 de agosto de 1998. Disponível em: http://redir.stf.jus.br/paginadorpub/paginador.jsp?docTP=AC&docID=385451. Acesso em: 22 set. 2020.

BRASIL. *Lei 10.741/03, de 1º de outubro de 2003*. Dispõe sobre o Estatuto da Pessoa Idosa e dá outras providências. Brasília: Presidência da República, 2003. Disponível em: http://www.planalto.gov.br/ccivil_03/leis/2003/l10.741.htm. Acesso em: 20 set. 2020.

BRASIL. *Lei 12.435/11, de 6 de julho de 2011*. Altera a Lei n.º 8.742, de 7 de dezembro de 1993, que dispõe sobre a organização da Assistência Social. Brasília: Presidência da República, 2011. Disponível em: http://www.planalto.gov.br/ccivil_03/_ato2011-2014/2011/lei/l12435.htm. Acesso em: 20 set. 2020.

BRASIL. *Lei 13.146/15, de 6 de julho de 2015*. Institui a Lei Brasileira de Inclusão da Pessoa com Deficiência (Estatuto da Pessoa com Deficiência). Brasília: Presidência da República, 2015. Disponível em: http://www.planalto.gov.br/ccivil_03/_ato2015-2018/2015/lei/l13146.htm. Acesso em: 20 set. 2020.

BRASIL. *Emenda Constitucional n.º 103, de 12 de novembro de 2019*. Altera o sistema de previdência social e estabelece regras de transição e disposições transitórias. Brasília: Presidência da República, 2019a. Disponível em: http://www.planalto.gov.br/ccivil_03/constituicao/emendas/emc/emc103.htm. Acesso em: 20 set. 2020.

BRASIL. *Proposta de Emenda à Constituição 06/2019*. Modifica o sistema de previdência social, estabelece regras de transição e disposições transitórias, e dá outras providências. 2019b. Disponível em: https://www.camara.leg.br/proposicoesWeb/fichadetramitacao?idProposicao=2192459. Acesso em: 20 set. 2020.

BRASIL. *Lei 13.981/2020, de 23 de março de 2020*. Altera a Lei n.º 8.742, de 7 de dezembro de 1993 (Lei Orgânica da Assistência Social), para elevar o limite de renda familiar per capita para fins de concessão do benefício de prestação continuada. Brasília: Presidência da República, 2020a. Disponível em: http://www.planalto.gov.br/ccivil_03/_ato2019-2022/2020/lei/L13981.htm#:~:text=LEI%20N%C2%BA%2013.981%2C%20DE%2023%20DE%20MAR%C3%87O%20DE%20

2020&text=Altera%20a%20Lei%20n%C2%BA%208.742,do%20benef%C3%AD-cio%20de%20presta%C3%A7%C3%A3o%20continuada. Acesso em: 22 set. 2020.

BRASIL. *Lei 13.982/2020, de 2 de abril de 2020*. Altera a Lei n.º 8.742, de 7 de dezembro de 1993, para dispor sobre parâmetros adicionais de caracterização da situação de vulnerabilidade social para fins de elegibilidade ao benefício de prestação continuada (BPC), e estabelece medidas excepcionais de proteção social a serem adotadas durante o período de enfrentamento da emergência de saúde pública de importância internacional decorrente do coronavírus (Covid-19) responsável pelo surto de 2019, a que se refere a Lei n.º 13.979, de 6 de fevereiro de 2020. Brasília: Presidência da República, 2020b. Disponível em: http://www.planalto.gov.br/ccivil_03/_ato2019-2022/2020/lei/l13982.htm. Acesso em: 21 set. 2020.

BRASIL. Portaria Conjunta n.º 7, de 14 de setembro de 2020. Regulamenta regras e procedimentos de requerimento, concessão, manutenção e revisão do Benefício de Prestação Continuada da Assistência Social (BPC). *Diário Oficial da União*: Brasília, 2020c. Disponível em: https://www.in.gov.br/web/dou/-/portaria-conjunta-n-7-de-14-de-setembro-de-2020-277740656. Acesso em: 22 set. 2020.

BRASIL. *Medida Provisória 1.023, de 31 de dezembro de 2020*. Altera a Lei n.º 8.742, de 7 de dezembro de 1993, para dispor sobre o benefício de prestação continuada. Brasília: Presidência da República, 2020d. Disponível em: http://www.planalto.gov.br/ccivil_03/_Ato2019-2022/2020/Mpv/mpv1023.htm#art1. Acesso em: 13 maio 2021.

BRASIL. Supremo Tribunal Federal. *Reclamação 4374/PE*. Relator: Ministro Gilmar Mendes. Julgamento em 18 de abril de 2013. Disponível em: http://redir.stf.jus.br/paginadorpub/paginador.jsp?docTP=TP&docID=4439489. Acesso em: 22 set. 2020.

BRASIL. Supremo Tribunal Federal. *Recurso Extraordinário 567985/MT*. Relator: Ministro Marco Aurélio. Julgamento em 18 de abril de 2013. Disponível em: http://redir.stf.jus.br/paginadorpub/paginador.jsp?docTP=TP&docID=4614447. Acesso em: 22 set. 2020.

BRASIL. Supremo Tribunal Federal. *Recurso Extraordinário 580963/PR*. Relator: Ministro Gilmar Mendes. Julgamento em 18 de abril de 2013. Disponível em: http://redir.stf.jus.br/paginadorpub/paginador.jsp?docTP=TP&docID=4864062. Acesso em: 22 set. 2020.

BRASIL. Supremo Tribunal Federal. *Recurso Extraordinário 587.970/SP*. Relator: Ministro Marco Aurélio. Julgamento em 20 de abril de 2017. Disponível em: http://

redir.stf.jus.br/estfvisualizadorpub/jsp/consultarprocessoeletronico/Consultar-ProcessoEletronico.jsf?seqobjetoincidente=2621386. Acesso em: 22 set. 2020.

BRASIL. Supremo Tribunal Federal. *Descumprimento de Preceito Fundamental 662/ DF*. Liminar deferida em 3 de abril de 2020. Disponível em: http://redir.stf.jus.br/estfvisualizadorpub/jsp/consultarprocessoeletronico/ConsultarProcessoEletronico.jsf?seqobjetoincidente=5880970. Acesso em: 22 set. 2020.

CAMARGO, José Marcio; REIS, Maurício Cortez. *Lei Orgânica da Assistência Social*: incentivando a informalidade. 2007. Disponível em: http://www.ipea.gov.br/agencia/images/stories/PDFs/livros/Arq15_Cap07Leorganica__21.pdf. Acesso em: 1 jun. 2018.

COOTER, Robert. *Direito & economia*. Tradução de Luis Marcos Sander e Francisco Araújo da Costa. 5. ed. Porto Alegre: Bookman, 2010.

DELGADO, Guilherme; JACCOUD, Luciana; NOGUEIRA, Roberto Passos. *Seguridade Social*: redefinindo o alcance da cidadania. 2010. Disponível em: http://repositorio.ipea.gov.br/bitstream/11058/4347/1/bps_n17_vol01_seguridade_social.pdf. Acesso em: 31 maio 2018.

EASTON, David. A Re-Assessment of the Concept of Political Support. *British Journal of Political Scienc*, v. 5, n. 4, 1975.

GIAMBIAGI, Fábio. *Reforma da previdência*: o encontro marcado. 2ª reimp. Rio de Janeiro: Elsevier, 2007.

GIAMBIAGI, Fábio et al. *Diagnóstico da Previdência Social no Brasil*: O que foi Feito e o que Falta Reformar? Rio de Janeiro, out. 2004. Disponível em: http://www.ipea.gov.br/portal/index.php?option=com_content&view=article&id=4248. Acesso em: 1 de jun. 2018.

SARTORI, Giovanni. *Homo videns*: televisão e pós pensamento. Bauru: Edusc, 2001.

ALGUMAS REFLEXÕES EM TORNO DO DIREITO FUNDAMENTAL À EDUCAÇÃO

Ana Cristina Baruffi
Helder Baruffi

Introdução

A extraordinária situação provocada pela pandemia da Covid-19 nos remete a diferentes reflexões — tanto no campo pessoal, quanto no campo social. Os postos de trabalho encolheram, o desemprego e o trabalho informal afetaram milhares de lares, e, no campo da educação formal, as instituições de ensino, nos diferentes níveis, limitaram as aulas presenciais e, como alternativa, adotaram a metodologia de ensino EaD e/ou aulas on-line.

Inegável os impactos, tanto na vida pessoal, quanto na vida familiar e nas relações sociais. Como ressalta Argolo Júnior[263], "[...] mesmo quando tudo pede um pouco de calma, a vida não para", destacando a necessidade do exercício da paciência como resiliência em termos de pandemia da Covid-19. E acrescenta, retomando os reflexos da pandemia no espírito humano, que a "[...] certeza de nossa finitude nos apavora, mas, também, nos traz grandes reflexões".

Nesse contexto, um direito historicamente reconhecido — a instrução — foi duramente afetado com reflexos ainda a serem avaliados, mesmo porque, ainda antes da pandemia, tínhamos um longo caminho a trilhar para produzir uma educação de qualidade, emancipatória.

Assim situado, apresentamos algumas reflexões que entendemos essenciais à compreensão da educação enquanto um direito fundamental social e propulsor de cidadania. Estas reflexões inserem-se no conjunto de artigos que referenciam a ilustre constitucionalista professora doutora Maria Garcia, em reconhecimento às contribuições teórico-filosófico-dogmáticas de defesa dos direitos fundamentais.

O objeto sobre o qual se busca trazer luz é a educação enquanto um direito fundamental social, seu reconhecimento internacional e positivação no direito interno e o contexto atual.

---

[263] ARGOLO JUNIOR, Cecilio. "Mesmo quando tudo pede um pouco mais de calma, a vida não para": O exercício da paciência como resiliência em tempos de pandemia de covid-19. *Revista Jurídica Unigran*, Dourados, v. 22, n. 44, p. 16-21, jul./dez. 2020.

A Constituição Federal de 1988 é, na história das constituições brasileiras, um marco ao erigir os direitos fundamentais como cláusulas pétreas, conquistas históricas. Nesse sentido, um novo olhar sobre a instrução e a educação se faz necessário, requerendo do Direito um tratamento conforme a Constituição.

Como bem assevera Maria Garcia, "[...] a finalidade de existir o Estado, é a realização do bem comum – na Constituição de 1988, art. 193: 'A ordem social tem [...] como objetivo o bem-estar e a justiça sociais'"[264].

Não obstante a grande evolução alcançada pelo ordenamento jurídico vigente na temática dos direitos e garantias fundamentais, o contexto fático não tem conseguido acompanhar essa evolução. Dar eficácia e efetividade aos dispositivos da Constituição, portanto, tem sido o grande desafio dentro do Direito Constitucional moderno. Esse desafio observa-se também no direito à educação, que tem fundamento na dignidade da pessoa humana, princípio positivado na Constituição Federal de 1988, que em seu Art. 1º, inciso III, preceitua: "Art. 1º A República Federativa do Brasil, formada pela união indissolúvel dos Estados e Municípios e do Distrito Federal, constitui-se em Estado Democrático de Direito e tem como fundamentos: [...] III - a dignidade da pessoa humana"[265]. A ausência ou limitações ao acesso à educação constituem, por si só, violações a esse princípio constitucional, tese que buscamos desvelar no decorrer do estudo.

Para melhor desenvolvimento do tema proposto, o texto foi dividido em quatro partes: o reconhecimento do direito à educação como um direito humano e essencial à formação da cidadania; o direito à educação na Constituição de 1988; algumas questões de cidadania e a erosão da educação formal em razão da pandemia de Covid-19; e considerações finais.

O reconhecimento do direito à educação como um direito humano e essencial à formação da cidadania

Como destaca Mário Alighiero Manacorda[266], em clássica obra de história da educação, a preocupação com a instrução e a educação é histórica e está presente nas diversas culturas — egípcias, grega, romana —, e acompanha o homem na sua trajetória civilizatória e libertadora. Observa que, na história,

---

[264] GARCIA, Maria. O art. 37 da Constituição Federal e o princípio da publicidade na administração pública. *Revista de Direito da Administração Pública*, ano 6, v. 1, n. 1, jan./jun. 2021. p. 103.

[265] BRASIL. [Constituição (1988)]. *Constituição da República Federativa do Brasil*. Brasília: Senado Federal, 2016. 496 p. Disponível em: https://www.planalto.gov.br/ccivil_03/Constituicao/Constituicao.htm. Acesso em: 10 set. 2021.

[266] MANACORDA, Mario Alighiero. *História da Educação*: da Antiguidade aos nossos dias. 12. ed. São Paulo: Cortez, 2006.

DEMOCRACIA, JUSTIÇA E CIDADANIA:
DESAFIOS E PERSPECTIVAS. UMA HOMENAGEM À PROFESSORA DOUTORA MARIA GARCIA

o processo educativo não esteve voltado exclusivamente para o ler, escrever e calcular e nem para o aprendizado profissional, mas sim para a vida política.

O papel fundamental da educação no desenvolvimento humano é destacado por Leontiev[267] em estudos sobre as origens do psiquismo humano:

> As aquisições do desenvolvimento histórico das aptidões humanas não são simplesmente dadas aos homens nos fenômenos objetivos da cultura material e espiritual que os encarnam, mas são aí apenas postas. Para se apropriar destes resultados, para fazer deles as suas aptidões, "os órgãos da sua individualidade", a criança, o ser humano, deve entrar em relação com os fenômenos do mundo circundante através doutros homens, isto é, num processo de comunicação com eles. Assim, a criança aprende a atividade adequada. Pela sua função, este processo é, portanto, um processo de educação.

Como relatam Oliveira e Sforni, referindo-se à nota de Leontiev:

> Esse percurso histórico que retrata a filogênese do desenvolvimento humano nos fornece subsídios para entender o papel da educação como promotora do desenvolvimento dos sujeitos e a relevância da aprendizagem conceitual nesse processo[268].

É essencial, para a aprendizagem, estar em relação com os outros, com os fenômenos do mundo circundante, em comunicação. E as instituições formais têm essa função, como destacam Berger e Luckmann em estudo sobre a socialização e o papel da família e da escola, reafirmando o papel socializador destas e a experiência face a face com o outro e ligada à realidade da vida cotidiana que "[...] apresenta-se a mim como um mundo intersubjetivo, um mundo de que participo juntamente com outros homens"[269]. A instrução e a educação são, na vida e formação cidadã das pessoas, um direito inerente à condição humana[270].

---

[267] LEONTIEV, Alexis. *O desenvolvimento do psiquismo*. Lisboa: Horizonte, 1978. p. 272.

[268] OLIVEIRA, Valdiléia Xavier de; SFORNI, Marta Sueli de Faria. Educação e desenvolvimento humano. *Seminário de Pesquisa do PPE*. 2013, p. 9. Disponível em: https://docplayer.com.br/8465646-Educacao-e-desenvolvimento-humano.html. Acesso em: 10 jun. 2021.

[269] BERGER, Peter; LUCKMANN, Thomas. *A construção social da realidade*: tratado de sociologia do conhecimento. Petrópolis: Vozes, 1985. p. 40.

[270] BARUFFI, H. Derechos fundamentales, eficacia y justicialidad. *In*: ALMEIDA, Dayse Coelho de; COUTINHO, Sérgio; FERRAZ, Adilson Silva (org.). *Desafios y perspectivas del derecho contemporáneo*. Buenos Aires: Dunken, 2013. v. 1. p. 221-236; BARUFFI, Helder (org.). *Direitos fundamentais sociais*. Dourados: Editora da UFGD, 2009. p. 105-120; BARUFFI, Helder. A educação como um direito fundamental: um princípio a ser realizado. *In*: FACHIN, Zulmar (org.). *Direitos Fundamentais e Cidadania*. São Paulo: Método, 2008. p. 83-96.

Embora a filosofia antiga, em especial a partir de Sócrates, já refletisse sobre as questões humanas no plano da ação, dos comportamentos, das ideias, das crenças, dos valores e das questões morais e políticas, a noção de direitos do homem emerge com o iluminismo e o jusnaturalismo no século 18, e ganha fôlego nas lutas contra o Estado absoluto e alcança status de reconhecimento internacional após a 2ª Guerra Mundial e, no que se refere à história, constitui uma verdadeira ruptura com o passado.

A criação das "Organização das Nações Unidas" e a "Declaração Universal dos Direitos Humanos" se constituiu em baluarte decisivo na proteção aos Direitos Humanos, bem como no combate as suas violações.

Em 1948, foi aprovada a "Declaração Universal dos Direitos Humanos", constituindo-se no elenco dos direitos fundamentais básicos que tem o ser humano como objeto da atenção e da proteção da comunidade internacional e que deve ser vista dentro do seu contexto histórico de vitória de um modelo que despontava sua supremacia universal após a 2ª Guerra Mundial.

Sobre a Declaração Universal dos Direitos Humanos, destaca Leandro Karnal[271]:

> É impossível discordar de uma única linha do texto. Ali está o melhor da humanidade como nós sonharíamos que ela fosse: tolerante, democrática, igualitária e respeitadora das diferenças. Ali o Homo sapiens, na sua sangrenta trajetória de guerras e preconceitos, deu uma pequena parada, respirou fundo e sonhou que as coisas poderiam ser de outra maneira. De muitas formas, o texto da ONU cumpre a origem da palavra dupla: o não lugar e o lugar bom. Se você nunca leu o texto de 1948, vale a pena consultá-lo como uma baliza de valores.

Enquanto inerentes ao ser humano, a instrução e a educação são direitos reconhecidos na Declaração Universal dos Direitos Humanos de 10 de dezembro de 1948, em seu Art. 26, verbis: "Art. 26. 1. Toda pessoa tem direito à instrução"[272]. Esse direito é reafirmado na Declaração Americana dos Direitos e Deveres do Homem, Bogotá, Resolução X+, Ata Final - abril de 1948, artigo 12, verbis: "Art. 12. Toda pessoa tem direito à educação [...]"[273]. No mesmo sentido, cabe registrar o disposto na Declaração Universal dos Direitos da Criança, de 20 de novembro de 1959, Princípio 7º, verbis:

---

[271] KARNAL, Leandro. O direito de papel. *O Estado de S. Paulo*, Caderno 2, p. C7. 20, ago. 2017.

[272] ORGANIZAÇÃO DAS NAÇÕES UNIDAS. *Declaração Universal dos Direitos Humanos*, 1948. Disponível em: https://www.unicef.org/brazil/declaracao-universal-dos-direitos-humanos. Acesso em: 21 jun. 2021.

[273] ORGANIZAÇÃO DOS ESTADOS AMERICANOS. *Declaração Americana dos Direitos e Deveres do Homem*, 1948. Disponível em: https://www.cidh.oas.org/Basicos/Portugues/b.Declaracao_Americana.htm. Acesso em: 21 jun. 2021.

> A criança tem direito à educação, que deve ser gratuita e obrigatória, pelo menos nos graus elementares. Deve ser-lhe ministrada uma educação que promova a sua cultura e lhe permita, em condições de igualdade de oportunidades, desenvolver as suas aptidões mentais, o seu sentido de responsabilidade moral e social e tornar-se um membro útil à sociedade[274].

Cabe destaque, no que se refere à educação, o Pacto Internacional de Direitos Econômicos, Sociais e Culturais, de 16 de dezembro de 1966, ratificado pelo Brasil em 24 de janeiro de 1992, Art. 13, verbis:

> 1. Os estados-partes no presente Pacto reconhecem o direito de toda pessoa à educação. Concordam em que a educação deverá visar ao pleno desenvolvimento da personalidade humana e do sentido de sua dignidade e a fortalecer o respeito pelos direitos humanos e liberdades fundamentais[275].

A educação proposta

> [...] deverá capacitar todas as pessoas a participar efetivamente de uma sociedade livre, favorecer a compreensão, a tolerância e a amizade entre todas as nações e entre todos os grupos raciais, étnicos ou religiosos e promover as atividades das Nações Unidas em prol da manutenção da paz[276].

O mesmo reconhecimento à educação como fundamental ao desenvolvimento social está presente na Convenção Americana sobre os Direitos Humanos, de 22 de novembro de 1969, ratificada pelo Brasil em 25 de setembro de 1992 (Pacto de San Jose da Costa Rica), e na Convenção sobre os Direitos da Criança, de 20 de setembro de 1990.

A reconstrução histórica dos Direitos Humanos, na lição de Celso Lafer[277], e a dignidade do homem como fundamento dos Direitos Humanos, na lição de Fábio Konder Comparato[278], expressaram, no âmbito inter-

---

[274] ORGANIZAÇÃO DAS NAÇÕES UNIDAS. *Declaração Universal dos Direitos da Criança*. 1959. Disponível em: declaracao_universal_direitos_crianca.pdf (usp.br). Acesso em 25 jun. 2021.

[275] BRASIL. Decreto n. 591, de 6 de julho de 1992. *Diário Oficial da União*, Brasília, 7.7.1992. Disponível em: https://www.planalto.gov.br/ccivil_03/decreto/1990-1994/d0591.htm. Acesso em: 21 jun. 2021.

[276] *Cf.* BARUFFI, Helder. A educação como um direito social fundamental: positivação e eficácia. *Educação e Fronteiras On-Line*, Dourados, v.1, n. 3, p. 146-159, set./dez. 2011.

[277] LAFER, Celso. *A reconstrução dos direitos humanos*: um diálogo com o pensamento de Hannah Arendt. São Paulo: Cia. das Letras, 1988.

[278] "Percebe-se, pois, que o fato sobre o qual se funda a titularidade dos direitos humanos é, pura e simplesmente, a existência do homem, sem necessidade alguma de qualquer outra precisão ou concretização. É que os direitos humanos são direitos próprios de todos os homens, enquanto homens, à diferença dos demais direitos, que só existem e são reconhecidos, em função de particularidades individuais ou sociais do sujeito. Trata-se, em suma, pela sua própria natureza, de direitos universais e não localizados, ou diferenciais". COMPARATO, Fábio Konder. *Fundamento dos Direitos Humanos*. Instituto de Estudos Avançados da USP, 1997. p. 19. Disponível em: http://www.iea.usp.br/publicacoes/textos/comparatodireitoshumanos.pdf. Acesso em: 21 jun. 2021.

nacional, o reconhecimento do direito em geral e dos Direitos Humanos em particular, e importaram, no âmbito interno dos países signatários, na interiorização e positivação dos Direitos Humanos enquanto comando constitucional de direito fundamental.

O reconhecimento dos Direitos Humanos significa, na perspectiva de Joaquim Herrera Flores[279], um resultado provisório de lutas sociais. Especificamente em relação ao direito à instrução e à educação, a positivação no direito interno correspondeu a uma resposta ao ambiente jurídico internacional que destacou a educação como um dos principais instrumentos de desenvolvimento humano e de cidadania.

O legislador constituinte brasileiro de 1988 não se afastou do quadro internacional. Ao contrário, respondeu positivando o direito à educação no Art. 6º, atribuindo-lhe status de direito social fundamental. É certo que a Constituição é o lugar onde quase todos os princípios podem ser encontrados.

Os valores e princípios expressos na Constituição de 1988 não se apresentam apenas como conselhos morais ou um catálogo de boas intenções. Ao contrário, afirma Marmelstein[280]

> [...] são normas jurídicas, intimamente ligadas à ideia de dignidade da pessoa humana e de limitação do poder, positivadas no plano constitucional de determinado Estado Democrático de Direito, que, por sua importância axiológica, fundamentam e legitimam todo o ordenamento jurídico.

Distinguem-se dos direitos do homem — valores ético-políticos ligados à dignidade da pessoa humana, não positivados, e dos Direitos Humanos — valores ligados à dignidade da pessoa humana que foram positivados na esfera internacional, por meio de tratados[281].

A Carta Constitucional de 1988 e o direito à educação

A formatação da Carta Constitucional de 1988 é resultado do quadro teórico e político-social em que foi elaborada. Após longo período sob regime militar e frente ao esgotamento da política educacional delineada na Lei de Diretrizes e Bases da Educação Nacional de 1971 e à crítica ao

---

[279] FLORES, Joaquim Herrera. *A (Re)invenção dos direitos humanos*. Florianópolis: Fundação Boiteaux, 2009.

[280] MARMELSTEIN, George. *Curso de direitos fundamentais*. São Paulo: Atlas, 2009, p. 20.

[281] Nesse sentido: SILVA, José Afonso da. *Curso de Direito Constitucional Positivo*. 42. ed. São Paulo: Malheiros, 2019.

modelo educacional sustentada por educadores brasileiros[282], o Constituinte de 1988 deu ao texto constitucional um vigor não conhecido nas Cartas que a precederam, elencando direitos fundamentais individuais e sociais, dentre estes, a educação[283].

A própria academia já havia conseguido avançar na crítica que se fazia necessária à educação para ações propositivas. A efetiva participação dos intelectuais nos debates que se procederam na constituinte, permitiu uma releitura dos princípios educacionais e a construção do texto constitucional numa perspectiva social. Nela estão presentes os fundamentos para as políticas públicas. A simples, mas fundamental importância de situar a educação como direito fundamental social, Art. 6º da CF, é sintomática dessa resposta que o legislador constituinte deu à sociedade, revelando que a educação não pode ser mera retórica, nem se constitui uma simples folha de papel, mas tem força transformadora.

A declaração do direito à educação expressa na Constituição de 1988 representa um salto de qualidade com relação à legislação anterior e uma maior precisão técnica e detalhamento com efetiva possibilidade de eficácia, por meio dos instrumentos jurídicos de garantia constantes da Constituição Federal[284] como se observa do Art. 208, que, em seus incisos, inova em relação às Constituições anteriores, ao estabelecer: I - educação básica obrigatória e gratuita dos 4 aos 17 anos de idade, assegurada inclusive sua oferta gratuita para todos os que a ela não tiveram acesso na idade própria; II - progressiva universalização do ensino médio gratuito; III - atendimento especializado aos portadores de deficiências (rede regular de ensino); IV- inclusão do nível de ensino de 0 a 5 anos (creche e pré-escolar) ao sistema regular, o que exigiu regulamentação e normatização na legislação educacional complementar; VI - reconhecimento do Estado para com o ensino noturno: adequação às condições de cada um; VII - gratuidade ativa. Além da escola gratuita, o Estado garante condições de permanência: transporte escolar, material didático, bolsa-salário. E em especial, definiu, no § 1º do Art. 208, que o acesso ao ensino obrigatório e gratuito é direito público subjetivo.

---

[282] FRIGOTTO, Gaudêncio. *A produtividade da escola improdutiva*. Um reexame das relações entre educação e estrutura econômico-social capitalista. São Paulo: Cortez Editora, 2001.

[283] *Cf.* BARUFFI, Helder. O direito à educação e eficácia: um olhar sobre a positivação e inovação constitucional. *Revista Jurídica Unigran*, v. 23, p. 43-56, 2010.

[284] OLIVEIRA, Romualdo Portela de. O Direito à Educação na Constituição de 1988 e seu reestabelecimento pelo sistema de Justiça. *Revista Brasileira de Educação*, São Paulo, v. 11, p. 61-74, 1999.

Para dar efetividade ao comando normativo que estabelece a educação como um direito fundamental, a Constituição de 1988 destinou toda uma seção ao direito à educação: artigos 205 a 214. Cabe destaque, neste estudo, ao Art. 205, a seguir transcrito:

> A educação, direito de todos e dever do Estado e da família, será promovida e incentivada com a colaboração da sociedade, visando ao pleno desenvolvimento da pessoa, seu preparo para o exercício da cidadania e sua qualificação para o trabalho[285].

Destaca-se do comando normativo, o princípio colaborativo. Para tanto, atribuiu a cada um dos entes federativos competências de ordem material, determinando competências e responsabilidade, e estipulou que cada um deles deve contribuir, anualmente, com um percentual mínimo da receita resultante de impostos na seguinte proporção mínima: União: 18 %; estados, Distrito Federal e municípios: 25% (Art. 212). Pela Emenda Constitucional n.º 108, de 26 de agosto de 2020, foi acrescido o Art. 212-A que determina que os estados, o Distrito Federal e os municípios deverão destinar parte dos recursos a que se refere o caput do Art. 212 da Constituição Federal à manutenção e ao desenvolvimento do ensino na educação básica e à remuneração condigna de seus profissionais, e estabelece normativas para sua aplicação.

Consoante o Art. 1º da CF (forma de Estado federativa), as atribuições são de ordem material e de competência. Nesse sentido, à União, de maneira privativa, cabe legislar sobre as diretrizes e bases da educação em todo o território nacional, nos termos do Art. 22, inciso XXIV: "Art. 22. Compete privativamente à União legislar sobre: [...]. XXIV - diretrizes e bases da educação nacional". Mas essa competência para legislar é concorrente com os estados e o Distrito Federal, nos termos do Art. 24, verbis: "Compete à União, aos Estados e ao Distrito Federal legislar concorrentemente sobre: [...] IX - educação, cultura, ensino e desporto"[286]. Especificamente aos estados compete a normalização, em consonância com as normas gerais, do ensino fundamental e médio, bem como poderão legislar sobre as matérias que ainda não tenham sido alvo de leis federais, com eficácia até que a União disponha sobre os assuntos. Ao município cabe a responsabilidade pelo ensino fundamental e educação infantil. O ensino obrigatório, mais do que uma norma programática, trata-se de um direito público subjetivo (Art. 208,

---

[285] BRASIL. [Constituição (1988)]. *Constituição da República Federativa do Brasil*. Brasília: Senado Federal, 2016. 496 p. Disponível em: https://www.planalto.gov.br/ccivil_03/Constituicao/Constituicao.htm. Acesso em: 10 set. 2021.

[286] Cf. BRASIL. [Constituição (1988)]. *Constituição da República Federativa do Brasil*. Brasília: Senado Federal, 2016. 496 p. Disponível em: https://www.planalto.gov.br/ccivil_03/Constituicao/Constituicao.htm. Acesso em: 10 set. 2021.

§ 1º). Dessa maneira, o legislador constitucional quis tornar exigível a sua total efetividade. O direito à educação é parte da condição de dignidade da pessoa humana e integra o que se chama de mínimo existencial.

Com o reconhecimento da efetiva força jurídica dos princípios, a Constituição passou a ocupar papel especial, tendo o direito necessariamente assumido uma "pretensão de correção", no sentido de se aproximar da ideia de justiça, na perspectiva assinalada por Robert Alexy[287].

Discorrendo sobre os direitos positivados, Sanchis[288] assinala, em tradução livre, que nem todos os direitos possuem a mesma fisionomia dos direitos fundamentais: não protegem bens ou valores que em hipóteses podem ser atribuídos ao homem ou às instituições; nem seu titular é o sujeito abstrato e racional, ou seja, qualquer homem, independentemente de sua posição social e independentemente do objeto material protegido; nem seu conteúdo consiste em uma mera abstenção por parte dos demais e, em particular, das instituições, senão que exigem por parte desta uma ação positiva que interfere no livre jogo dos sujeitos privados. Estes são chamados direitos econômicos, sociais e culturais ou, simplesmente, direitos sociais.

A grande questão que se apresentou na evolução das declarações de direitos foi a de assegurar a sua efetividade. Ultrapassar o campo das intenções, dos bons propósitos, para o campo da concretização dos direitos, da efetividade, propósito alcançado com a positivação desses direitos na Constituição. É o que se observa no caso brasileiro. O Constituinte de 1988, atento à realidade social internacional, imprimiu aos direitos sociais, um caráter concreto ao explicitar: são direitos dos trabalhadores urbanos e rurais os expressamente indicados no Art. 7º, ou quando diz: a saúde ou a educação é direito de todos e mais, indica mecanismos, políticas, para a satisfação desses direitos, como a indicação de fontes de recursos para a seguridade social (Art. 194 e 195) ou reserva recursos orçamentários para a educação (Art. 215). Esse esforço histórico de positivação, ou afirmação constitucional dos direitos sociais, é ressaltado por José Afonso da Silva como de transcendental importância, por adquirirem sua primeira condição de eficácia jurídica. Mas alerta: "não basta que um direito seja reconhecido e declarado, é necessário garanti-lo, porque virão ocasiões em que será discutido e violado, e quanto!" E, nesse sentido, cita lição de Canotilho[289]:

---

[287] ALEXY, Robert. *Constitucionalismo discursivo*. Porto Alegre: Livraria do Advogado, 2006.

[288] SANCHIS, Luis Prieto. *Los derechos sociales y el principio de igualdad sustancial. In*: BARUFFI, Helder (org.). *Direitos fundamentais sociais*. Dourados: Edufgd, 2009. p. 121.

[289] CANOTILHO, José Joaquim Gomes. *Constituição dirigente e vinculação do legislador*. Contributo para a compreensão das normas constitucionais programáticas. Coimbra: Coimbra Editora, 1994. p. 365.

> [...] a força dirigente e determinante dos direitos a prestações (econômicas, sociais e culturais) inverte, desde logo, o objecto clássico da pretensão jurídica fundada num direito subjetivo: de uma pretensão de omissão dos poderes públicos (direito de exigir que o Estado se abstenha de interferir nos direitos, liberdades e garantias) transita-se para uma proibição de omissão (direito a exigir que o Estado intervenha activamente no sentido de assegurar prestações aos cidadãos).

A Constituição Federal prevê a imediata exigibilidade destes direitos prestacionais (em não observados) perante o poder judiciário. Os mecanismos de eficácia estão previstos no Art. 208 e seus parágrafos[290] e no Art. 227, caput[291].

Acompanhando a linha programática da Constituição Federal de 1988, o Estatuto da Criança e do Adolescente (ECA), Lei n.º 8.069/90, buscou dar real efetividade ao que já fora tratado na Constituição, em especial no seu Art. 54, que ressalta o dever do Estado de assegurar à criança e ao adolescente o ensino fundamental, obrigatório e gratuito e a progressiva extensão da obrigatoriedade e gratuidade ao ensino médio[292]. O legislador infraconstitucional explicitou, no Art. 98 do ECA, que essas medidas de proteção são aplicáveis sempre que os direitos reconhecidos nessa Lei

---

[290] "Art. 208. O dever do Estado com a educação será efetivado mediante a garantia de: § 1º O acesso ao ensino obrigatório e gratuito é direito público subjetivo; § 2º O não-oferecimento do ensino obrigatório pelo poder público, ou sua oferta irregular, importa responsabilidade da autoridade competente; § 3º Compete ao poder público recensear os educandos no ensino fundamental, fazer-lhes a chamada e zelar, junto aos pais ou responsáveis, pela frequência à escola". BRASIL. [Constituição (1988)]. *Constituição da República Federativa do Brasil*. Brasília: Senado Federal, 2016. 496 p. Disponível em: https://www.planalto.gov.br/ccivil_03/Constituicao/Constituicao. htm. Acesso em: 10 set. 2021.

[291] "Art. 227. É dever da família, da sociedade e do Estado assegurar à criança e ao adolescente, com absoluta prioridade, o direito à vida, à saúde, à alimentação, à educação, ao lazer, à profissionalização, à cultura, à dignidade, ao respeito, à liberdade e à convivência familiar e comunitária, além de colocá-los a salvo de toda forma de negligência, discriminação, exploração, violência, crueldade e opressão". BRASIL. [Constituição (1988)]. *Constituição da República Federativa do Brasil*. Op. Cit., Acesso em: 10 set. 2021.

[292] "Art. 54. É dever do Estado assegurar à criança e ao adolescente: I - ensino fundamental, obrigatório e gratuito, inclusive para os que a ele não tiveram acesso na idade própria; II - progressiva extensão da obrigatoriedade e gratuidade ao ensino médio; III - atendimento educacional especializado aos portadores de deficiência, preferencialmente na rede regular de ensino; IV - atendimento em creche e pré-escola às crianças de zero a cinco anos de idade; V - acesso aos níveis mais elevados do ensino, da pesquisa e da criação artística, segundo a capacidade de cada um; VI - oferta de ensino noturno regular, adequado às condições do adolescente trabalhador; VII - atendimento no ensino fundamental, através de programas suplementares de material didático-escolar, transporte, alimentação e assistência à saúde; §1º O acesso ao ensino obrigatório e gratuito é direito público subjetivo; § 2º O não oferecimento do ensino obrigatório pelo poder público ou sua oferta irregular importa responsabilidade da autoridade competente; § 3º Compete ao poder público recensear os educandos no ensino fundamental, fazer-lhes a chamada e zelar, junto aos pais ou responsável, pela frequência à escola". BRASIL. Lei 8.069, de 13 de julho de 1990. Dispõe sobre o Estatuto da Criança e do Adolescente e dá outras providências. *Diário Oficial da União*, Brasília, 16 jul. 1990. Disponível em: https://www.planalto.gov.br/ccivil_03/leis/L8069. htm. Acesso em: 10 set. 2021.

forem ameaçados ou violados por omissão da sociedade ou do Estado ou por falta, omissão ou abuso dos pais[293]. A Lei de Diretrizes e Bases da Educação Nacional (LDB), Lei n.º 9.394/96, em seu Art. 5º, ressalta a garantia de sindicabilidade junto ao poder judiciário como meio de dar efetividade aos direitos nela consagrados.

Para a efetivação do direito à educação, não só ela deve ser ofertada pelos poderes constituídos, como também são necessárias ações para que as pessoas tenham condições de chegar até a escola, de frequentar e participar das aulas. A carência do povo brasileiro é tão gritante que, na falta dessas ações, o direito em si, mesmo que regularmente ofertado, não atenderia às suas finalidades. Pensando nisso, o legislador tratou de elencar uma série de medidas que visam possibilitar o gozo desse direito, mesmo para os mais pobres, por meio dos programas de merenda escolar, transporte, entrega de material didático, entre outros, ações propositivas para a realização de direitos historicamente construídos, como destacado por Norberto Bobbio[294].

A função principal dos direitos fundamentais é realizar o princípio da "dignidade da pessoa humana", não abstrata, idealizada, mas situada, real, concreta. A pessoa em causa deve ser considerada em sua integralidade, não somente do ponto de vista profissional, mas também em sua vida privada.

José Afonso da Silva[295], na análise sobre a aplicabilidade das normas definidoras dos direitos fundamentais, destaca que, nos termos do §1º do Art. 5º, as normas definidoras dos direitos e garantias fundamentais têm aplicação imediata, com incidência, também, às normas que revelam os direitos sociais, nos termos dos artigos 6º ao 11, embora a Constituição faça depender de legislação ulterior a aplicabilidade de algumas normas definidoras de direitos sociais e coletivos.

Entretanto, em que pese a educação ser considerada direito fundamental social, pesquisas têm apontado, por ordem de importância, os seguintes problemas: (a) insegurança nas escolas e drogas; (b) professores desmotivados e mal pagos, sem condições de atualização; (c) baixa qualidade do ensino; e (d) carência material e intelectual dos alunos e elevado número de evasão escolar.

---

[293] Art. 98. As medidas de proteção à criança e ao adolescente são aplicáveis sempre que os direitos reconhecidos nesta Lei forem ameaçados ou violados: I - por ação ou omissão da sociedade ou do Estado; II - por falta, omissão ou abuso dos pais ou responsável; III - em razão de sua conduta. BRASIL. Lei 8.069, de 13 de julho de 1990. *Op. cit.* Acesso em: 10 set. 2021.

[294] BOBBIO, Norberto. *A era dos direitos.* Rio de Janeiro: Campus, 1992.

[295] SILVA, José Afonso da. *Aplicabilidade das normas constitucionais.* p. 16. Disponível em: https://arquivos. integrawebsites.com.br/66582/bc2c06fb00ef651400fb18045b1797b3.pdf. Acesso em: 10 maio 2021.

Algumas questões de cidadania e a erosão da educação formal

Dados do relatório do Banco Mundial[296] mostram que os choques sanitário e econômico causados pela pandemia da Covid-19 em 2020 produziram a desorganização mais significativa da história da educação, com o fechamento das escolas em todos os níveis, afetando mais de 170 milhões de estudantes em toda a América Latina e Caribe (ALC). No Brasil, de acordo com o Censo Escolar,

> No ano de 2020 foram registradas 47,3 milhões de matrículas nas 179,5 mil escolas de educação básica no Brasil, considerando escolas públicas e particulares, cerca de 579 mil matrículas a menos em comparação com 2019, o que corresponde a uma redução de 1,2% no total[297].

Ressalte-se que, num primeiro momento, houve um *lockdown*, com a paralisação de todas as atividades de ensino. À situação inicial de total paralisia, seguiu-se uma etapa na qual a maioria das escolas buscou dar uma resposta capaz de dar alguma continuidade da aprendizagem enquanto permaneciam fechadas as escolas. Mesmo assim, as iniciativas para a retomada do processo educativo foram lentas, com algumas iniciativas nas instituições privadas de ensino, mais afeitas ao uso de tecnologias, o que foi acompanhado também pelas instituições públicas. Esse processo deu-se tanto no ensino básico, quanto no ensino superior.

Porém, como destaca o relatório do Banco Mundial, as estratégias de aprendizagem remota implementadas com ênfase em soluções multimodais de modo a atender mais amplamente os alunos e suas famílias e fornecer apoio aos pais e professores com diversos graus de eficácia,

> [...] mesmo presumindo um alcance abrangente, que continua a ser um desafio, o engajamento e a qualidade são difíceis de conseguir. As populações mais vulneráveis foram as que mais sofreram, evidenciando, mais do que nunca, as implicações sobre a igualdade da pandemia para o futuro do capital humano na América Latina e Caribe[298].

---

[296] THE WORLD BANK. Ação Urgente é necessária para fazer frente à enorme crise da Educação na América Latina e no Caribe. 17 mar. 2021. Disponível em: https://www.worldbank.org/pt/news/press-release/2021/03/17/hacer-frente-a-la-crisis-educativa-en-america-latina-y-el-caribe. Acesso em: 22 jun. 2021.

[297] BRASIL. Instituto Nacional de Estudos e Pesquisas Educacionais Anísio Teixeira. *Censo da Educação Básica 2020: notas estatísticas*. Brasília: INEP, 2021. p. 6. Disponível em: https://download.inep.gov.br/publicacoes/institucionais/estatisticas_e_indicadores/notas_estatisticas_censo_escolar_2020.pdf. Acesso em: 7 jun. 2021.

[298] THE WORLD BANK. *Ação Urgente é necessária para fazer frente à enorme crise da Educação na América Latina e no Caribe*. 17 mar. 2021, p. 6.

O meio para dar continuidade à rotina de estudos foi o "ciberespaço", no qual todos aprendem juntos, por meio de sistemas que conectam em rede as pessoas.

> Na aprendizagem em rede, a sala de aula fica em qualquer lugar onde haja um computador, um "modem" e uma linha de telefone, um satélite ou um "link" de rádio. Quando um aluno se conecta à rede, a tela do computador se transforma numa janela para o mundo do saber[299].

Patricia Lopes Pimenta Machado[300] assinala que essas novas formas de "levar" a escola até o aluno, estão sendo desafiadoras para todos os envolvidos, tanto para os professores que tiveram que reinventar o seu plano de aula e se aventurando no Ensino a Distância e nas novas tecnologias, quanto para os pais ou responsáveis, que, além do trabalho e preocupações cotidianas, "[...] estão assumindo o papel de tutores e educadores de seus filhos. Muitos não fazem ideia do que fazer, estão completamente perdidos"[301].

A internet é parte de uma revolução tecnológica que vem mudando as estruturas produtivas desde meados do século 20. A introdução do EaD nas escolas é um exemplo dessa tecnologia. Com a pandemia, a internet assume um protagonismo maior.

O momento de isolamento social da Covid-19 agravou, para o bem e para o mal, as suas consequências, como destacam Sonia M. P. Kruppa *et al.*[302] Salientam que essa experiência é uma oportunidade para refletir e debater sobre as mudanças da forma escolar, porém sem abrir mão do princípio de que a educação escolar é uma relação humana mediada pelo conhecimento e que requer "diálogo cara a cara: educandos e educadores em diálogo em mesmo ambiente físico – no prédio escolar ou em atividades planejadas fora dele"[303].

Jardel Delgado Marques alerta-nos para uma questão fundamental em relação a esse novo quadro educativo. Se por um lado o "ciberespaço" é um espaço em que todos podem aprender juntos, como afirma Harasim,

---

[299] HARASIM, Linda *et al. Redes de aprendizagem*: Um guia para ensino e aprendizagem online. São Paulo: Editora Senac São Paulo, 2005. p. 19.

[300] MACHADO, Patricia Lopes Pimenta. Educação em tempos de pandemia: O ensinar através de tecnologias e mídias digitais. *Revista Científica Multidisciplinar Núcleo do Conhecimento*. Ano 5, ed. 6, v. 8, p. 58-68, jun. 2020. ISSN: 2448-0959. Disponível em: https://www.nucleodoconhecimento.com.br/educacao/tempos-de-pandemia. Acesso em: 5 jun. 2021.

[301] *Ibidem*, p. 59.

[302] KRUPPA, Sonia Maria Portella *et al. Educação na pandemia*. Disponível em: http://www4.fe.usp.br/wp-content/uploads/educacao-na-pandemia.pdf. Acesso em: 6 jun. 2021.

[303] *Ibidem*, p. 2.

> [...] na educação básica, a modalidade a distância é vista, nesse período atípico que se atravessa, dando destaque às desigualdades sociais, pois as escolas públicas não possuem aporte técnico e pedagógico para proporem um modelo de ensino que seja verdadeiramente eficiente e que promova a função transformadora da sociedade[304].

Também não se pode ignorar que o acesso à internet não é universal no Brasil. Dados da Agência IBGE[305] mostram que, em 2019, a internet era utilizada em 82,7% dos domicílios brasileiros (86,7% urbana e 55,6% rural). A maior parte desses domicílios está concentrada nas áreas urbanas das grandes regiões do país (Sudeste: 87,3%; Centro-Oeste 86,4%; Sul: 84,9%; Norte: 76,0%; e Nordeste: 74,3%). Nas residências em que não havia utilização da internet, os motivos que mais se destacaram para a não utilização foram: falta de interesse em acessar a internet (32,9%); o serviço de acesso caro (26,2%); e nenhum morador sabia usar a internet (25,7%). Dentre os domicílios localizados em área rural, um dos principais motivos da não utilização da internet continua sendo a indisponibilidade do serviço (19,2%). Esses dados evidenciam que o acesso à internet não é universal e não está garantido nem aos/às educadores/as, nem aos/às estudantes e às suas famílias.

Além das desigualdades no acesso às tecnologias necessárias para o desenvolvimento da EaD, também não se deve confundir Educação a Distância com o simples uso de tecnologias. "A educação a distância implica não só o acesso de todos a equipamentos adequados, às linguagens e formas de uso, mas a preparação qualificada, em tempo razoável, de instituições, docentes, estudantes para esse fim"[306].

O que se observa no cotidiano das escolas públicas é que o processo ensino-aprendizagem está centrado na relação professor-aluno e que para grande parte dos docentes este é um mundo estranho, e, portanto, uma novidade que precisam enfrentar.

O simples uso de tecnologias não caracteriza ensino na modalidade de Educação a Distância. Implementar, com a qualidade necessária ao

---

[304] MARQUES, Jardel Delgado. Educação a distância no contexto da pandemia da covid-19: uma alternativa democrática ou segregadora? *Revista Interinstitucional Artes de Educar*, Rio de Janeiro, v. 6, n. Especial II, p. 416-429, jun.-out. 2020. "Educação e Democracia em Tempos de Pandemia". DOI: 10.12957/riae.2020.52294. p. 427. Disponível em: https://www.e-publicacoes.uerj.br/index.php/riae/article/view/52294. Acesso em: 15 maio 2021.

[305] AGÊNCIA IBGE Notícias. *PNAD Contínua TIC 2019: internet chega a 82,7% dos domicílios do país*. Disponível em: https://agenciadenoticias.ibge.gov.br/agencia-sala-de-imprensa/2013-agencia-de-noticias/releases/30521-pnad-continua-tic-2019-internet-chega-a-82-7-dos-domicilios-do-pais. Acesso em: 8 jun. 2021.

[306] Muito além das tarefas a cumprir: notas da FEUSP sobre a educação em tempos de isolamento. Disponível em: http://www4.fe.usp.br/wp-content/uploads/documento-fe-em-tempos-de-isolamento-1.pdf. Acesso em: 6 jun. 2021. p. 3-4.

pleno desenvolvimento das crianças e jovens, uma educação na modalidade a distância implica em compreender e estruturar o currículo escolar na modalidade EaD e não apenas mudar a forma de apresentar o conteúdo.

Carlota Boto[307] destaca que as formas de seleção, de avaliação e de promoção dos alunos correspondem, em larga medida, às desigualdades que ocorrem no campo socioeconômico[308] e destaca:

> O fato é que a escolarização lidou mal, desde o princípio, com a realidade da computação; e, sobretudo, com o universo da internet. Como manter a forma da escola a partir da existência de uma rede mundial de computadores interconectada?

Evitar a segregação social e a reprodução decorrente da desigualdade dos alunos no acesso à tecnologia e à internet banda larga, chegar a esses alunos, transformar e reinventar a educação e a escola é o desafio posto.

O ingresso da internet e o uso das novas plataformas de ensino on-line, certamente farão parte dos novos currículos escolares. Embora tempos tristes, trouxeram oportunidade pedagógica, cabendo "[...] aos educadores descobrirem como agir na urgência com inventividade, com coragem de criar o novo, com respeito às tradições e com atenção a todos os alunos", assinala Boto[309].

A educação é um direito fundamental social inscrito na Constituição Federal de 1988 e, por tanto, direito de todos. Nesse sentido, afirma Diogo dos Santos Reis[310], é imperioso questionar essas desigualdades de acesso à tecnologia e à internet de banda larga de qualidade que se traduzem em desvantagens experimentadas pelas populações periféricas e em situação de maior vulnerabilidade, e é fundamental, ainda, que se conjuguem políticas públicas de longo prazo e ações emergenciais, para que o distanciamento e o isolamento sociais provocados pela pandemia não ampliem "os efeitos nocivos das crises que, historicamente, recaem prioritariamente sobre populações negras, pobres e periféricas".[311]

---

[307] BOTO, Carlota. A educação e a escola em tempos de coronavírus. *Jornal da USP.* 08.04.2020. Disponível em: https://jornal.usp.br/artigos/a-educacao-e-a-escola-em-tempos-de-coronavirus/. Acesso em: 10 maio 2021.

[308] *Cf.* BOURDIEU, Pierre; PASSERON, Jean-Claude. *A Reprodução*: elementos para uma teoria do sistema de ensino. Rio de Janeiro: Francisco Alves, 1970.

[309] BOTO, Carlota. *Op. Cit.* p. 4.

[310] REIS, Diogo dos Santos. Coronavírus e desigualdades educacionais: reposicionando o debate. *Olhar de professor,* v. 23, 2020. Disponível em: http://www4.fe.usp.br/wp-content/uploads/coronavirus-e-desigualdades-educacionais-diego-reis.pdf. Acesso em: 10 maio 2021.

[311] *Ibidem*, p. 4.

O aporte de recursos em infraestrutura básica, em educação e pesquisa é incontornável para que direitos sociais sejam promovidos e garantidos, especialmente no acesso a um sistema educacional universal — financiado adequadamente —, e na permanência de segmentos que não cessam de ser pressionados à evasão.

Os desafios com os quais nos deparamos diante da realidade virtual exigem que nós repensemos, sim, as potencialidades dos aparatos tecnológicos para fins educativos. Mas também que aprofundemos o debate acerca do pedagógico e da necessidade de ressignificar os processos educativos, sem perder o foco de nossas práticas: a formação humana de sujeitos em permanente processo de produção e reinvenção de suas próprias vidas. A questão, por fim, é: será possível combater as desigualdades sociodigitais sem enfrentar, radicalmente, as disparidades sócio raciais e territoriais que cindem a sociedade brasileira? O problema é que a exclusão também tem sido, historicamente, a norma vigente no Brasil[312].

Helena Singer, retomando a ideia de cidadania, assinala que a educação não se dá no vazio, mas sim

> [...] na relação, na construção dos valores, no acompanhamento atento, qualificado e cuidadoso do desenvolvimento humano, nas conexões construídas, nas experiências compartilhadas. Este aspecto fundamental da educação, no qual o professor ou educador é insubstituível, é o que fica silenciado quando a instrução domina os debates[313].

Com o isolamento, esse processo de socialização e construção da cidadania não se concretiza, produzindo danos à formação pessoal e profissional.

Dados do Relatório do Banco Mundial indicam que o fechamento das escolas, embora temporário, pode fazer com que cerca de dois em cada três alunos não sejam capazes de ler ou entender textos adequados para a sua idade e

> [...] simulações recentes sugerem que a pobreza da aprendizagem pode crescer em mais de 20%, o que equivale a um aumento de cerca de 7,6 milhões de pobres de aprendizagem, mesmo com um fechamento de escolas equivalente a apenas 70% do ano letivo[314].

---

[312] *Ibidem*, p. 4.

[313] SINGER, Helena. Covid-19: Nada será como antes. *Centro de Referências em Educação Integral*. 07.04.2020, p. 5. Disponível em: www.educacaointegral.org.br. Acesso em: 6 jun. 2021.

[314] SINGER, Helena. Covid-19: Nada será como antes. *Centro de Referências em Educação Integral*. 07.04.2020, p. 6. Disponível em: www.educacaointegral.org.br. Acesso em: 6 jun. 2021.

Ricado Paes de Barros e colaboradores[315], em pesquisa local sobre as perdas da aprendizagem na pandemia, assinala que os estudantes que concluíram a 2ª série do ensino médio em 2020, iniciaram a 3ª série com uma proficiência (em Língua Portuguesa e Matemática) entre 9 e 10 pontos da escala Saeb (Sistema de Avaliação da Educação Básica) abaixo do que iriam alcançar caso não tivessem tido a necessidade de transitar do ensino presencial para o ensino remoto devido à pandemia. E em relação às perdas em 2021, considerando que o ensino remoto está presente na maioria das escolas públicas, as perdas poderão alcançar níveis quase duas vezes mais elevados: 16 em Língua Portuguesa e 20 pontos em Matemática.

Os efeitos da pandemia, além de impactarem a aprendizagem ou escolaridade, permeiam muitas outras esferas da vida dos estudantes, como a saúde física, mental e emocional. A baixa aprendizagem, a dificuldade, ou mesmo ausência de acesso à internet, a falta de engajamento ao ensino remoto, o desemprego e aumento da pobreza, são alguns dos elementos que sinalizam que a pandemia da Covid-19 representou a maior crise de todos os tempos para os sistemas educacionais.

Considerações finais

A educação e a instrução são Direitos Humanos internacionalmente reconhecidos e, no direito interno, direitos fundamentais sociais, como expresso no Art. 6º da Constituição Federal de 1988. São, por consequência, elementos da cidadania. Como entre os antigos, é ser cidadão da pólis, participar ativamente da vida da cidade.

A crise nos sistemas educacionais provocada pela pandemia da Covid-19 afetou e afeta milhões de estudantes que, sem acesso ou com acesso precário à aprendizagem remota, estão em risco de abandono, com grande potencial de trazer impactos significativos no longo prazo.

Observou-se também um acentuado distanciamento entre os sistemas de ensino público e o privado, este mais adaptado às tecnologias e com o apoio das grandes corporações que buscam, neste universo, ampliar os serviços oferecidos.

A crise provocada pela pandemia da Covid-19 traz desafios à educação, como a necessidade de reconstruir o sistema educacional fragilizado, mitigar e corrigir as perdas de aprendizagem e reduzir as desigualdades, ampliar o

---

[315] BARROS, Ricardo Paes de *et al*. Perda da aprendizagem na pandemia. São Paulo: Núcleo Ciência pela Gestão Educacional Insper e Instituto Unibanco, 2021.

engajamento dos estudantes e das famílias, tanto no ensino remoto, quanto neste processo de correção das perdas de aprendizagem, motivar e capacitar os professores para atuarem no ensino remoto, não como reprodução das aulas presenciais disponibilizadas via rede, mas sim na construção de uma Educação a Distância capaz de reduzir as desigualdades, corrigir as perdas de aprendizagem. Uma educação para todos, e em todos os lugares.

A (re)construção da educação e da instrução, com uma educação para todos e em todos os lugares, é, certamente, o primeiro passo para o fortalecimento da cidadania.

Referências

AGÊNCIA IBGE Notícias. *PNAD Contínua TIC 2019: internet chega a 82,7% dos domicílios do país*. Disponível em: https://agenciadenoticias.ibge.gov.br/agencia- -sala-de-imprensa/2013-agencia-de-noticias/releases/30521-pnad-continua-tic- -2019-internet-chega-a-82-7-dos-domicilios-do-pais#:~:text=Ag%C3%AAncia%20 de%20Not%C3%ADcias-,PNAD%20Cont%C3%ADnua%20TIC%202019%3A%20 internet%20chega%20a%2082,7%25%20dos%20domic%C3%ADlios%20do%20 pa%C3%ADs&text=De%202018%20para%202019%2C%20o,de%203%2C6%20 pontos%20percentuais. Acesso em: 8 jun. 2021.

ALEXY, Robert. *Constitucionalismo discursivo*. Porto Alegre: Livraria do Advogado, 2006.

ARGOLO JUNIOR, Cecilio. "Mesmo quando tudo pede um pouco mais de calma, a vida não para": O exercício da paciência como resiliência em tempos de pandemia de covid-19. *Revista Jurídica Unigran*, Dourados, v. 22, n. 44, p. 16-21, jul./dez. 2020.

BARROS, Ricardo Paes de *et al*. *Perda da aprendizagem na pandemia*. São Paulo: Núcleo Ciência pela Gestão Educacional Insper e Instituto Unibanco, 2021.

BARUFFI, Helder. A educação como um direito fundamental: um princípio a ser realizado. *In*: FACHIN, Zulmar (org.). *Direitos Fundamentais e Cidadania*. São Paulo: Método, 2008. p. 83-96.

BARUFFI, Helder. O direito à educação e eficácia: um olhar sobre a positivação e inovação constitucional. *Revista Jurídica Unigran*, v. 23, p. 43-56, 2010.

BARUFFI, Helder. A educação como um direito social fundamental: positivação e eficácia. *Educação e Fronteiras On-Line*, Dourados, v.1, n. 3, p. 146-159, set./dez. 2011.

BARUFFI, Helder. Derechos fundamentales, eficacia y justicialidad. *In*: ALMEIDA, Dayse Coelho de; COUTINHO, Sérgio; FERRAZ, Adilson Silva (org.). *Desafios y perspectivas del derecho contemporáneo*. Buenos Aires: Dunken, 2013. v. 1. p. 221-236.

BERGER, Peter; LUCKMANN, Thomas. *A construção social da realidade*: tratado de sociologia do conhecimento. Petrópolis, Rio de Janeiro: Vozes, 1985.

BOBBIO, Norberto. *A era dos direitos*. Rio de Janeiro: Campus, 1992.

BOTO, Carlota. A educação e a escola em tempos de coronavírus. *Jornal da USP*. 8 abr. 2020. Disponível em: https://jornal.usp.br/artigos/a-educacao-e-a-escola--em-tempos-de-coronavirus/. Acesso em: 10 maio 2021.

BOURDIEU, Pierre; PASSERON, Jean-Claude. *A Reprodução*: elementos para uma teoria do sistema de ensino. Rio de Janeiro: Francisco Alves, 1970.

BRASIL. [Constituição (1988)]. *Constituição da República Federativa do Brasil*. Brasília: Senado Federal, 2016. 496 p. Disponível em: https://www.planalto.gov.br/ccivil_03/Constituicao/Constituicao.htm. Acesso em: 10 set. 2021.

BRASIL. Decreto n. 591, de 6 de julho de 1992. *Diário Oficial da União*, Brasília, 7 jul. 1992. Disponível em: https://www.planalto.gov.br/ccivil_03/decreto/1990-1994/d0591.htm. Acesso em 21 de jun. 2021.

BRASIL. Lei 8.069, de 13 de julho de 1990. Dispõe sobre o Estatuto da Criança e do Adolescente e dá outras providências. *Diário Oficial da União*, Brasília, 16 jul. 1990. Disponível em: https://www.planalto.gov.br/ccivil_03/leis/L8069.htm. Acesso em: 10 set. 2021.

BRASIL. Instituto Nacional de Estudos e Pesquisas Educacionais Anísio Teixeira. *Censo da Educação Básica 2020: notas estatísticas*. Brasília: INEP, 2021. p. 6. Disponível em: inep.gov.br. Acesso em: 7 jun. 2021.

CANOTILHO, José Joaquim Gomes. *Constituição dirigente e vinculação do legislador*. Contributo para a compreensão das normas constitucionais programáticas. Coimbra: Coimbra Editora, 1994.

COMPARATO, Fábio Konder. *Fundamento dos Direitos Humanos*. Instituto de Estudos Avançados da USP, 1997. Disponível em: http://www.iea.usp.br/publicacoes/textos/comparatodireitoshumanos.pdf. Acesso em: 21 jun. 2021.

FACULDADE DE EDUCAÇÃO - USP. Muito além das tarefas a cumprir: notas da FEUSP sobre a educação em tempos de isolamento. Disponível em: http://www4.fe.usp.br/wp-content/uploads/documento-fe-em-tempos-de-isolamento-1.pdf. Acesso em: 6 jun. 2021.

FLORES, Joaquim Herrera. *A (Re) invenção dos direitos humanos*. Florianópolis: Fundação Boiteaux, 2009.

FRIGOTTO, Gaudêncio. *A produtividade da escola improdutiva*. Um reexame das relações entre educação e estrutura econômico-social capitalista. São Paulo: Cortez Editora, 2001.

GARCIA, Maria. O art. 37 da Constituição Federal e o princípio da publicidade na administração pública. *Revista de Direito da Administração Pública*, ano 6, v. 1, n. 1, jan./jun. 2021. p. 103.

HARASIM, Linda *et al. Redes de aprendizagem*: Um guia para ensino e aprendizagem online. São Paulo: Editora Senac São Paulo, 2005.

KARNAL, Leandro. O direito de papel. *O Estado de S. Paulo*, Caderno 2, p. C7, 20 ago. 2017.

KRUPPA, Sonia Maria Portella *et al. Educação na pandemia*. Disponível em: http://www4.fe.usp.br/wp-content/uploads/educacao-na-pandemia.pdf. Acesso em: 6 jun. 2021.

LAFER, Celso. *A reconstrução dos direitos humanos*: um diálogo com o pensamento de Hannah Arendt. São Paulo: Cia. das Letras, 1988.

LEONTIEV, Alexis. *O desenvolvimento do psiquismo*. Lisboa: Horizonte, 1978.

MACHADO, Patricia Lopes Pimenta. Educação em tempos de pandemia: O ensinar através de tecnologias e mídias digitais. *Revista Científica Multidisciplinar Núcleo do Conhecimento*, ano 5, ed. 6, v. 8, p. 58-68, jun. 2020. ISSN: 2448-0959. Disponível em: https://www.nucleodoconhecimento.com.br/educacao/tempos-de-pandemia. Acesso em: 5 jun. 2021.

MANACORDA, Mario Alighiero. *História da Educação*: da Antiguidade aos nossos dias. 12. ed. São Paulo: Cortez, 2006.

MARQUES, Jardel Delgado. Educação a distância no contexto da pandemia da covid-19: uma alternativa democrática ou segregadora? *Revista Interinstitucional Artes de Educar*, Rio de Janeiro, v. 6, n. Especial II, p. 416-429, jun.-out. 2020. "Educação e Democracia em Tempos de Pandemia". DOI: 10.12957/riae.2020. Disponível em: https://www.e-publicacoes.uerj.br/index.php/riae/article/view/52294. Acesso em: 15 maio 2021.

OLIVEIRA, Romualdo Portela de. O Direito à Educação na Constituição de 1988 e seu reestabelecimento pelo sistema de Justiça. *Revista Brasileira de Educação*, São Paulo, v. 11, p. 61-74, 1999.

OLIVEIRA, Valdiléia Xavier de; SFORNI, Marta Sueli de Faria. Educação e desenvolvimento humano. *Seminário de Pesquisa do PPE*. Universidade Estadual de Maringá 12 a 14 de Junho de 2013, p. 9. Disponível em: https://silo.tips/download/educaao-e-desenvolvimento-humano. Acesso em: 10 jun. 2021.

ORGANIZAÇÃO DAS NAÇÕES UNIDAS. *Declaração Universal dos Direitos Humanos, 1948*. Disponível em: https://www.unicef.org/brazil/declaracao-universal--dos-direitos-humanos. Acesso em: 21 jun. 2021.

ORGANIZAÇÃO DOS ESTADOS AMERICANOS. *Declaração Americana dos Direitos e Deveres do Homem,* 1948. Disponível em: https://www.cidh.oas.org/Basicos/Portugues/b.Declaracao_Americana.htm. Acesso em: 21 jun. 2021.

REIS, Diogo dos Santos. Coronavírus e desigualdades educacionais: reposicionando o debate. *Olhar de professor*, v. 23, 2020. Disponível em: http://www4.fe.usp.br/wp-content/uploads/coronavirus-e-desigualdades-educacionais-diego-reis.pdf. Acesso em: 10 maio 2021.

SANCHIS, Luis Prieto. Los derechos sociales y el principio de igualdad sustancial. *In*: BARUFFI, Helder (org.). *Direitos fundamentais sociais*. Dourados: Edufgd, 2009. p. 167-216.

SILVA, José Afonso da. *Aplicabilidade das normas constitucionais*. Disponível em: https://arquivos.integrawebsites.com.br/66582/bc2c06fb00ef651400fb18045b1797b3.pdf. Acesso em: 10 maio 2021.

SILVA, José Afonso da. *Curso de Direito Constitucional positivo*. 42. ed. São Paulo: Malheiros, 2019.

SINGER, Helena. Covid-19: Nada será como antes. *Centro de Referências em Educação Integral*. 7 abr. 2020. Disponível em: www.educacaointegral.org.br. Acesso em: 6 jun. 2021.

THE WORLD BANK. Ação Urgente é necessária para fazer frente à enorme crise da Educação na América Latina e no Caribe. 17 mar. 2021. Disponível em: https://www.worldbank.org/pt/news/press-release/2021/03/17/hacer-frente-a-la-crisis-educativa-en-america-latina-y-el-caribe. Acesso em: 22 jun. 2021.

A CIDADANIA ESQUECIDA PELO ESTADO DEMOCRÁTICO DE DIREITO

Raphael Silva Rodrigues
Joaquim José Miranda Júnior

Promulgada após longo e tenebroso período de arbítrio, a Constituição Federal de 1988 teve como objetivo principal a reconstrução da cidadania. Apesar dos percalços e dificuldades, é inegável que se constitui em marco exitoso na evolução da sociedade brasileira.

Contudo a noção de cidadania que se consolidou está focada nos direitos a ela inerentes. O brasileiro aprimorou o conhecimento dos seus direitos e desenvolveu a capacidade de lutar, pelas vias institucionais e jurídicas, pelo seu respeito e implementação. E que seja um processo que se aprofunde cada vez mais, tendo em vista que ainda temos grande *deficit* de respeito aos direitos, principalmente dos menos favorecidos.

Mas nesse processo não se conseguiu o mesmo desenvolvimento com relação aos deveres. A absorção do conceito de dever de cidadania e o seu exercício ficou relegado a segundo plano. Grande parte dos brasileiros é bastante atenta e atuante no que se refere aos seus direitos, mas negligente no que se refere ao cumprimento dos seus deveres.

O próprio ordenamento jurídico induz a essa situação. Os textos constitucionais contemporâneos colocam os deveres constitucionais à sombra dos direitos fundamentais. Na generalidade dos casos, o termo *deveres* encontra-se ao lado dos direitos fundamentais na epígrafe do título ou capítulo relativo ao que a doutrina jurídica costuma denominar de "sub-constituição do indivíduo". Muitas vezes, inclusive, há apenas um dever genérico imposto aos cidadãos ou a previsão dos deveres básicos, como recolher tributos e defesa da nação.

Na Carta Constitucional brasileira, o Capítulo I do Título II (que se denomina tão somente "Dos Direitos e Garantias Fundamentais") tem como título "Dos Direitos e Deveres Individuais e Coletivos". Após prever no caput do Art. 5º que todos são iguais perante a lei, estatui-se no inciso I que homens e mulheres são iguais em direitos e obrigações, nos termos de seu texto. Aí se encontra a cláusula genérica de previsão do dever constitucional.

A análise dos demais 76 incisos que compõem o referido dispositivo constitucional comprova se tratar de extenso rol de direitos individuais e coletivos, sem nenhuma outra menção a qualquer dever atinente aos cidadãos. E nos demais artigos da Constituição existe a previsão de deveres de cidadania, como o de prestar serviço militar ou de votar, mas não com o status e a repercussão dos direitos fundamentais.

Esse predomínio dos direitos não pode ter como consequência o individualismo e o egoísmo social. O indivíduo não deve ser compreendido isoladamente, mas sim como ser inserido socialmente, ao qual incumbem deveres decorrentes da solidariedade social que lhe é imposta.

Ou seja, os direitos fundamentais não são limitados tão somente em uma perspectiva subjetiva pela órbita de liberdade do outro, mas também, e em muitos casos, principalmente pelas exigências sociais e de ordem pública decorrentes do fato de se estar inserido numa sociedade democrática. Essas exigências não se exaurem na problemática dos limites aos direitos do indivíduo, mas dão suporte e autonomia aos direitos fundamentais.

E como se exterioriza essa deficiente concepção dos deveres de cidadania? Na dificuldade ou repúdio no cumprimento das obrigações por parte dos cidadãos. A visão de que o Estado é um inimigo ou espoliador, induz ou erroneamente legitima condutas indevidas, ilegais e/ou nocivas socialmente. Nisso se insere a aceitação de práticas como a sonegação de tributos, o descumprimento de leis trabalhistas, a burla às normas de trânsito e de convivência social e, em termos gerais, a visão do "jeitinho brasileiro" e da busca a todo custo de se levar vantagem.

Muitos já devem ter vivido a situação de presenciar pessoas se gabando de burlar o fisco, como a partir da fraude à dedução de despesas de saúde, ou de não cumprir obrigações trabalhistas, ou de ter conseguido, por meio de contatos, benefícios em órgãos públicos. Ou de ouvir o deboche contra o chamado politicamente correto, com a defesa do direito de zombar ou de diminuir outras pessoas por questões de raça, sexo, orientação sexual ou religiosa. A própria máxima de que existem leis que não "pegam" no Brasil é sintomática. Como se a eficácia de uma obrigação legal estivesse vinculada à aceitação pelo cidadão e não da sua força cogente, decorrente do sistema jurídico e do pacto social que o legitima.

Outro exemplo dessa situação é o que ocorre quando há alguma tragédia decorrente de descumprimento de normas de conduta ou de cuidado. Em casos como o da Boate Kiss, a sociedade insurge-se fortemente contra a negligência do Estado em fiscalizar a atividade privada. Como se o cumprimento das normas pelo particular somente devesse ocorrer quando fiscalizado ou sob o risco de punição. Ora, o dever do particular de cumprir as regras obrigatórias para o desenvolvimento da sua atividade é objetivo, decorre da norma jurídica, e não de haver efetiva fiscalização. Nesses casos, o erro, que deve ser punido, é dos dois envolvidos, o particular que não cumpriu a sua obrigação e o Estado que não fiscaliza eficazmente. Mas não se pode aceitar a visão de que somente se cumpre a norma se houver coação.

Em outro plano, a visão negativa dos deveres levou a se repudiar a figura do corrupto, mas a não se ter a mesma rigidez de avaliação com relação ao corruptor. Esse era encarado como alguém que estava "jogando o jogo", no objetivo de levar vantagem, sendo vítima daquele que se corrompia. Somente recentemente a sociedade vem mudando essa visão, com a própria Justiça atuando de forma inédita contra os corruptores. Também é relevante avanço a Lei n.º 12.846/13 (Lei Anticorrupção), que instituiu sanções para aqueles envolvidos em atos de corrupção, inclusive pessoas jurídicas.

O senso comum de que existem leis que "pegam" e outras que "não pegam" no Brasil, está inserido nesse contexto. Como se o cumprimento das normas fosse uma deliberação pessoal de cada um, mediante a sua própria avaliação de conveniência, e não um pressuposto do dever de cidadania, no contexto do Estado Democrático de Direito.

É um traço cultural da nossa sociedade, que entende o dever de cumprir as normas jurídicas como "obrigação" e não como elemento fundamental da cidadania.

Para avaliar essa distinção, buscamos apoio na teoria dos imperativos categóricos e hipotéticos de Immanuel Kant[316]. De acordo com a filosofia kantiana, a análise do *dever* parte, inicialmente, da relação entre este e o *bom*, na qual a "boa vontade" adquire grande importância. A "boa vontade", ou "ação boa", caracteriza-se por ser aquela que se realiza não por sua conformidade ou adequação à consecução de determinados fins, mas exclusivamente por ser "boa por si mesma". Para Kant, a razão, por meio dos chamados "imperativos", fornece os dados para que o homem proceda no sentido de chegar ao bem moral.

Assim, hipotéticos seriam os imperativos que representassem a necessidade prática de uma ação possível como meio de conseguir outra coisa que se quer (ou que é possível que se queira). Categóricos, por sua vez, seriam aqueles que representassem uma ação por si mesma, sem nenhum outro

---

[316] *Cf.* KANT, Immanuel. *Fundamentação da metafísica dos costumes e outros escritos.* São Paulo: Martin Claret, 2004. p. 51.

fim que lhe determine objetivamente como necessária. Em mal-acabada síntese: se a ação é boa somente como meio para alguma coisa, então o imperativo que a determina é hipotético. Porém, se a ação é representada como boa em si, isto é, como necessária segundo uma vontade conforme a razão, estar-se-á diante de um imperativo categórico.

Por intermédio dos imperativos, Kant faz a distinção entre dever e obrigação, distinguindo a atuação conforme o dever (donde se poderia tirar o conceito de obrigação) e a atuação pelo dever. Falar-se-á, então, em dever quando a ação é devida pelo seu valor intrínseco e de obrigação quando ela é determinada por força de algo. Enquanto no dever a assunção seria sempre incondicional, no caso da obrigação esta estaria condicionada à consecução de um objetivo.

Ademais, cumpre salientar que a ética moderna é marcada pela obra de Immanuel Kant, que chegou a publicar em 1785 a *Fundamentação da metafísica dos costumes* e em 1788 a *Crítica da razão prática*, obras estas que antecederam a Revolução Francesa (1789). O referido filósofo alemão, por meio da racionalidade, propôs uma ética transcendental, "fundada na razão que investigaria os conceitos metafísicos para construir uma ética com pretensão de validade universal"[317].

Já no âmbito jurídico, essa distinção também se encontra formulada na teoria de Hans Kelsen, segundo a qual as obrigações jurídicas teriam como conteúdo determinada conduta estabelecida pelo ordenamento, estando estreitamente conectadas com a sanção. O sujeito da obrigação jurídica seria, dessa forma, aquele cuja conduta está determinada na obrigação e a quem é imputada a sanção no caso de seu descumprimento. O positivismo kelseniano não diferencia dever jurídico de obrigação jurídica, derivando ambos do mandamento de uma norma positivada. A diferenciação efetuada é tão somente entre dever jurídico e dever moral.

Segundo Kelsen, o conceito de dever jurídico implica também um "dever ser". Se alguém está juridicamente obrigado a determinada conduta, isso significa que um órgão "deve" lhe aplicar uma sanção no caso de se comportar de maneira contrária.

O conceito de dever jurídico, porém, difere do conceito de dever moral pelo fato de o primeiro não ser a conduta que a norma "exige", a conduta que deve ser observada. O dever jurídico seria, pelo contrário, o comportamento por cuja observância o ato antijurídico é evitado, é dizer, a conduta oposta àquela que constitui a condição da sanção[318].

---

[317] MARINS, James. *Tributação e política*. Curitiba: Juruá, 2005. p. 120.
[318] KELSEN, Hans. *Teoria geral do direito e do estado*. São Paulo: Martins Fontes, 2000. p. 85-86.

Entretanto, apesar de não negarmos que tanto o dever jurídico quanto a obrigação jurídica se fundamentam primordialmente no comando de uma norma positivada, defendemos uma diferenciação entre os dois conceitos, tendo em vista, por exemplo, os interesses protegidos e o grau de concretude que carregam[319].

Em face dos interesses protegidos, a obrigação jurídica é caracterizada pela exigência de um comportamento específico de um sujeito em face de outro que, por força do ordenamento jurídico, tem a prerrogativa de exigir a sua execução. A obrigação jurídica, portanto, surge sempre em uma relação jurídica específica que se encontra vinculada a um direito subjetivo de um outro sujeito que é parte (ativa) da mesma relação.

Quando, de outro lado, verifica-se uma situação em que a titularidade do interesse afetado é genérica ou indeterminável de plano, tem-se um dever jurídico. Essa situação se apresenta com mais frequência quando a titularidade do interesse está fixada em um órgão público. Muitas vezes, a relação jurídica com o ente estatal pode se desenvolver sob a ótica de Direito Privado, como uma obrigação jurídica stricto sensu. Em outras ocasiões, contudo, tem-se apenas uma prerrogativa juridicamente assegurada ao ente público, que somente se transforma em obrigação jurídica quando exercitada por este.

Um exemplo concreto de dever jurídico, de matiz constitucional, é o dever de recolher tributos, o qual está previsto no Capítulo I do Título VI da Constituição Federal do Brasil, que delega aos entes políticos a capacidade de instituir determinados tributos. Entretanto a simples previsão constitucional da competência impositiva, por si só, não provoca o surgimento de obrigações tributárias concretas.

Agora, apesar de a norma constitucional não produzir diretamente o surgimento de obrigações tributárias, é inegável que a Constituição Federal impõe aos cidadãos um dever: o de contribuir para o sustento dos gastos públicos. *Dever* este, que, mediante a sua concreção por lei, faz efetivamente surgir relações jurídicas tributárias.

Não é por acaso que os textos constitucionais utilizam normalmente o termo *dever* ao invés do termo *obrigação*, com o claro objetivo de dar maior força ao conteúdo normativo que consagram, relacionando a este um implícito componente moral. Devido a isso, não se visualiza a existên-

---

[319] CHUVI, Cristina Pauner. *El deber constitucional de contribuir al sostenimiento de los gastos públicos.* Madrid: Centro de Estudios Politicos y Constitucionales, 2001. p. 36.

cia da previsão de obrigações jurídicas, stricto sensu, dirigidas especificamente aos cidadãos, no corpo das Constituições, sendo que as obrigações previstas constitucionalmente quase sempre se dirigem aos entes estatais. Reside nesse ponto um importante critério de diferenciação entre deveres constitucionais e obrigações jurídicas.

Mas se faz importante uma ressalva: a concepção do dever de contribuir, como dever de cidadania, não se presta de forma alguma a legitimar abusos ou ilegalidade. Pelo contrário, o conhecimento do fundamento da tributação trabalha em duas frentes: se, de um lado, integra valor ao dever do contribuinte; de outro, dá uma consciência dos seus direitos como cidadão-contribuinte, o que lhe permite detectar e se insurgir contra desmandos ou arbitrariedades, porventura cometidos, no exercício da tributação. Inserido, por excelência, no campo constitucional, o dever tributário relaciona-se efetivamente com o conjunto de princípios e direitos que caracterizam o constitucionalismo moderno.

Trata-se apenas da exemplificação de um dos deveres fundamentais de cidadania. Deveres estes que têm feição valorativa específica no Estado Democrático de Direito. Numa análise sucinta, são exigências pertinentes ao bem-estar da sociedade democrática, de acordo com a concepção de que o homem não é um indivíduo isolado, mas sim uma pessoa inserida na estrutura social e de quem pode e devem ser exigidas contraprestações sociais. Se o Estado moderno tem, de um lado, a função precípua de prever, proteger e efetivar os direitos fundamentais dos cidadãos, de outro, tem o direito de lhes imputar certos deveres, decorrentes da responsabilidade social de cada um.

Os deveres fundamentais, portanto, são normas veiculadoras de deveres jurídicos do homem e do cidadão, decorrentes de sua posição na estrutura social e do papel que desempenha nela. Albergam em seu conteúdo normativo valores que são imprescindíveis à comunidade, que, por isso, pode exigir de cada indivíduo o seu cumprimento[320].

E se relacionam com os direitos fundamentais, uma vez que ambos constituem o estatuto constitucional do indivíduo. Superada a concepção individualista da cidadania, impõe-se o reconhecimento do dever de solidariedade social do cidadão. Sua subordinação aos deveres fundamentais não se dá mais como um "ônus" da vida social, mas sim como decorrência imediata de sua posição social e que se encontra vinculada a valores como o respeito à dignidade humana e a solidariedade social.

---

[320] NABAIS, José Casalta. *O dever fundamental de pagar impostos*. Coimbra: Almedina, 2009. p. 64.

Não só o Estado tem uma posição ativa no Estado Social, com o dever de combater as desigualdades sociais e propiciar a cada cidadão a possibilidade de desenvolver as suas potencialidades, mas também o conjunto dos cidadãos, principalmente os mais bem aquinhoados socialmente, tem de participar na busca desses objetivos.

Ora, não se trata aqui de discurso moralista ou de submissão! Os cidadãos podem e devem avaliar a constitucionalidade/legalidade das obrigações instituídas pelo legislador, e discordando acionar o Judiciário, exercer o seu direito de protesto ou pressionar por mudança por parte do legislador. Mas isso não elide o fato de que precisamos evoluir no que se refere à capacidade de nossa sociedade de respeitar as leis e as práticas de cidadania.

Questões do nosso cotidiano, mas de grande relevância, estão nesse contexto inserido. O respeito aos demais cidadãos, sem nenhuma discriminação de raça, credo, ideologia política ou orientação sexual, por exemplo. O respeito ao espaço de convivência, com o acatamento das normas de trânsito ou de regras de conveniência, como a lei do silêncio após as 22h. As consequências do não cumprimento desse tipo de regras são graves e de conhecimento geral. Como o enorme número de acidentes graves de trânsito que ocorrem anualmente; o índice inaceitável de violência contra mulheres, negros e homossexuais; e diversos tipos de conflitos decorrentes da dificuldade de convívio social. A sonegação fiscal, por seu turno, implica em retirada de valores importantes para que o Estado cumpra as suas obrigações, no aumento da carga sobre aqueles que cumprem corretamente as suas obrigações, além de induzir a burocratização do sistema fiscal e o incremento das estruturas fiscalizatórias.

Neste momento relevante da história brasileira, em que se busca atacar efetivamente práticas que a séculos contaminam a relação entre empresas e pessoas com o Estado, deve-se buscar a mudança de mentalidade e de postura dos cidadãos e das pessoas jurídicas, que, encampando plenamente essa condição, cumpram de forma espontânea e consciente seus deveres de cidadania e deveres legais (no caso das pessoas jurídicas), observando as leis e pautando da mesma forma seu relacionamento com os demais e o Estado. Assim, estaremos todos dando a nossa parcela de contribuição para a construção de uma sociedade livre, justa e solidária. E teremos ainda mais legitimidade para exigir do Estado e das autoridades que cumpram todos os deveres que lhe são impostos pela Constituição.

Referências

CHUVI, Cristina Pauner. *El deber constitucional de contribuir al sostentamento de los gastos públicos*. Madrid: Centro de Estudios Politicos y Constitucionales, 2001.

KANT, Immanuel. *Fundamentação da metafisica dos costumes e outros escritos*. São Paulo: Martin Claret, 2004.

KELSEN, Hans. *Teoria geral do direito e do estado*. Tradução de Luís Carlos Borges. São Paulo: Martins Fontes, 2000.

MARINS, James. (coord.). *Tributação e política*. Curitiba: Juruá, 2005.

NABAIS, José Casalta. *O dever fundamental de pagar impostos*. Coimbra: Almedina, 2009.

JUSTIÇA AMBIENTAL E DEMOCRACIA: CAMINHOS DE DESENVOLVIMENTO COM SUSTENTABILIDADE

Janderson de Paula Souza
Loreci Gottschalk Nolasco
Daniela de Oliveira Fernandes

Introdução

No decorrer da formação histórica das sociedades, o entendimento acerca do desenvolvimento esteve ligado diretamente ao cenário econômico e aos seus desdobramentos. Contudo, na contemporaneidade, a partir do final da década de 1960 do século passado, a aprovação da Resolução 1.710 (XVI), de 15 de dezembro de 1960, determinava o Primeiro Decênio das Nações Unidas para o Desenvolvimento, corroborando para a criação, em 1986, da Declaração sobre o Direito ao Desenvolvimento (adotada pela Resolução n.º 41/128 da Assembleia Geral das Nações Unidas, de 4 de dezembro de 1986), estabelecendo uma estratégia de desenvolvimento dos povos, sobretudo de países em desenvolvimento.

Destarte, a conceptualização intrínseca de desenvolvimento abarcar-se-á em outras bifurcações das ciências sociais, tais como: a Sociologia, a Ética, o Direito e a Ecologia que visa ao constante incremento do bem-estar de toda a população e de todos os indivíduos, com base em sua participação ativa, livre e significativa no desenvolvimento e na distribuição justa dos benefícios daí resultantes. Hoje, já não se pode falar de desenvolvimento sustentável sem paz e segurança. Amartya Sen[321] vai exemplificar que, no cenário atual, na perspectiva social humana, o desenvolvimento é aplicado como a mola propulsora que visa erradicar a pobreza, como também de promoção às liberdades políticas em geral, sobretudo, do meio ambiente, para daí efetivar a dignidade da pessoa humana. Por isso, Imbamba[322] acentua: "A cultura da paz faz nascer a cultura do desenvolvimento, do convívio, da alegria e da esperança".

---

[321] SEN, Amartya. *Desenvolvimento como liberdade*. Tradução de Laura Teixeira Motta. 6. ed. São Paulo: Companhia das Letras, 2000.

[322] IMBAMBA, José Manuel. *Uma nova cultura para mulheres e homens novos*: um projecto filosófico para Angola do 3.º milênio à luz da filosofia de Battista Mondin. 2. ed. Luanda: Paulinas, 2010. p. 239.

O Brasil, apesar de ser um país cuja Constituição é considerada "Carta de princípios para a proteção do meio ambiente",

> Sob o pálio de uma perspectiva prospectiva da responsabilidade, um dever ao Estado e à coletividade em defender e preservar o meio ambiente para as presentes e futuras gerações, estabelecendo, em última instância, não um sentido setorial, adstrito ao universo ambiental, mas de teor geral e generalizante basilar na relação intergeracional, como também do tecido social[323].

reconhecendo direitos fundamentais de diferentes dimensões, incumbindo ao Poder Público, bem como à coletividade a especial obrigação de defender e preservar, em benefício das presentes e futuras gerações, criando um lapso temporal de solidariedade para com os futuros brasileiros, transindividualizando o interesse público, ainda é incipiente na aplicação da Justiça Ambiental, isso porque a injustiça se traduz na má distribuição de renda e acesso aos recursos naturais. Embora haja luta em favor de um país mais justo, o descaso pelo espaço comum e pelo meio ambiente se encaixa com o desprezo pelas pessoas e comunidades.

Pari passu à degradação ambiental, a má distribuição dos recursos naturais e a injustiça social, originou-se a denominada "Justiça Ambiental". Advinda de movimentos sociais a partir da década de 1980, deu origem às mais diversas teorias acerca de um modelo sustentável de vida, e, principalmente, da luta do movimento negro norte-americano, a respeito de lixo tóxico deixado para populações negras[324]. O movimento reafirmou a luta contra o racismo ambiental, impedindo o desenvolvimento econômico de uma parte da população vulnerável. Contudo, encontram-se no polo passivo de preconceito ambiental, não somente os negros, mas também os povos indígenas e ribeirinhos, os quais são alvos diretos do efeito nocivo do mau uso dos recursos naturais[325].

Norteado pela problemática atinente aos problemas ambientais e o loco comum em que todos, pessoas humanas, independentemente de raça, cor, sexo, e ainda de seu entorno (biota), venham a usufruir de um meio ambiente sadio e equilibrado e, por conseguinte, garantia de vida e saúde

---

[323] FERREIRA, C. W. D. A responsabilidade prospectiva como princípio implícito na ordem constitucional brasileira. *Revista Direito e Liberdade*, ESMARN, v. 13, n. 2, p. 45-70, jul./dez. 2011.

[324] HERCULANO, Selene. Justiça ambiental: de Love Canal à Cidade dos Meninos, em uma perspectiva comparada. *In*: MELLO, Marcelo Pereira de (org.). *Justiça e sociedade*: temas e perspectivas. São Paulo: LTr, 2001.

[325] PACHECO, Tania. *Desigualdade, injustiça ambiental e racismo*: uma luta que transcende a cor, 2007. Disponível em: http://www.justicaambiental.com.br. Acesso em: nov. 2023.

adequadas, com acesso a saneamento básico, água potável, energia elétrica, moradia adequada e demais serviços públicos, a pesquisa objetivou investigar a importância do instituto da democracia, partindo dos pressupostos do Estado Democrático de Direito, para garantir a eficácia da Justiça Ambiental no Brasil, em especial, a participação popular de grupos vulneráveis aos impactos ambientais nas decisões de políticas públicas sustentáveis para suas comunidades.

Nesse contexto, buscou-se analisar o instituto da justiça ambiental como caminho para o desenvolvimento sustentável, com enfoque primordial na busca pela dignidade da pessoa humana, a partir da linha do tempo traçada desde os movimentos sociais que deram sustento ao novo paradigma social de preservação aos recursos naturais.

Por esse motivo, o método utilizado na pesquisa foi desenvolvido a partir de pesquisa bibliográfica por meio da leitura, compreensão e interpretação de livros, artigos científicos e casos concretos positivados em jurisprudência de cortes brasileiras e internacionais a respeito da temática, bem como na análise do desenvolvimento com sustentabilidade em relação às injustiças ambientais ocorridas nas comunidades vulneráveis. Também, na possibilidade de inovação por meio de teorias modernas de Estado Democrático de Direito Sustentável ligado ao princípio da dignidade da pessoa humana positivado na Declaração ao Desenvolvimento Humano.

A tutela de direitos para efetiva caracterização da justiça ambiental no Brasil

Do meio ambiente, a Constituição Federal de 1988 inicialmente, refere-o como de competência material comum (Art. 23, VI), competência legislativa concorrente (Art. 24, VI e VIII), princípio geral da ordem econômica (Art. 170, VI), aspecto inerente ao cumprimento da função social da propriedade imobiliária agrária (Art. 186, II), atribuição do sistema único de saúde (Art. 200, VIII), item sensível da atividade de comunicação social (Art. 220, §, II) e bem de uso comum do povo, visado por capítulo especial (artigos 225 e ss.), do qual destacamos a obrigação de reparar as lesões, sem prejuízo de sanções de outra natureza. Existindo duas formas principais de reparação do dano ambiental: (i) a recuperação natural ou retorno ao status quo ante; e (ii) a indenização em dinheiro[326].

---

[326] MILARÉ, Edis. *Direito do ambiente*: doutrina, prática, jurisprudência e glossário. São Paulo: Revista dos Tribunais, 2005. p. 741.

O Art. 225 da Constituição Federal de 1988, a partir do princípio da dignidade da pessoa humana, inicia afirmando que todos, no Brasil, têm direito ao meio ambiente ecologicamente equilibrado, ou seja, não destruído, nem aviltado por interesse de qualquer natureza, inclusive econômico, visto que se trata de um patrimônio nacional, coletivo e individual dos que aqui vivem, e isso inclui, pessoas, plantas e animais[327], com intuito de ligar o meio ambiente às relações sociais, estabelece, em seu conteúdo material, os princípios fundamentais que regem as atividades humanas com o meio ambiente, uma vez que o ser humano modifica e cria conforme suas necessidades, por meio de estímulos, econômicos e/ou culturais, visando ao desenvolvimento, seja tecnológico para fins terapêuticos, para locomoção etc.

Noutro dizer, a Constituição Federal de 1988 liga a cidadania ao conceito de dignidade social, que independentemente de sua inserção econômica, social, cultural e política, o ser humano deve ter condições mínimas para a sua vivência no mundo, isso porque o principal objetivo do constitucionalismo brasileiro é assegurar o conjunto de condições morais, psicológicas, culturais e materiais as quais vinculam o ser humano no meio ambiente ecologicamente equilibrado, cabendo à sociedade preservar os meios naturais que proporcionem a sua permanência, bem como a utilização necessária e exploração racional de hidrocarbonetos, insumo basilar das principais matrizes energéticas globais. O Estatuto Maior abarca esses preceitos nos artigos 186 e 225, especialmente no parágrafo 4º do art. 186.[328]

Fiorillo[329] vai explicar que a tutela do meio ambiente caracteriza-se pelo poderio do ser humano sobre a biota, uma espécie de razão antropocêntrica, dada a capacidade racional que temos, onde a preservação de sua espécie e das demais é intrínseca a sua permanência no planeta Terra. Fiorillo conceitua meio ambiente como algo "constituído por solo, água, ar atmosférico, flora e fauna. Concentra o fenômeno da homeostase, consistente no equilíbrio dinâmico entre os seres vivos e o meio em que vivem"[330].

---

[327] BASTOS, Celso Ribeiro; MARTINS, Ives Gandra. *Comentários à Constituição do Brasil*: Promulgada em 5 de outubro de 1988, 7º e 8º Vol. São Paulo: Saraiva, 1988. p. 888-889.

[328] **Art. 186:** A função social é cumprida quando a propriedade rural atende, simultaneamente, segundo critérios e graus de exigência estabelecidos em lei, aos seguintes requisitos: [...] II – utilização adequada dos recursos naturais disponíveis e preservação do meio ambiente. **Art. 225, §4º:** A Floresta Amazônica brasileira, a Mata Atlântica, a Serra do Mar, o Pantanal Mato-Grossense e a Zona Costeira são patrimônio nacional, e sua utilização far-se-á, na forma da lei, dentro de condições que assegurem a preservação do meio ambiente, inclusive quanto ao uso dos recursos naturais.

[329] FIORILLO, Celso Antonio Pacheco. *Curso de Direito Ambiental Brasileiro*. 12. ed. rev. atual. ampl. São Paulo: Saraiva, 2011. p. 19.

[330] FIORILLO, Celso Antonio Pacheco. *Curso de Direito Ambiental Brasileiro*. 12. ed. rev. atual. ampl. São Paulo: Saraiva, 2011. p. 19.

Dessa forma, o princípio do poluidor-pagador, bifurcado em prevenção em evitar degradação natural e, sobre mais, na repressão das práticas de afetação ambiental descrito no texto constitucional (conf. CF, Art. 225, "§3º As condutas e atividades consideradas lesivas ao meio ambiente sujeitarão os infratores, pessoas físicas ou jurídicas, a sanções penais e administrativas, independentemente da obrigação de reparar os danos causados") —, sendo uma delas, de onde o poluidor deva arguir formas para evitar os danos ao meio ambiente, como também, arcar com despesas provindas de negligência a respeito de determinada atividade desenvolvida que acarrete problemas ambientais. Nesse corolário, para Fiorillo, fica explícito que a responsabilidade do agente é objetiva e reflete o Direito à Justiça Ambiental, no anseio de preservar os bens jurídicos naturais a fim de punir os causadores dos poluentes[331].

Ademais, o Art. 1º, III, do texto fundamental, que trata da dignidade da pessoa humana, ao interagir-se com o disposto no Art. 225 e seus parágrafos, estabelece uma relação intratemporal e intertemporal e fundamenta a aplicação do princípio da precaução voltada para uma amplitude temporal (prospectiva), até então desconsiderada pelo Direito, abarcando os direitos das gerações futuras vinculadas aos deveres da geração presente[332].

Essa nova arquitetura de valores do Direito pode ser observada no princípio da "equidade intergeracional" (com suas bases no Direito Internacional) defendido por Weiss (1992, 1999). O princípio apresentado como um dos axiomas do Desenvolvimento Sustentável — reconhecido como princípio da Ordem Econômica na CF/1988, Art. 170, VI — que ao mesmo tempo contempla o direito dos povos de desenvolver-se e o direito/dever de conservar o meio ambiente — é "pré-condição" para o gozo dos demais Direitos Humanos[333], e do Direito Ambiental, e, enuncia um contexto de justiça entre as gerações (princípio da solidariedade entre as gerações ou da responsabilidade de longa duração), onde bens que integram o meio ambiente devem satisfazer as necessidades comuns da humanidade, considerando a totalidade dos habitantes da presente geração (relação intratemporal) respeitando o direito ao acesso das futuras gerações e reconhecendo o legado das gerações anteriores (relação intertemporal).

---

[331] FIORILLO, Celso Antonio Pacheco. *Curso de Direito Ambiental Brasileiro*. 12. ed. rev. atual. ampl. São Paulo: Saraiva, 2011, p. 66.

[332] FERREIRA, Carlos Wagner Dias. A responsabilidade prospectiva como princípio implícito na ordem constitucional brasileira. *Revista Direito e Liberdade*, ESMARN, v. 13, n. 2, p. 45-70, jul./dez. 2011.

[333] ENGELMANN, W.; BERGER FILHO, A. G. *As nanotecnologias e o direito ambiental*: a mediação entre custos e benefícios na construção de marcos regulatórios, "RDA", 59, 2010.

Com isso, pode-se estabelecer um elo entre a preocupação com a tutela ao meio ambiente[334], a obrigação dos Estados em incentivar políticas públicas sustentáveis e os mecanismos de implantação de novas técnicas sustentáveis por meio de acordos internacionais com outros países em desenvolvimento, nivelando a responsabilidade mundial do debate científico acerca do desenvolvimento sustentável, e o princípio da solidariedade entre as gerações ou da responsabilidade de longa duração, no sentido de respeitar, promover e transmitir as condições para a manutenção da vida digna e da justiça em sociedade[335].

O desenvolvimento sustentável prega, em seus ditames principiológicos, a necessária avaliação e ponderação de projetos, públicos ou privados, direcionados ao fomento da economia, pois a pessoa humana é sujeito central do desenvolvimento e deverá ser participante ativa e beneficiária do direito ao desenvolvimento[336], coagindo com impactos a custos ambientais resultantes, a partir da "fundamentação ecológica", que consiste na justificação acerca da sustentabilidade ambiental, demonstrando modelos os quais devem ser seguidos para o desenvolvimento sem prejudicial afetação ao meio ambiente. Desse modo, a sociedade adequar-se-á a esses ditames, a fim de consumir insumos de forma razoável adquirindo um padrão de vida sustentável visto que a *ratio* de toda a produção é o uso e o consumo humanos, nas suas variadas faceta.[337] Nessa toada,

> Para alcançar o desenvolvimento sustentável e uma melhor qualidade de vida para todas as pessoas, os Estados deveriam reduzir e eliminar os sistemas de produção e consumo não-sustentáveis e fomentar políticas demográficas apropriadas[338].

---

[334] O Supremo Tribunal Federal do Brasil reconheceu o direito ao meio ambiente como um direito fundamental, assim considerado como bem jurídico merecedor de tutela constitucional, nos autos do RE 134.297-8/SP. No MS 22.164/DF, a corte ampliou o reconhecimento de características especiais do bem ambiental, à luz do Art. 225 da Constituição Federal de 1988, em que estão previstos igualmente deveres fundamentais.

[335] Nas palavras de Rawls: "A presente geração não pode fazer o que quer, mas está vinculada a princípios que seriam escolhidos na posição original para definir a justiça entre pessoas em diferentes momentos do tempo. Em adição, os homens têm um dever natural de defender e promover instituições justas e por isso a melhoria da civilização até um certo nível é requerida". RAWLS, J. *Political Liberalism*. New York: Columbia University Press, 1993, s/p.

[336] SEN, Amartya. *Desenvolvimento como liberdade*. Tradução de Laura Teixeira Motta. 6. ed. São Paulo: Companhia das Letras, 2000.

[337] MILARÉ, Édis. *Direito do Ambiente*. A Gestão Ambiental em foco. Doutrina. Jurisprudência. Glossário. 7. ed. revista, atualizada e reformulada. São Paulo: Editora Revista dos Tribunais, 2011.

[338] BRASIL. Ministério da Cultua. Instituto do patrimônio histórico e artístico nacional (IPHAN). Conferência Geral das Nações Unidas sobre o Meio Ambiente e o Desenvolvimento,1992. Cartas Patrimoniais. Brasília, 1995.

O desenvolvimento não se limita apenas ao aspecto econômico, mas integra necessariamente aspectos sociais, políticos e ambientais. O equilíbrio ecológico é um fim incerto uma vez que a fragilidade dos recursos naturais é limitada e as crises de combustíveis fósseis, a exemplo da crise petrolífera da década de 70, e dos desastres naturais, são uma forma de compreender a limitação dos recursos naturais. O grande problema que surge agora e instiga novos estudos em torno da responsabilidade é que, diferentemente do passado, as ações humanas intencionais têm, sobretudo em algumas áreas a partir do desenvolvimento da Engenharia Genética e da Biotecnologia moderna (por exemplo, o desenvolvimento de transgênicos e organismos geneticamente modificados), biogenética, nanotecnologia, direitos sociais prestacionais, projetado consequências para o futuro, e não imediatamente ou no instante do exercício do direito à liberdade ou à autonomia, pois essas atividades vinculam diretamente a participação da população na decisão sobre o que fazer com o espaço em que habitam[339].

O princípio do desenvolvimento sustentável postula a necessária avaliação e ponderação de projetos de cunho econômico, públicos ou privados, tendo em vista os impactos e custos ambientais resultantes[340]. Nesses aspectos, *"la importancia de este principio es que pretende modular e integrar dos valores necesarios para lahumanidad: el crecimiento económico del que se derive una mejor calidad de vida material y la protección del médio ambiente"*[341]. Em tal seara, os poderes públicos, no âmbito das atividades administrativa e legislativa, devem, segundo a denominada "fundamentação ecológica", justificar e demonstrar a sustentabilidade ambiental de suas medidas e decisões de caráter desenvolvimentista, sob pena de afastamento, por inconstitucionalidade, de atos insuportavelmente gravosos para o meio ambiente[342].

A Declaração sobre Direito ao Desenvolvimento de 1986, infirma aos Estados a obrigatoriedade de criação de medidas para o desenvolvimento, como também a relação cooperativa entre eles para como incremento para a efetivação desse fim, sendo responsáveis por garantir a observância dos Direitos

---

[339] Depois dos acidentes nucleares como o de Chernobyl, em 1986, e o do Japão, em 2011, há, de certo modo, uma busca pela harmonização dos instrumentos jurídicos internacionais de responsabilidade civil dos danos nucleares (Sistema da Convenção de Paris e de Bruxelas e o Sistema da Convenção de Viena), inclusive, para viabilizar, na prática, um fundo destinado a garantir a reparação dos danos, uma vez que são as populações menos abastadas que sofrem com os impactos de afetação ao meio ambiente.

[340] OLIVEIRA, André Pinto de Souza. Direito ambiental constitucional - uma análise principiológica da consolidação do estado protetor do ambiente nas Constituições Brasileira e Portuguesa. *Revista da Faculdade de Direito da UFMG*, Belo Horizonte, n. 51, p. 46-68, jul.-dez. 2007.

[341] ÁLVAREZ, Luis Ortega. *Lecciones de Derecho del Medio Ambiente*. 2. ed. Valladolid: Editorial Lex Nova, 2000. p. 50.

[342] SILVA, Vasco Pereira da. *Verde*: Cor de Direito – Lições de Direito do Ambiente. Coimbra: Almedina, 2002. p. 73.

Humanos. A fiscalização dos organismos internacionais é feita pelo Conselho de Segurança da ONU, que penaliza seus acordantes com emissão de documentos oficiais de sentenças condenatórias de violações de Direitos Humanos.

Nessa perspectiva, foi criada no ano de 1992, a Declaração do Rio de Janeiro, votada em âmbito conferencial das Nações Unidas para o Meio Ambiente e o Desenvolvimento, reafirmando o compromisso e apoio da ONU com a questão ambiental, além de reconhecer o planeta Terra como nosso lar ao incorporar 27 Princípios, os quais têm por foco a proteção integral do meio ambiente, que não deixa de estar atrelado a outro princípio aplicado às questões envolvendo proteção da vida, o da não indiferença, que acena no sentido de adotar atitude proativa tanto por parte do Poder Público (entes da federação), quanto pela sociedade civil e demais constelações públicas e privadas.

Nesse sentido, ao aprovar o Princípio 4, estabeleceu a responsabilidade de longa duração (princípio da solidariedade entre gerações) ancorada no princípio de *"Sustainable Development"*[343]: "A fim de alcançar o estágio do desenvolvimento sustentável, a proteção do meio ambiente deve constituir parte integrante do processo de desenvolvimento e não poderá ser considerada de forma isolada". O licenciamento de atividades potencialmente lesivas a componentes naturais deverá, pois, suceder à avaliação de impacto ambiental, inserta no âmbito da fundamentação ecológica prolatada pelo Poder Público.

Os objetivos do desenvolvimento sustentável da Agenda 2030 da ONU

Importante instrumento internacional do qual o Brasil, juntamente com outros 192 países membros das Nações Unidas, é signatário, a Agenda 2030 da ONU[344], de 2015, com 17 Objetivos para o Desenvolvimento Sustentável, está embutida no Programa Cidades Sustentáveis, que informada por outros instrumentos, tais como a Declaração sobre o Direito ao Desenvolvimento, está compromissada em alcançar o desenvolvimento sustentável nas três esferas — *econômica, social* e *ambiental* — de forma

---

[343] DECLARAÇÃO DO RIO SOBRE MEIO AMBIENTE E DESENVOLVIMENTO. Rio de Janeiro, de junho de 1992. Disponível em https://cetesb.sp.gov.br/proclima/wp-content/uploads/sites/36/2013/12/declaracao_rio_ma.pdf. Acesso em: 3 nov. 2023.

[344] AÇÃO EDUCATIVA, ASSESSORIA PESQUISA E INFORMAÇÃO. *A implementação dos Objetivos de Desenvolvimento Sustentável no Brasil e os desafios das metas em educação* 2017. p. 1. Disponível em: https://acaoeducativa.org.br/wp-content/uploads/2017/02/implementação_ODS_Brasil.pdf. Acesso em: 3 nov. 2023.

equilibrada e integrada, ao abranger todas as dimensões da vida humana e da nossa relação com a biosfera.

Fruto do comportamento internacional aposto na Agenda de 1999 que buscava novas perspectivas sustentáveis a fim de garantir o desenvolvimento dos países no novo milênio[345], a atual Agenda da ONU indica ações estatais que os organismos internacionais devem cumprir até a data peremptória de 2030.

O processo de criação dos "novos" ODS's foi sustentado pela participação da sociedade civil vinculada às redes sociais. Desse modo, foi possível abarcar uma gama de propostas que foram filtradas pela ONU até a formulação da nova agenda. De fato, essa ideia parece a mais democrática, uma vez que a campanha de participação on-line foi direcionada a todos os países indistintamente, o que outrora era destinado apenas aos países emergentes e desenvolvidos[346].

Mesmo sem efeito vinculante, e não sejam passíveis de sanções internacionais, os Estados internacionais devem promover políticas nacionais objetivando à aplicação prática dos instrumentos efetivos de valorização dos compromissos da Agenda 2030, uma vez que cada país, ao cumprir a manutenção dos objetivos dentro de seu ordenamento político, tem reconhecimento e respeito internacional[347].

A nova agenda de desenvolvimento reforça o valor cooperativo entre os Estados-nações em erradicar um "conjunto de problemas" adjacentes da contemporaneidade e, sobretudo, gerar esforços específicos para o cumprimento das metas estabelecidas nos ODS. Nesse sentido, foi criada em 2016, a *Inter-Agency Expert Group on SDG Indicators*, que consiste numa agência de catalogação de metas seguidas por organismos internacionais em respeito aos 17 objetivos para 2030. Foi possível o lançamento de "230 indicadores" feitos pelos Estados-nações, que eram exclusivamente direcionados ao cumprimento das "169 metas", decorrentes dos ODS[348].

---

[345] AÇÃO EDUCATIVA, ASSESSORIA PESQUISA E INFORMAÇÃO. *A implementação dos Objetivos de Desenvolvimento Sustentável no Brasil e os desafios das metas em educação* 2017. p. 1. Disponível em: https://acaoeducativa.org.br/wp-content/uploads/2017/02/implementação_ODS_Brasil.pdf. Acesso em: 3 nov. 2023.

[346] AÇÃO EDUCATIVA, ASSESSORIA PESQUISA E INFORMAÇÃO. *A implementação dos Objetivos de Desenvolvimento Sustentável no Brasil e os desafios das metas em educação* 2017. p. 1. Disponível em: https://acaoeducativa.org.br/wp-content/uploads/2017/02/implementação_ODS_Brasil.pdf. Acesso em: 3 nov. 2023, p. 1.

[347] *Ibidem*, p. 2-4.

[348] *Ibidem*.

Dentre os vários objetivos da Agenda, o estudo da SDG se destina a entender três deles, que são de suma importância para o entendimento, do porquê a democracia e a participação popular poderem ser o caminho para o desenvolvimento sustentável, quais sejam:

a. *Objetivo n.º 10 – Reduzir a desigualdade dentro dos países e entre eles.*

Baseia-se na igualdade substantiva alcançada por todos os seres humanos. O Brasil deve promover as Metas 10.2, 10.3 e 10.5. A primeira, na visão do Ipea[349], busca "empoderar e promover a inclusão social, econômica e política de todos, de forma a reduzir as desigualdades, independentemente da idade, gênero, deficiência, raça, etnia, nacionalidade, religião, condição econômica ou outra". Trata-se, portanto, de uma decisão com imediato cumprimento a fim de efetivar as ações coletivas que objetivam abolir dependência política de grupos menos privilegiados daqueles grupos detentores de poder financeiro. Significa dizer que há implementação de um processo de redução da condição de vulnerabilidade das minorias que são constantemente marginalizadas pela condição social. Além disso, a progressão de evolução está intimamente ligada ao desenvolvimento humano sustentável[350]. Os Ministérios da Justiça, do Desenvolvimento Social, do Trabalho e Emprego, e da Secretaria dos Direitos Humanos são os legitimadores da referida meta.

A Meta 10.3 — incorporada pelo Brasil — consiste em "garantir a igualdade de oportunidades e reduzir as desigualdades de resultado, inclusive por meio da eliminação de leis, políticas e práticas discriminatórias e promover legislação, políticas e ações adequadas a este respeito"[351]. Institui-se como uma meta finalística — de aplicação imediata — lutando pela instituição de oportunidade econômica de todos os brasileiros, devendo os Ministérios da Educação, Trabalho e Emprego, e, Desenvolvimento Social[352] criar modelos de incentivo econômico aos grupos marginalizados e vilipendiados pela sociedade e pelo poder público.

Em contínua análise, a Meta 10.5 incumbe aos Estados-nações "melhorar a regulação e monitoramento dos mercados e instituições financeiras

---

[349] IPEA – Instituto de Pesquisa Econômica Aplicada. *Agenda 2030*. ODS – Metas nacionais dos objetivos de desenvolvimento sustentável. Proposta de adequação. 2018. Disponível em: http://repositorio.ipea.gov.br/bitstream/11058/8636/1/Agenda%202030%20ODS%%20Nac%20dos%20Obj%20de%20Desenv%20Susten%20 2018.pdf. Acesso em: 16 out. 2019. p. 249.

[350] IPEA, 2018, p. 249.

[351] *Ibidem*, p. 251.

[352] Ministérios ligados ao Poder Executivo, criados entre os anos de 2002 e 2016.

globais, e fortalecer a implementação de tais regulações", de modo que a desregulamentação do mercado financeiro corrobora para o aumento da desigualdade, cabendo somente aos Estados internacionais instituir normas que regulamentem a exportação dos produtos naturais[353].

> b. *Objetivo n.º 15 – Proteger, recuperar e promover o uso sustentável dos ecossistemas terrestres, gerir de forma sustentável as florestas, combater a desertificação, deter e reverter a degradação da terra, e deter a perda de biodiversidade.*

Restou na meta 15.2 ao Brasil "até 2020, promover a implementação da gestão sustentável de todos os tipos de florestas, deter o desmatamento, restaurar florestas degradadas e aumentar substancialmente o florestamento e o reflorestamento"[354], onde por meio das concessões florestais poderão os produtores rurais praticar o desenvolvimento sustentável de terras perto de florestas a fim de garantir a permanência da vegetação originária. Busca também a permanência das áreas de preservação permanente, que consiste na preservação de áreas cujos locais buscam preservar recursos hídricos, a fim de "assegurar o bem-estar das populações humanas"[355].

Por conseguinte, a Meta 15.5 do Objetivo 15, destina-se a "tomar medidas urgentes e significativas para reduzir a degradação de habitats naturais, estancar a perda de biodiversidade e, até 2020, proteger e evitar a extinção de espécies ameaçadas"[356], ou seja, a preservação de ambientes anteriormente degradados a fim de conservar os ciclos de vida existentes em propriedade e ecossistemas em extinção. Para o Ipea, a prioridade é:

> Até 2020, a taxa de perda de habitats naturais será reduzida em 50% (em relação às taxas de 2009) e a degradação e fragmentação em todos os biomas será reduzida significativamente. [...] Até 2020, o risco de extinção de espécies ameaçadas será reduzido significativamente, tendendo a zero, e sua situação

---

[353] IPEA, 2018, p. 255.

[354] IPEA, 2018, p. 353.

[355] Com isso: "A meta global foi alterada porque está aquém das possibilidades nacionais, dado que o país já vem executando as ações previstas, em consonância com políticas nacionais e com compromissos internacionais, como o chamado Acordo de Paris. A área de florestas a serem plantadas, por sua vez, foi estipulada com base no planejamento do Ministério da Agricultura, Pecuária e Abastecimento até o ano de 2030 e é uma forma de aumentar o fornecimento de produtos florestais (madeireiros e não madeireiros), contribuindo também para a conservação de florestas nativas e para o combate à desertificação. Optou-se pelo uso da terminologia 'recuperar' e não 'restaurar' florestas e demais formas de vegetação nativa degradadas por ser esta a terminologia utilizada no Decreto 8.972, de 2017, que aborda os objetivos da Política Nacional de Recuperação da Vegetação Nativa (Proveg)" (IPEA, 2018, p. 383-384).

[356] IPEA, 2018, p. 390.

de conservação, em especial daquelas sofrendo maior declínio, terá sido melhorada. [...]Até 2020, a diversidade genética de microrganismos, de plantas cultivadas, de animais criados e domesticados e de variedades silvestres, inclusive de espécies de valor socioeconômico e/ou cultural, terá sido mantida e estratégias terão sido elaboradas e implementadas para minimizar a perda de variabilidade genética.

c. *Objetivo n.º 16 – Promover sociedades pacíficas e inclusivas para o desenvolvimento sustentável, proporcionar o acesso à justiça para todos e construir instituições eficazes, responsáveis e inclusivas em todos os níveis.*

Esse objetivo estabelece em sua essência que a todos deve ser garantido um ambiente sustentável aliado diretamente à ideia de justiça, ou seja, os indivíduos têm o direito de lutar por um meio ambiente equilibrado. Nesse aspecto, determina a Meta 16.3 — adotado às metas brasileiras — que a governança contemporânea deve "promover o Estado de Direito, em nível nacional e internacional, e garantir a igualdade de acesso à justiça, para todos"[357]. Trata-se de uma meta finalística (de aplicabilidade imediata), que, primordialmente o Ministério da Justiça aliado ao chefe do Poder Executivo deve se submeter ao crivo dos anseios daqueles com necessidade de justiça, seja ela judicial, ambiental etc. A meta pretende abarcar "pessoas em situação de vulnerabilidade" que o ODS 1, na meta 1.3,[358] classifica como sendo

[...] todos aqueles que sofrem violações ou restrições a seus direitos, sobretudo, em razão de raça, gênero, idade, deficiência, condições de mobilidade, orientação sexual, nacionalidade, religião, territorialidade, cultura, privação de liberdade e situação econômica, não excluindo outras potenciais situações de vulnerabilidade verificadas empiricamente.

Consoante a isso, a Meta 16.7, também de aplicabilidade imediata, garante a participação de grupos vulneráveis que possam interagir com o Estado com a finalidade de redução da desigualdade. Assim, acredita-se na tomada de decisão proporcional à população envolvida no conflito[359].

Por derradeiro, a Meta 16. B estabelece o cumprimento de políticas não discriminatórias para a garantia do desenvolvimento sustentável. Nesse entendimento, figura-se entender os indicadores de populações ou grupos que foram de alguma forma discriminados no decorrer dos últimos meses,

---

[357] IPEA, 2018, p. 422.

[358] *Ibidem*, p. 390.

[359] *Ibidem*, p. 390-445.

anteriores ao ano de 2016 (data da criação das metas). Bem como na aplicação severa das sanções existentes que protejam as populações e grupos discriminados. O estudo do Ipea[360] informa:

> Proporção de terras e reservas indígenas regularizadas (sobre o total das declaradas). Fonte de Informação – verificar a possibilidade de produção com a Funai; base de dados – Funai; atualização regular; órgão – Funai; Disponibilidade: não é produzido. Mensura de forma indireta a meta nacional. [...] Proporção de comunidades quilombolas certificadas sobre o total de identificadas. Fonte de Informação – verificar a possibilidade de produção com a Fundação Palmares; base de dados – Fundação Palmares; atualização regular; órgão – Fundação Palmares; [...] Proporção de terras quilombolas e de outros povos tradicionais tituladas (sobre o total das reconhecidas. Fonte de informação – verificar a possibilidade de produção com o Incra.

O pensamento moderno[361] peleja em prol de aplicabilidade de medidas políticas de sustentabilidade, tal qual acredita que às políticas públicas convergem todos os seres vivos no mesmo futuro comum e próspero. Pensamento que une a práxis da sustentabilidade como sendo um objetivo a ser perseguido pelo estado em conjunto com a sociedade civil, na busca primária de persuadir o Estado e as empresas. Por esse motivo que a expressão do paradigma sustentável só ocorre por meio desconstrução "mental" da sociedade não ecológica, lutando pelo autoconhecimento, que é a base para "desintoxicar de prévias compreensões desastrosas e redesenhar o sistema em que vive", sabendo compreender o papel do ambiental dentro do modelo social de vida, desenhando um novo modelo de bem-estar econômico, porquanto não se pode cindir o desenvolvimento da sustentabilidade, pelo contrário, ela é condição para a existência daquele[362].

(In)justiça ambiental

A origem do termo "Justiça Ambiental" remonta os movimentos sociais americanos, ocorridos em meados da década de 1960, quando ainda se buscava a positivação dos direitos civis aos afro-americanos, induzidos pelo desgaste humano no trabalho das indústrias a qual os expunha a produtos tóxicos[363].

---

[360] *Ibidem*, p. 445-447.

[361] FREITAS, J. *Sustentabilidade*: Direito ao Futuro. Belo Horizonte: Fórum, 2012. p. 48.

[362] IPEA, 2018, p. 29.

[363] SCHLOSBERG, David. *Defining environmental justice*: theories, movements and nature. New York: Oxford University Press, 2009. p. 46.

A luta ganhou notoriedade com o caso de *Love Canal*, que se tratava basicamente da poluição por resíduos bélicos altamente tóxicos próximos a comunidades humanas. O canal subterrâneo de 9,6 km de extensão e 85 metros de profundidade, ligava as partes alta e baixa do rio Niágara, no Estado de Nova Iorque, o que geraria uma cachoeira artificial, para obtenção de energia barata. Criado em 1892, projetado por William T. Love, posteriormente, veio a ser o depósito de lixo até o ano de 1953, foi em 1955 urbanizado e ocupado, com necessidade imediata de criação de uma escola para o local. Em momento posterior, a comunidade de "Canal", em 1970, deparou-se com o aterro no qual estavam construídas suas casas, o lixo desse local era contaminado por agentes tóxicos causadores de incômodos, isto porque até então era desconhecido pelo poder público e pelos vendedores daquela área o acúmulo de resíduos químicos que estava escondido embaixo das casas dessa população americana[364].

Os agentes tóxicos eram causadores de doença em crianças, abortos espontâneos, nascimento de crianças com deficiência e, com alteração da cadeia de DNA, em decorrência da quebra de cromossomos, não havia mais vida saudável na vegetação e lagoas. Segundo a *United States Environmental Protection Agency* (EPA), os habitantes daquele lugar constantemente reclamavam da morte dos recursos naturais e da contaminação das águas usadas para a subsistência[365]. A partir de estudos com 239 famílias que residiam nas imediações do canal, foram encontrados resíduos químicos em elevado nível tóxico nas bombas de ar e em porões de um grande número de casas no extremo sul do canal, ocasionando aumento em problemas reprodutivos entre as mulheres e altos níveis de contaminantes químicos no solo e no ar[366].

Registre-se que foi a luta contra a omissão estatal em relação à população de "Love Canal", que garantiu efetividade ao reconhecimento da justiça ao meio ambiente, que, segundo Alier[367], foi a coalizão das reinvindicações locais dos moradores daquelas áreas afetadas pelos lixos tóxicos, somados aos casos de racismo ambiental, envolvendo a luta pelos direitos civis, idealizados por Martin Luther King, que se garantiu a notoriedade do movi-

---

[364] HICKS, Stepehn. *O desastre ambiental do Love Canal*: quatro décadas depois. Disponível em: https://www.stephenhicks.org/2015/01/04/o-desastre-ambiental-do-love-canal-quatro-decadas-depois. Acesso em: 3 nov. 2023.

[365] HERCULANO, Selene. Justiça ambiental: de Love Canal à Cidade dos Meninos, em uma perspectiva comparada. *In*: MELLO, Marcelo Pereira de (org.). *Justiça e sociedade*: temas e perspectivas. São Paulo: LTr, 2001. p. 215-238.

[366] QUIMIDEX. *O desastre natural de love canal*. Universidade Federal de Santa Catarina, 2023. Disponível em: https://quimidex.ufsc.br/index.php/ambiente-tematico-qv/ghs-e-mds/. Acesso em: 3 nov. 2023.

[367] ALIER, Joan Martínez. *O ecologismo dos pobres*. São Paulo: Contexto, 2009. p. 35-38.

mento da justiça ambiental, noutro dizer, foi a união das camadas afetadas com o impacto ambiental que se consagrou a peleja pela preservação dos recursos naturais e, por conseguinte, a tutela da dignidade humana como pressuposto central desses impactos[368].

Saliente-se que o marco para o Movimento por Justiça Ambiental foi orquestrado, em 1970, pelos moradores de Afton, na Carolina do Norte, estado americano, com população de aproximadamente 16 mil habitantes, dentre os quais mais de 9.600 eram negros, reivindicavam a não implantação pelo governador, de resíduos de policlorobifenilis (PCB) — conhecido comercialmente como Ascarel, composição química de átomos de cloro e bifenilo, usados genericamente para transformar e condensar óleos e lubrificantes, que em contato com o solo pode contaminar a saúde humana —, o qual gerou a mobilização em massa da comunidade negra que habitava próximo ao despejo de lixo químico[369].

Apesar da pouca notoriedade do caso de Afton, foi a partir dele que as contribuições teóricas da década de 1980, a respeito das externalidades negativas do crescimento da indústria, fomentaram o debate sobre a desigualdade aplicada pelo governo ao povo negro a respeito da oportunidade de habitação em lugares considerados não prejudiciais à saúde e que comunidades brancas veem uma ação mais rápida, melhores resultados e penalidades mais efetivas do que as comunidades onde os negros, hispânicos e outras minorias vivem[370]. Caracterizando-se o racismo ambiental como:

> O fenômeno pelo qual muitas das políticas públicas ambientais, práticas ou diretivas acabam afetando e prejudicando de modo desigual, intencionalmente ou não, indivíduos e comunidades de cor. Para Bullard, o racismo ambiental é, portanto, uma forma de discriminação institucionalizada, que opera principalmente onde grupos étnicos ou raciais formam uma minoria política ou numérica[371].

---

[368] Apenas em 1994 que os EUA promulgaram a Lei Federal Americana n.º 12.898/94, chamada de *"actions to address environmental justice in minority populations and low-income populations"* (ações para tratar da justiça ambiental em populações minoritárias e de baixa renda), a qual garantia o direito do cidadão conhecer previamente o local onde moraria, bem como a possibilidade de contratação técnica especializada a fim de garantir que a localidade ambiental fosse preservada e averiguada antes mesmo da construção.

[369] ALIER, 2009.

[370] No inglês: *"White communities see faster action, better results and stiffer penalties than communities where blacks, Hispanics and other minorities live"*. COLE, Luke W.; FOSTER, Sheila R. *From the ground up*: environmental racism and the rise of environmental justice movement. New York and London: New York University Press, 2001. p. 57.

[371] RAMMÊ, Rogério Santos. *Da justiça ambiental aos direitos e deveres ecológicos* [recurso eletrônico]: conjecturas políticos-filosóficas para uma nova ordem jurídico-ecológica / Rogério Santos Rammê – Dados eletrônicos. Caxias do Sul, RS: Educs, 2012. 203p. p. 18.

O relatório de *Toxic Wastes and Race in The United States* ("Resíduos tóxicos e raça nos Estados Unidos"), de 1987 — exposto, *a posteriori, por* Benjamin F. Chavis Jr, diretor executivo do projeto, reescreveu-o em 1999, no seu livro *Confronting Environmental Racism (Enfrentando o Racismo Ambiental)* —, destacou que as reinvindicações feitas pela população eram "ações coletivas", de caráter objetivo que buscavam o fim da possessão dos recursos ambientais pelo poder decisório de terceiro, sejam grandes corporações empresariais, seja o silêncio estatal. Com isso, o *insight* (discernimento), associado ao racismo ambiental, como forma de pressionar o poder público a cumprir com as promessas de bem-estar social, se "a variável racial adquire, no caso, tem relevância maior do que a coincidência entre a localização de grupos pobres e a localização de fontes poluentes"[372].

A partir daí, em 1987, a Comissão de Justiça Racial da *United Church of Christ* (UCC)[373], desenvolveu pesquisa a respeito da ocupação demográfica negra ligada à pobreza e à poluição dos locais habitados pelos negros — que em sua grande maioria foram esquecidos pelo poder público norte-americano —, bem como a criação de campanhas contra o racismo ambiental na década posterior, porquanto para manifestar racismo ambiental é preciso provar a intenção de violação àquele grupo minoritário[374].

De acordo com as pautas de discussão entre os grupos éticos raciais violados, pode-se destacar políticas que respeitem o meio ambiente e a saúde humana, a participação dos grupos afetados em decisões políticas e, por fim, e mais importante, o reconhecimento da autodeterminação dos povos, baseado na Declaração de 1970, isto porque a pesquisa envolvendo a participação dos negros, como ajudantes e produtores de conhecimento, antes como desfavorecidos; e agora como integrantes da análise dos processos biofísicos e sociais, servem de base para a implantação de políticas públicas que visem à melhoria e à preservação do meio ambiente[375].

---

[372] CHAVIS JR., 1999 *apud* COELHO, Helena Carvalho; CARPES, Lorena Ferreira. *A teoria da Injustiça Ambiental como ocultamento da ocorrência do Racismo Ambiental na sociedade brasileira.* 2015. Disponível em: https://acervo. racismoambiental.net.br/2015/06/04/artigo-a-teoria-da-injustica-ambiental-como-ocultamento-da-ocorrencia-do-racismo-ambiental-na-sociedade-brasileira/. Acesso em: 3 nov. 2023.

[373] O termo racismo ambiental foi desenvolvido originalmente no relatório *"Toxic Wastes and Race in The United States de 1987". In:* COMMISSION FOR RACIAL JUSTICE UNITED CHURCH OF CHRIST. TOXIC WASTES AND RACE In The United States, por Benjamin F. Chavis Jr., a partir de demandas dos movimentos sociais nos Estados Unidos.

[374] ALIER, Joan Martínez. *O ecologismo dos pobres.* São Paulo: Contexto, 2009, p. 238.

[375] ACSELRAD, Henri; MELLO, Cecília Campello Amaral; BEZERRA, Gustavo das Neves. *O que é justiça ambiental.* Rio de Janeiro: Editora Garamond, 2009. 160 p. ISBN: 9788576171591.

A ideia de discriminação associada ao fato de ter o seu habitat vilipendiado pelo Estado, exprime o "racismo ambiental", cunhado por Benjamin Chavis[376], e amplamente debatido por Robert Bullard, é o modo de discriminação institucional do Estado, que se sobrepõe à etnia ou raça, a fim de torná-la uma minoria política e numérica[377], por ser:

> [...] um discurso poderoso para o enfrentamento das injustiças ambientais diretamente vinculadas ao preconceito racial. Contudo, não serve para o enfrentamento de muitas outras situações de injustiças ambientais contemporâneas, cujos fatores determinantes não se vinculam a uma questão puramente racial.

A partir de 1991, houve o início da internalização do movimento pró-justiça ambiental, o qual baseava-se na equidade ambiental, defendida por Bullard e, sobretudo, no *ecologismo dos pobres*, defendido por Alier, este último baseava-se em impactos ambientais decorrentes do crescimento econômico, restelando-se na densidade demográfica e os deslocamentos de grupos vulneráveis para centros urbanos devido ao intenso impacto no seu modo de vida.

Se para a preservação do meio ambiente está a justiça ambiental, para os conflitos sociais, que envolvem o meio ambiente está a "injustiça ambiental", ideia que se contrapôs aquela primeira de justiça ambiental, trata-se, pois, de um movimento teórico-discursivo que permite a análise da gênese dos conflitos sociais de grupos vulneráveis. É, desse modo, um novo modelo de apropriação da questão ambiental aplicada às tensões sociais, pois o descaso social advém daquele ambiental, e isto é de responsabilidade do Estado[378].

Ademais, há de se afirmar que o movimento de justiça ambiental idealizado e defendido pelos norte-americanos se distingue daqueles movimentos por justiça ambiental dos países de terceiro mundo. Enquanto nos EUA lutava-se em favor de negros e grupos minoritários. Nos países em desenvolvimento, luta-se contra impactos ambientais que afetam a parcela

---

[376] CHAVIS JR., Benjamin. Prefácio. *In*: BULLARD, Robert. *Confronting Environmental Racism*: Voices from the Grassroots. 1. ed. Cambridge: South End Press, 1999.

[377] BULLARD, Robert. Enfrentando o racismo ambiental no século XXI. *In*: ACSELRAD, Henri; HERCULANO, Selene; PÁDUA, José Augusto (org.). *Justiça ambiental e cidadania*. Rio de Janeiro: Relume Dumará, 2004. p. 25.

[378] ACSELRAD, Henri. Ambientalização das lutas sociais. *Revista estudos avançados*, São Paulo, v. 24, n. 68, p. 103-119, 2010.

menos abastada da população. Essa nova definição para justiça ambiental ganhou novos ares e se estendeu pelos Estados internacionais independentes, dos quais o Brasil se faz especial neste estudo[379].

Nesse sentido, Acselrad[380] informa que Justiça Ambiental:

> É a condição de existência social configurada através do tratamento justo e do desenvolvimento significativo de todas as pessoas, independentemente de sua raça, cor ou renda no que diz respeito à elaboração, desenvolvimento, implementação e aplicação de políticas, leis e regulações ambientais. Por tratamento justo entenda-se a grupos étnicos, raciais ou de classe, deva suportar uma parcela desproporcional da operação de empreendimentos industriais, comerciais e municipais, da execução de políticas e programas federais, estaduais ou municipais, bem como das consequências resultantes da ausência ou omissão destas políticas.

Para tanto, a injustiça ambiental atua num âmbito coletivo das sociedades desiguais onde o maior impacto dos danos ambientais recai sobre os nichos sociais de trabalhadores, aos de baixa renda, aos discriminados, parcelas marginalizadas que não conseguem exercer sua cidadania ativa[381]. Tania Pacheco chama de Racismo Ambiental:

> [...] as injustiças sociais e ambientais que recaem de forma implacável sobre etnias e populações mais vulneráveis. O Racismo Ambiental não se configura apenas através de ações que tenham uma intenção racista, mas, igualmente, através de ações que tenham impacto "racial", não obstante a intenção que lhes tenha dado origem. [...] O conceito de Racismo Ambiental nos desafia a ampliar nossas visões de mundo e a lutar por um novo paradigma civilizatório, por uma sociedade igualitária e justa, na qual democracia plena e cidadania ativa não sejam direitos de poucos privilegiados, independentemente de cor, origem e etnia[382].

---

[379] ALIER, Joan Martínez. *O ecologismo dos pobres*. São Paulo: Contexto, 2009, p. 35-38.

[380] ACSELRAD, Henri. *As práticas espaciais e o campo dos conflitos ambientais*: em conflitos ambientais no Brasil. Rio de Janeiro: Relume Dumará, 2004.; ACSELRAD, Henri. *O que é justiça ambiental?* Rio de Janeiro: Garamond, 2009; ACSELRAD, Henri. Ambientalização das lutas sociais. *Revista estudos avançados*, São Paulo, v. 24, n. 68, p. 103-119, 2010. ACSELRAD, Henri; MELLO, Cecília Campello Amaral; BEZERRA, Gustavo das Neves. *O que é justiça . ambiental*. Rio de Janeiro: Editora Garamond, 2009. 160 p. ISBN: 9788576171591.

[381] BULLARD, Robert. Enfrentando o racismo ambiental no século XXI. *In*: ACSELRAD, Henri; HERCULANO, Selene; PÁDUA, José Augusto (org.). *Justiça ambiental e cidadania*. Rio de Janeiro: Relume Dumará, 2004, p. 42.

[382] PACHECO, Tania. *Desigualdade, injustiça ambiental e racismo*: uma luta que transcende a cor. 2007. Disponível em: https://racismoambiental.net.br/textos-e-artigos/desigualdade-injustica-ambiental-e-racismo-uma-luta-que-transcende-a-cor/ Acesso em: 3 nov. 2023.

Alier[383] afirma que o foco principal da justiça ambiental ou ecologismo dos pobres é o interesse pelo meio ambiente como fonte de condição para a subsistência ligada com os direitos das demais espécies e das futuras gerações de humanos, especialmente de populações pobres de hoje. A ética do ecossocialismo emerge a partir do anseio por justiça social entre os humanos. Tais deveres e obrigações derivam, assim, da sociabilidade e solidariedade inerentes à vida pública, sem que a eles correspondam diretamente quaisquer direitos subjetivos. Trata-se de uma tutela objetiva de bens, que obriga todos os indivíduos e o Estado a não os violar, a protegê-los e a promovê-los[384].

Pari passu, os bens que subjazem a tais deveres priorizam a manutenção das condições de vida humana, a sua tutela não pode deixar de ser entendida em uma perspectiva intertemporal traduzindo-se à *face intergeracional da solidariedade*, com todos os homens, sejam de hoje, ontem ou de amanhã, a ligar as gerações atuais e as gerações futuras, com a imposição de um *dever de cuidado* — com a assunção de uma *responsabilidade de realização*[385] — por parte daquelas para com essas, obrigando a que assegurem a incolumidade e proteção desses bens e preservem a possibilidade de um futuro digno. Em termos intergeracionais, portanto, como as gerações presentes têm o poder de afetar as gerações futuras e de pôr em causa a própria continuidade da existência humana, entende Moreno[386] estarem gravadas por uma *responsabilidade reforçada* — sobretudo em virtude da vulnerabilidade das pessoas vindouras e da fundamentalidade dos bens em jogo.

Tal corrente estabelece uma conciliação entre crescer e preservar cogitando a possibilidade de soluções compensatórias pela busca mitigada de desenvolvimento sustentável da adequação ambiental a partir da busca da ecoeficiência, da internalização das externalidades, de um ditame inovador. Com escopo da invenção e implantação e novas tecnologias desses mecanismos mitigadores. A negociação de conflitos é técnica de tratamento entre a economia e a ecologia[387].

---

[383] ALIER, Joan Martínez. *O ecologismo dos pobres*. São Paulo: Contexto, 2009.

[384] MORENO, N. de A. *A Face Jurídico-Constitucional da Responsabilidade Intergeracional*. Série D-9. Instituto Jurídico Faculdade de Direito da Universidade de Coimbra. Estudos Doutoramento e Mestrado. Concepção Gráfica Jorge Ribeiro, Abril. 2015. ISBN 978-989-8787-17-0.

[385] LOUREIRO, J. C. *Adeus ao Estado Social?* A Segurança Social entre o Crocodilo da Economia e a Medusa da Ideologia dos "Direitos Adquiridos". Coimbra: Coimbra Editora, 2010.

[386] MORENO, N. de A. A Face Jurídico-Constitucional da Responsabilidade Intergeracional. Série D-9. Instituto Jurídico Faculdade de Direito da Universidade de Coimbra. *Estudos Doutoramento e Mestrado*. Concepção Gráfica Jorge Ribeiro, abr. 2015. ISBN 978-989-8787-17-0.

[387] HERCULANO, Selene. Lá como cá: conflito, injustiça e racismo ambiental. *In*: SEMINÁRIO CEARENSE CONTRA O RACISMO AMBIENTAL, 1, 2006, Fortaleza. *Anais* [...]. Fortaleza, 2006.

Desse modo, acredita-se que os problemas ambientais não podem ser solucionados cindindo-os dos sociais, pois é dos problemas sociais que as políticas ambientais geram embates ecológicos numa relação desigual que ocasiona os conflitos, gerando lucro abusivo para uns e degradação significativa para outros. Só assim conseguir-se-á mudar o quadro tão bem pintado por Milton Santos:

O território é onde vivem, trabalham, sofrem e sonham todos os brasileiros. Ele é, também, o repositório final de todas as ações e de todas as relações, o lugar geográfico comum dos poucos que sempre lucram e dos muitos perdedores renitentes, para quem o dinheiro globalizado — aqui denominado "real" — já não é um sonho, mas um pesadelo.[388]

Dos conflitos de injustiça ambiental no Brasil

Os conflitos ambientais são uma espécie de conflitos sociais, que ocorrem quando há disputas na sociedade envolvendo questões ecológicas, como espaço, o uso dele para fins de extração de recursos naturais. Ou seja, "São aqueles conflitos sociais que têm elementos da natureza como objeto e que expressam as relações de tensão entre interesses coletivos/espaços públicos *versus* interesses privados/tentativa de apropriação de espaços públicos"[389].

Para o estudo desses conflitos, a corrente chamada ecossocialismo (ecologismo dos pobres ou justiça ambiental) analisa os conflitos socioambientais como estruturas que se repelem, nascidos de uma situação de antagonismo estrutural própria da economia capitalista atual, em que produzir é condição para a busca do crescimento econômico em detrimento da preservação do ambiente e com as formas de vida social não capitalistas, que se refugiam sobrevivendo às áreas de produção em expansão corroborando a existência de áreas urbanas degradadas e abandonadas pelas forças econômicas[390].

A justiça ambiental nos moldes brasileiros se insurge aos embates nocivos aos meios naturais de vida desde meados do século passado. Pode-se fazer menção à criação da Associação Gaúcha de Proteção do Meio Ambiente Natural (Agapan), em 1970 — que pelejava contra a utilização desenfreada de agrotóxicos nos solos —, o saudoso Chico Mendes, acreano, e militante dos movimentos a favor da proteção da Amazônia — que teve sua via ceifada

---

[388] SANTOS, Milton. O chão contra o cifrão. *Folha de São Paulo*, São Paulo, 28 fev. 1999. Caderno Mais, p. 5.

[389] CARVALHO, Isabel; SCOTTO, Gabriela. *Conflitos sócio-ambientais no Brasil*. Rio de Janeiro: Ibase, 1995. v. 1. p. 7.

[390] HERCULANO, Selene. Lá como cá: conflito, injustiça e racismo ambiental. *In*: SEMINÁRIO CEARENSE CONTRA O RACISMO AMBIENTAL, 1., 2006, Fortaleza. *Anais* [...]. Fortaleza, 2006.

por lutar contra o modelo predatório de exploração das terras acreanas na década de 1980 —, e, por conseguinte, os eventos realizados no estado do Rio de Janeiro, a partir da década e de 1990, onde acadêmicos e pesquisadores de diversas instituições estabelecem as diretrizes para a luta contra o desgaste do meio ambiente, que além das incertezas do desemprego, da desproteção social, da precarização do trabalho, a maioria da população brasileira encontra-se hoje exposta a fortes riscos ambientais, seja nos locais de trabalho, de moradia ou no ambiente em que circula. Essas manifestações juntas criaram a Declaração de Princípios da Rede Brasileira de Justiça Ambiental[391], que desde 2005, norteia um conjunto de princípios e práticas entendidos como de justiça ambiental[392].

No Brasil, o conceito ampliou-se para além da noção de injustiça ambiental contra os negros. Na esfera dos direitos elencados pela Constituição Federal vigente, o conceito de defesa ambiental encontrou guarida no Art. 225 c/c com o Art. 231, onde também é de direito dos indígenas a utilização de suas terras reconhecidas pela União, que devem ser preservadas observando os ditames constitucionais.

De acordo com o estudo realizado em 2011 pela Rede[393], foi possível perceber o nexo causal dos conflitos com os impactos ambientais. Isso porque, para Paulo Affonso Leme Machado[394], é preciso vincular o prejuízo com a "fonte poluidora". E na existência de "pluralidade de autores do dano ecológico" estabelecer-se-á o nexo de causalidade, sendo uma barreira mais trabalhosa, porém não uma "tarefa impossível". O estudo destacou que os casos de injustiça ambiental atingem muitos grupos populacionais já pobres e discriminados, afetando a qualidade de vida, a cultura e tradições, os Direitos Humanos e a capacidade de organização e mobilização coletivas. As denúncias sempre convergem para a falta de participação de critérios técnicos mensurados por alguma legislação (Ambiental e Sanitária). Salienta que as principais popula-

---

[391] ACSELRAD, Henri; MELLO, Cecília Campello Amaral; BEZERRA, Gustavo das Neves. *O que é justiça ambiental*. Rio de Janeiro: Editora Garamond, 2009. 160 p. ISBN: 9788576171591.

[392] A Rede Brasileira de Justiça Ambiental, resultado de um projeto desenvolvido em conjunto pela Fundação Oswaldo Cruz (Fiocruz) e pela Federação de Órgãos para Assistência Social e Educacional (Fase) – Solidariedade e Educação, com o apoio do Departamento de Saúde Ambiental e Saúde do Trabalhador do Ministério da Saúde, é um grupo de apoio ao meio ambiente que se dedica às comunidades e aos grupos que lutam por um desenvolvimento econômico ora injusto, ora insustentável para a manutenção da vida no Brasil, buscando soluções nas suas comunidades para os casos de injustiça ambiental num movimento, com seus estudos pautados nas ideias de Joan Martínez Alier sobre o ecologismo dos pobres.

[393] JUSTIÇA AMBIENTAL. *Justiça Ambiental e racismo ambiental*. 2021. Disponível em: http://www.justicaambiental. com.br. Acesso em: 3 nov. 2023.

[394] MACHADO, Paulo Affonso Leme. *Direito ambiental brasileiro*. 23. ed. São Paulo: Malheiros, 2015.

ções afetadas pelos impactos ambientais e, por conseguinte geram conflitos sociais, são os povos indígenas (33,67%), pois em grande parte dos casos, suas reservas são as atingidas pelo desmatamento e pela expropriação de terra; os quilombolas (21,55%); pescadores artesanais (14,81%); e ribeirinhos (13,47%), por não terem condições mínimas de subsídio estatal para a manutenção de suas atividades de trabalho que quando tirados dessas áreas, além de perderem o lugar onde moram, partilham da mazela de ter sua fonte de alimento reduzida, e terem a divisão irregular de seu território. Ademais, informa que a região rural é a mais afetada com "progresso" econômico, cerca de 60,85% dos conflitos são vindos dessas áreas, pelo motivo do aproveitamento de recursos naturais como o agronegócio e a mineração nos ciclos ferro/aço e bauxita/alumínio, onde a expansão capitalista brasileira encontra as fontes da terra para fins de exploração sem limites. Isso, de alguma forma, provoca a perda das relações sociais com os grupos que outrora vivem em vida comunitária nas áreas rurais, onde os ecossistemas estão em alto grau de preservação, e dispostos para a subsistência dessas comunidades. Nesse rol de conflitos entram, também, e não menos importantes, os moradores de áreas próximas a lixões e indústrias poluentes.

Partindo dessa problemática, durante a realização em Brasília, em dezembro de 2009, da 1ª Conferência Nacional de Saúde Ambiental, foi desenvolvido o projeto "Mapa de conflitos envolvendo injustiça ambiental e Saúde no Brasil" em parceria com a Fiocruz e a Fase[395]. O estudo catalogou casos em vários estados brasileiros tendo por finalidade dar notoriedade às denúncias e aos conflitos ambientais envolvendo situações de injustiça ambiental e saúde no país, a fim de garantir a consolidação de políticas públicas viáveis de fonte aos anseios de Justiça, saúde, e sobre isso, a cidadania, como forma de participação popular, destacando dessa forma, o nível de descaso das autoridades a respeito dos riscos/ou efeitos à saúde, alavancados de problemas ambientais sanitários nas industrias lixões, bem como a má/não demarcação de terras indígenas/quilombolas.

É importante mencionar que a Constituição Federal de 1988 foi a única Carta Constitucional que estabeleceu um regime rigoroso a respeito da utilização do solo e subsolo para exploração de recursos minerais, sendo a exploração de jazidas e minerais, concedida por lei em determinados casos. Os artigos 176, §1º e 231, §3º limitam a exploração de minerais causadores de impactos negativos no meio ambiente de moradia da maior parte de

---

[395] A Fase (Federação de Órgãos para Assistência Social e Educacional) é uma ONG integrada à Secretaria Executiva da RBJA desde sua criação.

indígenas brasileiros. Tudo isso, porquanto a mineração além do desgaste humano desqualificado, intensificam a produção da poluição e devastam os recursos naturais de populações indígenas, por se tratar de atividades de garimpo tendenciosas ao desmatamento da flora e fauna, e poluição de rios usados por esses povos. Fato que depende estritamente do Ministério de Minas e Energia, a concessão para o aproveitamento desses recursos[396].

Doravante, as restrições trazidas pela Constituição Federal de 1988, são específicas quando há ilegalidade nos processos de mineração. Nesse sentido, foi editado o Decreto-Lei n. 227/1967 (alterado pela Lei n. 1.314, de 1996), que dispôs sobre as pesquisas científicas nas reservas indígenas com enfoque na busca por jazidas da lavra de minérios. Todavia, há 20 anos, tramita no Congresso brasileiro o Projeto de Lei (PL) n.º 1.610, de 1996[397], que tem finalidade de dar voz às comunidades indígenas quanto às reservas naturais. O PL, desde a sua concepção, sofre críticas de lideranças indígenas por dar concessões exorbitantes às empresas mineradoras e, sobretudo, não estabelecer o limite de ocorrências e processos de mineração. Também permite a criação de um fundo de Receitas de Mineração a ser gerido pelo Ministério da Justiça, o qual gera, nesse aspecto, a sobreposição do interesse dos empresários sob a ideia de consagração do ideal indigenista sobre as terras habitadas, como também da negociação de desmatamento de grande parte das unidades de conservação indígena. A sua última atualização estabelecia dois métodos de exploração de minérios: (i) o especial para as atividades de pesquisa e lavra de recursos minerais em terras indígenas e (ii) o de extrativismo mineral indígena. Ambos só poderão agir em terras indígenas homologadas[398].

Depreende-se que há um conflito regulatório dos interesses indígenas face ao crescimento econômico das empresas nas atividades de mineração sem prévia comunicação ao Congresso Nacional. A despeito disso, ainda são consideradas ilegais, não sendo, em vários casos, observadas na prática, proveniente da omissão estatal em autorizar ou não a exploração dos recursos inclusos em terras indígenas, uma vez que é somente por meio de lei ordinária que deve haver a regulamentação da atividade de mineração em terras indígenas e, de fato, é uma legislação inexistente.

---

[396] NUNES, Paulo Henrique Faria. *Meio Ambiente e Mineração*. 1. ed. Curitiba: Juruá, 2007. p. 119-120.

[397] Dispõe sobre a exploração e o aproveitamento de recursos minerais em terras indígenas, de que tratam os artigos 176, parágrafo 1º, e 231, parágrafo 3º, da Constituição Federal. *In*: BRASIL. Câmara dos Deputados. PL. 1610/1996, 2023. Disponível em https://www.camara.leg.br/proposicoesWeb/fichadetramitacao?idProposi cao=16969. Acesso em: 3 nov. 2023.

[398] SOUZA FILHO, Carlos Frederico Marés; BERGOLD, Raul Cezar (org.). *Os direitos dos povos indígenas no brasil*: Desafios no Século XXI. Curitiba: Ed. Letra da Lei, 2013. p. 206.

A necessária participação democrática na garantia da tutela ambiental

O regime democrático exprime a ideia de que as diretrizes políticas da sociedade são tomadas pela própria população. Segundo o jurista norte americano Dworkin, a democracia ideal seria aquela em que cada cidadão tivesse influência isonômica na legislação produzida em seu país. Quanto maior a participação popular, mais respeito aos direitos fundamentais. Dessa forma, aplicada às decisões ambientais, a participação cidadã é a mais pura essência ao respeito à dignidade humana, porquanto se trata de legitimação para a proteção do meio ambiente, visando impedir que riscos e danos decorrentes da utilização e implantação de tecnologias insurgentes, por exemplo, proporcionem degradação do meio ambiente e, por conseguinte, à saúde humana. Tornando-se, assim, elemento fundamental no processo de desenvolvimento, pois toda forma de crescimento não sustentável seria oposta ao conceito de desenvolvimento em si, ao implicar na redução das liberdades das gerações futuras[399].

Nesse sentido, temos a concepção do desenvolvimento como apropriação efetiva de direitos ligados à democracia, eliminando-se as privações de liberdade que limitam as escolhas e oportunidades dos agentes, ou seja, em expansão das liberdades, sendo este o principal fim e meio do desenvolvimento[400].

Como demonstrado por Molinaro e Bühring[401], indispensável à participação cívica, o engajamento social, pois a cidadania estará disposta a participar se consciente de que não estão suprindo, mas aperfeiçoando a ação governamental, ademais se todos são capazes de diálogo com os agentes políticos. Nesse ponto, os autores indicam que se deve atentar para a participação da sociedade no fortalecimento dos objetivos estatais, tanto na ordem nacional como internacional, pois é sempre inclusiva e formata um círculo virtuoso que reforça tanto o Estado, as instituições internacionais e a própria sociedade.

---

[399] VARELLA, Marcelo Dias. *Direito internacional econômico ambiental.* Belo Horizonte: Del Rey, 2004. p. 43.

[400] SEN, Amartya. *Desenvolvimento como liberdade.* Tradução de Laura Teixeira Motta. 6. ed. São Paulo: Companhia das Letras, 2000, p. 10.

[401] MOLINARO, C. A.; BÜHRING, M. A. Ponderando ambiente e regulação (novos métodos e tecnologias). *In*: BORTOLANZA, Guilherme; BOFF, Sale Oro (coord.). *Direitos Fundamentais e Novas tecnologias.* Florianópolis: Conceito Editorial, 2012. p. 101-102.

Razão disso, a Declaração do Rio de 1992[402], no seu princípio 10, assentou que "a melhor maneira de tratar as questões ambientais é assegurar a participação, no nível apropriado, de todos os cidadãos interessados", com amplo e adequado acesso às informações sobre materiais e atividades perigosas, oportunizando a participação nos processos decisórios.

Destaque para a Reunião do Comitê de Negociação sobre o Princípio 10 da referida Declaração, ocorrida na América Latina e no Caribe[403]. Em sua 6ª edição, a reunião contou com a presença de 23 países da região, os quais negociam um acordo sobre referido Princípio, que consiste na responsabilidade dos governantes para "facilitar e estimular a conscientização e a participação popular, colocando as informações à disposição de todos". Também está previsto acesso a mecanismos judiciais e administrativos, inclusive, no que se refere à reparação de danos. Na ocasião, o Ministro do Meio Ambiente do Brasil defendeu "a inclusão social e a transparência para o uso dos recursos naturais, bem como a sua conservação".

> Tendo reconhecida tradição de inclusão da sociedade civil nos diversos fóruns ambientais e o acordo em negociação deve contribuir para que aprimoremos nossos mecanismos de participação. [...] A melhor maneira de promover o desenvolvimento sustentável é assegurar a participação de todos os cidadãos interessados.

Também representantes da Comissão Econômica Para América Latina (Cepal)[404] afirmaram que "este princípio está ligado à democracia".

O acordo pretende usar as ferramentas internacionais que têm como objetivo acompanhar leis, políticas, tratados e jurisprudência na garantia dos direitos das pessoas à informação, à participação e à Justiça em assuntos ambientais. Isso porque os grupos mais vulneráveis, a exemplo dos povos indígenas, são os principais impactados pelo uso desregular do solo, principalmente no que se refere à reforma agrária — sem mesmo a avaliação dos laudos antropológicos por meio de escopo histórico dessas comunidades.

---

[402] ORGANIZAÇÃO DAS NAÇÕES UNIDAS. Conferência das Nações Unidas sobre o Meio Ambiente. Declaração do Rio sobre meio ambiente e desenvolvimento. 1992. Disponível em: http://www.onu.org.br/rio20/img/2012/01/rio92.pdf. Acesso em: 9 ago. 2017.

[403] BRASIL. Governo Federal. Ministério Do Meio Ambiente e Mudança do Clima. Disponível em: http://www.mma.gov.br/index.php/comunicacao/agencia-informma?view=blog&id=2222. Acesso em: 3. nov. 2023.

[404] A Comissão Econômica para a América latina (Cepal) foi estabelecida pela resolução 106 do Conselho Econômico e Social em fevereiro de 1948, sendo ela uma das cinco comissões regionais da ONU, e sua função é a contribuição para o desenvolvimento a partir de coordenação de ações de acordo com o reforço internacionais de países no mundo.

Representantes da sociedade civil brasileira aduzem: "Buscamos um acordo que garanta a democracia ambiental para que diminuam os conflitos socioambientais e para apoiar a gestão participativa"[405]. Entende-se que não há desenvolvimento sem prévia consulta ao povo, ligando o princípio da precaução[406] ao sentimento democrático, na luta pela tutela do meio ambiente, e ao mesmo tempo pela dignidade da pessoa humana em habitar num lugar sadio.

De natureza prospectiva, o conteúdo do princípio da precaução[407]:

> [...] tanto se destina, em sentido restrito a evitar *perigos* imediatos [iminentes] e concretos, de acordo com uma lógica imediatista e *actualista,* como procura, em sentido amplo, afastar eventuais *riscos* futuros, mesmo que não ainda inteiramente determináveis, de acordo com uma lógica *mediatista* e prospectiva, de antecipação de acontecimentos futuros[408]. (grifos do autor)

Segundo Oliveira[409], o *princípio da prevenção*, pressupondo uma sociedade sujeita a riscos, perigos ou ameaças, incumbiu ao Estado, na figura do agente público, munido da necessária cautela, a realização de um prognóstico das possíveis e prováveis consequências ambientais decorrentes de suas decisões e de fatos jurídicos externos, adotando, assim, as imperiosas medidas que os previnam ou minimizem. O estudo de impacto ambien-

---

[405] SARLET, Ingo Wolfgang (org.). *Estado socioambiental e direitos fundamentais.* Porto Alegre: Livraria do Advogado, 2010.

[406] A precaução como princípio surge na Alemanha (*Vorsorgeprinzip*). *Vorsorge* vem a ser mais do que um simples "dever de cuidado" (*sorgfaltspflicht*). O princípio estabeleceu um paradigma novo para dar uma proteção *ex ante*, a interesses de ordem coletiva ou futuros. Um "simples" perigo, ainda que sem provas científicas conclusivas, já estaria a autorizar a adoção de medidas jurídicas para impedir que o próprio dano deixe de acontecer (CÂMARA CARRÁ, Bruno Leonardo. É possível uma responsabilidade civil sem dano? (i). Conjur, 2016. Disponível em: https://www.conjur.com.br/2016-abr-18/direito-civil-atual-possivel-responsabilidade-civil-dano Acesso em: nov. 2023). Em caso de certeza do dano ambiental, este deve ser prevenido, como preconiza o princípio da prevenção. Em caso de dúvida ou de incerteza, também se deve agir prevenindo. Essa é a grande inovação do princípio da precaução. A dúvida científica, expressa com argumentos razoáveis, não dispensa a prevenção. Segundo parcela da doutrina brasileira, está alicerçado na tripla fonte de incertezas: a ignorância científica acerca da existência e natureza do dano ambiental; o desconhecimento da extensão dos seus perniciosos efeitos ecológicos e a ausência de irrefutáveis provas indicativas do nexo causal existente com o fato sujeito à avaliação e ao controle (MACHADO, Paulo Affonso Leme. *Direito à informação e meio ambiente.* São Paulo: Malheiros, 2006).

[407] O Tratado Constitutivo da União Europeia, por exemplo, prescreve que "a política da Comunidade no domínio do ambiente [...] basear-se-á nos princípios da precaução e da ação preventiva" (Art. 174, n.º 2, Tratado de Roma, 1957) (PARLAMANTO EUROPEU. Tratado de Roma (CEE), 2023. Disponível em: https://eur-lex.europa.eu/legal-content/PT/TXT/?uri=CELEX:11957E/TXT. Acesso em: 3 nov. 2023).

[408] SILVA, Vasco Pereira da. *Verde*: Cor de Direito – Lições de Direito do Ambiente. Coimbra: Almedina, 2002, p. 67.

[409] OLIVEIRA, André Pinto de Souza. Direito ambiental constitucional - uma análise principiológica da consolidação do estado protetor do ambiente nas Constituições Brasileira e Portuguesa. *Revista da Faculdade de Direito da UFMG*, Belo Horizonte, n. 51, p. 46-68, jul.- dez. 2007.

tal[410], por exemplo, necessário à licença de atividades públicas e privadas potencialmente lesivas ao meio ambiente, é um inegável procedimento administrativo de cunho preventivo. Por meio dele, os agentes públicos, ao diagnosticarem o perigo de dano, vetam ou condicionam a aprovação de obras ou projetos econômicos, visando à proteção dos recursos naturais. Por exemplo, a obtenção da licença ambiental para o exercício da atividade de abastecimento requer dos postos de combustíveis a observância de inúmeras diretrizes e normas de conduta. Sendo necessária a entrega do comprovativo de destinação segura dos resíduos gerados, de tal forma a evitar a contaminação do solo e dos recursos hídricos. No decorrer da atividade licenciada, o indicativo de vazamentos ou rupturas dos tanques armazenadores de combustíveis sujeita o empreendedor à apresentação periódica de estudos de monitoramento do solo.

O princípio aqui abordado propicia a inversão do ônus da prova e impõe ao autor potencial a demonstração da inexistência de nexo causal entre a sua atividade e ulteriores danos constatáveis[411]. Frisa Machado que "[...] para não adotar medida preventiva ou corretiva é necessário demonstrar que certa atividade não danifica seriamente o ambiente e que essa atividade não causa dano irreversível"[412], portanto, o princípio vincula os Poderes de Estado e propicia parâmetros de atuação e comportamento das pessoas naturais e jurídicas. Segundo Álvarez, *"el principio de prevención es fundamental en la actuación ambiental, debido al alto potencial de irreparabilidad de los daños ambientales [...]"*[413].

O *princípio da precaução*, segundo parcela da doutrina brasileira, está alicerçado na tripla fonte de incertezas: a ignorância científica acerca da existência e natureza do dano ambiental; o desconhecimento da extensão dos seus perniciosos efeitos ecológicos; e a ausência de irrefutáveis provas indicativas do nexo causal existente com o fato sujeito à avaliação e ao

---

[410] Conferir o artigo 225, §1°, IV da Constituição do Brasil de 1988. Nos Estados Unidos, a Lei da Política Nacional do Meio Ambiente (*National Environmental Protection Act* – NEPA), de 1969, disciplinou o Estudo de Impacto Ambiental, demonstrando inovação e vanguarda dos direitos fundamentais ligados ao meio ambiente. Também na Declaração do Rio de Janeiro votada no âmbito da Conferência das Nações Unidas para o Meio Ambiente e o Desenvolvimento (1992), no Princípio 17 declara: "A avaliação de impacto ambiental, como instrumento nacional, deve ser empreendida para atividades planejadas que possam vir a ter impacto negativo considerável sobre o meio ambiente, e que dependam de uma decisão da autoridade nacional competente" (BRASIL. Constituição Federal 1988. Constituição da República Federativa do Brasil. Brasília: Senado Federal, 2016).

[411] OLIVEIRA, André Pinto de Souza. Direito ambiental constitucional - uma análise principiológica da consolidação do estado protetor do ambiente nas Constituições Brasileira e Portuguesa. *Revista da Faculdade de Direito da UFMG*, Belo Horizonte, n. 51, p. 46-68, jul.-dez. 2007.

[412] MACHADO, Paulo Affonso Leme. *Direito à informação e meio ambiente*. São Paulo: Malheiros, 2007. p. 79.

[413] ÁLVAREZ, Luis Ortega. *Lecciones de Derecho del Medio Ambiente*. 2. ed. Valladolid: Editorial Lex Nova, 2000. p. 52.

controle. A seriedade ou a irreversibilidade dos danos, embora previamente indeterminados, justifica a adoção de imediatas medidas que os previnam ou minimizem, pois diante do risco, *in dubio pro natura*. Nesses aspectos, na atual dinâmica social, "o passado perde sua função determinante para o presente. É o futuro que vem substituí-lo e é, então, alguma coisa de inexistente, de construído, que se torna a 'causa' da experiência e da ação no presente"[414].

Portanto, no processo de formulação das metas de desenvolvimento, a questão ambiental deve fazer parte do próprio processo, e não ser analisada separadamente ou como um apêndice. Com isso, a metodologia da prevenção, inserida no procedimento do estudo prévio de impacto ambiental e a metodologia de análise do risco ambiental devem constituir momentos indispensáveis do processo de formulação e implementação do desenvolvimento. Nessas duas metodologias estão embutidos o direito à informação e o direito à participação, que se fundem na moderna concepção do controle social. Somente com essas metodologias aplicadas é que se dará chance à sustentabilidade ambiental[415].

O princípio da precaução seria uma regra de direito, pois além de consagrado no Princípio 15 da Declaração do Rio, Machado[416] aponta a sua inclusão no direito brasileiro, por meio de duas convenções internacionais assinadas, ratificadas e promulgadas pelo Brasil. A primeira refere-se à convenção da Diversidade Biológica, assinada no Rio de Janeiro em 5 de junho de 1992 — ratificada pelo Congresso Nacional por meio do Decreto Legislativo n.º 2/1994, tendo entrado em vigor para o Brasil em 29 de maio de 1994 e promulgado pelo Decreto n.º 2.519/1998 —, que dispõe em seu preâmbulo: "Observando também que, quando exista ameaça de sensível redução ou perda de diversidade biológica, a falta de plena certeza científica não deve ser usada como razão para postergar medidas para evitar ou minimizar essa ameaça [...]". A segunda refere-se à Convenção-Quadro das Nações Unidas sobre Mudança do Clima, assinada em Nova Iorque, em 9 de maio de 1992 — ratificada pelo Congresso Nacional pelo Decreto Legislativo n.º 1/1994, tendo entrado em vigor para o Brasil em 2 de julho de 1998 e promulgado pelo Decreto n.º 2.652/1998.

Cumpre enfatizar que a adoção do princípio da precaução na gestão ambiental, por exemplo, pelos órgãos administrativos ambientais principalmente, ocorrerá em sua avaliação e análise cautelosa sobre a viabilidade do licenciamento do empreendimento conquanto seus impactos sobre o

---

[414] MACHADO, Paulo Affonso Leme. *Direito ambiental brasileiro*. 23. ed. São Paulo: Malheiros, 2015.p. 64.

[415] MACHADO, Paulo Affonso Leme. *Direito à informação e meio ambiente*. São Paulo: Malheiros, 2006.

[416] MACHADO, Paulo Affonso Leme. *Direito ambiental brasileiro*. 23. ed. São Paulo: Malheiros, 2015. p. 90.

meio ambiente. Não sendo possível fundamentar corretamente a tomada de decisão, por falta de dados técnicos ou por falta de conhecimento científico sobre as implicações do produto ou atividade, é necessário o uso do princípio da precaução.

Esse é o entendimento extraído do Art. 5º da Resolução n.º 01/1986 do Conselho Nacional do Meio Ambiente (Conama), que preconiza o dever de contemplar todas as alternativas tecnológicas e acrescenta ainda a necessidade de confrontar com a hipótese de não execução do projeto. As diretrizes da Resolução n.º 01/1986 buscam resguardar a proteção do meio ambiente e não dão margem para se aceitar a degradação ambiental sem a segurança necessária. Segundo Siqueira[417]:

> Tais diretrizes visam a prévia identificação de todos os possíveis impactos de empreendimentos ou atividades ao meio ambiente, verificando a sua tolerabilidade e já informando as medidas mitigatórias e compensatórias adequadas, consagrando, assim, o princípio da prevenção. Não se obtendo segurança quanto aos efeitos do empreendimento a ser licenciado, o EIA autorizará a conclusão pela inviabilidade de seu licenciamento, o que implica na materialização do princípio da precaução. Não procede, portanto, a afirmação quanto à incerteza dos impactos ambientais.

Portanto, para desencadear a aplicação do princípio da precaução,

> [...] todas as partes interessadas deveriam ser envolvidas tanto quanto possível no estudo das várias opções de gestão de riscos que se possam considerar quando estiverem disponíveis os resultados da avaliação científica e/ou da avaliação de riscos, e o procedimento deve ser tão transparente quanto possível[418].

Por isso, Hermitt e colaboradores[419] referem-se à avaliação de riscos como sendo:

> [...] uma operação que se realiza num contexto social, político e econômico. Além disso, esquece-se frequentemente de que

---

[417] SIQUEIRA, Lyssandro Norton. Os princípios de direito ambiental e a compensação ambiental no Sistema Nacional de Unidades de Conservação (SNUC). *In*: GOMES, Carla Amado. *Compensação ecológica, serviços ambientais e protecção da biodiversidade*. Lisboa: Instituto de Ciências Jurídico-Políticas, 2014. cap. 5. p. 196-218. p. 209.

[418] EUROPEAN COMMISSION. *Comunicado da Comissão Europeia relativa ao Princípio da Precaução*. Bruxelas, fev. 2000. Disponível em: http://eur-lex.europa.eu/LexUriServ/LexUriServ.do?uri=CELEX:52000DC0001:PT:HTML. Acesso em: 2 nov. 2023.

[419] HERMITT, M. A.; DAVID, V. Avaliação dos Riscos e Princípio da Precaução. *In*: VARELLA, M. D.; PLATIAU, A. F.B. *Princípio da Precaução*. Belo Horizonte: Del Rey, 2005, s/p.

a avaliação não concerne somente aos riscos, mas também às vantagens, à eficácia de um produto ou de uma técnica frente aos problemas a serem resolvidos.

Isso implica a necessidade de alteração dos processos decisórios levados a efeito no âmbito dessa importante área do saber humano, a começar pela ampliação do círculo de pessoas credenciadas a deles participar, dotando-as de todas as informações necessárias e indispensáveis das grandes decisões públicas ou privadas que possam afetar a segurança das pessoas. Isso porque o princípio de precaução impõe uma obrigação de vigilância, tanto para preparar a decisão, quanto para acompanhar suas consequências. Assim, mesmo que a sociedade nunca tenha todas as informações que ela necessita para tomar decisões sem alguma incerteza, deve-se, nesse setor do conhecimento, "promover oportunidades para o debate público pluralista, buscando-se a manifestação de todas as opiniões relevantes", razão da Unesco[420] por meio do Comest e grupo de especialistas, promoverem debate de esclarecimentos sobre o princípio da precaução, com o objetivo de oferecer uma plataforma ética para garantir a gestão adequada dos riscos e informações transparentes ao público e aos órgãos governamentais sobre o impacto de novas tecnologias.

Considerando a atual conjuntura e contexto de injustiça ambiental, conforme destacamos anteriormente, o Estado e demais partes interessadas, "é obrigado a um *agir ativo* e *positivo* na proteção do ambiente, qualquer que seja a forma jurídica dessa atuação (normativa, planejadora, executiva, judicial)", sendo que a proteção "vai muito para além da defesa contra simples perigos, antes exige um particular dever de cuidado perante os riscos típicos da *sociedade de risco*"[421].

Nesse caso, consumidores, organizações civis e não governamentais, sociedade civil em geral, cumprem uma função de guardiões dos impactos e efeitos de aplicações tecnológicas pelos laboratórios de pesquisa, a produção da indústria, as preferências do consumidor, transporte e meio ambiente; criam organizações de usuários para articular claramente suas necessidades e aqueles suscetíveis de serem expostos a riscos, tanto no curto e longo prazo; desenvolvem canais de comunicação contínuos com a indústria, academia e governo; participam de processos destinados a tratar do impactos sociais

---

[420] UNESCO. World Commission on the Ethics of Scientific Knowledge and Technology (COMEST). *The precautionary principle*. Paris: Unesco, 2005. 54 p. Disponível em: http://unesdoc.unesco.org/images/0013/001395/139578e.pdf. Acesso em: 9 ago. 2015.

[421] CANOTILHO, José Joaquim Gomes. O Princípio da sustentabilidade como Princípio estruturante do Direito Constitucional. *Tékhne* - Revista de Estudos Politécnicos, n. 13, p. 7-18, 2010. ISSN 1645-9911.

e considerações éticas[422], além de perceberem a necessidade de um foro que envolva diferentes organizações internacionais e diferentes tratados internacionais relacionados voltados para a proteção do meio ambiente, saúde e segurança de trabalhadores e consumidores e todo o seu entorno.

Dos instrumentos procedimentais ambientais

Independentemente de marcos legislativos trazidos pelos movimentos da nova constituição federal e pressão de organismos internacionais, o Estado Socioambiental e Democrático de Direito vislumbra em primeiro plano, o respeito e a proteção para a promoção de vida, em uma escala dúplice de debate, pois a dignidade humana depende intimamente da perpetuação de vida na terra e, por conseguinte, da proteção ambiental, isso porque "não estamos sós, somos com o outro numa relação permanente de reconhecimento, respeito, reciprocidade e responsabilidade que se desenvolve num espaço e tempo de encontro: o ambiente", pois o ambiente pode ser concebido como "um lugar de encontro"[423].

Pontes de Miranda[424] assevera que os sujeitos estão inclinados a adaptarem-se ao ambiente externo, e nessa intrínseca adaptação estão sujeitos a se relacionar com Religião, Ética, Estética, Política, Direito, Economia e Ciência, *in casu* as ciências jurídicas ligadas à sustentabilidade. Posto que a dignidade humana poder-se-á preservada se as outras formas de vida puderem ser protegidas e perpetuadas para gerações futuras. Certo que a Constituição Federal de 1998 consubstancia a ideia de uma sociedade livre, mas também solidária, no sentido de estabelecer uma dimensão intertemporal de cuidado à natureza.

Hufen[425] já defendia uma ideia procedimental de tutela dos direitos fundamentais, que aliados aos de cunho ambiental ganham uma notoriedade no status quo. Para isso, os aplicadores do direito estão dispostos a transpor os direitos consagrados em textos constitucionais para a vida contemporâ-

---

[422] INTERNATIONAL RISK GOVERNANCE COUNCIL. *Project onnanotechnologyriskgovernance. PolicyBrief Nanotechnology Risk Governance Recommendations for a global, coordinated approach to the governance of potential risks*. IRGC and Project on nanotechnology risk governance, Geneva, 2007. Disponível em: https://www.irgc. org/issues/nanotechnology/nanotechnology-risk-governance. Acesso em: 7 maio 2016.

[423] MOLINARO, Carlos Alberto. *Direito ambiental*: proibição de retrocesso. Porto Alegre: Livraria do Advogado, 2007. p. 32.

[424] MIRANDA, Pontes de. *Introdução à política científica*. Rio de Janeiro, Garnier, 1924.

[425] HUFEN, Friedhelm. *Staatsrecht II*: Grundrechte. 4. ed. Munique: C. H. Beck, 2014. p. 58.

nea real, que frisam, desse modo, os ditos direitos procedimentais, na busca pela efetividade do texto legal[426].

Tal perspectiva confere os direitos procedimentais a status constitucional, em razão de ter o mesmo objetivo de tutela de direito. Quando se aufere um direito fundamental para configurar organizações de proteção aos Direitos Humanos fundamentais, diz que essa dimensão é objetiva, visto que permite aplicar interpretação extensiva das normas procedimentais na organização do direito de organizar a instituição pública[427]. Konrad Hesse já mensurava a importância da "dimensão organizacional e procedimental dos direitos fundamentais" na busca por tutela[428].

Entender o direito ambiental como fundamental, é problematizá-lo de modo lato sensu, em razão do seu viés complexo que abrange inúmeras posições teórico-jurídicas, tais como a de defesa, que implica diretamente na esfera de impedir a degradação dos recursos naturais. Do direito de tutela, que investe o Estado de poder contra atos de terceiros. E, por conseguinte, ao de "prestação fática", que confere ao poder público a responsabilidade de promover políticas sustentáveis[429].

Outrossim, nasce, "nesta esfera jurídico-constitucional do direito fundamental ao meio ambiente, o direito procedimental, sendo o meio pelo qual o Estado inclua o titular do direito fundamental nos procedimentos relevantes para o meio ambiente"[430].

Canotilho[431] advoga que a tutela constitucional ao meio ambiente não depende de reconhecimento de preceito fundamental como norma subjetiva, pois já se manifestam nos direitos fundamentais de participação e direitos de ingressar com ações judiciais quando tem seus direitos violados. Assim, os procedimentos ambientais estão intimamente ligados aos direitos fundamentais.

A função de organizar o procedimento de tutela dos direitos fundamentais, ligado ao meio ambiente, é a garantia de que o direito material seja

---

[426] SARLET, Ingo Wolfgang; FENSTERSEIFER, Tiago. Direitos ambientais procedimentais: acesso à informação, à participação pública na tomada de decisões e acesso à justiça em matéria ambiental. *Revista Novos Estudos Jurídicos*, v. 23, n. 2, 2018. Disponível em: www.univali.br/periódicos. Acesso em: 2 nov. 2023.

[427] SARLET, Ingo Wolfgang. *A eficácia dos direitos fundamentais*: uma teoria geral dos direitos fundamentais na perspectiva constitucional. 12. ed. Porto Alegre: Livraria do Advogado, 2015. p. 156.

[428] HESSE, Konrad. *Elementos de direito constitucional da República Federal da Alemanha*. Porto Alegre: Sergio Antônio Fabris Editor, 1998. p. 287.

[429] ALEXY, Robert. *Teoria dos direitos fundamentais*. São Paulo: Malheiros, 2008. p. 440-445.

[430] *Ibidem*.

[431] CANOTILHO, J. J. Gomes. "O direito ao ambiente como direito subjetivo". *In*: CANOTILHO, José Joaquim Gomes. *Estudos sobre Direitos Fundamentais*. Coimbra: Coimbra Editora, 2004. p. 187.

efetivado, como compromisso estatal aos particulares, no tocante à adoção de posições jurídicas no campo da subjetividade, por partilhar decisões democráticas do Estado que legisla e administra, respectivamente[432]. Ainda pois, já afirmam processualistas que "o direito fundamental de ação pode ser concebido como um direito à fixação das técnicas processuais idôneas à efetiva tutela do direito material"[433], para isso deve-se adotar a teoria Alexyana de que os procedimentos judiciais são de notória importância, pois eles garantem a "proteção jurídica efetiva", ao se inserirem nos direitos de participação, na conformação da vontade do Estado em temas relativos aos recursos naturais.

Ao afirmar que a democracia é condição para proteger os direitos ambientais, depreende-se, segundo Alexy[434], que a participação do povo eclode uma situação jurídica que influencia o Estado no sustentáculo do direito ambiental. Participação esta garantida na Declaração do Rio de 1992, Princípio 10[435]. Sarlet[436] identificou no dispositivo internacional uma chave com três estruturas democráticas, quais sejam: I) acesso à informação (primeira parte do Princípio n. 10); II) participação pública na tomada de decisões; e III) acesso à justiça.

Por tudo, François Ost[437] conclui que a crise ecológica contemporânea consubstancia na carência em reposição de recursos naturais finitos. Muito embora a natureza seja interdependente quando se propõe métodos alternativos de sustentabilidade, cabe à sociedade civil não apenas pensar sustentavelmente, mas sim fomentar o Estado na garantia de tomar decisões efetivas fazendo a "natureza projeto".

---

[432] SARLET, Ingo Wolfgang; FENSTERSEIFER, Tiago. Direitos ambientais procedimentais: acesso à informação, à participação pública na tomada de decisões e acesso à justiça em matéria ambiental. *Revista Novos Estudos Jurídicos*, v. 23, n. 2, 2018. p. 423. Disponível em: https://periodicos.univali.br/index.php/nej/article/view/13377. Acesso em: 3 nov. 2023.

[433] MARINONI, Luiz Guilherme. *Teoria Geral do Processo*. São Paulo: Revista dos Tribunais, 2006. p. 207.

[434] ALEXY, Robert. *Teoria dos direitos fundamentais*. São Paulo: Malheiros, 2008, p. 488.

[435] Declaração do Rio de 1992, Princípio 10: "A melhor maneira de tratar as questões ambientais é assegurar a **participação**, no nível apropriado, de todos os cidadãos interessados. No nível nacional, cada indivíduo terá **acesso adequado às informações** relativas ao meio ambiente de que disponham as autoridades públicas, inclusive informações acerca de materiais e atividades perigosas em suas comunidades, bem como a oportunidade de **participar dos processos decisórios**. Os Estados irão facilitar e estimular a conscientização e a participação popular, colocando as informações à disposição de todos. Será proporcionado o acesso efetivo a **mecanismos judiciais e administrativos**, inclusive no que se refere à compensação e reparação de danos".

[436] SARLET, Ingo Wolfgang; FENSTERSEIFER, Tiago. Direitos ambientais procedimentais: acesso à informação, à participação pública na tomada de decisões e acesso à justiça em matéria ambiental. *Revista Novos Estudos Jurídicos*, v. 23, n. 2, p. 426, 2018. Disponível em: https://periodicos.univali.br/index.php/nej/article/view/13377. Acesso em: 3 nov. 2023.

[437] OST, François. *A natureza à margem da lei*: a ecologia à prova do direito. Lisboa: Piaget, [1997]. p. 9.

A nova ordem de participação democrática traduz-se em "Estado Socioambiental e Democrático de Direito"[438], pois a

> [...] tutela dos direitos socioambientais deve-se pautar no mesmo projeto jurídico-político para o desenvolvimento humano em padrões sustentáveis, inclusive, pela perspectiva da noção ampliada e integrada dos direitos econômicos, sociais, culturais e ambientais[439].

Com isso, estar-se-ia diante de uma nova reconstrução da Declaração de Direitos Humanos incorporados por ideais sustentáveis, muito embora utópicos, servem para correlacionar a proteção do meio ambiente com os direitos fundamentais conquistados no decorrer da história[440]. Veja-se:

> [...] dá-se preferência aqui a denominação Estado Socioambiental e Democrático de Direito, porquanto acredita-se que tal definição é a que melhor define o modelo de Estado de Direito que incorpora a perspectiva da justiça ambiental, sobretudo porque enfatiza a dimensão democrática que um Estado de Direito deve ter para que a justiça ambiental possa ser alcançada[441].

Todavia, para o Estado *quo* garantir status de Estado Socioambiental Democrático de Direito, precisa abrir mão da omissão e prover regulamentações severas e protetoras às práticas de discriminação ambiental e o equilíbrio dos recursos naturais, que venham afetar a vida de grupos socialmente vulneráveis, seja direta e indiretamente, fundamento da injustiça ambiental o qual se acopla à ideia de crise da contemporaneidade devendo ser detida pelo Direito, e somente o Direito pode estabelecer diretrizes seguras de resguardo aos indivíduos e ao meio ambiente[442].

---

[438] MOLINARO, Carlos Alberto. *Direito ambiental*: proibição de retrocesso. Porto Alegre: Livraria do Advogado, 2007.

[439] SARLET, Ingo Wolfgang; FENSTERSEIFER, Tiago. Direitos ambientais procedimentais: acesso à informação, à participação pública na tomada de decisões e acesso à justiça em matéria ambiental. *Revista Novos Estudos Jurídicos*, v. 23, n. 2, p. 13, 2018. Disponível em: https://periodicos.univali.br/index.php/nej/article/view/13377. Acesso em: 3 nov. 2023.

[440] SARLET, Ingo Wolfgang; FENSTERSEIFER, Tiago. Direitos ambientais procedimentais: acesso à informação, à participação pública na tomada de decisões e acesso à justiça em matéria ambiental. *Revista Novos Estudos Jurídicos*, v. 23, n. 2, p. 15-20, 2018. Disponível em: https://periodicos.univali.br/index.php/nej/article/view/13377. Acesso em: 3 nov. 2023.

[441] RAMMÊ, Rogério Santos. *Da justiça ambiental aos direitos e deveres ecológicos* [recurso eletrônico]: conjecturas políticos-filosóficas para uma nova ordem jurídico-ecológica. Dados eletrônicos. Caxias do Sul, RS: Educs, 2012, p. 176.

[442] RAMMÊ, Rogério Santos. *Da justiça ambiental aos direitos e deveres ecológicos* [recurso eletrônico]: conjecturas políticos-filosóficas para uma nova ordem jurídico-ecológica. Dados eletrônicos. Caxias do Sul, RS: Educs, 2012, p. 178.

O Estado, ao tornar-se um protetor dos direitos socioambientais, fornece o "mínimo existencial ecológico"[443].

Com efeito, para tornar-se um Estado de Justiça Ambiental, o poder público deve incorporar os "princípios e valores materiais que permitam aferir do carácter justo ou injusto das leis, da natureza justa ou injusta das instituições e do valor ou desvalor de certos comportamentos". Se o Estado é omisso em relação aos conflitos socioambientais, inerte em refletir o direito e as crises que advêm desses conflitos, ele torna-se um "Estado de não direito"[444].

Os movimentos de justiça ambiental se baseiam basicamente em conflitos ecologicamente distributivos, que demandam dos grupos vulneráveis carência de ação política que visa à mudança de paradigma existente entre a massificação da discriminação e o meio ambiente desequilibrado, condições que sucedem vilipêndio da dignidade da pessoa humana.

Alier[445] define que "distribuição ecológica" é a união de comportamentos sociais, especiais e temporais de acessos às benesses que são oferecidas pelo meio ambiente e seus recursos a fim de que se mantenha a subsistência da vida, essa distribuição pode ter origens naturais, referente às mudanças da natureza, como clima, tempo etc., bem como aos fatores socioculturais da economia, tendo por vezes influência política. Nesse caso, a justiça ambiental é pautada na contribuição do ser humano para o bem comum, o qual estabelece relações dele com a natureza, o que demanda a construção de um bem-estar cultural dependente do entendimento evolutivo do que é a justiça distributiva, no tocante a contemplar o que de fato se busca ampliar à justiça ambiental.

A justiça ambiental ligada à redistribuição, liga-se primordialmente à desconcentração dos riscos ambientais dos grupos socialmente vulneráveis, onde os encargos e responsabilidades sejam distribuídos de forma igualitária, isso porque os impactos ambientais sofridos pelos vulneráveis são maiores e mais perceptíveis quando comparados aos que moram na área urbana, seja pelo preconceito étnico-racial, seja pelo impacto direto na sua subsistência. Assim, quando surge uma reivindicação ambiental, deve-se ater aos aspectos sociais, econômicos e culturais, pois além de terem seus recursos esgotados — impossibilitando por vezes a integração à população

---

[443] SARLET, Ingo Wolfgang; FENSTERSEIFER, Tiago. Direitos ambientais procedimentais: acesso à informação, à participação pública na tomada de decisões e acesso à justiça em matéria ambiental. *Revista Novos Estudos Jurídicos*, v. 23, n. 2, p. 14, 2018. Disponível em: https://periodicos.univali.br/index.php/nej/article/view/13377. Acesso em: 3 nov. 2023.

[444] CANOTILHO, José Joaquim Gomes. *Estado de Direito*. Lisboa: Gradiva, 1999, p. 40-41.

[445] ALIER, Joan Martínez. *O ecologismo dos pobres*. São Paulo: Contexto, 2009.

urbana —, os indígenas têm o poderio econômico inferior ao daqueles menos impactados com a mineração[446].

As democracias vigentes estabelecem em seu diploma maior um reconhecimento igual, mas somente na formalidade, enquanto em matéria de direito, há grandes diferenças, o que possibilita as diversas formas de discriminação, social e ambiental[447]. Por isso, Fraser[448] cita como reivindicações de reconhecimento

> [...] as perspectivas pertencentes a minorias étnicas, "raciais" e sexuais, bem como da diferença de gênero. Este tipo de reivindicação tem atraído o interesse de filósofos e políticos, alguns dos quais estão tentando, inclusive, desenvolver um novo paradigma de justiça que situe o reconhecimento em seu centro.

Com Camargo[449] há de se concluir que desenvolvimento sustentável é aquele capaz de estabelecer o progresso da vida humana por um futuro longínquo, de forma a suprir as necessidades da atualidade sem inferência nas futuras gerações, o que as transforma em investimento tecnológico não poluente, a economia e a justiça social em harmonia ambiental, buscando, por fim, utilizar o conhecimento tradicional de proteção integral aos recursos naturais na concentração de riqueza para o país.

Conclusões

A fundamentação econômica para o desenvolvimento, em suma, define que é o aumento quantitativo da riqueza de um Estado nacional que garante, condicionalmente, o desenvolvimento econômico. Esse, sendo o crescimento econômico contínuo, superior ao crescimento populacional, contribuinte da qualidade, significativa, nos indicadores sociais e econômicos a fim de garantir, em longo prazo, uma estabilidade nas estruturas do Estado. Foi nessa perspectiva de melhoria na qualidade de vida, que a Constituição Federal de 1988 propôs o nascedouro do Estado Democrático de Direito de natureza sócio-econômico-ambiental, com o dever de criar políticas públicas as quais visem à melhoria qualitativa de sua população.

---

[446] BAGGIO, Roberta Caminero. *Justiça Ambiental entre redistribuição e reconhecimento*: a necessária democratização da proteção da natureza. 2008. 259 f. Tese (Doutorado em Direito) – Programa de Pós-Graduação em Direito, Universidade Federal de Santa Catarina, Florianópolis, 2008.

[447] TAYLOR, Charles. *As fontes do self*: a construção da identidade moderna. Tradução de Adail Ubirajara Sobral e Dinah de Abreu Azevedo. São Paulo: Loyola, 1997. p. 54.

[448] FRASER, Nancy; HONNETH, Axel. *Redistribución o reconocimiento?* Madrid: Paidéa/Morata, 2006. p. 16.

[449] CAMARGO, Ana Luiza de Brasil. *Desenvolvimento Sustentável*: dimensões e desafios. Campinas, SP: Papirus, 2003.

DEMOCRACIA, JUSTIÇA E CIDADANIA:
DESAFIOS E PERSPECTIVAS. UMA HOMENAGEM À PROFESSORA DOUTORA MARIA GARCIA

Em vários países o crescimento do Índice de Desenvolvimento Humano vincula-se ao grau de degradação ambiental — qualidade do solo, acesso à água potável, emissão de dióxido de carbono e a manutenção das florestas —, e refletem diretamente no modo de vida de grupos marginalizados excluídos pelo descaso do poder público, principalmente quando se fala de agricultura, onde o consumo de água gira em torno de 70% a 85% do modelo sustentável, com previsão de utilização de 20% de água não tratada, o que ameaça significativamente o futuro do crescimento da atividade agrícola, uma vez que a desflorestação, consequência do desmatamento afeta um terço da população mundial.

O Relatório de Desenvolvimento Humano de 2011 trouxe a temática de Sustentabilidade e Equidade: Um Futuro Melhor para Todos[450], dedicado ao desafio do progresso sustentável e equitativo. Ora, questões de imparcialidade e justiça social e de maior acesso a melhor qualidade de vida; ora, sobre impactos ambientais e seus desdobramentos nas comunidades carentes convergindo para uma consideração de que a degradação ambiental intensifica a desigualdade por meio de impactos tangentes a grupos os quais se encontram em situação inferior, isso agrava a dificuldade nas negociações para a resolução de conflitos sociais.

A tutela *jusfundamental* dada pela Carta de 1988 ao meio ambiente, determina que haja uma participação democrática, capaz de contribuir para o novo cenário mundial capitalista. Como corolário da sustentabilidade, cabe primordialmente ao Estado um novo processo socioambiental que coloque o meio ambiente e a dignidade humana no mesmo plano de proteção. Nesse sentido, na seara da jurisprudência há uma expansão quando a efetividade de garantia do acesso à justiça, em matéria de Direito Ambiental, inclusive com o objetivo de assegurar também o direito à informação. A corte do Superior Tribunal de Justiça também entende que o processo ambiental deve ser participativo[451], em razão da matéria ambiental comportar outras ciências. Essa interdisciplinaridade é a contribuição do caráter coletivo da tutela do meio ambiente. Pois é com esse compromisso geral que a coletividade pressiona o governo no cumprimento de políticas públicas eficazes, que, juntamente, com o exercício de procedimentos ambiental,

---

[450] ONU. Human developent rport 2011. Sustanability and equity: a better future for all. 2011. Disponível em: http://hdr.undp.org/sites/default/files/hdr_2011_pt_complete.pdf. Acesso em: 3 nov. 2023.

[451] BRASIL. *Superior Tribunal de Justiça.* REsp 1.060.753/SP, 2.ª T., rel. Min. Eliana Calmon, j. 01.12.2009. Precedente citado: REsp 1.049.822-RS.

as organizações e o cidadão podem pressionar o Estado na busca de uma resposta imediata para situações de descaso com a natureza.

A justiça Ambiental, aliada aos instrumentos normativos do Estado-nação, bem como aos preceitos das declarações internacionais de Direitos Humanos e do meio ambiente, torna possível a aplicação concreta de dispositivos legais em situações de perigo ambiental. Nesse sentido, o Estado, ao criar uma justiça especializada dentro do seu sistema jurídico, faz cumprir com uns dos objetivos do Princípio 10, que é o acesso à justiça, aliado, também, ao preceito democrático da Constituição Federal de 1988. Quando se tem um sistema jurídico capaz de processar especificamente as demandas ambientais, entende-se que o Estado caminha em direção à sustentabilidade, porquanto um Estado Socioambiental e Democrático de Direito não se faz apenas com adoção de políticas sustentáveis, mas também na implementação de jurisdição ambiental, coadunando com a Agenda 2030 das Nações Unidas.

Torna-se evidente que o propósito central de tutela ambiental está na necessidade de se cumprir o princípio da dignidade da pessoa humana a partir da inovação criada pela crítica da justiça ambiental no cenário *a quo* gerador de reconhecimento da importância da vida em todas as suas modalidades. Entender os processos de justiça ambiental no Brasil, é caminhar rumo às estratégias modernas de efetivação ecológica, pois a abertura da Constituição Federal permite o incremento de novas diretrizes humanas. Fundir sustentabilidade com movimentos de justiça ambiental é a superação da história que no decorrer dos anos malogra ao tentar evoluir o direito de proteção ao meio ambiente, sendo esta condição para os Direitos Humanos.

A resolução de conflitos socioambientais constitui dever do poder público em fazer cumprir os ditames constitucionais e regulamentar direitos inerentes à proteção do meio ambiente. O plano governamental deve valorizar o desenvolvimento sustentável no sentido completo (econômico-social-ambiental), a fim de não violar direitos do povo brasileiro e suas comunidades. Essa tomada de decisão deve garantir direitos políticos e ampliar a participação de todos, a fim de proporcionar notório consentimento e, consequentemente, diminuir impactos, com intuito final de garantir o desenvolvimento sustentável e alcançar a tão desejada harmonia entre os povos.

Referências

AÇÃO EDUCATIVA, ASSESSORIA PESQUISA E INFORMAÇÃO. A implementação dos Objetivos de Desenvolvimento Sustentável no Brasil e os desafios das metas em educação 2017.

ACSELRAD, Henri. Justiça ambiental e construção social do risco. *In*: XIII ENCONTRO NACIONAL DA ASSOCIAÇÃO BRASILEIRA DE ESTUDOS POPULACIONAIS, DESENVOLVIMENTO E MEIO AMBIENTE. UFPR, n. 5, jan./jun. 2002.

ACSELRAD, Henri. *As práticas espaciais e o campo dos conflitos ambientais*: em conflitos ambientais no Brasil. Rio de Janeiro: Relume Dumará, 2004.

ACSELRAD, Henri. *O que é justiça ambiental?* Rio de Janeiro: Garamond, 2009.

ACSELRAD, Henri. Ambientalização das lutas sociais. *Revista estudos avançados*, São Paulo, v. 24, n. 68, p. 103-119, 2010.

ACSELRAD, Henri; MELLO, Cecília Campello Amaral; BEZERRA, Gustavo das Neves. *O que é justiça ambiental*. Rio de Janeiro: Editora Garamond, 2009. 160 p. ISBN: 9788576171591.

ALEXY, Robert. *Teoria dos direitos fundamentais*. São Paulo: Malheiros, 2008.

ALIER, Joan Martínez. *O ecologismo dos pobres*. São Paulo: Contexto, 2009.

ÁLVAREZ, Luis Ortega. *Lecciones de Derecho del Medio Ambiente*. 2. ed. Valladolid: Editorial Lex Nova, 2000.

ANTUNES, Luís Filipe Colaço. Direito público do ambiente. Lisboa: Almedina, 2008. Na doutrina brasileira, v. BIM, Eduardo Fortunato. *Audiências públicas*. São Paulo: Revista dos Tribunais, 2014. Especialmente tratando das audiências públicas ambientais nas páginas 179-205.

ANTUNES, Paulo de Bessa. *Direito Ambiental*. 6. ed. Rio de Janeiro: Lumen Juris, 2002.

AYALA, Patryck de Araújo. *Devido processo ambiental e o direito fundamental ao ambiente*. Rio de Janeiro: Lumen Juris, 2011. Especialmente página 325.

BAGGIO, Roberta Caminero. *Justiça Ambiental entre redistribuição e reconhecimento*: a necessária democratização da proteção da natureza. 2008. 259 f. Tese (Doutorado em Direito) – Programa de Pós-Graduação em Direito, Universidade Federal de Santa Catarina, Florianópolis, 2008.

BASTOS, Celso Ribeiro; MARTINS, Ives Gandra. *Comentários à Constituição do Brasil*: Promulgada em 5 de outubro de 1988, 7º e 8º Vol. São Paulo: Saraiva, 1988.

BIM, Eduardo Fortunato. *Audiências Públicas*. 1. ed. São Paulo: Editora Revista dos Tribunais, 2014.

BOURDIEU, Pierre. Condição de classe e posição de classe. *In*: AGUIAR, Neuma (org.). *Hierarquias em classes*. Rio de Janeiro, 1974.

BRANCO, Paulo Gustavo; MENDES, Gilmar Ferreira. *Curso de Direito Constitucional*. 11. ed. São Paulo: Saraiva, 2016.

BRASIL câmara dos Deputados. PL. 1610/1996, 2023. Disponível em https://www.camara.leg.br/proposicoesWeb/fichadetramitacao?idProposicao=16969. Acesso em: 3 nov. 2023.

BRASIL. Constituição Federal 1988. Constituição da República Federativa do Brasil. Brasília: Senado Federal, 2016.

BRASIL. Ministério da Cultua. *Instituto do patrimônio histórico e artístico nacional (IPHAN). Conferência Geral das Nações Unidas sobre o Meio Ambiente e o Desenvolvimento*.1992. Cartas Patrimoniais. Brasília, 1995.

BRASIL. Governo Federal. Ministério Do Meio Ambiente e Mudança do Clima. Disponível em: http://www.mma.gov.br/index.php/comunicacao/agencia--informma?view=blog&id=2222. Acesso em: 3 nov. 2023.

BRASIL. *Superior Tribunal de Justiça (STJ)*. REsp 1.060.753/SP, 2.ª T., rel. Min. Eliana Calmon, j. 01.12.2009. Precedente citado: REsp 1.049.822-RS.

BULLARD, Robert. Enfrentando o racismo ambiental no século XXI. *In*: ACSELRAD, Henri; HERCULANO, Selene; PÁDUA, José Augusto (org.). *Justiça ambiental e cidadania*. Rio de Janeiro: Relume Dumará, 2004.

CÂMARA CARRÁ, Bruno Leonardo. É possível uma responsabilidade civil sem dano? *Consultor Jurídico*, 18 abr. 2016. Disponível em: http://www.conjur.com.br/2016-abr-18/direito-civil-atual-possivel-responsabilidade-civil-dano. Acesso em: novembro de 2023

CAMARGO, Ana Luiza de Brasil. *Desenvolvimento Sustentável*: dimensões e desafios. Campinas: Papirus, 2003.

CANOTILHO, José Joaquim Gomes. *Estado de Direito*. Lisboa: Gradiva, 1999.

CANOTILHO, José Joaquim Gomes. "O direito ao ambiente como direito subjetivo". *In*: CANOTILHO, José Joaquim Gomes. *Estudos sobre Direitos Fundamentais*. Coimbra: Coimbra Editora, 2004.

CANOTILHO, José Joaquim Gomes. O Princípio da sustentabilidade como Princípio estruturante do Direito Constitucional. *Tékhne* - Revista de Estudos Politécnicos, n. 13, p. 7-18, 2010. ISSN 1645-9911.

CARVALHO, Isabel; SCOTTO, Gabriela. *Conflitos sócio-ambientais no Brasil*. Rio de Janeiro: Ibase, 1995. v. 1.

CHAVIS JR., Benjamin. Prefácio. *In*: BULLARD, Robert. *Confronting Environmental Racism*: Voices from the Grassroots. 1. ed. Cambridge: South End Press, 1999.

COELHO, Helena carvalho; CARPES, Lorena Ferreira. A teoria da Injustiça Ambiental como ocultamento da ocorrência do Racismo Ambiental na sociedade brasileira. *Acervo Combate Racismo Ambiental*, 4 jun. 2015. Disponível em: https://acervo.racismoambiental.net.br/2015/06/04/artigo-a-teoria-da-injustica-ambiental-como-ocultamento-da-ocorrencia-do-racismo-ambiental-na-sociedade--brasileira/. Acesso em: 3 nov. 2023.

COLE, Luke W.; FOSTER, Sheila R. *From the ground up*: environmental racism and the rise of environmental justice movement. New York and London: New York University Press, 2001.

COMMISSION FOR RACIAL JUSTICE UNITED CHURCH OF CHRIST. *Toxic Wastes and Race In The United States*. A National Report in the Racial and Socio--Economic Characteristics of Communities with Harzardous Waste Sites. 1987. Disponível em: http://www.ucc.org/about-us/archives/pdfs/toxwrace87.pdf. Acesso em: 14 out. 2019.

CURI, Melissa Volpato. *Mineração em terras indígenas*: caso terra indígena Roosevelt. 2005. 206 f. Dissertação (Mestrado) – Universidade Estadual de Campinas, Instituto de Geociências, Campinas, 2005. Disponível em: https://hdl.handle.net/20.500.12733/1601614. Acesso em: 3 nov. 2023.

DINAMARCO, Cândido Rangel. *A instrumentalidade do processo*. 13. ed. São Paulo: Malheiros, 2008. p. 362.

DWORKIN, Ronald. *O império do Direito*. Tradução de Jefferson Luiz Camargo. 2. ed. São Paulo: Martins Fontes, 2007. Título original: Law´s empire.

EBBESSON, Jonas. "Public participation". *In*: BODANSKY, Daniel; BRUNNÉE, Jutta; HEY, Ellen (ed.). *The Oxford Handbook of International Environmental Law*. New York: Oxford University Press, 2007.

ENGELMANN, Wilson.; BERGER FILHO, Airton G. As nanotecnologias e o direito ambiental: a mediação entre custos e benefícios na construção de marcos regulatórios, "RDA", 59, 2010.

EUROPEAN COMMISSION. Comunicado da Comissão Europeia relativa ao Princípio da Precaução. Bruxelas, fev. 2000. Disponível em: https://eur-lex.europa. eu/legal-content/PT/TXT/PDF/?uri=CELEX:52000DC0001&from=FI. Acesso em: 3 nov. 2023.

FERREIRA, Carlos Wagner Dias. A responsabilidade prospectiva como princípio implícito na ordem constitucional brasileira. *Revista Direito e Liberdade*, ESMARN, v. 13, n. 2, p. 45-70, jul./dez. 2011.

FIORILLO, Celso Antonio Pacheco. *Curso de Direito Ambiental Brasileiro*. 12. ed. rev. atual. ampl. São Paulo: Saraiva, 2011.

FRASER, Nancy; HONNETH, Axel. *Redistribución o reconocimiento?* Madrid: Paidéa/Morata, 2006.

FREITAS, Juarez. *Sustentabilidade*: Direito ao Futuro. Belo Horizonte: Fórum, 2012.

GUARANY, Vilmar Martins Moura. *Direito territorial guarani e as unidades de conservação*. Tese (Mestrado em Direito Econômico e Socioambiental) – Centro de Ciências Jurídicas e Sociais, Pontifícia Universidade Católica do Paraná, Curitiba, 2008.

HERCULANO, Selene. Justiça ambiental: de Love Canal à Cidade dos Meninos, em uma perspectiva comparada. *In*: MELLO, Marcelo Pereira de (org.). *Justiça e sociedade*: temas e perspectivas. São Paulo: LTr, 2001.

HERCULANO, Selene. Lá como cá: conflito, injustiça e racismo ambiental. *In*: SEMINÁRIO CEARENSE CONTRA O RACISMO AMBIENTAL, 1., 2006, Fortaleza. *Anais* [...]. Fortaleza, 2006.

HERMITTE, Marie-Angèle; DAVID, Virginie. Avaliação dos Riscos e Princípio da Precaução. *In*: VARELLA, Marcelo Dias; PLATIAU, Ana Flavia Barrios. *Princípio da Precaução*. Belo Horizonte: Del Rey, 2005.

HESSE, Konrad. *Elementos de direito constitucional da República Federal da Alemanha*. Porto Alegre: Sergio Antônio Fabris Editor, 1998.

HICKS, Stepehn. *O desastre ambiental do Love Canal — quatro décadas depois*. Disponível em:https://www.stephenhicks.org/2015/01/04/o-desastre-ambiental--do-love-canal-quatro-decadas-depois. Acesso em: 3 nov. 2023.

HUFEN, Friedhelm. *Staatsrecht II*: Grundrechte. 4. ed. Munique: C. H. Beck, 2014.

IMBAMBA, José Manuel. *Uma nova cultura para mulheres e homens novos*: um projecto filosófico para Angola do 3.º milênio à luz da filosofia de Battista Mondin. 2. ed. Luanda: Paulinas, 2010.

INSTITUTO SOCIOAMBIENTAL. *Relatório de atividades 2016*. Disponível em: https://www.socioambiental.org/sites/blog.socioambiental.org/files/relatorios/rel_anual_2016_isa_web.pdf; e https://www.socioambiental.org/pt-br/blog/blog-do-monitoramento/por-que-nao-minerar-em-terras-indigenas;_https://www.socioambiental.org/pt-br/blog/blog-do-monitoramento/ucs-e-tis-na--amazonia-sao-afetadas-por-mais-de-175-mil-processos-de-mineracao. Acesso em: 18 set. 2019.

INTERNATIONAL RISK GOVERNANCE COUNCIL. Project onnanotechnologyriskgovernance. PolicyBrief Nanotechnology Risk Governance Recommendations for a global, coordinated approach to the governance of potential risks. IRGC and Project on nanotechnology risk governance, Geneva, 2007. Disponível em: https://www.irgc.org/issues/nanotechnology/nanotechnology-risk-governance. Acesso em: 11 maio 2016.

IPEA – Instituto de Pesquisa Econômica Aplicada. Agenda 2030. ODS – Metas nacionais dos objetivos de desenvolvimento sustentável. Proposta de adequação. 2018. Disponível em: https://repositorio.ipea.gov.br/bitstream/11058/8855/1/Agenda_2030_ods_metas_nac_dos_obj_de_desenv_susten_propos_de_adequa.pdf . Acesso em: 3 nov. 2023.

JUSTIÇA AMBIENTAL. *Justiça Ambiental e racismo ambiental*. 2021. Disponível em: http://www.justicaambiental.com.br. Acesso em: 3 nov. 2023.

LEFF, Enrique. *Saber ambiental*: sustentabilidade, racionalidade, complexidade, poder. Tradução de Lúcia Mathilde Endlich Orth. Petrópolis: Vozes, 2009.

LEVINE, Adeline. Campanhas por justiça ambiental e cidadania: o caso Love Canal. *In*: ACSELRAD, Henri; HERCULANO, Selene; PÁDUA, José Augusto (org.). *Justiça ambiental e cidadania*. Rio de Janeiro: Relume Dumará, 2004.

LIMA, Hermes. *Introdução à Ciência do Direito*. 30. ed. São Paulo: F. Bastos, 2000.

LOUREIRO, João Carlos. *Adeus ao Estado Social?* A Segurança Social entre o Crocodilo da Economia e a Medusa da Ideologia dos "Direitos Adquiridos". Coimbra: Coimbra Editora, 2010.

MACHADO, Paulo Affonso Leme. *Direito à informação e meio ambiente*. São Paulo: Malheiros, 2006.

MACHADO, Paulo Affonso Leme. *Direito ambiental brasileiro*. 23. ed. São Paulo: Malheiros, 2015.

MARINONI, Luiz Guilherme. *Teoria Geral do Processo*. São Paulo: Revista dos Tribunais, 2006.

MILARÉ, Edis. *Direito do ambiente*: doutrina, prática, jurisprudência e glossário. São Paulo: Revista dos Tribunais, 2005.

MILARÉ, Édis. *Direito do Ambiente*. A Gestão Ambiental em foco. Doutrina. Jurisprudência. Glossário. 7. ed. revista, atualizada e reformulada. São Paulo: Editora Revista dos Tribunais, 2011.

MIRANDA, Pontes de. *Introdução à política científica*. Rio de Janeiro: Garnier, 1924.

MIRRA, Álvaro Luiz Valery. *Impacto ambiental*: aspectos da legislação brasileira. 2. ed. São Paulo: Editora Juarez de Oliveira, 2002.

MOLINARO, Carlos Alberto. *Direito ambiental*: proibição de retrocesso. Porto Alegre: Livraria do Advogado, 2007.

MOLINARO, Carlos Alberto; BÜHRING, Márcia Andrea. Ponderando ambiente e regulação (novos métodos e tecnologias). *In*: BORTOLANZA, Guilherme; BOFF, Sale Oro (coord.). *Direitos Fundamentais e Novas tecnologias*. Florianópolis: Conceito Editorial, 2012.

MORENO, N. de A. A Face Jurídico-Constitucional da Responsabilidade Intergeracional. Série D-9. Instituto Jurídico Faculdade de Direito da Universidade de Coimbra. *Estudos Doutoramento e Mestrado*. Concepção Gráfica Jorge Ribeiro, abr. 2015. ISBN 978-989-8787-17-0.

NUNES, Paulo Henrique Faria. *Meio Ambiente e Mineração*. 1. ed. Curitiba: Juruá, 2007.

OLIVEIRA, André Pinto de Souza. Direito ambiental constitucional - uma análise principiológica da consolidação do estado protetor do ambiente nas Constituições

Brasileira e Portuguesa. *Revista da Faculdade de Direito da UFMG*, Belo Horizonte, n. 51, p. 46-68, jul.-dez. 2007.

ONU – ORGANIZAÇÃO DAS NAÇÕES UNIDAS. Conferência das Nações Unidas sobre o Meio Ambiente. Declaração do Rio sobre meio ambiente e desenvolvimento, 1992. Disponível em: http://www.onu.org.br/rio20/img/2012/01/rio92. Acesso em: 3 nov. 2023.

ONU – ORGANIZAÇÃO DAS NAÇÕES UNIDAS. Transformando Nosso Mundo: A Agenda 2030 para o Desenvolvimento Sustentável, 2015. Disponível em: https://nacoesunidas.org/pos2015/agenda2030/. Acesso em: ago. 2017.

ONU. Human developent rport 2011. Sustanability and equity: a better future for all. 2011. Disponível em: http://hdr.undp.org/sites/default/files/hdr_2011_pt_complete.pdf. Acesso em: 2 nov. 2023.

ORGANIZAÇÃO INTERNACIONAL DO TRABALHO. Conferência Internacional do Trabalho. *Convenção 169.* Convenção sobre povos indígenas e tribais em países independentes e Resolução referente à ação da OIT sobre povos indígenas e tribais. 2. ed. Brasília: OIT, 2011. Disponível em: http://www.agricultura.gov.br/assuntos/camaras-setoriais-tematicas/documentos/camaras-tematicas/infraestrutura-e--logistica/2019/67a-ro/appconvencao_169_oit_ctlog.pdf. Acesso em: 14 out. 2019.

OST, François. *A natureza à margem da lei*: a ecologia à prova do direito. Lisboa: Piaget, [1997], p. 9.

PACHECO, Tania. *Desigualdade, injustiça ambiental e racismo*: uma luta que transcende a cor, 2007. Disponível em: https://racismoambiental.net.br/textos-e-artigos/desigualdade-injustica-ambiental-e-racismo-uma-luta-que-transcende-a-cor/. Acesso em: 3 nov. 2023.

PARLAMANTO EUROPEU. Tratado de Roma (CEE), 2023. Disponível em: https://eur-lex.europa.eu/legal-content/PT/TXT/?uri=CELEX:11957E/TXT. Acesso em: 3 nov. 2023.

PIOVESAN, Flávia. *Direitos Humanos e o Direito Constitucional Internacional*. São Paulo: Max Limonad, 2002.

QUIMIDEX. *O desastre natural de love canal*. Universidade Federal de Santa Catarina, 2023. Disponível em: https://quimidex.ufsc.br/index.php/ambiente-tematico-qv/ghs-e-mds/ Acesso em: 3 nov. 2023.

RAMMÊ, Rogério Santos. *Da justiça ambiental aos direitos e deveres ecológicos* [recurso eletrônico]: conjecturas políticos-filosóficas para uma nova ordem jurídico--ecológica. Dados eletrônicos. Caxias do Sul, RS: Educs, 2012.

RAWLS, John. *Political Liberalism*. New York: Columbia University Press, 1993.

REDE BRASILEIRA DE JUSTIÇA AMBIENTAL. Manifesto de Lançamento da Rede Brasileira de Justiça Ambiental. Colóquio Internacional sobre Justiça Ambiental, Trabalho e Cidadania, realizado em Niterói de 24 a 27 de setembro de 2001. Disponível em: https://www.mma.gov.br/informma/item/8077-manifesto--de-lan%C3%A7amento-da-rede-brasileira-de-justi%C3%A7a-ambiental. Acesso em: set. 2019.

SANTILLI, Juliana. Aspectos Jurídicos da Mineração e do Garimpo em Terras Indígenas. *In*: SANTILLI, Juliana (coord.). *Os Direitos Indígenas e a Constituição*. Porto Alegre: Núcleo de Direitos Indígenas, 1993.

SANTILLI, Márcio. Terras Indígenas na Amazônia Brasileira: Subsolo Bloqueado por Interesses Minerários. *In*: RICARDO, Fanny (org.). Editora: ISA - Instituto Socioambiental. *Interesses Minerários em Terras Indígenas na Amazônia Brasileira*. Documentos do ISA, n. 6. São Paulo: jul. 1999.

SANTOS, Milton. O chão contra o cifrão. *Folha de São Paulo*, Caderno Mais, São Paulo, p. 5, 28 fev. 1999.

SARLET, Ingo Wolfgang. *A eficácia dos direitos fundamentais*: uma teoria geral dos direitos fundamentais na perspectiva constitucional. 12. ed. Porto Alegre: Livraria do Advogado, 2015.

SARLET, Ingo Wolfgang; FENSTERSEIFER, Tiago. Existencial (ecológico): algumas aproximações. *In*: SARLET, Ingo Wolfgang (org.). *Estado socioambiental e direitos fundamentais*. Porto Alegre: Livraria do Advogado, 2010.

SARLET, Ingo Wolfgang; FENSTERSEIFER, Tiago. Direitos ambientais proce-dimentais: acesso à informação, à participação pública na tomada de decisões e acesso à justiça em matéria ambiental. *Revista Novos Estudos Jurídicos*, v. 23, n. 2, p. 423, 2018. Disponível em: https://periodicos.univali.br/index.php/nej/article/view/13377. Acesso em: 3 nov. 2023.

SCHLOSBERG, David. *Defining environmental justice*: theories, movements and nature. New York: Oxford University Press, 2009.

SEN, Amartya. *Desenvolvimento como liberdade*. Tradução de Laura Teixeira Motta. 6. ed. São Paulo: Companhia das Letras, 2000.

SILVA, Vasco Pereira da. *Verde*: Cor de Direito – Lições de Direito do Ambiente. Coimbra: Almedina, 2002.

SILVA, Marcel da. *A "insustentável" história do "Love Canal"*. Disponível em: http://lounge.obviousmag.org/organic/2014/06/a-insustentavel-historia-do-love-canal.html . Acesso em: 3 nov. 2023.

SIQUEIRA, Lyssandro Norton. Os princípios de direito ambiental e a compensação ambiental no Sistema Nacional de Unidades de Conservação (SNUC). *In*: GOMES, Carla Amado. *Compensação ecológica, serviços ambientais e protecção da biodiversidade*. Lisboa: Instituto de Ciências Jurídico-Políticas, 2014. Cap. 5. p. 196-218.

SOUZA FILHO, Carlos Frederico Marés. *Textos Clássicos sobre o Direito e os povos indígenas*. Curitiba: Juruá, 1992.

SOUZA FILHO, Carlos Frederico Marés; BERGOLD, Raul Cezar (org.). *Os direitos dos povos indígenas no brasil*: Desafios no Século XXI. Curitiba: Ed. Letra da Lei, 2013.

TAYLOR, Charles. *As fontes do self*: a construção da identidade moderna. Tradução de Adail Ubirajara Sobral e Dinah de Abreu Azevedo. São Paulo: Loyola, 1997.

TRINDADE, Antônio Augusto Cançado. *Direitos Humanos e Meio Ambiente*: Paralelo dos Sistemas de Proteção Internacional. Porto Alegre: Sergio Antonio Fabris, 1993.

UNESCO. World Commission on the Ethics of Scientific Knowledge and Technology (COMEST). *The precautionary principle*. Paris: Unesco, 2005. 54 p. Disponível em: http://unesdoc.unesco.org/images/0013/001395/139578e.pdf. Acesso em: 10 ago. 2015.

VARELLA, Marcelo Dias. *Direito internacional econômico ambiental*. Belo Horizonte: Del Rey, 2004.

VELLOSO, Carlos Mario da Silva; AGRA, Walber de Moura. *Elementos de Direito Eleitoral*. 5. ed. São Paulo: Saraiva, 2016.

WEISS, E. Brown. Intergenerational equity: A legal framework for global environmental change. *In*: WEISS, E. Brown (ed.). *Environmental Change and International Law*: new challenges and dimensions. Tokyo: United Nations University Press, 1992.

WEISS, E. Brown. *Un Mundo para Las Futuras Generaciones*: Derecho Internacional, Patrimoni Común y Equidad Intergeneracional. Madrid: Ediciones Mindi, 1999.

DIREITOS FUNDAMENTAIS E CONSTITUCIONALISMO – O RECONHECIMENTO DOS DESFAVORECIDOS E OS VERDADEIROS INSTRUMENTOS DE REDISTRIBUIÇÃO NA CONSTITUIÇÃO

Augusto César Rocha Ventura
Daniel Gonçalves Mendes da Costa

A análise sobre a possibilidade de reconhecer as exigências legítimas provenientes dos membros de diversas culturas dentro de uma constituição, revela a dificuldade de sistematizar direitos e deveres. Trata-se de problema que tem início no mútuo reconhecimento e alteridade, dando a cada um o que lhe é próprio. Assim que todos possam livremente conferir o próprio consenso à consequente forma de associação constitucional.

Dessa forma, esse mútuo reconhecimento constitucional deve ser expresso de forma correta não somente na intenção do legislador, mas também na linguagem adotada, cujo princípio pode ser expressado por *audi alteram partem*[452]. Tal expressão, em seu significado mais extenso, compreende não somente o estar a perceber (sentir) o que é dito pelo outro, mas também como e com que linguagem. Ademais, a própria expressão latina infere que o outro não necessita estar em uma condição estática, imóvel, mas sim em uma situação dinâmica, em constante movimento.

Portanto, o reconhecimento do outro não se limita àqueles aos quais o legislador confira esse tratamento, mas a todo e qualquer, que em sua particularidade, nova ou antiga, mereça o reconhecimento. Daí decorre a importância dos Direitos Humanos, a dignidade de cada um, independentemente de seus atos ou pensamentos, mas por causa de sua condição humana, merece o reconhecimento, merece ser ouvido e merece uma resposta às suas reinvindicações.

Essa possibilidade de reconhecimento é fruto da evolução e consolidação do constitucionalismo. Apesar de, em seu aspecto histórico, ter perecido, como ideia permanece vivo, e sintetiza de forma abrangente, ou mesmo como orientação geral, a maioria dos ideais políticos presentes e futuros em uma dimensão espacial e temporal ampla[453].

---

[452] TULLY, James. *Strange multiplicity*: constitutionalism in an age of diversity. Cambridge: Cambridge UP, 2004. p. 30-57.

[453] ZAGREBELSKY, Gustavo. Constitucionalismo. *Derechos y libertades*, n. 29, p. 19-38, jun. 2013.

Assim, considerando a existência de estranhas multiplicidades de diversidade cultural, torna-se necessário um certo número de convenções, que mesmo parecendo óbvias, mediante o qual as demandas por reconhecimento são admitidas e julgadas[454]. Tais convenções, muitas vezes tidas como certas, merecem ser dissolvidas e tratadas ponto a ponto, sendo dissolvidas e desconstruídas, recebendo assim uma nova solução.

O próprio uso do termo constituição e toda a gama de termos a ele associados, esbarram na questão vocabular. Por isso, a importância de assimilação e integração, mais do que reconhecimento e afirmação. Tome-se, por exemplo, a própria Constituição Federal do Brasil, alterada pela Emenda Constitucional n.º 90 de 2015, incluindo um novo direito social no Art. 6º. O Congresso preocupou-se em acrescentar o transporte como direito social, como se isso fosse solução para o caos do transporte público no Brasil, problema muito mais ligado à má gestão por parte do poder Executivo. Portanto, o dispositivo constitucional não garantirá esse "novo" direito, como já não garantia os anteriores: "São direitos sociais a educação, a saúde, a alimentação, o trabalho, a moradia, o transporte, o lazer, a segurança, a previdência social, a proteção à maternidade e à infância, a assistência aos desamparados, na forma desta Constituição"[455].

Deve-se resgatar a força motriz que permitiu a evolução do Estado por meio de seu espírito vital:

> Na introdução de Da Democracia na América (1835), Alexis de Tocqueville afirma que 'uma nova ciência da política é indispensável para um novo mundo'. Tocqueville adotava uma definição católica da 'ciência da política'. Em *Da Democracia na América,* Tocqueville examinou o feijão com arroz da ciência política, como a natureza do federalismo e a organização dos partidos. O que o fascinou, porém, não foi tanto a organização do Estado, mas sim seu espírito vital. Como os princípios gêmeos da democracia e da igualdade teriam assumido a condição de forças motrizes da vida moderna? E por que teria sido a América tão mais eficaz que a França de Tocqueville em evoluir com o tempo, engendrando uma nova 'ciência da política... pra um novo mundo'?[456]

---

[454] TULLY, 2004.

[455] BRASIL. [Constituição (1988)]. *Constituição da República Federativa do Brasil.* Brasília: [s. n.], 1988, s/p.

[456] MICKLETHWAIT, John; WOOLDRIDGE, Adrian. *A quarta revolução*: a corrida global para reinventar o Estado. Tradução de Afonso Celso da Cunha Serra. 1. ed. São Paulo: Portfolio-Penguin, 2015. p. 213.

Para uma melhor compreensão desse Estado que chega aos moldes dos dias atuais, mostra-se necessário uma breve reflexão sobre o modelo de organização social que tem seu limite e fundamento na ordem jurídica, com poder político limitado por parâmetros jurídicos. Afinal, foram as primeiras constituições escritas oriundas das revoluções liberais dos séculos 17 e 18 enquanto instrumentos normativos que, por excelência, destinavam-se a limitar o poder estatal, repartindo-lhe em três e proclamando direitos tidos como fundamentais aos cidadãos[457].

Mola propulsora desses movimentos revolucionários foi, sem dúvida, a necessidade de se limitar o poder de tributar do Estado. O *Bill of Rights*, de 1689, por exemplo, é o marco histórico fundamental da ideia de legalidade tributária, segundo a qual a instituição de tributos deve ser prevista em lei, tida hoje como uma conquista ínsita ao constitucionalismo ocidental. Na mesma linha, encaminha-se a Declaração dos Direitos do Homem e do Cidadão, de 1789, onde "duas preocupações máximas da burguesia foram rigorosamente atendidas: a garantia da propriedade privada contra expropriações abusivas (art. 17) e a estrita legalidade na criação e cobrança de tributos (arts. 13 e 14)"[458].

Desse mesmo modo, a dignidade humana apresenta-se nas constituições como premissa antropológica cultural, tendo como consequência organizativa liberdades culturais e uma democracia pluralista[459]. Assim, as constituições podem conceber um contrato cultural de gerações de muitas épocas e lugares, permitindo o reconhecimento da diversidade cultural.

A democracia pluralista forma uma consequência organizatória da dignidade humana; o ser humano dotado de dignidade própria desde o nascimento aumenta graças a processos culturais de socialização em um estado de liberdade, que não pode estar restrita no estado constitucional em interesse de verdades pretendidas ou reveladas.

Quando constituições se prestam a esse serviço, utilizam de sua capacidade de excluir e assimilar utilizando termos inclusivos, ou outros associados, assemelhando-se a um jogo em que convenções são alteradas à medida que o tempo passa. Consequentemente, por meio de interpretações arbitrárias, a

---

[457] COSTA, Pietro. O Estado de Direito: uma introdução histórica. *In*: COSTA, Pietro; ZOLO, Danilo (org.). *O Estado de Direito*: história, teoria, crítica. Tradução de Carlo Alberto Dastoli. São Paulo: Martins Fontes, 2006. p. 95-198.

[458] COMPARATO, Fábio Konder. *A afirmação histórica dos direitos humanos*. 8. ed. São Paulo: Saraiva, 2013. p. 164.

[459] HÄBERLE, Peter. El fundamentalismo como desafio del Estado constitucional: consideraciones desde la ciencia del derecho y de la cultura. *In*: CARBONELL, Miguel. *Teoría constitucional y derechos fundamentales*. México: Comisión Nacional de los Derechos Humanos, 2002. p. 359-387.

palavra "povo" pode ser tanto inclusiva como excludente. Povo poderia tanto incluir como excluir mulheres, escravos, prisioneiros, estrangeiros, sem que direitos que são garantidos ao "povo" fossem excluídos do texto constitucional[460].

Dessa forma, quando a expressão era pensada de forma isolada, inferia-se que aqueles homens não representavam o povo, como identifica-se na Constituição Americana de 1787. No entanto, considerando a afirmação de que todos os homens nascem iguais (Declaração de Independência, 1776), deveriam estar incluídos todos os americanos residentes em 1787, quando na verdade estavam excluídos os escravos[461].

A humanidade em geral, os cidadãos dos Estados Constitucionais em particular puderam respirar ante ao fracasso do fundamentalismo político agressivo comunista. Outros fundamentalismos, não são talvez menos perigosos, mas deveriam ser dominados segundo os valores básicos do estado constitucional, que segue desenvolvendo-se com o tempo.

Esse feixe básico de direitos, que fazia eco ao liberalismo econômico e aos reclamos incontidos da burguesia, tidos hoje como direitos fundamentais de primeira dimensão, corresponde à estrutura jurídica dessa primeira fase do Estado de Direito, do chamado Estado Liberal de Direito. Contudo o novo mundo que se descortina com o transcurso do século 19 traz consigo a necessidade de serem promovidas as necessidades mais básicas dos cidadãos, fazendo surgir, então, direitos fundados essencialmente na ideia de igualdade, mas com índole marcadamente social. Direitos como assistência social, saúde e educação, passam a ser contemplados nas constituições do início do século 20, somando-se às conquistas anteriores para inaugurar uma nova geração de direitos fundamentais.

Merece destaque o novo papel que passa a ser exercido pelo Estado na promoção desses direitos, pois se para atender aos direitos de primeira geração pensava-se em um Estado absenteísta, que permitisse o exercício das liberdades em geral, e da liberdade comercial em específico, da forma mais ampla possível, esses novos direitos reclamam um comportamento positivo do poder público na sua promoção. Passa-se, a partir de então, a uma nova fase do Estado de Direto, a do Estado Social de Direito[462].

---

[460] TULLY, 2004.

[461] ROSENFELD, Michel. *A identidade do sujeito constitucional*. Tradução de Menelick de Carvalho Neto. Belo Horizonte: Mandamentos, 2003. p. 17-48. 109-115.

[462] HORTA, José Luiz Borges. *História do Estado de Direito*. São Paulo: Alameda, 2011; IPEA – Instituto de Pesquisa Econômica Aplicada. *Receita Pública*; quem paga e como se gasta no Brasil. Comunicado da Presidência n. 22, 30 jun. 2009. Disponível em https://repositorio.ipea.gov.br/bitstream/11058/5297/1/Comunicado_n22_Receita. pdf. Acesso em: 18 abr. 2016; QUINTÃO SOARES, Mário Lúcio. *Teoria do Estado*; novos paradigmas em face da globalização. 3. ed. São Paulo: Atlas, 2008.

DEMOCRACIA, JUSTIÇA E CIDADANIA:
DESAFIOS E PERSPECTIVAS. UMA HOMENAGEM À PROFESSORA DOUTORA MARIA GARCIA

Percebe-se ainda que se na primeira fase do Estado de Direito a tributação era exercida com o único fito de manutenção do funcionamento da burocracia estatal, com o Estado Social a arrecadação tributária ganha uma nova dimensão, qual seja, a da atenuação das desigualdades sociais. Essa nova concepção de Estado gera, por consequência, um redimensionamento do volume e da atividade das finanças públicas.

Entretanto este já era um receio dos liberais que temiam pelo esquecimento do conceito de liberdade, pois mesmo que o Estado faça algo digno de aprovação — como tributar ricos e ajudar os pobres —, acaba por diminuir a liberdade e, em alguns momentos, suprime a liberdade[463]. Tal objetivo é realizado à custa do projeto social erigido pela Constituição de 1988, que contempla expressamente no rol de objetivos fundamentais da República a redução das desigualdades sociais (Art. 3º, III).

Em termos políticos, esse agigantamento estatal trouxe consigo consequências bastante deletérias. Afinal, o Estado-Providência tende a rejeitar a um segundo plano a democracia política, buscando a satisfação das necessidades básicas dos indivíduos com o centralismo do poder a partir da expansão do Poder Executivo. Como a garantia dos direitos sociais, não pode se dar à custa da liberdade política, o elemento democrático ressurge de forma pungente na terceira e atual fase do Estado de Direito, o Estado Democrático de Direito[464].

Compreende-se, pois, o Estado Democrático de Direito como uma fase evolutiva do Estado de Direito que, reafirmando as conquistas civilizacionais pretéritas, condensadas nas duas primeiras gerações de direitos fundamentais, a elas acresce outras, agora de titularidade coletiva, como o direito ao meio ambiente ecologicamente equilibrado e o direito ao desenvolvimento (direitos fundamentais de terceira geração), ressaltando o gênero humano como seu real destinatário, a partir da dignidade inerente a cada um desses seres. Tem-se, ainda, tratar-se da fase do Estado de Direito em que o elemento democrático ressoa com maior evidência, já que democracia e direitos fundamentais passam a conformar conjuntamente o exercício do poder político no Estado contemporâneo[465].

Marca fundamental dos direitos fundamentais é a compreensão de tratar-se de uma categoria de direitos que deve ser encarada de maneira interdependente, afinal, trata-se de direitos que visam sempre à preserva-

---

[463] MICKLETHWAIT; WOOLDRIDGE, 2015, p. 216.

[464] BONAVIDES, Paulo. *Do Estado Liberal ao Estado Social*. 8. ed. São Paulo: Malheiros, 2007; HORTA, 2011; QUINTÃO SOARES, Mário Lúcio. *Teoria do Estado*; novos paradigmas em face da globalização. 3. ed. São Paulo: Atlas, 2008.

[465] HABERMAS, Jürgen. *A inclusão do outro*. São Paulo: Loyola, 2002.

ção da dignidade da pessoa humana. Assim, não se mostra possível buscar a realização de um direito fundamental, ou de uma geração de direitos fundamentais, em detrimento de outro direito fundamental, ou de outra geração de direitos fundamentais. São categorias que vêm se acumulando historicamente com vistas à plena realização da pessoa humana[466].

Assim, não se pode pensar na efetivação dos direitos sociais, um desafio ainda perseguido pela sociedade brasileira[467], a partir da supressão de direitos fundamentais do contribuinte. Assim como também não se pode pensar na efetivação dos direitos sociais por meio de retrocessos autoritários incompatíveis com o Estado Democrático de Direito.

Também em Adam Smith, pode-se encontrar já uma relação entre justiça distributiva e tributação quando ele propõe, em *A riqueza das nações*, a possiblidade de distribuição da riqueza a partir de uma tributação dos mais ricos com taxas mais elevadas do que as aplicadas aos mais pobres, ressaltando, ainda, o emprego das receitas fiscais para benefícios em atenção sobretudo às camadas menos abastadas da população[468].

Thomas Piketty[469], logo na introdução do seu livro *A economia da desigualdade*, afirma que "a questão da desigualdade e da redistribuição está no cerne dos conflitos políticos". Assim nesse conflito existente das posições políticas entre a direita e a esquerda, sendo que a primeira defende na ação pública de redistribuição uma interferência mínima, muitas vezes por meio de um sistema integrado de tributação e transferências. Já a posição de esquerda defende uma ação pública de redistribuição intervencionista, se possível no âmago do processo de exploração e desigualdade, sem limitar a cobrança de tributos para financiar políticas de transferências fiscais.

O paternalismo típico do Estado Intervencionista volta a rondar o país de forma insistente. As forças policiais do Estado vigiam cidadãos de forma constante, outros órgãos monitoram comunicações, currículo de escolas e universidades, o Estado ensina como descartar o lixo e transmite programas de rádio e televisão de forma gratuita e obrigatória.

---

[466] BOBBIO, Norberto. *A era dos direitos*. 9. ed. Rio de Janeiro: Elsevier, 2009.

[467] CARVALHO, José Murilo de. *Cidadania no Brasil*; o longo caminho. 19. ed. Rio de Janeiro: Civilização Brasileira, 2015; SARLET, Ingo Wolfgang. *A eficácia dos direitos fundamentais*; uma teoria geral dos direitos fundamentais na perspectiva constitucional. 10. ed. Porto Alegre: Livraria do Advogado, 2010.

[468] MORAIS, Márcio Eduardo da Silva Pedrosa. *Mérito e necessidade*; uma breve história da justiça distributiva no pensamento jusfilosófico ocidental. *SynThesis Revista Digital FAPAM*, Pará de Minas, v. 5, n. 5, p. 186-204, abr. 2014; FLEISCHAKER, Samuel. *Uma breve história de justiça distributiva*. São Paulo: Martins Fontes, 2006.

[469] PIKETTY, Thomas. *A economia da desigualdade*. 1. ed. Rio de Janeiro: Intrínseca, 2015. p. 9.

Se por fatores como a manutenção da situação de dependência do indivíduo em relação ao Estado a concentração de políticas públicas governamentais em políticas assistencialistas de transferência de renda são comumente criticadas, o aspecto antidemocrático e supressor de liberdade dessas políticas não tem merecido a atenção devida. Como afirma Piketty[470], deve-se analisar a "importância quantitativa dos efeitos negativos das taxas de redistribuição elevadas sobre o estímulo ao trabalho, sobre a oferta de capital humano e, logo, sobre a própria redistribuição".

Se, por um lado, as políticas de transferências de renda mostram-se como instrumentos valiosos na efetivação de direitos sociais, por outro, tendem a corroer a liberdade política de seus destinatários. E, nesse sentido, a reinterpretação dos conceitos de igualdade, liberdade e fraternidade foi utilizada como justificativa do agigantamento do Estado. Igualdade de oportunidades incorreu em igualdade de resultados, fraternidade em direitos sociais para todos, sem deveres para todos e liberdade deixou de se associar à ausência de interferências externas, mas à inexistência de flagelos sociais, como ignorância ou necessidade[471].

Portanto, busca-se alcançar uma política de redistribuição justa em que permite ao cidadão progredir ao máximo possível, oferecendo melhora nas condições de vida dos mais desfavorecidos. Afinal, há consenso, mesmo que entre posições políticas divergentes, que "desigualdades provocadas por fatores não controláveis devem ser corrigidas na medida do possível"[472].

Assim, percebe-se que no Brasil já se tornou urgente a superação da regressividade que impera no sistema tributário como uma exigência para a sobrevivência do Estado Democrático de Direito. Pois há uma ausência de redistribuição fiscal substancial entre as classes, agravando ainda mais a situação dos indivíduos desfavorecidos. Afinal, os cidadãos com menor capacidade econômica suportam, em termos proporcionais, uma maior carga tributária que os mais ricos. Ao fazer projeções para os anos de 2008/2009, o Instituto de Pesquisa Econômica Aplicada (Ipea) atestou que "se em 2004 a Carga Tributário Bruta sobre os que ganhavam até 2 s.m. foi de 48,8% da renda, em 2008 pode ter chegado aos 54%. Enquanto, mantidas as proporções, os que ganham acima de 30 s.m. podem ter enfrentado

---

[470] PIKETTY, 2015, p. 118.
[471] MICKLETHWAIT; WOOLDRIDGE, 2015, p. 220.
[472] PIKETTY, 2015, p. 119.

em 2008 uma carga de 29%"[473]. O cálculo também pode ser feito em dias, pois se à luz dos dados para a Carga Tributária Bruta em 2008 o cidadão brasileiro destinou em média 132 dias para o pagamento de tributos, "dos cidadãos mais pobres terminou sendo exigido um esforço equivalente a 197 dias, enquanto os cidadãos mais ricos aportariam 106 dias — três meses a menos"[474].

Tanto é que Anthony Giddens[475] já afirmou que "os social-democratas modernizadores devem aceitar a importância central da tributação progressiva como um meio de redistribuição econômica". No entanto, o modelo progressivo ainda é um modelo de tributação bem distante da realidade nacional brasileira, por ser marcado pela regressividade.

Assim adotou-se no Brasil uma série de outros benefícios assistenciais de custo relevante, na tentativa de minimizar as consequências da tributação elevada sobre todas as classes, destacando-se, entre todos, o Programa Bolsa Família. É possível pensar as políticas de transferência de renda como um instrumento para compensação da regressividade tributária que aflige o sistema tributário nacional[476].

No entanto, é inegável que o Bolsa Família é um benefício com impacto na redução das desigualdades sociais experimentada no país nos últimos anos, mas que, em contrapartida, tem sido visto como nocivo para o aperfeiçoamento democrático nacional. Há diversos estudos que apontam fortes indícios de que o Programa Bolsa Família possui influência direta na percepção de votos por candidatos do governo[477].

O receio do paternalismo típico do Estado Social volta a rondar o país de forma insistente, em razão da manutenção da situação de dependência do indivíduo em relação ao Estado, pois a concentração de políticas públicas governamentais em políticas assistencialistas de transferência de renda. O aspecto antidemocrático dessas políticas não tem merecido a atenção devida.

---

[473] IPEA – Instituto de Pesquisa Econômica Aplicada. *Receita Pública*; quem paga e como se gasta no Brasil. Comunicado da Presidência n. 22, 30 jun. 2009. p. 4. Disponível em https://repositorio.ipea.gov.br/bitstream/11058/5297/1/Comunicado_n22_Receita.pdf. Acesso em: 18 abr. 2016.

[474] *Ibidem*, p. 4.

[475] GIDDENS, Anthony. *A terceira via e seus críticos*. Rio de Janeiro: Record, 2001. p. 99.

[476] DERZI, Misabel de Abreu Machado. Guerra Fiscal, Bolsa Família e Silêncio (Relações, efeito e regressividade). *Revista Jurídica da Presidência*, Brasília, v. 16, n. 108, p. 39 a 64, fev./maio 2014. Disponível em: https://revistajuridica.presidencia.gov.br/index.php/saj/article/view/42/33. Acesso em: 18 abr. 2016.

[477] SINGER, André. Raízes sociais e ideológicas do lulismo. *Novos Estudos CEBRAP*, São Paulo, n. 85, p. 83-102, nov. 2009.

Reconhece-se os benefícios sociais e humanitários oriundos dessas políticas assistenciais, tanto é que não se pretende que sejam extintas da realidade nacional, mas deve-se ficar atento ao fato de que "é mais que evidente que essa transferência 'universal' será sempre inferior ao total das tributações pagas a partir de certo nível de renda, já que é preciso financiá-la"[478].

Assim, a possibilidade de reconhecimento dos verdadeiramente desfavorecidos dentro da constituição deve partir inicialmente do reconhecimento. Conceitos tributários precisam ser alterados, e a pessoalidade precisa ser mais presente nos tributos, e não apenas adstrita a possibilidade constante no texto constitucional. O reconhecimento do desfavorecido dentro da constituição deve ser enfrentado não somente por meio de políticas de transferência de renda, mas também, e principalmente, por meio de uma alteração da matriz tributária nacional, com a implantação de um sistema pautado pela progressividade. Se, por um lado, as políticas de transferências de renda mostram-se como instrumentos valiosos na efetivação de direitos sociais, por outro, tendem a corroer a liberdade política de seus destinatários. Ao passo que a implantação de um sistema tributário progressivo, além de contribuir de forma efetiva para a atenuação das desigualdades sociais, apresenta-se como um ingrediente fundamental para o fortalecimento do regime democrático nacional.

A redução das desigualdades presentes na sociedade brasileira, que tem sido desencadeada, em larga escala, por meio de políticas de transferência de renda, não pode levar a um enfraquecimento da democracia. Certo é que a garantia de direitos sociais fundamentais é essencial para a participação política dos cidadãos como previsto na Constituição. Postula-se, contudo, pela garantia desses direitos sociais por meio de políticas públicas que se desvinculem do ranço paternalista estatal, a partir de corretos instrumentos de redistribuição. E, nesse sentido, uma política pública no âmbito da tributação teria como consequência direta e imediata uma atenuação das desigualdades sociais, é a inversão da matriz tributária brasileira, passando de um sistema regressivo a um sistema progressivo, que, em observância da capacidade contributiva, leva os detentores de mais recursos a arcarem com a maior parcela da tributação.

Dessa forma, o cumprimento das promessas do Estado de Bem-Estar não pode se dar à custa da liberdade política dos cidadãos. Afinal, a realização dos direitos fundamentais deve se dar de forma conjunta e interligada, na tentativa de excluir as políticas públicas que produzem consequências

---

[478] PIKETTY, 2015, p. 126.

deletérias ao regime democrático, entre estas as transferências de renda cujo financiamento é feito por meio de um sistema tributário regressivo. A constituição brasileira deve reconhecer os desfavorecidos possibilitando verdadeiros instrumentos de redistribuição, especialmente por intermédio da adoção de um sistema tributário progressivo, que traz ganhos sociais inegáveis, além de não produzir os efeitos paternalistas verificáveis nas políticas de transferência de renda.

Quando o paternalismo não é afastado, a condição de desfavorecido é mantida, e aquele que não é reconhecido se vê condenado de forma indefinida a essa condição. Assim, a inclusão dá-se pela compreensão daquilo que os reivindicantes necessitam, e não somente condená-los a essa condição.

Tal situação não deve ser tratada simplesmente como incompatível, mas precisa ser compreendida e tratada a partir do texto constitucional. Os conservadores excluem as demandas, porque são incompatíveis com suas convenções e os progressistas aditam suas convenções para tentar incluir as demandas. Esse ato de agrupar os dois significados de compreender é uma das convenções mais profundas do constitucionalismo moderno[479].

Sabe-se que as pessoas que constituem o povo brasileiro, assim como no exemplo da ilustração de Bill Reid (The Spirit of Haida Gwaii), que ilustra o livro de James Tully, são diversas e precisam conviver entre si. Não basta apenas "eliminar" o desfavorecido excluindo-o, ou tornando mais e mais dependente do Estado. Conflitos de interesses continuarão a existir, agressões entre esta ou aquela representação social também, mas a conscientização de que todos estão no mesmo barco, aparentemente sempre pequeno, insuficiente e de rumo incerto deve permanecer. Uns estarão apontando para frente, outros buscam retrocesso, há aqueles que entendem que nada mudou, enquanto outros querem apenas defender o direito dos filhos.

Assim, conforme propõe James Tully, para que as demandas por reconhecimento sejam consideradas legítimas, então elas devem ser reescritas e decididas dentro das normas de reconhecimento constitucional. Vista como ameaça para a unidade constitucional, a solução é assimilar, integrar ou transcender, mais do que reconhecer e afirmar[480].

Portanto, ao embasar ações governamentais em princípios constitucionais, deve-se considerar os diversos "eus" e sujeitos que estarão ali envolvidos, pois programas assistenciais não podem arrogar para si uma identidade nacional, ou mesmo querer implantá-la à comunidade política como um todo.

---

[479] TULLY, 2004.
[480] *Ibidem*.

Em algumas situações, explora-se a carência do sujeito por objetos, reduzindo-o a nada, senão a negação de seus objetos, sendo definido enquanto não sendo nenhum de seus objetos de desejo.

Desse modo, redução das desigualdades presentes na sociedade brasileira, que tem sido desencadeada, em larga escala, por meio de políticas de transferência de renda, universalizando os "selfs" e enfraquecendo a democracia. Certo é que a garantia de direitos sociais fundamentais é essencial para a participação política dos cidadãos. Postula-se, contudo, pela garantia desses direitos sociais por meio de políticas públicas que se desvinculem do ranço paternalista estatal, que acaba por ser um mero substituto da liberdade daquele que está debaixo de suas asas.

Referências

BOBBIO, Norberto. *A era dos direitos*. 9. ed. Rio de Janeiro: Elsevier, 2009.

BONAVIDES, Paulo. *Do Estado Liberal ao Estado Social*. 8. ed. São Paulo: Malheiros, 2007.

BRASIL. [Constituição (1988)]. *Constituição da República Federativa do Brasil*. Brasília: [s. n.], 1988.

CARVALHO, José Murilo de. *Cidadania no Brasil*: o longo caminho. 19. ed. Rio de Janeiro: Civilização Brasileira, 2015.

COMPARATO, Fábio Konder. *A afirmação histórica dos direitos humanos*. 8. ed. São Paulo: Saraiva, 2013.

COSTA, Pietro. O Estado de Direito: uma introdução histórica. *In*: COSTA, Pietro; ZOLO, Danilo (org.). *O Estado de Direito*; história, teoria, crítica. Tradução de Carlo Alberto Dastoli. São Paulo: Martins Fontes, 2006. p. 95-198.

DERZI, Misabel de Abreu Machado. Guerra Fiscal, Bolsa Família e Silêncio (Relações, efeito e regressividade). *Revista Jurídica da Presidência*, Brasília, v. 16, n. 108, p. 39-64, fev./maio 2014. Disponível em: https://revistajuridica.presidencia.gov.br/index.php/saj/article/view/42/33. Acesso em: 18 abr. 2016.

FLEISCHAKER, Samuel. *Uma breve história de justiça distributiva*. São Paulo: Martins Fontes, 2006.

GIDDENS, Anthony. *A terceira via e seus críticos*. Rio de Janeiro: Record, 2001.

HÄBERLE, Peter. El fundamentalismo como desafio del Estado constitucional: consideraciones desde la ciencia del derecho y de la cultura. *In*: CARBONELL, Miguel. *Teoría constitucional y derechos fundamentales*. México: Comisión Nacional de los Derechos Humanos, 2002 p. 359-387.

HABERMAS, Jürgen. *A inclusão do outro*. São Paulo: Loyola, 2002.

HORTA, José Luiz Borges. *História do Estado de Direito*. São Paulo: Alameda, 2011.

IPEA – Instituto de Pesquisa Econômica Aplicada. *Receita Pública; quem paga e como se gasta no Brasil*. Comunicado da Presidência n. 22, 30 jun. 2009. Disponível em https://repositorio.ipea.gov.br/bitstream/11058/5297/1/Comunicado_n22_Receita.pdf. Acesso em: 18 abr. 2016.

MICKLETHWAIT, John; WOOLDRIDGE, Adrian. *A quarta revolução*: a corrida global para reiventar o Estado. Tradução de Afonso Celso da Cunha Serra. 1. ed. São Paulo: Portfolio-Penguin, 2015.

MORAIS, Márcio Eduardo da Silva Pedrosa. Mérito e necessidade; uma breve história da justiça distributiva no pensamento jusfilosófico ocidental. *SynThesis Revista Digital FAPAM*, Pará de Minas, v. 5, n. 5, p. 186-204, abr. 2014.

PIKETTY, Thomas. *A economia da desigualdade*. 1. ed. Rio de Janeiro: Intrínseca, 2015.

QUINTÃO SOARES, Mário Lúcio. *Teoria do Estado*; novos paradigmas em face da globalização. 3. ed. São Paulo: Atlas, 2008.

ROSENFELD, Michel. *A identidade do sujeito constitucional*. Tradução de Menelick de Carvalho Neto. Belo Horizonte: Mandamentos, 2003. p. 17-48. 109-115.

SARLET, Ingo Wolfgang. *A eficácia dos direitos fundamentais*; uma teoria geral dos direitos fundamentais na perspectiva constitucional. 10. ed. Porto Alegre: Livraria do Advogado, 2010.

SINGER, André. Raízes sociais e ideológicas do lulismo. *Novos Estudos CEBRAP*, São Paulo, n. 85, p. 83-102, nov. 2009.

TULLY, James. *Strange multiplicity*: constitutionalism in an age of diversity. Cambridge: Cambridge UP, 2004. p. 30-57.

ZAGREBELSKY, Gustavo. Constitucionalismo. *Derechos y libertades*, n. 29, p. 19-38, jun. 2013.

REFLEXÕES SOBRE DESIGUALDADE, DIGNIDADE DA PESSOA HUMANA E RELIGIÃO

Gilberto Ribeiro dos Santos

Não existe outra via para a solidariedade humana senão a procura e o respeito da dignidade individual.
(Pierre Nouy)

Introdução

Este trabalho tem como objetivo fomentar a reflexão sobre os impactos da desigualdade, dignidade da pessoa humana e religião na vida das pessoas.

Como cediço, vivemos um tempo em que há abundância de recursos, mas a musculatura da desigualdade social enrijece.

Além da acentuada assimetria social presente na maior parte do globo, notadamente nos países do sul, as nações ainda enfrentam as consequências de uma das mais longevas e críticas pandemias — coronavírus, cujos impactos se fazem presentes em várias áreas; notadamente na saúde, economia — emprego e renda, educação e segurança pública.

O mercado de trabalho experimenta uma das mais profundas transformações de que se tem notícia e a maior parcela da população mundial se quer teve chance de se preparar para enfrentá-la.

Nesse novo tempo, os setores tecnologicamente mais desenvolvidos são os que despontam como promissores, graças ao abrupto salto patrocinado pelas novas demandas impostas pela Covid-19, exigindo de todos um "novo estilo de vida".

Ao tempo em que a pandemia ainda era um inimigo pouco conhecido, enquanto uma parcela da população se isolava em suas residências sem que isso causasse qualquer abalo às suas atividades, renda e segurança, o "grosso" da sociedade, atônita, assistia catártica, hora após hora, dia após dia, por todos os meios de comunicação ao alcance, notícias sobre dezenas de milhares de óbitos contabilizados, um sistema de saúde pública deficiente, em que pese os vultosos recursos alocados, abrupta desaceleração econômica em vários segmentos, inadimplemento, falências, demissões em massa e aprofundamento da crise que, há muito, já assolava aos mais vulneráveis, ampliando o rastro de desorganização econômica, *deficit* das contas públicas, incertezas quanto ao futuro e desesperança.

As autoridades públicas, em grande medida, desprovidas de senso, espírito crítico/empreendedor, pouco criativas, sem vocação e pouco comprometidas com a missão de liderar o povo e administrar a coisa pública visando ao maior interesse das pessoas, não raro, despontavam como os principais responsáveis pelo agravamento do problema, por si só muito desafiador, impondo ao conjunto da população maior ônus, sofrimento, angústia, temor, insegurança e incertezas.

Foi exatamente nesse contexto que a desigualdade social assumiu proporções ainda mais devastadoras, ampliando a concentração de riquezas nas mãos de grupos cada vez menores, ampliando o contingente de indivíduos à periferia, inclusive econômica, e privando-os, cada vez mais, do acesso aos bens da vida.

A título de exemplo, enquanto centenas de milhares de pequenos e médios empreendedores viam-se impossibilitados de dar continuidade aos seus negócios e um número crescente de trabalhadores perdia o emprego e a renda, alguns segmentos ampliavam sua influência no cenário econômico global.

Não é sem razão que a Amazon, essencialmente focada no e-commerce, converteu-se no maior "case" de sucesso em tempos de Covid-19 e o seu fundador e CEO, Jeff Bezos, no homem mais rico do mundo, detentor de uma fortuna de US$ 171,6 bilhões de dólares, superando o seu próprio recorde que era de US$ 167,7 bilhões de dólares[481].

Em uma de suas publicações, o jornal *Financial Times* listou as 100 empresas mais bem-sucedidas durante a pandemia global, por meio do qual constatou-se que nas 10 primeiras posições figuram a Amazon (USA), Microsoft (USA), Apple (USA), Tesla (USA), Tencent (China), Facebook (USA), Nvidia (USA), Alphabet (USA), Paypal (USA) e T-Mobile (USA); como se pode observar, exceto a primeira, Amazon, todas atuam no segmento de tecnologia e apenas uma tem sede fora dos Estados Unidos da América[482].

---

[481] JEFF Bezos, da Amazon, bate recorde de pessoa mais rica do mundo. *UOL*, Economia, São Paulo, 2 jul. 2020. Disponível em: https://economia.uol.com.br/noticias/redacao/2020/07/02/jeff-bezos-da-amazon-bate-recorde-de-pessoa-mais-rica-do-mundo.htm. Acesso em: 02 jul. 2020.

[482] BRAITHWAITE, Tom. *Coronavirus economic impact* – prospering in the pandemic: the top 100 companies. Finanial Times, USA, 19 jun. 2020. FT Series. Disponível em: https://www.ft.com/content/844ed28c-8074-4856-bde0-20f3b4cd8f0. Acesso em: 21 jun.2020.

Ressalte-se também que das 100 empresas listadas, apenas a empresa Mercado Livre, que aparece em 37º lugar, tem como sede a América Latina (Buenos Aires), a única fora do eixo Estados Unidos, Europa, Ásia.

A realidade de muitos países, a exemplo do Brasil, onde expressiva parcela da população levanta o sustento por meio da prestação de serviço autônomo e de baixa qualificação, os efeitos da pandemia sobre o trabalho e renda foram realmente desafiadores. Não fosse o auxílio emergencial, de caráter provisório, patrocinado pelo governo federal, parcela significativa dos brasileiros inevitavelmente restaria completamente desprovida de meios básicos para a própria mantença e as consequências sociais poderiam ser avassaladoras.

Fiaux destaca:

> O processo de reestruturação econômica ocorrido no século XX trouxe a fome e o empobrecimento a uma grande parcela da população (Vieira, 1997). A pobreza ocorre em época de crescimento tecnológico, o que parece contraditório. Contudo, o aumento da produção devido à modernização solapa os empregos existentes, levando ao desemprego estrutural e a consequente exclusão social, *"transformando os trabalhadores em população descartável".* (grifos do original)[483].

Nesse ambiente de vulnerabilidade e impotência, diante de um inimigo invisível, poderoso, capaz de subjugar governos, nações e povos, de todas as nações e línguas, promover profundas transformações nas relações interpessoais, institucionais, nacionais e internacionais, a religião mostrou-se como uma importante ferramenta a conter o estresse, depressão, desesperança e solidão.

Neste trabalho, o autor apresentará uma coletânea de dados e informações sobre a realidade de uma sociedade desigual e como a religião pode cooperar para melhorar a vida das pessoas.

Considerações sobre a desigualdade no Brasil e no mundo

Como cediço, a maioria das nações do globo tem testemunhado a escalada da desigualdade, problema que persegue a humanidade como um todo, constituindo-se num tema que precisa ser objeto da atenção dos governantes.

---

[483] FIAUX, Cristiane. *A prática religiosa e a questão social*: considerações sobre condições de vida e saúde na visão dos pastores e fiéis pertencentes à denominação metodista. Rio de Janeiro: [s. n.], 2008. p. 30.

Por evidente, a omissão de políticas públicas capazes de minimizar esse fenômeno tem sido a práxis das distintas lideranças políticas. Em sua obra *Trajetória das Desigualdades*, Arreche[484] apresenta dados coletados pelo *The World Top Income Database*, no qual se constata que a renda de 1% dos norte-americanos mais ricos cresceu de 12,2% para 19,3% entre os anos de 1991 e 2012; na Europa a trajetória também foi ascendente, destacando-se que apenas no Reino Unido, o crescimento da renda dessa faixa da população, no mesmo período, foi de 10% para 15,4%.

Como é de notório conhecimento, em países como o Brasil, a assimetria social é escandalosamente maior; entretanto, segundo Arreche[485], a trajetória foi descendente, embora incapaz de alterar significativamente o abismo que separa as classes; entretanto, ao final do Governo Sarney, a renda dos 5% dos brasileiros mais ricos representava 79 vezes o teto dos 5% mais pobres, mantendo o país como um dos mais desiguais da América Latina.

Arreche[486] aponta que, de acordo com dados publicados pelo IBGE, em 1960 o Brasil era um país essencialmente rural, não se percebia grandes assimetrias de renda e infraestrutura pública e o mercado de trabalho era predominantemente ocupado por pessoas do sexo masculino; entretanto a pobreza respeitava certa homogeneidade.

Ainda segundo Arreche[487], uma década mais tarde, ¾ da população tinha até três anos de estudo, 20% dos jovens entre 12 e 15 anos de idade completavam quatro anos de estudo e o ensino universitário era restrito a homens brancos provenientes das classes econômicas mais favorecidas da sociedade.

Nos anos 2000, o Brasil passou a ser um país altamente urbanizado, com aproximadamente 85% da população vivendo nas cidades, o analfabetismo representava menos de 20% da população e uma média de 70% dos jovens completava oito anos de estudo.

Nesse período, observou-se grande crescimento dos brasileiros que chegaram ao ensino médio e superior, saindo do patamar de 3,4 milhões em 1980 para atingir 21,5 milhões no ano de 2010.

---

[484] ARRECHE, Marta *et al.* (org.). *Trajetórias das desigualdades* – Como o Brasil mudou nos últimos cinquenta anos. 1. ed. São Paulo: Unesp, 2015.

[485] ARRECHE, Marta *et al.* (org.). *Trajetórias das desigualdades* – Como o Brasil mudou nos últimos cinquenta anos. 1. ed. São Paulo: Unesp, 2015.

[486] *Ibidem.*

[487] *Ibidem.*

No que se refere à mortalidade infantil e à expectativa de vida, o Brasil experimentou um desempenho exponencial, nesse intervalo de tempo, saltando de 69 mortos por mil para 16 por mil nascidos vivos e a expectativa de vida de 62 para 73 anos.

Evidentemente esses avanços não foram suficientes para equalizar as gravíssimas desigualdades que, até os nossos dias, persistem no seio da sociedade.

Arreche[488] explora o tema desigualdade em suas diferentes vertentes, tais como: participação política, educação e renda, políticas públicas, demografia e mercado de trabalho. Não será objeto deste trabalho explorar o tema nesta extensão; nos limitaremos a uma sucinta análise da origem histórica das desigualdades, os fatores que a alimentam, os efeitos da pandemia da Covid-19 e as consequências deste conjunto na vida da população.

A desigualdade social não é um fenômeno hodierno; a pandemia instalada no início do ano 2020 apenas a agravou; sua origem remonta, no caso brasileiro, a uma perversa colonização focada na exploração/sangria de recursos, economia escravagista e, nas décadas mais recentes, ao liberalismo econômico focado na atração de capital estrangeiro. Os donos do capital, atraídos pelas altas e generosas taxas de remuneração de capital praticadas pela maioria dos países da periferia, despejaram nesses mercados grandes somas de dinheiro, em grande parte, com objetivos meramente especulativos.

Outras benesses, como incentivos fiscais, terras, mão de obra farta e barata, abundante mercado de consumo interno, dentre outros, de igual maneira contribuíram para que conglomerados multinacionais, ávidos por melhor remuneração do capital dos seus investidores, optassem pela instalação de unidades de negócios em países como o Brasil.

Tal conjuntura propiciou ampla oferta de trabalho e renda para grande parcela da população ciosa por novos desafios e melhoria de vida, especialmente ao trabalhador rural, sobretudo os seus descentes, vez que o campo, de regra, foi incapaz de proporcionar-lhes expectativa de uma vida minimamente digna.

Dessa forma, deu-se início a um acelerado processo migratório para as cidades, sem que as autoridades públicas tenham se preocupado com a elaboração de um planejamento capaz de responder à demanda que esse importante fenômeno imporia à toda a sociedade.

---

[488] *Ibidem.*

Como resultado dessa omissão, às grandes e médias metrópoles restou o desafio de prover os meios necessários ao seu crescimento desordenado, demanda para a qual até os nossos dias têm sido incapazes de responder, daí conviver-se com a ininterrupta importação da pobreza do campo para as cidades.

Em artigo publicado na *Revista Globalização e Urbanização Subdesenvolvida*, Ferreira[489] aponta que na década de 90, Bangcoc, capital da Tailândia, foi o destino de investimentos especulativos no setor imobiliário, transformando-a em um canteiro de grandes obras. De acordo com o pesquisador francês Eric Charmes[490], "a produção anual de escritórios chegou a mais de um milhão de metros quadrados em 1994 e a de apartamentos residenciais, mais de 150 mil unidades"; Charmes destaca ainda que, em 1995, "iniciou-se a construção da mais alta torre em concreto do mundo, a Baiyoke Tower II, com 320 metros de altura e 90 andares". A consequência desses empreendimentos foi uma exponencial valorização imobiliária, elevando o valor do metro quadrado a 5 mil dólares em determinadas áreas da cidade.

Apesar de todo esse progresso econômico, o país nunca deixou de ser subdesenvolvido e a sua população até hoje segue majoritariamente pobre. Conforme narra Charmes[491]: "somente 10% das famílias de Bangcoc dispunham de meios, em 1995, para adquirir moradias de valor superior a 48 mil dólares (30% da oferta)", e, estimativas apontavam que, nesse período, mais de 275 mil famílias já moravam em favelas ou habitações informais e que o estoque de imóveis era muitas vezes superior à demanda, demonstrando que o negócio restaria insustentável no médio prazo.

A equação econômica motivou a tomada de medidas recessivas, causando impopularidade ao governo, que veio a ser substituído por outro gabinete igualmente comprometido com uma agenda progressista de fomento a grandes obras de infraestrutura e recuperação da saúde financeira dos grandes construtores e instituições financeiras; todavia, as ações empreendidas não foram suficientes para estancar a crise que levou à quebra de uma das maiores empresas imobiliárias do país, segmento econômico

---

[489] FERREIRA, João Sette Whitaker. *Globalização e urbanização subdesenvolvida*. 2000. Disponível em https://www.scielo.br/j/spp/a/HxwY7GS4Yzg5Y679f794Q5b/?format=pdf&lang=pt. Acesso: 29 jul. 2020. p. 10.

[490] CHARMES Eric. La nouvelle bulle a éclaté en Thailandei". *Etudes FonciËres*. Paris, n. 81, Adef - Association des Etudes FonciËres, 1998 *apud* FERREIRA, João Sette Whitaker. *Globalização e urbanização subdesenvolvida*. 2000. Disponível em: https://www.scielo.br/j/spp/a/HxwY7GS4Yzg5Y679f794Q5b/?format=pdf&lang=pt. Acesso: 29 jul. 2020. p. 11.

[491] *Ibidem*.

mais relevante, iniciando a fuga em massa de capitais e desestabilização da economia, levando o pais a recorrer ao FMI, o que deflagrou a crise asiática do ano de 1997, com consequências em todo o globo.

Situações como a vivida pela Tailândia se repetem na maioria dos países do sul, como consequência de políticas de ajuste econômico patrocinadas por agências multilaterais tais como o FMI, Banco Mundial e outras, gerando consequências aterradoras à maior parte da população.

Graças a essa realidade, a desigualdade avançou, transformando as cidades, sobretudo grandes e médias em espaços híbridos, onde ilhas de prosperidade convivem com guetos de extrema pobreza.

Exemplos não faltam para demonstrar o equívoco de políticas draconianas que beneficiam apenas um reduzido número de indivíduos e corporações.

A figura a seguir traduz fielmente a realidade paulistana:

Figura 1 – Ilhas de prosperidade cercadas por extrema pobreza

Fonte: https://brasilescola.uol.com.br/sociologia/desigualdade-social.htm. Acesso em: 1 nov. 2023

De acordo com Sampaio Jr.[492], no Brasil, "a aliança estratégica da burguesia com o capital internacional e com as potências hegemônicas permitiu que a industrialização por substituição de importações fosse levada

---

[492] SAMPAIO JUNIOR, Plinio Soares de Arruda. *Entre a nação e a barbárie*: os dilemas do capitalismo dependente. Petrópolis. ed. Vozes, 1999a *apud* FERREIRA, João Sette Whitaker. *Globalização e urbanização subdesenvolvida*. 2000, p. 12. Disponível em: https://www.scielo.br/j/spp/a/HxwY7GS4Yzg5Y679f794Q5b/?format=pdf&lang=pt. Acesso em: 29 jul.2020.

às últimas consequências, aumentando o grau de autonomia relativa do país dentro do sistema capitalista mundial"; todavia, essa não foi a experiência de outros países periféricos:

> [...] a ausência de uma indústria nacional minimamente significativa relegou às elites um papel de simples coadjuvante interno dos agentes do comércio internacional, o que foi denominado, pelo sociólogo egípcio Samir Amin (1991), de compradorização das elites subdesenvolvidas.[493]

Desde a colonização brasileira, o interesse dos donos do capital — senhores de engenho — concentrou-se no desenvolvimento de atividades que demandavam grandes capitais e farta mão de obra, daí a exploração da cana-de-açúcar, produto que, à época, a Europa demandava em grande escala.

De acordo com Ferreira[494], a dependência de capital "foi responsável pela grande desigualdade que logo se estabeleceu entre os senhores de engenho e os outros habitantes"; dessa forma, por muitos séculos, a economia brasileira foi marcada por latifúndio monocultor e exportador com base em mão de obra escrava.

Dados históricos apontados Carvalho[495] afirmam que até 1822, cerca de 3 milhões de escravos ingressaram na colônia, sendo que na época da independência, de uma população de cerca de 5 milhões de habitantes, 20% eram escravos, fator que contribuiu de forma muito negativa à cidadania brasileira.

As consequências geradas ao Brasil por conta dessa configuração da sua população, fazem-se perceber até os nossos dias. Aliado a isso, Carvalho aponta que ao passo em que na Europa os direitos civis foram assegurados em primeiro plano, no Brasil, estes somente vieram muito mais tarde, o que foi danoso à formação do seu povo.

> O autor que desenvolveu a distinção entre as várias dimensões da cidadania, T. A. Marshall, sugeriu também que ela, a cidadania, se desenvolveu na Inglaterra com muita lentidão. Primeiro vieram os direitos civis, no século XVIII. Depois, no século XIX, surgiram os direitos políticos. Finalmente, os direitos sociais foram conquistados no século XX. Segundo

---

[493] AMIN, S. Líempire du chaos. Paris, LíHarmattan, 1991 *apud* FERREIRA, João Sette Whitaker. *Globalização e urbanização subdesenvolvida*. 2000, p. 18. Disponível em: https://www.scielo.br/j/spp/a/HxwY7GS4Yzg5Y679 f794Q5b/?format=pdf&lang=pt. Acesso: 29 jul.2020. p. 12.

[494] FERREIRA, João Sette Whitaker. *Globalização e urbanização subdesenvolvida*. 2000, p. 18. Disponível em: https://www.scielo.br/j/spp/a/HxwY7GS4Yzg5Y679f794Q5b/?format=pdf&lang=pt. Acesso: 29 jul.2020.

[495] CARVALHO, José Murilo de. *Cidadania no Brasil*. O longo Caminho. 3. ed. Rio de Janeiro: Civilização Brasileira, 2002. p. 19.

ele, não se trata de sequência apenas cronológica: ela é também lógica. Foi com base no exercício dos direitos civis, nas liberdades civis, que os ingleses reivindicaram o direito de votar, de participar do governo de seu país. A participação permitiu a eleição de operários e a criação do Partido Trabalhista, que foram os responsáveis pela introdução dos direitos sociais. Há, no entanto, uma exceção na sequência de direitos, anotada pelo próprio Marshall. Trata-se da educação popular. Ela é definida como direito social mas tem sido historicamente um pré-requisito para a expansão dos outros direitos.[496]

Segundo Carvalho, nos países em que a cidadania teve primazia, o povo teve acesso à educação e, de posse dessa ferramenta, tomou conhecimento dos seus direitos e foi capaz de reivindicá-los.

No Brasil, a lógica foi diversa. Além dos direitos sociais precederem aos direitos civis, a deficiente formação cidadã do seu povo causou-lhe enorme retrocesso e segue como um dos temas que precisam ser enfrentados e superados.

De acordo com Carvalho:

Ao proclamar sua independência de Portugal em 1822, o Brasil herdou uma tradição cívica pouco encorajadora. Em três séculos de colonização (1500-1822), os portugueses tinham construído um enorme país dotado de unidade territorial, linguística, cultural e religiosa. Mas tinham também deixado uma população analfabeta, uma sociedade escravocrata, uma economia monocultora e latifundiária, um Estado absolutista. À época da independência, não havia cidadãos brasileiros, nem pátria brasileira.[497]

Não é sem razão que sem muito esforço ouvimos críticas ao Brasil desferidas por brasileiros de todos os matizes, demonstrando o seu desprezo pelo país onde nasceram, cresceram, constituíram família, patrimônio e vivem.

De acordo com Calligaris[498], é razoável que um europeu afirme que o governo, situação econômica ou mesmo o povo não prestam, mas dificilmente dirá que o seu país não presta, declaração que, não raro, ouvimos dos lábios de brasileiros.

---

[496] CARVALHO, José Murilo de. *Cidadania no Brasil*. O longo Caminho. 3. ed. Rio de Janeiro: Civilização Brasileira, 2002. p. 10-11.

[497] CARVALHO, José Murilo de. *Cidadania no Brasil*. O longo Caminho. 3. ed. Rio de Janeiro: Civilização Brasileira, 2002. p. 17-18.

[498] CALLIGARIS, Contardo. *Hello Brasil!* Notas de um psicanalista europeu viajando ao Brasil. São Paulo: Escuta, 1991.

Diferentemente de outras nações, para as quais os colonizadores/conquistadores se dirigiram com o intuito de se fixar, constituir família e empreender, o colonizador que para o Brasil se dirigiu, via de regra, tinha como principal objetivo explorar as suas riquezas e para alcançar os seus objetivos, não mediu quaisquer esforços. Essa realidade segue presente ainda em nossos dias.

Segundo Carvalho:

> A história da colonização é conhecida. Lembro apenas alguns pontos que julgo pertinentes para a discussão. O primeiro deles tem a ver com o fato de que o futuro país nasceu da conquista de povos seminômades, na idade da pedra polida, por europeus detentores de tecnologia muito mais avançada. O efeito imediato da conquista foi a dominação e o extermínio, pela guerra, pela escravização e pela doença, de milhões de indígenas. O segundo tem a ver com o fato de que a conquista teve conotação comercial. A colonização foi um empreendimento do governo colonial aliado a particulares.[499]

Avançando no "túnel" do tempo, chegamos ao século 20, quando o impacto da globalização ameaçou significativamente o parque industrial brasileiro; segundo Ferreira[500], as elites foram capazes de assegurar os seus privilégios e hegemonia interna, promovendo o avanço capitalista internacional à custa de um desenvolvimento desigual, em que o *bolo* nunca é compartilhado com a grande massa populacional.

Ainda que seja impossível ignorar a iniquidade desse processo desigual de urbanização, Ferreira[501] assegura que, mesmo assim, alguns indicadores sociais, principalmente demográficos, apresentaram melhorias, notadamente a redução da mortalidade infantil e o aumento da expectativa de vida da população brasileira, o que já foi objeto de nota. É bom que se diga: tais avanços só foram possíveis, graças a importantes, mas insuficientes, investimentos em infraestrutura básica tal como o tratamento de água e esgoto.

De toda a sorte, Ferreira[502] aponta que em termos socioeconômicos (crescimento, renda, desemprego e violência) e urbanísticos (crescimento urbano e aumento de favelas), a urbanização desigual somente promoveu mais pobreza.

---

[499] CARVALHO, José Murilo de. *Cidadania no Brasil*. O longo Caminho. 3. ed. Rio de Janeiro: Civilização Brasileira, 2002. p. 18.

[500] FERREIRA, João Sette Whitaker. *Globalização e urbanização subdesenvolvida*. 2000. Disponível em: https://www.scielo.br/j/spp/a/HxwY7GS4Yzg5Y679f794Q5b/?format=pdf&lang=pt. Acesso: 29 jul.2020.

[501] MARICATO, Ermínia. *Metrópole na periferia do capitalismo*. São Paulo. Hucitec/Série Estudos Urbanos, 1996 *apud* FERREIRA, João Sette Whitaker. *Globalização e urbanização subdesenvolvida*. 2000. p.4 Disponível em: https://www.scielo.br/j/spp/a/HxwY7GS4Yzg5Y679f794Q5b/?format=pdf&lang=pt. Acesso: 29 jul.2020.

[502] FERREIRA, João Sette Whitaker. *Globalização e urbanização subdesenvolvida*. 2000. Disponível em: https://www.scielo.br/j/spp/a/HxwY7GS4Yzg5Y679f794Q5b/?format=pdf&lang=pt. Acesso: 29 jul.2020.

Em sua obra *A prática religiosa e a questão social: considerações sobre condições de vida e saúde na visão dos pastores e fiéis pertencentes à denominação metodista*, Fiaux aponta:

> Em uma sociedade onde de um lado se produz pobreza e miséria e do outro lado riqueza e acumulação de bens materiais, a violência, muitas vezes, é interpretada como uma forma de lidar com as falácias do sistema capitalista. A violência tem tido seu lugar de destaque quando se fala nas limitações financeiras pelas quais parte da população passa e este tema se torna um problema de saúde pública (Soares, 2003, p. 91). Além da falta de perspectiva na vida e das dificuldades financeiras atravessadas, Lima (2006) aponta que o aumento do desejo de consumo dos jovens, que é estimulado pelos imperativos do "ter" que a mídia propaga, pode ser uma das explicações para a entrada e envolvimento no narcotráfico.[503]

As figuras a seguir reforçam essa realidade, demonstrando a existência de um fosso na paisagem urbana separando os indivíduos que têm acesso aos bens da vida daqueles aos quais a oferta desses bens e direitos é extremamente reduzida.

Figura 2 – Mendicância, sofisticação e consumismo

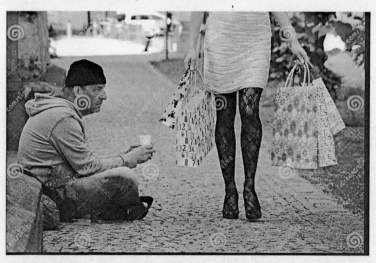

Fonte: https://pt.dreamstime.com/imagem-de-stock-pedintes-e-mulher-rica-com-sacos-de-compra-image19833761

---

[503] FIAUX, Cristiane. *A prática religiosa e a questão social*: considerações sobre condições de vida e saúde na visão dos pastores e fiéis pertencentes à denominação metodista. Rio de Janeiro: [s. n.], 2008. p. 32.

Figura 3 – Apartheid socioeconômico

Fonte: https://www.interessantesaber.com.br/2018/09/a-diferenca-entre-ricos-e-pobres-em-fotos-aereas/. Acesso em: 1 nov. 2023

Com o advento da redemocratização, no final da década de 80/90, o Brasil passou a viver momentos de profunda expectativa quanto ao futuro.

Como aponta Carvalho:

> A cidadania, literalmente, caiu na boca do povo. Mais ainda, ela substituiu o próprio povo na retórica política. Não se diz mais "o povo quer isto ou aquilo", diz-se "a cidadania quer". Cidadania virou gente. No auge do entusiasmo cívico, chamamos a Constituição de 1988 de Constituição Cidadã.[504]

Entretanto Carvalho[505] argumenta que havia ingenuidade naquele entusiasmo e crença de que a redemocratização das instituições traria rapidamente a felicidade nacional e que o fato de termos reconquistado o direito de eleger nossos representantes seria a garantia de liberdade, participação, segurança, desenvolvimento, emprego e justiça social.

É certo que direitos da cidadania, tais como a manifestação do pensamento, mesmo considerando os abalos sofridos ao longo do tempo, assim como a liberdade política e sindical, têm sido preservados; de toda a sorte, decorridos vários anos desde o fim da ditadura, problemas socioeconômicos como a violência urbana, desemprego, analfabetismo, má qualidade da educação, oferta inadequada dos serviços de saúde, saneamento e outras desigualdades de natureza econômico/social simplesmente têm se agravado em nossa sociedade.

---

[504] CARVALHO, José Murilo de. *Cidadania no Brasil*. O longo Caminho. 3. ed. Rio de Janeiro: Civilização Brasileira, 2002. p. 7-8.

[505] *Ibidem*.

A precarização das relações de emprego é outro forte componente do processo que acelera e aprofunda a desigualdade social. Em sua obra *O privilégio da servidão*, Antunes[506] apresenta uma análise crítica sobre as relações de trabalho e discorre, em detalhes, como os mais vulneráveis vêm sofrendo o seu impacto.

Antunes[507] arrazoa sobre as perversas condições a que são expostos os trabalhadores, notadamente nos países do sul, onde maior parte da indústria "suja" concentra suas atividades, expõe indivíduos a condições desumanas como excessivas jornadas de trabalho em ambientes insalubres, provocando acidentes, contaminação e mortes.

Ainda assim, especialmente nos países com farta mão de obra, desigualdade e pobreza extrema, a exemplo da Índia, nota-se que esse modelo de negócio continua atrativo. Antunes aponta que as autoridades desse país demonstram grande interesse de atrair tais empreendimentos e recentemente se posicionaram da seguinte maneira:

> [...] o primeiro ministro da Índia, Narendra Modi propôs, pouco tempo atrás, aquele que deve ser o slogan do segundo gigante do Oriente: assim como a China se celebrizou pelo Made in China, a Índia deve fazê-lo pelo Make in Índia, uma vez que a exploração do trabalho do operariado chinês é café-pequeno diante do vilipendio da superexploração no país das classes e das castas, dos bilionários e dos mais que miseráveis. [508]

Não bastasse, Antunes[509] aponta que até a Inglaterra, um dos países mais desenvolvidos do globo, adota a modalidade de "contrato zero hora", por meio do qual o trabalhador fica à disposição do tomador dos serviços sem qualquer garantia de remuneração, o que somente se confirmará se houver demanda pelos seus serviços.

De fato, terceirização, uberização e outra formas de contratação em que o tomador dos serviços se distancia de todo e qualquer risco impondo-os ao próprio trabalhador, tornou-se a praxe dos mercados hodiernos.

---

[506] ANTUNES, Ricardo. *O privilégio da servidão* [recurso eletrônico]: o novo proletariado de serviços na era digital. São Paulo: Boitempo, 2018. (Mundo do trabalho).

[507] *Ibidem.*

[508] ANTUNES, Ricardo. *O privilégio da servidão* [recurso eletrônico]: o novo proletariado de serviços na era digital. São Paulo: Boitempo, 2018. (Mundo do trabalho). p. 20.

[509] ANTUNES, Ricardo. *O privilégio da servidão* [recurso eletrônico]: o novo proletariado de serviços na era digital. São Paulo: Boitempo, 2018. (Mundo do trabalho).

É certo que sob o pretexto de oferecer proteção ao trabalhador, por décadas, países como o Brasil impuseram rígida regulação à relação de emprego, o que, ao fim e ao cabo, no caso brasileiro, somente veio a ser parcialmente removida ao tempo do Presidente Michel Temer (2016-2007,) graças à forte pressão dos empregadores que, sob a alegação da falta de competitividade da indústria nacional, em grande medida, justificada pelo custo da mão de obra, encargos sociais, uma cadeia extorsiva de impostos incidentes sobre as suas operações, além dos problemas gerados pela precariedade da infraestrutura/logística, sensibilizaram os legisladores e o próprio Executivo.

Infelizmente a reforma tributária, ainda que após décadas tramitando nas casas legislativas e recentemente aprovada no Congresso Nacional, segue como uma obra inacabada e repleta de incertezas.

Evidentemente as mudanças na legislação trabalhista aprovadas não agradaram parte do Parlamento nem ao próprio Executivo que se comprometeu vetar alguns artigos polêmicos, o que não aconteceu. De qualquer sorte, até os nossos dias não se tem notícia de que os principais propósitos perseguidos pela reforma, especialmente a expansão do mercado de trabalho, tenham sido alcançados.

Matéria publicada em 9 de novembro de 2018, no site do Senado Federal, informava:

> No dia 11 de novembro a reforma completará um ano de produção de efeitos. Esse período foi atribulado: a aplicação jurídica de muitas das novas regras não foi imediatamente pacificada, os resultados da legislação na geração de emprego são imprecisos e a regulamentação de diversos trechos não foi completada[510].

Os parlamentares oposicionistas e os descontentes lograram aprovar a instalação de uma comissão provisória para examinar proposta de autoria do Senador Paulo Paim (PT RS), com o objetivo de propor a criação do Estatuto do Trabalho tendo como fundamento, dentre outros, os seguintes argumentos:

> A criação da Subcomissão foi motivada pelas recentes alterações legislativas que desregulamentaram o direito do trabalho, sobretudo a Lei n.º 13.467, de 2017, conhecida

---

[510] AGÊNCIA SENADO. Reforma Trabalhista completa um ano sob questionamentos e sem desfecho. 9 nov. 2018. Disponível em: https://www12.senado.leg.br/noticias/materias/2018/11/09/reforma-trabalhista-completa-um-ano-sob-questionamentos-e-sem-desfecho. Acesso em: 29 jul. 2020.

> como "reforma trabalhista", que promoveu de forma maléfica a flexibilização dos direitos dos trabalhadores, sob o argumento de aumentar a competitividade das empresas e os postos de trabalho. Entretanto, revogar essas legislações recentes não é o único objetivo. Buscamos avançar. É necessário assegurar a todos os trabalhadores as garantias e proteção social, inclusive com a regulamentação de dispositivos constitucionais, como por exemplo a proteção em face da automação, prevista no inciso XXVII do artigo 7º, da Constituição Federal. Para isso, apresentamos hoje a primeira versão do Estatuto do Trabalho – a nova CLT, consoante os fundamentos do Estado Democrático de Direito: a cidadania, a dignidade da pessoa humana e os valores sociais do trabalho e da livre iniciativa[511].

A comissão foi encerrada no ano de 2018 e as propostas apresentadas até o momento sequer foram pautadas; todavia, resta evidente que do ponto de vista prático, não deverá prosperar.

A problemática da empregabilidade vem se tornando cada dia mais desafiadora, especialmente para a grande massa de trabalhadores sem qualificação para as novas demandas do mercado. São milhares de indivíduos que dependem exclusivamente do trabalho como fonte de renda para a subsistência, como bem expressa Antunes:

> Em pleno século XXI, mais do que nunca, bilhões de homens e mulheres dependem de forma exclusiva do trabalho para sobreviver e encontram, cada vez mais, situações instáveis, precárias, ou vivenciam diretamente o flagelo do desemprego. Isto é, ao mesmo tempo que se amplia o contingente de trabalhadores e trabalhadoras em escala global, há certa redução imensa dos empregos; aqueles que se mantêm empregados presenciam a corrosão dos seus direitos sociais e a erosão de suas conquistas históricas, consequência da lógica destrutiva do capital que, conforme expulsa centenas de milhões de homens e mulheres do mundo produtivo (em sentido amplo) recria, nos mais distantes e longínquos espaços, novas modalidades de trabalho informal, intermitente, precarizado, "flexível", depauperando ainda mais os níveis de remuneração daqueles que se mantêm trabalhando.[512]

---

[511] AGÊNCIA SENADO. Comissões. Disponível em: https://legis.senado.leg.br/comissoes/comissao?3&codcol=2127. Acesso em: 29 jul. 2020.

[512] ANTUNES, Ricardo. *O privilégio da servidão* [recurso eletrônico]: o novo proletariado de serviços na era digital. São Paulo: Boitempo, 2018. (Mundo do trabalho). p. 24

Segundo Antunes[513], um dos principais fatores que justificam a crescente informalidade e precarização das relações de trabalho é a farta oferta de mão de obra e a desumana exploração, especialmente de imigrantes, o que não se resume aos bolivianos, africanos ou peruanos no Brasil, decasséguis no Japão etc.

De acordo com Antunes:

> O trabalhador imigrante encontra, então, em indústrias, construtoras, supermercados, distribuidoras de hortifrutícolas, na agricultura, em hotéis, restaurantes, hospitais, empresas de limpeza etc., seus espaços principais de trabalho, recebendo os salários sempre mais depauperados. O autor lembra que, em uma distribuidora de hortifrutícolas em Milão (Itália), os trabalhadores negros descarregam caixas de frutas e verduras pelo pagamento de 2,5 euros por hora, equivalente ao custo de um quilo de pão de péssima qualidade. E, na zona rural do sul da Espanha e Itália, os salários são ainda inferiores e, muitas vezes, não são pagos. Com muita frequência, esses trabalhadores recebem menos do que deveriam realmente receber pelo contrato, mesmo porque a qualificação que lhes é atribuída quase nunca corresponde às suas reais competências: isso ocorre muito no caso de pequenas empresas, que são, no final, aquelas que mais recorrem aos imigrantes. A eles cabem, em geral, as tarefas mais duras, perigosas, insalubres: na Itália, por exemplo, segundo os dados oficiais, com os imigrantes há o dobro de acidentes no trabalho em comparação com os nativos.[514]

No momento em que crises econômicas, excesso de mão de obra, empobrecimento da população, novas tecnologias e ininterrupta busca por redução de custos assumem papéis cada vez mais relevantes no mercado, surgem iniciativas inovadoras como a UBER, Airbnb, dentre outras, atuando num segmento denominado "Economia do compartilhamento", com ampla aceitação social, especialmente dos tomadores desses serviços, supostamente beneficiados pela sensível redução de custos.

O sucesso dessas empresas decorre do sacrifício de um número indeterminado de pessoas que, por falta de opção, lançam-se nesse mercado como último recurso, numa relação absolutamente precária e sem qualquer garantia de mínimos direitos trabalhistas.

---

[513] ANTUNES, Ricardo. *O privilégio da servidão* [recurso eletrônico]: o novo proletariado de serviços na era digital. São Paulo: Boitempo, 2018. (Mundo do trabalho).

[514] ANTUNES, Ricardo. *O privilégio da servidão* [recurso eletrônico]: o novo proletariado de serviços na era digital. São Paulo: Boitempo, 2018. (Mundo do trabalho). p. 66.

A obra de Slee[515], cuja tradução literal é "o que é seu é meu", o autor apresenta uma análise crítica da maneira inadequada como a Economia do compartilhamento vem sendo praticada e as consequências dessa forma de exploração do homem pelo homem, comportamento que tende a se agravar.

Como já mencionado, a pandemia causada pelo coronavírus somente agravou um problema que insiste participar da vida das pessoas e das cidades. Mesmo a oportunidade de trabalho e renda criadas por empresas de tecnologia, a exemplo do UBER, Airbnb e outros, com o advento da pandemia, foi profundamente afetada, colocando milhões de pessoas em situação de absoluta vulnerabilidade.

Em matéria publicada no Uol, Chade declara:

> A pobreza extrema no Brasil deverá dobrar em 2020 como resultado da pandemia e ameaçar a democracia. O alerta faz parte de um novo informe produzido pela ONU e que revela que o tombo no PIB (Produto Interno Bruto) latino-americano será de 9,1%, o maior em um século. De acordo com a avaliação da entidade publicada nesta quinta-feira, o Brasil deve terminar 2020 com 9,5% na condição de pobreza extrema. Essa taxa era de 5% em 2019. A extrema pobreza é considerada quando um indivíduo ganha menos de US$ 67 (R$ 353) por mês.[516]

Embora se refira a um período pretérito, é emblemático e muito atual o argumento utilizado por Fiaux sobre a crise vivida pelo Brasil naquela década:

> A grave crise econômica e social que o Brasil atravessa é vivida de forma avassaladora pelas classes populares. É nítida a queda da qualidade de vida da população. O enriquecimento ilícito de poucos e a pobreza e miséria de muitos têm extirpado a esperança de melhores condições de vida dos brasileiros pertencentes às classes menos favorecidas financeiramente. Para Sabroza (2006), *as condições em que vive grande parte das pessoas não são compatíveis com a ideia de que a vida humana seja um valor absoluto* (p. 2). O cenário percebido é de degradação social, pobreza e miséria, desemprego, desamparo da população, violência e doenças de diversas causas.[517]

---

[515] SLEE, Tom. *Uberização*: a nova onda do trabalho precarizado. Tradução de João Peres. São Paulo: Editora Elefante, 2017. 332 p.

[516] CHADE, Jamil. Pandemia fará pobreza extrema dobrar no Brasil e ameaça democracia, diz ONU. *Uol*, 7 jul. 2020. Disponível em: https://noticias.uol.com.br/colunas/jamil-chade/2020/07/09/pobreza-extrema-no-brasil-dobrara-e-pandemia-pode-fazer-eclodir-protestos.htm. Acesso em: 20 abr. 2023.

[517] FIAUX, Cristiane. *A prática religiosa e a questão social*: considerações sobre condições de vida e saúde na visão dos pastores e fiéis pertencentes à denominação metodista. Rio de Janeiro: [s. n.], 2008. p. 32.

Em recente artigo publicado no site Migalhas, Cremoneze[518] aponta que a pandemia impôs ao mundo a antecipação da quarta revolução industrial, sendo que os profissionais do presente já têm os seus pés fincados no futuro, de sorte que reinventar-se não é uma utopia, mas condição indispensável.

Cremoneze[519] observa que esse processo, mesmo desencadeado de forma intempestiva, não deve ser visto como exclusivamente negativo, destacando como um dos benefícios da tecnologia os "smarphones", equipamentos que possibilitam a qualquer pessoa, dispor e controlar, na palma da mão, o seu próprio negócio, sem a necessidade de caras e sofisticadas estruturas.

De todo o modo, como parcela significativa da população está muito distante dessa quadra, uma das consequências mais avassaladoras, sem sombra de dúvidas, é a iminente extinção de milhares de postos de trabalho, problema que, como já mencionamos, sempre exigirá atenção redobrada das autoridades públicas.

Cremoneze[520], por derradeiro, faz o registro de que autoridades da Alemanha já estudam prover um salário a cidadãos que não estejam preparados para os novos tempos e desafios impostos por essa revolução.

Nesse passo, é digno de nota que, mesmo sendo o Brasil um país com grandes limitações financeiras e orçamentárias, o governo Bolsonaro, sensibilizado com a situação da população mais vulnerável, aprovou a concessão de uma renda básica, tema amplamente divulgado pela imprensa.

Em matéria publicada no site notícias concursos, o então ministro da Economia, Paulo Guedes, assim declarou:

> [...] o Renda Brasil deve ser destinado a brasileiros com renda menor que um salário mínimo. Quem atuar por meio da Carteira Verde e Amarela, que será vinculada ao Renda Brasil, poderá receber o salário junto aos R$ 300 do programa. Porém, a categoria fica sem acesso a leis trabalhistas como seguro desemprego, INSS e FGTS.[521]

---

[518] CREMONEZE, Paulo Henrique. A Quarta Revolução Industrial, o covid-19 e o futuro profissional: O repensar do Lloyd´s of London merece atenção. *Migalhas*, 18 maio 2020. Disponível em: https://www.migalhas.com.br/depeso/326998/a-quarta-revolucao-industrial-o-covid-19-e-o-futuro-profissional-o-repensar-do-lloyd-s-of-london-merece-atencao. Acesso em: 20 abr. 2023.

[519] *Ibidem.*

[520] *Ibidem.*

[521] REIS, Saulo. Governo revela qual será o valor do Renda Brasil, o novo Bolsa Família. *Notícias Concursos*, 22 jul. 2020. Disponível em: https://noticiasconcursos.com.br/economia/governo-revela-qual-sera-o-valor-do-renda-brasil-o-novo-bolsa-familia-veja-quanto/#:~:text=O%20novo%20programa%20social%20que,aos%20brasileiros%20de%20baixa%20renda. Acesso em: 20 abr. 2023.

DEMOCRACIA, JUSTIÇA E CIDADANIA:
DESAFIOS E PERSPECTIVAS. UMA HOMENAGEM À PROFESSORA DOUTORA MARIA GARCIA

Ocorre que a maioria dos países nos quais parcela da população depende, para sobreviver com alguma dignidade, do auxílio do Estado, não reúne mínimas condições para implantar assistência dessa natureza, especialmente na condição de um programa de Estado, o que significa dizer que vários seguirão valendo-se de programas assistencialistas, na maioria das vezes simplesmente utilizados como instrumento eleitoral, sem o condão de oferecer aos beneficiados efetiva oportunidade de desenvolvimento e autodeterminação; noutras palavras, o que se convencionou denominar "porta de saída".

A negação de direitos básicos a milhões de seres humanos não guarda limites nem fronteiras. Em seu trabalho investigativo, Davis[522] apresenta um quadro estarrecedor do crescimento da pobreza na maior parte do globo, com destaque para a América Latina, África, Ásia e até mesmo em países desenvolvidos como os Estados Unidos da América, onde já há um importante crescimento da população de rua, sob viadutos e praças públicas.

Dentre os dados apresentados na investigação de Davis, alguns chamam a atenção dada à materialidade dos seus números, prova cabal da negação de direitos. No que se refere às condições de habitabilidade, destacam-se:

> De acordo com a UM-Habitat, os maiores percentuais de favelados do mundo estão na Etiópia (espantosos 99,4% da população urbana), Tchade (também 99,4%), Afeganistão (98,5%) e Nepal (92%). Munbai, com 10 a 12 milhões de invasores de terrenos e moradores de favelas, é a capital global dos favelados, seguida por Cidade do México e Daca (9 a 10 milhões cada) e depois Lagos, Cairo, Karachi, Kinshasa-Brazzaville, São Paulo, Xangai e Délhi (6 a 8 milhões cada)[523].

O quadro é muito grave e se ramifica por várias regiões do globo, sendo a África e Ásia os continentes mais gravemente afetados.

> Existem provavelmente mais de 200 mil favelas, cuja população varia de algumas centenas a mais de 1 milhão de pessoas em cada uma delas. Sozinhas, as cinco grandes metrópoles do sul da Ásia (Krachi, Mumbai, Délhi, Kolkota e Daca) contêm cerca de 15 mil comunidades faveladas distintas, cuja população total excede os 20 milhões de habitantes.[524]

---

[522] DAVIS, Mike. Planeta favela. Tradução de Beatriz Medina. São Paulo: Boitempo, 2006.

[523] DAVIS, Mike. *Planeta favela*. Tradução de Beatriz Medina. São Paulo: Boitempo. 2006. p. 35-37.

[524] *Ibidem*

Em uma sociedade em que há enorme concentração de riquezas nas mãos de ínfima parcela da população, como antes mencionado, e absoluta negação de direitos a milhões de seres humanos, resta-nos acreditar que a própria sociedade, em algum momento, terá que buscar alternativas para corrigir os seus rumos.

Situações como a vivida pelos cairotas, como relata Davis, demonstram o quanto precisamos, como sociedade, revisitar os nossos valores e resgatar o que foi perdido ao longo da história:

> O exemplo mais incomum de oferta de moradias herdadas é, sem dúvida, a Cidade dos Mortos, no Cairo, onde 1 milhão de pobres usam sepulturas mamelucas como módulos habitacionais pré-fabricados. O imenso cemitério onde foram sepultadas gerações de sultões e emires é uma ilha urbana murada cercada de vias congestionadas[525].

Sem sombra de dúvidas, a desigualdade é uma realidade da humanidade! O homem, que de acordo com a cultura judaico-cristã, foi criado à imagem e semelhança de Deus e recebeu a delegação para crescer e se multiplicar, dominar a terra e tudo que nela há, não perdeu o seu protagonismo; entretanto apenas alguns se apropriaram desse mandato cultural.

É preciso que o próprio homem desate esse laço!

Considerações sobre a Dignidade da Pessoa Humana

Conquanto a axiologia das constituições de mais de 150 países e da maioria dos tratados internacionais firmem-se na defesa da dignidade da pessoa humana, seus belos textos, na prática, constituem-se em meras normas programáticas, por si mesmas, incapazes de assegurar concretude aos direitos e garantias que preconizam.

Em que pese o direito posto ofereça proteção jurídica a todo o ser humano pelo simples fato de ser Ser Humano, o que se vê na prática é uma escalada de iniquidades que lhes sonegam direitos inalienáveis que devem ser-lhe assegurados.

É certo que tal afirmação parte do princípio de que estamos a defender o pensamento estoico que, segundo Sarlet:

> [...] a dignidade era tida como a qualidade que, por ser inerente ao ser humano, o distinguia das demais criaturas, no sentido de que todos os seres humanos são dotados da

---

[525] DAVIS, Mike. *Planeta favela*. Tradução de Beatriz Medina. São Paulo: Boitempo. 2006. p. 43.

> mesma dignidade, noção esta que se encontra, por sua vez, intimamente ligada à noção da liberdade pessoal de cada indivíduo (o Homem como ser livre e responsável por seus atos e seu destino), bem como a ideia de que todos os seres humanos, no que diz como a sua natureza, são iguais em dignidade.[526]

O Estado brasileiro, até o presente momento, ratificou 13 Tratados Internacionais de Proteção de Direitos Humanos e é signatário de cinco Declarações de Direitos Humanos[527]. Como veremos nos exemplos a seguir, esses Tratados e Declarações têm como pano de fundo a ampla proteção de direitos que, fossem efetivamente observados, dariam azo a assegurar vida digna ao conjunto da sociedade.

O preâmbulo da Carta das Nações Unidas firmada em 26 de junho de 1945, dispõe:

> Nós, os povos das Nações Unidas, resolvidos a preservar as gerações vindouras do flagelo da guerra, que por duas vezes, no espaço da nossa vida, trouxe sofrimentos indizíveis à humanidade, e a reafirmar *a fé nos direitos fundamentais do homem, na dignidade e no valor do ser humano*, na igualdade de direito dos homens e das mulheres, assim como das nações grandes e pequenas, e a estabelecer condições sob as quais a justiça e o respeito às obrigações decorrentes de tratados e de outras fontes do direito internacional possam ser mantidos, e a promover o progresso social e melhores condições de vida dentro de uma liberdade ampla.[528]

A Convenção para a Prevenção e a repressão do crime de genocídio, datada de 1948, tem como principal interesse proteger o ser humano de atos atentatórios à vida e os seus pressupostos são basicamente os que se seguem:

> As Partes Contratantes,
> Considerando que a Assembleia Geral da Organização das Nações Unidas, em sua Resolução 96 (I), de 11 de dezembro de 1946, declarou que o genocídio é um crime de direito dos povos, que está em contradição com o espírito e os fins das Nações Unidas e é condenado por todo o mundo civilizado;

---

[526] SARLET, Ingo Wolfgang. *Dignidade da Pessoa Humana e Direitos Fundamentais na Constituição Federal de 1988.* Porto Alegre: Livraria do Advogado, 2006. p. 30.

[527] TRINDADE, Antonio Augusto Cançado. São José da Costa Rica. Acesso em: http://www.pge.sp.gov.br/centrodeestudos/bibliotecavirtual/instrumentos/sumario.htm. Acesso em: 20 jul. 2020.

[528] Disponível em: http://www.mpsp.mp.br/portal/page/portal/cao_civel/normativa_internacional/Sistema_ONU/SU.pdf. Acesso em: 2 nov. 2023. s/p, grifos nossos.

> Reconhecendo que em todos os períodos da história o geno-
> cídio causou grandes perdas à humanidade;
> Convencidas de que, para libertar a humanidade de flagelo
> tão odioso, é necessária a cooperação internacional;
> Acordam no seguinte:
> *Art. 1º.* - As Partes Contratantes confirmam que o genocídio,
> seja cometido em tempo de paz, quer em tempo de guerra, é
> um crime do direito dos povos, que desde já se comprometem
> a prevenir e a punir.
> *Art. 2º.* - Na presente Convenção, entende-se por genocídio os
> atos abaixo indicados, cometidos com a intenção de destruir,
> no todo ou em parte, um grupo nacional, étnico, racial ou
> religioso, tal como: [...][529]

Toda a axiologia do direito brasileiro, iniciando por sua Lei maior, a Constituição Federal, é edificada na defesa dos direitos fundamentais. Vejamos o seu preâmbulo:

> Nós, representantes do povo brasileiro, reunidos em Assem-
> bleia Nacional Constituinte para instituir um Estado Demo-
> crático, destinado a assegurar o exercício dos direitos sociais
> e individuais, a liberdade, a segurança, o bem-estar, o desen-
> volvimento, a igualdade e a justiça como valores supremos de
> uma sociedade fraterna, pluralista e sem preconceitos, fun-
> dada na harmonia social e comprometida, na ordem interna
> e internacional, com a solução pacífica das controvérsias,
> promulgamos, sob a proteção de Deus, a seguinte CONS-
> TITUIÇÃO DA REPÚBLICA FEDERATIVA DO BRASIL.[530]

A título de exemplo, nos artigos 1º, 5º e 6º da Constituição Federal estão elencados diversos dispositivos que têm como azo assegurar prote-ção aos direitos individuais dos brasileiros e estrangeiros que vivem no território brasileiro.

> **Art. 1º** A República Federativa do Brasil, formada pela união
> indissolúvel dos Estados e Municípios e do Distrito Federal,
> constitui-se em Estado Democrático de Direito e tem como
> fundamentos:
> [...]
> III - a dignidade da pessoa humana;

---

[529] *Ibidem.*

[530] BRASIL. [Constituição (1988)]. *Constituição da República Federativa do Brasil.* Brasília: Presidência da República, 1988. Disponível em: http://www.planalto.gov.br/ccivil_03/constituicao/constituicao.htm. Acesso em: 20 jul. 2020. s/p.

Art. 5º Todos são iguais perante a lei, sem distinção de qualquer natureza, garantindo-se aos brasileiros e aos estrangeiros residentes no País a inviolabilidade do direito à vida, à liberdade, à igualdade, à segurança e à propriedade, nos termos seguintes:

Art. 6º São direitos sociais a educação, a saúde, a alimentação, o trabalho, a moradia, o transporte, o lazer, a segurança, a previdência social, a proteção à maternidade e à infância, a assistência aos desamparados, na forma desta Constituição[531].

Entretanto o que se vê no dia a dia é a sua negação!

De qualquer sorte, de acordo com Sarmento, até o ano de 2016,

> Só no Supremo, por ocasião da finalização desta obra, eram nada menos do que 301 acórdãos, 2.554 decisões monocráticas e 82 decisões da Presidência invocando o princípio. No STJ, por sua vez, foram 854 acórdãos e 24.467 decisões monocráticas. Essas cifras são ainda pálidas quando comparadas aos números espantosos do TST: nessa corte superior, há menção à "dignidade humana" ou à "dignidade da pessoa humana" em nada menos que 96.315 acórdãos e 6.962 decisões monocráticas! Isso corresponde a quase 4% de todas as decisões proferidas pelo referido tribunal [...].[532]

Por evidente, tais números demonstram a relevância que o Estado brasileiro tem dado ao tema, o que é motivo suficiente para renovar a esperança e confiança em um futuro promissor; de toda a sorte, não se pode ignorar os enormes desafios que o Brasil e o mundo têm a enfrentar.

A título de exemplo, Sarmento[533] destaca a situação das presidiárias de São Paulo, estado mais rico da federação e uma das economias mais pujantes da América Latina, o que não impede que o sistema de administração penitenciária seja incapaz de prover condições mínimas de higiene e saúde às suas "clientes", levando-as a se valer de miolos de pães como o único recurso a conter o fluxo menstrual.

O mestre também aponta a violência e negação de direitos básicos à expressiva parcela da população que vive nas periferias, notadamente em favelas, onde é praxe a violência policial em face de meros suspeitos que habitam nesses territórios. Sarmento ainda faz a seguinte citação:

---

[531] *Ibidem.*

[532] SARMENTO, Daniel. *Dignidade da pessoa humana*: conteúdo, trajetórias e metodologia. Belo Horizonte: Fórum, 2016. p. 15.

[533] SARMENTO, Daniel. *Dignidade da pessoa humana*: conteúdo, trajetórias e metodologia. Belo Horizonte: Fórum, 2016. p. 13.

Para Vieira, a profunda desigualdade existente no Brasil é responsável pela sedimentação de um modelo de sociedade em que convivem "a *invisibilidade* daqueles submetidos à pobreza extrema, a *demonização* daqueles que desafiam o sistema e a *imunidade* dos privilegiados, minando a imparcialidade da lei". A invisibilidade significa que o sofrimento e a violação de direitos dos pobres e excluídos não causam reação moral, política ou jurídica de monta. Já a demonização é o processo pela qual a sociedade elege "inimigos", justificando e legitimando a violação dos seus direitos mais básicos e passando a tratá-los como menos que humanos. E a imunidade consiste na atribuição à elite de posição "acima da lei" por meio da impunidade e do acesso a privilégios. Temos no Brasil a invisibilidade dos pobres, moradores de favelas e de comunidades carentes, a demonização dos presos e de pessoas vistas como ligadas ao crime, e a imunidade das elites econômicas e políticas.[534]

Sarmento afirma que essa patologia está fortemente enraizada em nossa sociedade que aceita e fomenta a classificação ou desclassificação das pessoas a partir da posição social que ocupam, de sorte que uns são absolutamente ignorados e outros, louvados:

Ademais, essa desigualdade encontra-se fortemente naturalizada. Os brasileiros, em geral, são socializados desde a primeira infância para perceberem as relações sociais como naturalmente desiguais. Compreende-se como natural que os patrões se utilizem do elevador social, e os empregados tenham de usar o de serviço. Natural que os mais humildes tenham de chamar as pessoas de classe superior de "doutor" ou" doutora", "senhor" ou "senhora", enquanto estas se dirigem aos mais humildes por meio do informal "você". Natural que só haja pobres na prisão; que as autoridades públicas tratem com subserviência os poderosos e com prepotência e desrespeito os mais humildes. Nossas práticas sociais ensinam "a cada um o seu lugar".[535]

Claro está que o problema é complexo, abrangente e nem de perto foi enfrentado, ainda que não se possa negar os extraordinários avanços conquistados pela humanidade, que abandonou, nos últimos séculos, um estado de absoluta negação de direitos; no entanto, Sarmento pondera com maestria:

---

[534] SARMENTO, Daniel. *Dignidade da pessoa humana*: conteúdo, trajetórias e metodologia. Belo Horizonte: Fórum, 2016. p. 61.

[535] SARMENTO, Daniel. *Dignidade da pessoa humana*: conteúdo, trajetórias e metodologia. Belo Horizonte: Fórum, 2016. p. 59.

> Na mitologia grega, a deusa Atena nasce da cabeça de Zeus, seu pai, já adulta e portando elmo, escudo e lança. Assim gerada, a deusa da sabedoria mantém a mesma aparência por toda a eternidade. Com os princípios jurídicos não ocorre o mesmo. Em geral, eles são esculpidos ao longo do tempo por fatores sociais, econômicos, culturais e políticos. Criaturas históricas, os princípios tendem a se transformar, assumindo novas feições ao sabor das mudanças que ocorrem nas sociedades em que vigoram.[536]

Ainda que seja correto afirmar que as leis, costumes e dogmas, podem fazer muito em favor da emancipação de um povo, evidentemente eles não se bastam! É necessário assegurar a todo ser humano, mais do que normas de caráter meramente programático. É preciso efetividade e que sejam *"hic et nunc"*.

É importante salientar que por serem construções humanas, portanto sujeitas a fraquezas, ideologias e vícios, as leis devem ser o mínimo ético, não a última "ratio". Como ensina Sarmento:

> É certo, porém, que a igualdade e a generalização dos direitos, endossadas pelos textos constitucionais e pelos códigos, nem sempre se traduziram em mudanças sociais de viés emancipatório. Em geral, a vida do Direito continuou marcada por graves e injustificadas exclusões e assimetrias, como as que vitimaram negros, índios, povos coloniais, mulheres e pobres. [537]

Na nota a seguir, Sarmento aponta que a história registra a ocorrência de inúmeras lutas travadas por vulneráveis com o objetivo de assegurar a garantia e efetividade de direitos:

> A experiência com a afronta à dignidade humana nutriu lutas como as que foram travadas em favor da tolerância e liberdade religiosas – que estão na base do constitucionalismo moderno –, em prol da emancipação dos escravos, da universalização do sufrágio, da afirmação dos direitos dos trabalhadores explorados, do acesso dos pobres a condições materiais básicas de vida, da descolonização, do respeito às diferenças identitárias etc. Em geral, as reivindicações de direitos não se articularam sob a bandeira da dignidade humana.

---

[536] SARMENTO, Daniel. *Dignidade da pessoa humana*: conteúdo, trajetórias e metodologia. Belo Horizonte: Fórum, 2016. p. 23.

[537] SARMENTO, Daniel. *Dignidade da pessoa humana*: conteúdo, trajetórias e metodologia. Belo Horizonte: Fórum, 2016. p. 35.

Contudo, em um plano mais profundo, um motor das lutas foi a percepção de que certos tratamentos ou condições de vida degradantes ofendiam a dignidade das suas vítimas.[538]

À vista das mazelas e assimetrias a que a humanidade se permitiu promover e ampliar ao longo dos séculos, supõem-se que não tardará o momento em que será inviável sustentar o "status quo".

Interessante destacar a concepção da dignidade da pessoa humana na perspectiva de Immanuel Kant, o que corrobora com toda a narrativa que, mesmo professando verdades, nega-se reconhecer os pressupostos indispensáveis à garantia da dignidade do homem.

> [...] dignidade parte da autonomia ética do ser humano, considerando esta (a autonomia) como fundamento da dignidade do homem, além de sustentar que o ser humano (o indivíduo) não pode ser tratado – nem por ele próprio – como objeto. É com Kant que, de certo modo, se completa o processo de secularização da dignidade, que, de vez por todas, abandonou suas vestes sacrais[539].

É evidente o fato de que ao negar ao ser humano autonomia e autodeterminação, também nega-se-lhe a dignidade, reduzindo-o a uma simples coisa. Sarlet assinala que para Kant,

> [...] a autonomia de vontade, entendida como faculdade de determinar a si mesmo e agir em conformidade com a representação de certas leis, é um atributo apenas encontrado nos seres racionais, constituindo-se no fundamento da dignidade da natureza humana. Com base nessa premissa, Kant sustenta que "o Homem, e, duma maneira geral, todo o ser racional, existe como um fim em si mesmo, não simplesmente como meio para o uso arbitrário desta ou daquela vontade. Pelo contrário, em todas as suas ações, tanto nas que se dirigem a ele mesmo como nas que se dirigem a outros seres racionais, ele tem sempre de ser considerado simultaneamente como um fim... Portanto, o valor de todos os objetos que possamos adquirir pelas nossas ações é sempre condicional. Os seres cuja existência depende, não em verdade da nossa vontade, mas da natureza, têm contudo, se são seres irracionais, apenas um valor relativo como meios e por isso se chamam coisas, ao passo que os seres racionais se chamam

---

[538] SARMENTO, Daniel. *Dignidade da pessoa humana*: conteúdo, trajetórias e metodologia. Belo Horizonte: Fórum, 2016. p. 50.

[539] SARLET, Ingo Wolfgang. *Dignidade da Pessoa Humana e Direitos Fundamentais na Constituição Federal de 1988*. Porto Alegre: Livraria do Advogado, 2006. p. 32.

> pessoas, porque a sua natureza os distingue já como fins em si mesmos, quer dizer, como algo que não pode ser empregado como simples meio e que, por conseguinte, limita nessa medida todo o arbítrio (e é um objeto de respeito).[540]

Contextualizando esses conceitos à realidade brasileira e mundial, conclui-se que até os nossos dias a humanidade não foi capaz de dar-lhes eficácia seja nas relações meramente sociais, políticas ou econômicas, com o agravante de estar em curso um retrocesso.

Se tomarmos, a título de exemplo, as recentes reformas legislativas que regulam a relação capital x trabalho no Brasil, em que pesem as justas críticas em face das normas até então vigentes que, sem espaço para questionamentos, exigiam reformas pontuais, concluiremos que os seus termos remontam ao que se defendia no século 18, como se vê na citação a seguir:

> Se um indivíduo, em situação de penúria, aceitasse trabalhar para o seu patrão durante jornada de trabalho de 16 horas diárias, sem folgas semanais ou férias, e este se dispusesse a contratá-lo, não caberia ao Estado intervir naquela relação[541].

De modo geral, é consenso que o Estado brasileiro foi habilidoso ao construir o seu arcabouço legal; definitivamente as nossas leis são boas; entretanto, como já foi dito, esses diplomas, por si mesmos, não conferem eficácia aos direitos. Sarmento faz a seguinte afirmação:

> No Brasil contemporâneo, temos até boas leis, que se assentam na igual dignidade das pessoas – Constituição Federal, Estatuto da Criança e do Adolescente, lei de Execução Penal, Estatuto da Igualdade racial, dentre outros diplomas. Porém, a desigualdade enraizada na nossa cultura sabota o emprego dessas normas jurídicas, que acabam não protegendo todos os seus destinatários e se sujeitando a aplicações assimétricas pelas autoridades estatais, inclusive do Poder judiciário.[542]

Em sua obra *A prática religiosa e a questão social: considerações sobre condições de vida e saúde na visão dos pastores e fiéis pertencentes à denominação metodista*, Stoltz aponta que a carência ou omissão de uma necessária regulação do capital, resulta em distorções econômicas com impacto em toda a sociedade.

---

[540] SARLET, Ingo Wolfgang. *Dignidade da Pessoa Humana e Direitos Fundamentais na Constituição Federal de 1988*. Porto Alegre: Livraria do Advogado, 2006. p. 33.

[541] SARMENTO, Daniel. *Dignidade da pessoa humana*: conteúdo, trajetórias e metodologia. Belo Horizonte: Fórum, 2016. p. 42-43.

[542] SARMENTO, Daniel. *Dignidade da pessoa humana*: conteúdo, trajetórias e metodologia. Belo Horizonte: Fórum, 2016. p. 62.

[...] uma clara conclusão em relação às condições de vida diante do capitalismo que abocanha fatias sociais de forma impiedosa. Diz ele: *"sob a vigência automática, sem regulação, do funcionamento do capitalismo, não acontecerá nenhuma distribuição que desconcentre a renda em favor dos trabalhadores"*.[543]

É urgente que o ser humano reassuma o seu lugar. As normas podem cooperar, mas a sua mera existência é insuficiente para assegurar direitos. É necessário que a sociedade produza líderes ousados e capazes de influenciar, promover profundas reformas nos métodos de gestão da coisa pública e assegurar investimentos em prol de uma cidadania à altura dos desafios que a vida em sociedade impõe, resgatando-lhe o valor e a dignidade.

O Estado não deve ser mais um "player" a disputar com a iniciativa privada; ao contrário, deve cumprir o seu papel primordial que é o de promover um ambiente estável e atrativo à criatividade e ao empreendedorismo, um mercado livre, mas regulado. O Estado deve investir em áreas como saúde, educação e segurança pública, estas sim, da sua competência, cumprindo-lhe o dever de fazer chegar indiscriminadamente a todos, exatamente como propõe a Carta Política.

Como a religião conversa com a desigualdade e dignidade da pessoa humana

Em que pese o crescimento do secularismo, ceticismo e ateísmo no seio da sociedade, aliados à mercantilização da fé, prática disseminada por diferentes grupos, inclusive econômicos, numa clara demonstração de desvio de finalidade, tenham potencial de causar fissuras à credibilidade e importância da religião – um conjunto de sistemas culturais e de crenças, capaz de forjar o caráter e impactar o comportamento de indivíduos e da sociedade em geral, tais comportamentos não têm o condão de macular o que nos aponta a história dos países formados a partir de uma cosmovisão cristã, notadamente os Estados Unidos, Inglaterra, Canadá, Holanda e outros.

Como cediço, os estudos protagonizados por Max Weber demonstraram que os valores e princípios protagonizados pela religião refletem e impactam a sociedade, promovendo importantes transformações e avanços em todas as áreas e esferas de influência.

---

[543] STOTZ, Eduardo Navarro. Pobreza e capitalismo. 2005. *In*: VALLA, V. V, STOTZ E. N.; ALGEBAILE E. B. (org.). *Para compreender a pobreza no Brasil*. Rio de Janeiro: Editora Contraponto: Escola Nacional de Saúde Pública, 2005. p. 58 *apud* FIAUX, Cristiane. *A prática religiosa e a questão social*: considerações sobre condições de vida e saúde na visão dos pastores e fiéis pertencentes à denominação metodista. Rio de Janeiro: [s. n.], 2008. p. 30, grifos do autor.

Enquanto Weber defende que os valores éticos e a cosmovisão de mundo são capazes de desempenhar papel fundamental na produção da vida material, outras teorias, notadamente as defendidas por Karl Max e Friedrich Engels, sustentam que a satisfação das necessidades humanas é determinante sobre as outras esferas da vida.

A seu tempo, a teoria weberiana demonstrou resultados práticos, sobretudo nos Estados Unidos e Inglaterra, berços do capitalismo; é certo que hodiernamente a teoria weberiana tem sido, com justa razão, colocada em xeque, o que é um equívoco; se a sua teoria já não é válida, o problema certamente não deve ser debitado à sua conta, mas a dos atuais protagonistas da religião que seguramente se desviaram dos valores e princípios que os seus antepassados observavam.

Sobre Marx Weber e a força transformadora da sua teoria capitalista, GIDDENS ressalta:

> Autores influenciados por Marx têm o capitalismo como *"a força transformadora principal que modela o mundo moderno"* (p. 20). A modernidade e o mundo industrializado se equivalem, sendo que o mundo industrializado e o capitalismo são eixos institucionais da modernidade. A sociedade capitalista instituiu a produção para troca, ao contrário de antes, onde o que se produzia servia para atender as necessidades imediatas de consumo[544].

Em artigo publicado na *Revista Novos Estudos*, Almeida e D'Andrea[545] fazem a seguinte afirmação:

> O *survey* realizado em Paraisópolis revelou que cerca de 70% dos moradores que participam de alguma associação o fazem junto a entidades religiosas. Mostrou ainda que ali predominam dois grandes grupos religiosos: 75,6% de católicos e 19,4% de evangélicos, o que corresponde a 95% da população da favela.[546]

O resultado dessa pesquisa comprova que as religiões exercem importante papel na vida de indivíduos, inclusive naqueles que se encontram em situação de maior vulnerabilidade, ficando claro que nesses coletivos, de regra, os indivíduos encontram ambiente para laços mais profundos, gerando autoestima e ajuda mútua.

---

[544] GIDDENS, Anthony. As conseqüências da modernidade. São Paulo: editora UNESP, 1991, *apud* FIAUX, Cristiane. *A prática religiosa e a questão social*: considerações sobre condições de vida e saúde na visão dos pastores e fiéis pertencentes à denominação metodista. Rio de Janeiro: [s. n.], 2008. p. 30, grifos do autor.

[545] ALMEIDA, Ronaldo; D'ANDREA, Tiaraju. Pobreza e redes sociais em uma favela paulistana. *Revista Novos Estudos*, Cebrap, São Paulo, v. 68, p. 94-106, 2004. p. 8.

[546] ALMEIDA, Ronaldo; D'ANDREA, Tiaraju. Pobreza e redes sociais em uma favela paulistana. *Revista Novos Estudos*, Cebrap, São Paulo, v. 68, p. 94-106, 2004. p. 101.

Outro aspecto que deve ser objeto de atenção é a resiliência que se percebe em grupos religiosos, nos quais, de regra, o acolhimento e a misericórdia são a praxe, independentemente da condição física, econômica e moral do indivíduo.

De toda a sorte, como apontam Almeida e D'Andrea[547]: "A ação do evangélicos é acentuadamente voltada para a regeneração individual, com pouca ênfase em questões coletivas: a capacidade mobilizadora evangélica está muito mais direcionada para a conquista das almas", posição que tem o seu valor, mas não encontra eco na teoria weberiana.

Ante uma realidade social eivada de notória desigualdade e negação de dignidade ao ser humano, a religião como um conjunto de sistemas culturais e de crenças, tem o dever de resgatar os valores que, ao longo do tempo, perderam consistência, para se limitar, em grande medida, à uma pregação que tem como finalidade única a conquista de almas para o Reino do Céu.

Santos aponta que a religiosidade não é um fenômeno exclusivo da sociedade brasileira, mas global, tanto que a maioria da população mundial se declara religiosa:

> [...] cerca de 98% da população mundial tem alguma prática religiosa. Diversificam as formas e diminuem os fiéis de algumas igrejas tradicionais, mas o fenômeno religioso é, inegavelmente, um dos sinais mais relevantes do início do século XXI. Já não encontramos quem acredite que a ciência supra a necessidade das religiões. E cada vez maior o número dos que buscam estudar mais profundamente a dimensão religiosa do ser humano[548].

Diante disso, o enfrentamento da iniquidade que impõe sofrimento e dor a milhares de indivíduos sob a face da terra passa não apenas pela decisão de governos, organizações multilaterais, tratados internacionais e novas leis ou transformação das existentes, mas pela revitalização do poder da religião, cujo potencial para protagonizar uma revolução silenciosa e pacífica depende, em grande medida, de coerência, liderança e visão.

Como pontua Fiaux, "[...] a religião *triunfará sobre muitas coisas também. É inclusive impossível imaginar quão poderosa é a religião. [...] Ora, a religião, sobretudo a verdadeira, tem recursos de que sequer se suspeita".*[549]

---

[547] ALMEIDA, Ronaldo; D'ANDREA, Tiaraju. Pobreza e redes sociais em uma favela paulistana. *Revista Novos Estudos*, Cebrap, São Paulo, v. 68, p. 94-106, 2004. p. 105.

[548] ORO, 2013, p. 5 apud DOS SANTOS, Gilberto Ribeiro. *Reflexões sobre a presença da religião no espaço público.* 2019. 13 f. Dissertação (Mestrado em Ciências da Religião) – Universidade Metodista de São Paulo, São Bernardo do Campo, 2019. p. 4.

[549] LACAN, Jacques. O triunfo da religião, precedido de discurso aos católicos. Rio de Janeiro: Jorge Zahar Editor, 2005, *apud* FIAUX, Cristiane. *A prática religiosa e a questão social*: considerações sobre condições de vida e saúde na visão dos pastores e fiéis pertencentes à denominação metodista. Rio de Janeiro: [s. n.], 2008. p. 44, grifos do autor.

Por derradeiro, vale a pena citar o capítulo V da Carta a Diogneto que, de acordo com a história, foi escrita por um cristão anônimo, no ano 120 DC:

> Capítulo V - Os mistérios cristãos
> Os cristãos, de fato, não se distinguem dos outros homens, nem por sua terra, nem por sua língua ou costumes. Com efeito, não moram em cidades próprias, nem falam língua estranha, nem têm algum modo especial de viver. Sua doutrina não foi inventada por eles, graças ao talento e a especulação de homens curiosos, nem professam, como outros, algum ensinamento humano. Pelo contrário, vivendo em casa gregas e bárbaras, conforme a sorte de cada um, e adaptando-se aos costumes do lugar quanto à roupa, ao alimento e ao resto, testemunham um modo de vida admirável e, sem dúvida, paradoxal. Vivem na sua pátria, mas como forasteiros; participam de tudo como cristãos e suportam tudo como estrangeiros. Toda pátria estrangeira é pátria deles, a cada pátria é estrangeira. Casam-se como todos e geram filhos, mas não abandonam os recém-nascidos. Põe a mesa em comum, mas não o leito; estão na carne, mas não vivem segundo a carne; moram na terra, mas têm sua cidadania no céu; obedecem as leis estabelecidas, as com sua vida ultrapassam as leis; amam a todos e são perseguidos por todos; são desconhecidos e, apesar disso, condenados; são mortos e, deste modo, lhes é dada a vida; são pobres e enriquecem a muitos; carecem de tudo e tem abundância de tudo; são desprezados e, no desprezo, tornam-se glorificados; são amaldiçoados e, depois, proclamados justos; são injuriados, e bendizem; são maltratados, e honram; fazem o bem, e são punidos como malfeitores; são condenados, e se alegram como se recebessem a vida. Pelos judeus são combatidos como estrangeiros, pelos gregos são perseguidos, a aqueles que os odeiam não saberiam dizer o motivo do ódio.[550]

Embora religião não se circunscreva exclusivamente ao cristianismo, no presente caso resta evidente que na religião o ser humano se encontra consigo mesmo e com a sua humanidade.

Conclusão

Neste capítulo, o autor apresentou algumas considerações sobre desigualdade, dignidade da pessoa humana e a religião.

---

[550] Disponível em: http://www.corpuschristi.org.br/newsite/wp-content/uploads/2013/02/Carta-a-Diogneto. pdf. Acesso em: 2 nov. 2023.

A ideia central foi trazer à reflexão o abismo entre o ser e o dever ser.

A excessiva concentração de riqueza, a precarização do trabalho e renda, da habitação, saúde, educação e das condições gerais de vida, são desafios impostos por uma sociedade altamente competitiva que tem alijado milhões de indivíduos em todo o globo a pobreza extrema e ao ostracismo, requerendo ações cada vez mais criativas dos gestores públicos.

Nesse contexto, o autor pretendeu demonstrar que a religião, graças a sua condição preponderante como um conjunto de sistemas culturais e de crenças, é capaz de promover um movimento virtuoso em busca do equilíbrio das relações humanas com vista ao resgate da dignidade humana perdida.

É preciso que o mandato cultural outorgado a todos os homens seja exercido com integridade. Não podemos seguir como estamos. A humanidade simplesmente não resistirá e não haverá paz duradoura se os homens continuarem negando o caos em que nos encontramos!

Referências

AGÊNCIA SENADO. Comissões. Disponível em: https://legis.senado.leg.br/comissoes/comissao?3&codcol=2127. Acesso em: 29 jul. 2020.

AGÊNCIA SENADO. Reforma Trabalhista completa um ano sob questionamentos e sem desfecho. 9 nov. 2018. Disponível em: https://www12.senado.leg.br/noticias/materias/2018/11/09/reforma-trabalhista-completa-um-ano-sob-questionamentos-e-sem-desfecho. Acesso em: 29 jul. 2020.

ALMEIDA, Ronaldo; D'ANDREA, Tiaraju. Pobreza e redes sociais em uma favela paulistana. *Revista Novos Estudos*, Cebrap, São Paulo, v. 68, p. 94-106, 2004.

AMIN, S. Líempire du chaos. Paris, LíHarmattan, 1991, *apud* FERREIRA, João Sette Whitaker. *Globalização e urbanização subdesenvolvida*. 2000, p. 18. Disponível em: https://www.scielo.br/j/spp/a/HxwY7GS4Yzg5Y679f794Q5b/?format=pdf&lang=pt. Acesso: 29 jul.2020. p. 12.

ANTUNES, Ricardo. *O privilégio da servidão* [recurso eletrônico]: o novo proletariado de serviços na era digital. São Paulo: Boitempo, 2018. (Mundo do trabalho).

ARRECHE, Marta *et al.* (org.). *Trajetórias das desigualdades* – Como o Brasil mudou nos últimos cinquenta anos. 1. ed. São Paulo: Unesp, 2015.

BRAITHWAITE, Tom. *Coronavirus economic impact* – prospering in the pandemic: the top 100 companies. Finanial Times, USA, 19 jun. 2020. FT Series. Disponível em: https://www.ft.com/content/844ed28c-8074-4856-bde0-20f3b4cd8f0. Acesso em: 21 jun.2020.

BRASIL. [Constituição (1988)]. Constituição da República Federativa do Brasil. Brasília: Presidência da República, 1988. Disponível em: http://www.planalto.gov.br/ccivil_03/constituicao/constituicao.htm. Acesso em: 20 jul. 2020.

CALLIGARIS, Contardo. *Hello Brasil!* Notas de um psicanalista europeu viajando ao Brasil. São Paulo: Escuta, 1991.

CARVALHO, José Murilo de. *Cidadania no Brasil.* O longo Caminho. 3. ed. Rio de Janeiro: Civilização Brasileira, 2002.

CHADE, Jamil. Pandemia fará pobreza extrema dobrar no Brasil e ameaça democracia, diz ONU. *UOL,* 7 jul. 2020. Disponível em: https://noticias.uol.com.br/colunas/jamil-chade/2020/07/09/pobreza-extrema-no-brasil-dobrara-e-pandemia-pode-fazer-eclodir-protestos.htm. Acesso em: 20 abr. 2023.

CHARMES Eric. La nouvelle bulle a Èclaté en Thailandei". Etudes FonciËres. Paris, n.81, Adef - Association des Etudes FonciËres, Inverno de 1998. *apud* FERREIRA, João Sette Whitaker. *Globalização e urbanização subdesenvolvida.* 2000. Disponível em https://www.scielo.br/j/spp/a/HxwY7GS4Yzg5Y679f794Q5b/?format=pdf &lang=pt. Acesso: 29 jul. 2020.

CREMONEZE, Paulo Henrique. A Quarta Revolução Industrial, o covid-19 e o futuro profissional: O repensar do Lloyd´s of London merece atenção. *Migalhas,* 18 maio 2020. Disponível em: https://www.migalhas.com.br/depeso/326998/a-quarta-revolucao-industrial-o-covid-19-e-o-futuro-profissional-o-repensar-do-lloyd-s-of-london-merece-atencao. Acesso em: 20 abr. 2023.

DAVIS, Mike. *Planeta favela.* Tradução de Beatriz Medina. São Paulo: Boitempo. 2006.

FERREIRA, João Sette Whitaker. *Globalização e urbanização subdesenvolvida.* 2000. Disponível em https://www.scielo.br/j/spp/a/HxwY7GS4Yzg5Y679f794Q5b/?-format=pdf&lang=pt. Acesso: 29 jul. 2020.

FIAUX, Cristiane. *A prática religiosa e a questão social*: considerações sobre condições de vida e saúde na visão dos pastores e fiéis pertencentes à denominação metodista. Rio de Janeiro: [*s. n.*], 2008.

GIDDENS, Anthony. As conseqüências da modernidade. São Paulo: editora UNESP, 1991 *apud* FIAUX, Cristiane. *A prática religiosa e a questão social*: considerações sobre condições de vida e saúde na visão dos pastores e fiéis pertencentes à denominação metodista. Rio de Janeiro: [*s. n.*], 2008. p. 30.

LACAN, Jacques. O triunfo da religião, precedido de discurso aos católicos. Rio de Janeiro: Jorge Zahar Editor, 2005

FIAUX, Cristiane. *A prática religiosa e a questão social*: considerações sobre condições de vida e saúde na visão dos pastores e fiéis pertencentes à denominação metodista. Rio de Janeiro: [*s. n.*], 2008. p. 44.

LAVALLE, Adrian Gurza; CASTELLO, Graziella. As benesses desse mundo e a inclusão sócio-econômica. *Revista Novos Estudos*, Cebrap, São Paulo, v. 68, p. 73-93.

JEFF Bezos, da Amazon, bate recorde de pessoa mais rica do mundo. *UOL*, Economia, São Paulo, 2 jul. 2020. Disponível em: https://economia.uol.com.br/noticias/redacao/2020/07/02/jeff-bezos-da-amazon-bate-recorde-de-pessoa-mais-rica--do-mundo.htm. Acesso em: 2 jul. 2020.

MARICATO, Ermínia. Metrópole na periferia do capitalismo. São Paulo. Hucitec/Série Estudos Urbanos, 1996 *apud* FERREIRA, João Sette Whitaker. *Globalização e urbanização subdesenvolvida*. 2000. p.4 Disponível em: https://www.scielo.br/j/spp/a/HxwY7GS4Yzg5Y679f794Q5b/?format=pdf&lang=pt. Acesso: 29 jul. 2020.

REIS, Saulo. Governo revela qual será o valor do Renda Brasil, o novo Bolsa Família. *Notícias Concursos*, 22 jul. 2020. Disponível em: https://noticiasconcursos.com.br/economia/governo-revela-qual-sera-o-valor-do-renda-brasil-o-novo-bolsa-familia-veja-quanto/#:~:text=O%20novo%20programa%20social%20que,aos%20brasileiros%20de%20baixa%20renda. Acesso em: 20 abr. 2023.

SAMPAIO JUNIOR, Plinio Soares de Arruda. *Entre a nação e a barbárie*: os dilemas do capitalismo dependente. Petrópolis: Vozes, 1999a *apud* FERREIRA, João Sette Whitaker. *Globalização e urbanização subdesenvolvida*. 2000, p. 12. Disponível em: https://www.scielo.br/j/spp/a/HxwY7GS4Yzg5Y679f794Q5b/?format=pdf&lang=pt. Acesso: 29 jul. 2020.

SANTOS, Gilberto Ribeiro dos. *Reflexões sobre a presença da religião no espaço público*. 2019. 13 f. Dissertação (Mestrado em Ciências da Religião) – Universidade Metodista de São Paulo, São Bernardo do Campo, 2019.

SARLET, Ingo Wolfgang. *Dignidade da Pessoa Humana e Direitos Fundamentais na Constituição Federal de 1988*. Porto Alegre: Livraria do Advogado, 2006

SARMENTO, Daniel. *Dignidade da pessoa humana*: conteúdo, trajetórias e metodologia. Belo Horizonte: Fórum, 2016.

SLEE, Tom. *Uberização*: a nova onda do trabalho precarizado. Tradução de João Peres. São Paulo: Editora Elefante, 2017. p. 332.

STOTZ, Eduardo Navarro. Pobreza e capitalismo. 2005. *In*: VALLA, V. V.; STOTZ, E. N.; ALGEBAILE, E. B. (org.). *Para compreender a pobreza no Brasil*. Rio de Janeiro: Editora Contraponto: Escola Nacional de Saúde Pública, 2005. p. 58.

TRINDADE, Antonio Augusto Cançado. São José da Costa Rica. Disponível em: http://www.pge.sp.gov.br/centrodeestudos/bibliotecavirtual/instrumentos/sumario.htm. Acesso em: 20 jul. 2020.

UNIVERSIDADE de São Paulo. *Carta de Diogeneto*. Biblioteca Virtual de Direitos Humanos, São Paulo. Disponível em: http://www.corpuschristi.org.br/newsite/wp-content/uploads/2013/02/Carta-a-Diogneto.pdf. Acesso: 2 nov. 2023.

SOBRE OS/AS AUTORES/AS

ANA CRISTINA BARUFFI

Mestre em Direito Processual Civil, subárea Relações Negociais junto à Universidade Paranaense (Unipar) (2011). Bolsista Capes (mestrado). Especialista em Gestão Educacional MBA/USP ESALQ (2022). Especialista em Metodologia do Ensino Superior pelo Centro Universitário da Grande Dourados (Unigran) (2009). Bacharel em Direito pela Universidade Federal da Grande Dourados (2007). Curadora do blog e redes sociais "Direito & Maternidade" (@dtoematernidade). Coordenadora do curso de Direito da Faculdade Pan-Americana de Administração e Direito (2021-atualmente). Professora do curso de Direito da Faculdade Pan-Americana de Administração e Direito (2021-atualmente). Professora compromissada do curso de Administração da Faculdade Pan-Americana de Administração e Direito. Foi professora nos cursos de Direito, Administração e Ciências Contábeis da Fundação Regional de Blumenau (Furb) (2013-2016). Professora convidada da faculdade INGP de Blumenau (2015). Professora convidada pela faculdade Bagozzi (2018). Coeditora da *Revista Jurídica Unigran* (Unigran). É parecerista ad hoc da *Revista Videre*, da Faculdade de Direito e Relações Internacionais da UFGD. Parecerista ad hoc da *Revista Direito em Debate* (Unijuí), da *Revista Direito & Inovação* (URI/FW) e da *Revista do Curso de Direito* do Unifor. Colunista do blog da Aurum.

ANGELA VIDAL GANDRA DA SILVA MARTINS

Doutora em Filosofia do Direito pela Universidade Federal do Rio Grande do Sul (UFRGS). Professora visitante e pesquisadora em Antropologia Filosófico-Jurídica na Harvard University. Advanced Management Program (AMP-IESE/Universidade de Navarra). Aprovada em concurso público para professora de Direito Romano (UFPR) e Introdução à Filosofia do Direito (UFRGS). Ex-Sócia da Advocacia Gandra Martins. Membro do Conselho Superior de Direito da FECOMERCIO. Membro da Academia Brasileira de Filosofia. Membro da Academia Paulista de Letras Jurídicas. Professora do CEU LAW SCHOOL. Presidente do Instituto Ives Gandra de Direito, Filosofia e Economia. Mestre em Filosofia do Direito pela Universidade Federal do Rio Grande do Sul (UFRGS). Bacharel em Direito pela Universidade de São Paulo (USP). Foi Secretaria Nacional da Família do Ministério da Mulher, da Família e dos Direitos Humanos.

AUGUSTO CÉSAR ROCHA VENTURA

Mestre em Direito e Políticas Públicas pelo UniCEUB (2012). MBA em Direito da Economia e da Empresa pela FGV (2008). Proficiente Investigador em Direito Público (Financeiro e Tributário) pela Universidade de Extremadura (2003). Especialista em Política e Estratégia pela Associação dos Diplomados da Escola Superior de Guerra (Adesg/UEG). Advogado. Sócio do escritório Gonçalves e Ventura Advogados Associados e professor concursado da Universidade Estadual de Goiás, lecionando Direito Tributário e Direito Empresarial. É membro do Núcleo de Pesquisa em Direito da UniEVANGÉLICA, instituição da qual é o atual Presidente.

CARAMURU AFONSO FRANCISCO

Doutor em Direito Civil (1998) e graduado em Filosofia pela Universidade de São Paulo (1988). É juiz de direito do Tribunal de Justiça de São Paulo.

DANIELA DE OLIVEIRA FERNANDES

Advogada. Bacharela em Direito pela Universidade Estadual de Mato Grosso do Sul; pós-graduada em Direito do Consumidor pela Faculdade Legale de São Paulo; pós-graduanda em LGPD pela faculdade Legale de São Paulo.

DANIEL GONÇALVES MENDES DA COSTA

Pró-Reitor Acadêmico da Universidade Evangélica de Goiás - UniEvangélica. Advogado. Mestre em Direito pelo Centro Universitário de Brasília - Uni-CEUB. Bacharel em Direito pela Universidade Federal de Goiás. Especialista em Direito Tributário pela Universidade Cândido Mendes e MBA em Gestão e Business Law pela Fundação Getúlio Vargas. Tem experiência na área do Direito, com ênfase em Direito Tributário e Direito Empresarial.

DAVID TEIXEIRA DE AZEVEDO

Doutor em Direito Penal (1994), livre-docente (2013), mestre em Direito Penal (1984) e graduado em Ciências Jurídicas e Sociais (1981), todos pela Universidade de São Paulo em 1981. Na mesma instituição, é, desde 1992, professor do Departamento de Direito Penal e Medicina Forense. Sua área de pesquisa se dá no âmbito do Direito Penal, com ênfase na dogmática penal. Advogado criminalista, especialista em Direito Penal Econômico e Europeu, pela Universidade de Coimbra e IBCCrim. Foi Presidente do Instituto Manoel Pedro Pimentel, vinculado ao Departamento de Direito Penal e Medicina Forense da Universidade de São Paulo, presidente do Instituto de Juristas Cristãos do Brasil, vice-presidente da Comissão de Direitos e Prerrogativas da Ordem dos Advogados do Brasil e membro do Conselho do Programa de Proteção a Testemunhas Provita, da Secretaria de Justiça e Defesa da Cidadania do Governo do Estado de São Paulo. É membro das Comissões de Direitos e Prerrogativas e de Direito e Liberdade Religiosa da mesma Seccional. É membro de diversas instituições, como Iasp, AASP, IBCCrim, IJCB, entre outras. Autor de diversos livros de doutrina e artigos em diversas revistas jurídicas, é palestrante, articulista e parecerista.

DURVAL SALGE JR.

Mestre em Direito (2002) e graduado em Direito (1990) pela Universidade Metropolitana de Santos (2002). Possui especialização em Tecnologia Educacional (2000) pela Universidade Nove de Julho. Atualmente é professor da Faculdade Legale e coordenador dos Cursos de Pós-Graduação. Tem experiência na área de Direito, com ênfase em civil, atuando principalmente nos seguintes temas: civil, processo civil, direito ambiental e empresarial. É palestrante da OAB/SP e advogado em São Paulo.

GABRIELA OSHIRO REYNALDO

Doutoranda em Desenvolvimento Local (UCDB); mestre em Desenvolvimento Local (UCDB); graduada em Direito (UCDB) e em Geografia (UEMS); membro da Comissão de Direito de Integração da Rota Bioceânica/Rota de Integração Latino-Americana (Cedirb-Rila) (OAB/MS).

GILBERTO RIBEIRO DOS SANTOS

Mestrando em Direito pela Ambra University (USA), com ênfase em Métodos Adequados de Solução de Conflitos, pós-graduado em Aconselhamento, Ciências Criminais e Direito Empresarial, diplomado em Direito Internacional Público, especialista em Direito Imobiliário, graduado em Ciências Jurídicas e Contábeis. Fundador e presidente do Instituto dos Juristas Cristãos do Brasil (IJC e de *Advocates Bric* – Brasil, Iberoamericano e Caribe, sócio da Chagas Ribeiro Sociedade de Advogados, membro de gideões internacionais no Brasil e *Dispute Board Foundation* (DBF). Atuou como membro do conselho estadual de enfrentamento à exploração sexual contra a criança e o adolescente como representante da OAB-SP no programa Provita SP, nas comissões de Direitos Humanos e Acompanhamento Legislativo da OAB-SP, comissão de Direitos Humanos do Instituto dos Advogados de

São Paulo (Iasp), no comitê de Incidência Pública e Jurídica de *Transform World 2020*. Foi membro e conselheiro da *International Christian Chamber of Commerce* (ICCC), capítulo Brasil, vice-presidente do Conselho Diretivo da Federação Interamericana de Juristas Cristãos (FIAJC) (antes RLAAC), diretor financeiro da Fundação Cerqueira Leite e gerente do departamento de Auditoria Operacional da Viação Aérea de São Paulo S/A (Vasp). É advogado em São Paulo, com atuação em Mediação Familiar, Direito de Família e Sucessões e Regularização Imobiliária.

HELDER BARUFFI

Possui pós-doutoramento em Direito (2014) pelo Centro de Direito da Família, na Universidade de Coimbra, doutor em Educação (1995) pela Universidade de São Paulo (1995). É professor doutor titular aposentado da Faculdade de Direito e Relações Internacionais (Fadir) da Universidade Federal da Grande Dourados; coordenador nomeado para implantação e coordenação do Curso de Direito da UFMS/UFGD no Campus de Dourados, em 2000, tendo atuado como coordenador até o ano de 2005. Diretor eleito da Faculdade de Direito e Relações Internacionais para o mandato 2007-2011. Membro da Academia de Letras Jurídicas de Mato Grosso do Sul (ALJ-MS). Acadêmico Fundador, cadeira n. 4. Membro do Conselho Editorial da *Revista Videre*, da Faculdade de Direito e Relações Internacionais da UFGD. Parecerista "ad hoc" da *Revista Mestrado em Direito*. Membro do Tribunal de Ética da OAB- Seccional Mato Grosso do Sul (2007-2009); membro da Comissão de Direitos Humanos da 4ª Subseção - Dourados (MS) (2007-2009); membro do Conselho Científico do IBDFAM-MS (2012-2014). Possui experiência na área de Direito, com ênfase no direito privado, com pesquisa na área dos Direitos Fundamentais, Direito das Pessoas e Família. Professor do mestrado em Administração Pública em Rede Nacional (Profiap) -Face/UFGD (2014-2015) e professor do Programa de Mestrado em Fronteiras e Direitos Humanos, da Faculdade de Direito e Relações Internacionais (Fadir) (2016-2017). Orientador. Professor pesquisador e editor da revista jurídica *Unigran*.

IVES GANDRA DA SILVA MARTINS

Acadêmico das: 1 – Academia Paulista de Letras (presidente de 2004 a 2006); 2 – Academia Paulista de Letras Jurídicas; 3 – Academia Paulista de Direito; 4 – Academia Paulista de Educação; 5 – Academia Brasileira de Letras Jurídicas; 6 – Academia Brasileira de Direito Tributário; 7 – Academia Lusíada Ciências, Letras e Artes (presidente de 1982 a 1983); 8 – Academia Internacional de Direito e Economia (presidente de 1986 a 1988 e 1997 a 1999; Presidente de Honra em 2003); 9 – Academia Internacional de Cultura Portuguesa (Lisboa) (correspondente); 10– Academia Mato-grossense de Letras (correspondente); 11 – Academia de Letras da Faculdade de Direito da USP (Honorário); 12 – Academia Brasileira de Ciências Políticas e Sociais; 13 – Academia Luso-Hispano-Brasileira de Direito; 14 – Academia Cristã de Letras (vice-presidente); 15 – Academia Jundiaiense de Letras (patrono); 16 – New York Academy of Sciences; 17 – Academia de Letras e Artes Mater Salvatoris (correspondente); 18 – Academia Brasileira de Ciências Morais e Políticas; 19 – Academia Brasileira de Direito Constitucional; 20 – Academia Paulista de História; 21 – Pen Clube; 22 – Academia Santista de Letras (Membro Honor em 2006); 23 – Academia norte-rio-grandense de Letras (sócio de honra); 24 – Academia Sergipana de Letras (sócio correspondente); 25 – Academia Brasileira de Filosofia (abril de 2008); 26 – Academia Brasileira de Direito (Presidência do Conselho Científico); 27 – Academia Humanística, Artística e Literária "Lítero Cultural", Porto Velho (RO), cadeira 41, patrono Geraldo de Camargo Vidigal, 2009; 28 – Sócio correspondente da Academia Juiz-forana de Letras (outubro/2009); 29 –Academia Brasileira de Defesa, Acadêmico Perpétuo Fundador (novembro/2009); 30 – Academia de Ciências, Letras e Artes dos Delegados de Polícia do Estado de São Paulo, 2008; 31 – Academia Tributária das Américas.

JANDERSON DE PAULA SOUZA

Bacharel em Direito pela Universidade Estadual de Mato Grosso do Sul (UEMS); mestrando em Direito pela Universidade de São Paulo (USP). Advogado; consultor ambiental. Possui Pós-graduação (especialização) em Direito Público, Direitos Humanos, Direito Tributário, Direito Agrário, Lei Geral de Proteção de Dados e Direito Digital pela Faculdade Legale de São Paulo. Pós-graduação em Especialização (MBA) em Advocacia Cível pela Escola Superior de Advocacia Nacional (ESA). Docente do Curso de Direito do Centro Universitário U:verse em Rio Branco (AC) (2022). Membro da Diretoria e professor da Escola Superior de Advocacia da Seccional Acre (2022). Participante do estágio visita da câmara dos deputados (dezembro de 2019) com o tema das Fake News. Membro efetivo da Comissão de Direitos

Humanos da OAB-AC. Membro da Comissão Nacional de Processo Civil da Associação Brasileira de Advogados (ABA-Nacional).

JOAQUIM JOSÉ MIRANDA JÚNIOR

Pós-doutor em Direito pela Universidade Nacional de La Matanza; pós-doutorando em Educação pela Florida Christian University. Doutor Honoris Causa pelo Instituto Adriano Pietra (Buenos Aires). Doutor em Ciências Jurídico-Sociais pela Universidade do Museu Social Argentino (2008); mestre em Ciências Jurídico-Criminais pela Universidade de Coimbra (2001); e graduado em Direito pela Universidade Federal de Uberlândia (1990). Possui experiência como docente em instituições de ensino superior brasileiras, portuguesas e argentinas, em graduações, mestrados e doutorados; é coordenador e membro do Conselho Editorial de revistas científicas; orientador e membro de banca examinadora de teses doutorais e dissertações de mestrado. Promotor de Justiça do Ministério Público do Estado de Minas Gerais por 25 anos; atuou como membro da comissão de concurso para ingresso na carreira do MP; membro do Conselho Penitenciário Estadual; membro do Conselho de Defesa de Belo Horizonte; membro da *Association for the Prevention of Torture*; membro da MENSA International; membro dos Gideões Internacionais; e coordenador de Centro de Apoio Operacional Criminal do MP/MG. Autor de livros jurídicos e publicações em jornais e revistas. Atuou, em 2013 e 2014, como corregedor-geral do Sistema Penitenciário Nacional, no Depen - Ministério da Justiça, em Brasília. Atualmente compõe o Comitê Acadêmico do novo doutorado em Ciências Jurídicas da Universidad del Museo Social Argentino. Desde 2015, desempenha a consultoria jurídica e a advocacia na esfera pública e privada; em primeira, segunda e superiores instâncias.

LORECI GOTTSCHALK NOLASCO

Doutora em Biotecnologia e Biodiversidade pela Universidade Federal de Goiás (2016), com a tese "Regulamentação Jurídica da Nanotecnologia"; bacharel em Direito pela Unigran; mestre em Direito pela Universidade de Brasília (2002). Professora adjunta do quadro efetivo, em tempo integral, da Universidade Estadual de Mato Grosso do Sul desde 2002. Possui experiência na área de Direito, com estudos em Direito Constitucional, Direito Ambiental e Sustentabilidade, Saúde Humana e Aspectos Regulamentares das Ciências da Vida (Biodireito) e do Direito Digital Especial, estudos em Cibersegurança e Proteção de Dados Pessoais; atividades de extensão com

DEMOCRACIA, JUSTIÇA E CIDADANIA:
DESAFIOS E PERSPECTIVAS. UMA HOMENAGEM À PROFESSORA DOUTORA MARIA GARCIA

estímulo ao empreendedorismo acadêmico e à formação profissional por intermédio do movimento empresa júnior. Coordenadora do projeto de pesquisa: o Direito na sociedade digital – estudos sobre "disrupção tecnológica" e "interrupção regulatória". Coordenadora pedagógica da empresa júnior do Curso de Direito da UEMS. Foi Coordenadora dos cursos de Direito da UEMS, Unidades Universitárias de Naviraí e Dourados.

LÚCIO FLÁVIO JOICHI SUNAKOZAWA

Pós-doutor em Ciências Sociais Aplicadas - Direito (Unju-ARG), doutor em Direito (Faculdade de Direito da Universidade de São Paulo – USP) com defesa da tese intitulada "Administração Pública e Soluções Consensuais Extrajudiciais à Luz do Direito Fundamental da Paz", na área de concentração em Direito do Estado e Linha dos Direitos Fundamentais. Mestre em Desenvolvimento Local (UCDB) com defesa nas áreas de Desenvolvimento Sustentável, Ambiente Coletivo de Inovação e Tecnologias Disruptivas. É professor concursado — graduação e pós-graduação dos Cursos de Turismo, Logística e Direito — e foi o primeiro coordenador do curso de Direito da Universidade Estadual de Mato Grosso do Sul (UEMS), em Dourados (MS). Coordenador de Pesquisas e Extensão do Eixo Direito, Inovação e Integração e vice-coordenador-geral do Projeto de Pesquisa e Extensão UEMS na Rota. Coordenador ad hoc do eixo Aspectos Legales da Rede Universitária da Rota de Integração Latino-Americana (UniRILA) (Brasil, Paraguai, Argentina e Chile). Atual presidente da Comissão Especial de Direito de Integração da Rota Bioceânica/ Rota de Integração Latino-americana (Cedirb-RILA-OAB/MS). Ex-membro efetivo da Comissão de Pesquisas e Pós-Graduação do Conselho Federal da Ordem dos Advogados do Brasil. Assessor de Relações Interinstitucionais da Reitoria (UEMS) e foi Secretário-Geral do Conselho de Reitores de Instituições de Ensino Superior de Mato Grosso do Sul (Crie-MS). Possui especialização em Direito Processual Civil (INPG); graduação em Direito pelo Centro Universitário da Grande Dourados (1991). É pesquisador do Grupo de Pesquisas Direitos Humanos, Meio Ambiente e Desenvolvimento Sustentável Global. Foi membro efetivo da Comissão Especial de Estudos do Anteprojeto do Novo Código de Processo Civil, Assuntos Indígenas, Advogado Docente, Legislação Nacional, todas do Conselho Federal. Membro fundador do Comitê Gestor do Parque Tecnológico Internacional – PTIn. Lecionou em diversas faculdades e cursos jurídicos no estado de Mato Grosso do Sul. Fez créditos de mestrado em Direito e Economia (UGF/UCDB). Foi Conselheiro Estadual dos Direitos Humanos e do Conselho Estadual das Cidades (MS). Possui experiência na área de Direito, com ênfase em Direito Processual Civil, como advogado na carreira jurídica do Banco do Brasil, ex-procurador jurídico da Câmara Municipal de Dourados, foi Conselheiro Federal da OAB (2007-2010), ex-membro da Comissão Nacional de Legislação e ex-membro da Comissão de Estudos da Legislação Processual, além de coordenador do Grupo de Trabalho de Assuntos Indígenas do Conselho Federal da Ordem dos Advogados do Brasil. Presidente da Associação Brasileira de Advogados (Seção MS). É autor de artigos, organizador, titular da cadeira n.º 3 e do conselho editorial da Academia de Letras Jurídicas do Estado de Mato Grosso do Sul. Temas prediletos: Educação Jurídica (Ensino Jurídico), Direito Econômico, Direito do Estado, Teoria Geral do Direito, Direitos Fundamentais, Direito Fundamental da Paz, Paz jurídica, Estado Democrático de Direito, Direito Constitucional, Direito Processual Civil, RILA, Inovação Disruptiva, Drones, Agricultura de Precisão, Agronegócios, Ciência e Tecnologia, Desenvolvimento Local, Desenvolvimento Territorial, Parques Tecnológicos, Ambientes Coletivos de Inovação, Pacificação Social, Resoluções Pacíficas, Soluções Consensuais de Conflitos ou Litígios, Direito Sistêmico, Direito do Turismo, Direito Médico, Direito de Logística, Direito de Integração e Direito Aduaneiro.

MARIA VITÓRIA SAORINI

Mestre em Direito Político e Econômico pela Universidade Presbiteriana Mackenzie. Pós-graduada em Direito da Moda pela Faculdade Santa Marcelina. Pós-graduanda em Direito Empresarial pela Faculdade Damásio. Possui extensão em Propriedade Intelectual pela *World Intellectual Property Organization* (WIPO), em Investigação Criminal e Instauração da Ação Penal e Direito das Políticas Públicas pela Fundação Getúlio Vargas (FGV) e de Proteção de Dados Pessoais pela Escola Nacional de Administração Pública (ENAP).

MARIANA REZENDE MARANHÃO DA COSTA

Doutora em Direito pela UniCEUB em Brasília (DF) (2021). Mestre em Direito, Relações Internacionais e Desenvolvimento pela Pontifícia Universidade Católica de Goiás (2011). Possui graduação em Direito pela Universidade Federal de Goiás (2005), graduação em Relações Internacionais pela Pontifícia Universidade Católica de Goiás (2004). Advogada. Ex-conselheira da Sexta Junta do CRPS. Atualmente é professora da Universidade Evangélica de Goiás (UniEvangélica) e diretora do Curso de Relações Internacionais da UniEvangélica.

RAPHAEL SILVA RODRIGUES

Doutor e mestre em Direito pela Universidade Federal de Minas Gerais (UFMG). Doutor em Direito pela Universidad Kennedy (UK). Especialista em Direito Tributário pela Pontifícia Universidade Católica de Minas Gerais (PUC/MG). Especialista em Direito Financeiro e Orçamentação pela Faculdade Polis Civitas. Professor universitário (mestrado, MBA e graduação). Membro integrante de Bancas Examinadoras de Concursos Públicos. Autor e coautor de livros, capítulos de livros e artigos de revistas científicas. Advogado e consultor jurídico.

SILVIO GABRIEL SERRANO NUNES

Doutor, mestre, licenciado e bacharel em Filosofia pela Universidade de São Paulo (USP). Possui estágio de doutorado na Université Paris 1 Panthéon-Sorbonne, advogado, bacharel em Direito pela Pontifícia Universidade Católica de São Paulo (PUC-SP), especialista em Direito Administrativo pela Fadisp, professor de História do Direito na Ebradi, professor da Escola Superior do TCM-SP. Pesquisador do IBContas; professor convidado do Curso de Pós-Graduação em Direito Constitucional do Cogeae/PUC-SP, professor do programa de mestrado acadêmico em Direito Médico e do programa de Mestrado Interdisciplinar em Ciências Humanas da Unisa, vice-presidente de eventos científicos da Comissão Especial de Direito Constitucional da OAB-SP, membro fundador do Instituto de Direito Administrativo Sancionador Brasileiro (Idasan).

TÉRCIO ISSAMI TOKANO

Mestre em Direito Político e Econômico pela Universidade Presbiteriana Mackenzie de São Paulo (UPM), graduado em Direito pela Universidade Estadual de Londrina (UEL). Especialista em Direito Civil e Processual Civil pela UEL e em Direito Público pela Universidade de Brasília (UNB). Advogado da União de carreira, atualmente cedido para o Supremo Tribunal Federal. Exerceu os seguintes cargos em comissão na AGU: coordenador-geral de Defesa da Probidade (2010-2012), procurador regional da União da 3ª Região (2012-2016) e adjunto do advogado-geral da União (2019-2020).

Foi representante da AGU perante o Conselho de Controle de Atividades Financeiras (Coaf). Exerceu, ainda, o cargo de subchefe adjunto para Assuntos Institucionais da Subchefia para Assuntos Jurídicos da Presidência da República (2020) e o de secretário executivo do Ministério da Justiça e Segurança Pública (2020-2021). É professor de Direito Constitucional e Direito Administrativo na Faculdade Presbiteriana Mackenzie de Brasília e assessor de Ministro do Supremo Tribunal Federal.

HOMENAGEADA

MARIA GARCIA

Professora associada livre-docente da Pontifícia Universidade Católica de São Paulo (PUC-SP). Professora de Direito Constitucional, Direito Educacional e Biodireito Constitucional. Professora de Biodireito/Bioética do Centro Universitário Assunção (Unifai). Professora de Psicologia Jurídica/ Medicina Legal e Direito Previdenciário da FIG/Unimesp. Membro da Comissão de Bioética do HCFMUSP (CoBi). Membro do Comitê de Bioética do HCOR. Membro do Instituto dos Advogados de São Paulo (Iasp). Procuradora do estado de São Paulo (Ipesp). Ex-assistente Jurídica da Reitoria da USP. Membro-fundadora e atual diretora-geral do Instituto Brasileiro de Direito Constitucional (IBDC). Coordenadora da *Revista de Direito Constitucional e Internacional Editora Revista dos Tribunais*. Membro da Academia Paulista de Letras Jurídicas (Cadeira Enrico T. Liebman). Associada honorária do Conpedi. Membro do Conselho Deliberativo do Instituto dos Advogados de São Paulo (Iasp) (triênio, 2015-2017). Membro do Conselho Superior de Direito da Federação do Comércio (Fecomercio). Membro do Conselho Editorial da *Revista da Escola Superior da Procuradoria Geral do Estado de São Paulo*. Membro do Conselho Editorial da *Revista De Jure*, do Ministério Público de Minas Gerais (MPMG). Presidente da Comissão Permanente de Estudos de Bioética do Iasp. *Award for asctive member*/2019 — World Bioethics Day/Unesco. Vice-presidente do Conselho Curador da Escola Superior de Advocacia (ESA) (gestão 2022/2024).